한적의 문명과 전파 연구

汉籍的文明与传播研究

上

延世大學 孔子學院 中國研究院 研究叢書 001

한적의 문명과 전파 연구

汉籍的文明与传播研究

金铉哲·熊良智 主编

學古房

發 刊 辭

　　我从第一次到延世大学与郑甲泳校长正式签订建立孔子学院的文书, 后来又多次与延世大学相关学者交流探讨, 或在韩国, 或在中国国内, 到今天已经差不多五年了, 这是四川师范大学在海外建立的第一所孔子学院。五年间, 两校不仅互派教师、学生在汉语、韩语教学、教育, 培养人才, 从本科、硕士研究生, 一直到博士后, 层次不断提高, 而且在文化、学术交流中, 也在积极推进, 作出新的尝试, 适应新的发展。我们成立了韩国研究中心, 延世大学建立了"中国学研究院"。与之相适应, 设立在我校的教育部巴蜀文化研究中心也在延世大学"中国学研究院"设立了分支机构, 加强两校的文化、学术交流。延世大学开办了"中国学论坛", 四川师范大学就与延世大学举行了《东亚汉籍的传播与研究》的国际学术交流会议。2014年、2015年连续举办了两次。一次在成都, 在川师大举办, 一次在韩国延世大学举办。眼前这本在韩国学古房出版的会议论文集, 就是两次学术会议交流的成果。

　　古人说, "它山之石可以攻玉"。东亚, 是中国文化传播交流最早的地区, 汉籍不仅是中国文化的载体, 也是不同国家、不同地区人们创作的汉语作品, 承载了各自国家、民族的文化成果。从论文集中, 我们可以看到, 与会学者交流了在宗教、语言、历史、教育、文学、文化领域中共同的学术关注, 深入发掘东亚汉籍传播与接受中, 不同国家、不同地区、不同时代人们的文化选择、建构的内容和意义。不仅有利于我们借鉴域外汉籍研究的学术成果, 开发域外汉籍的学术资源, 而且有利于了解不同国家、不同文化的交流，促进国家与国家、文化与文化之间的沟通理解，也彰显了域外汉学研究的重要意义和发展前景，展示了四川师范大学与韩国延世大学教育、文化交流合作的积极成果。

受编者委托，值《汉籍的文明与传播研究》论文集出版之际，又适逢四川师范大学建校七十周年校庆，写上几句话，权作是书之序，也表达对未来文化、教育、学术交流的展望。

中国共产党四川师范大学党委书记

周介铭

2016年 5月 16日

발 간 사

　2011년 처음 연세대학교 정갑영 총장님과 공자학원 건립 체결 이후, 한국과 중국국내에서 여러 번 연세대학교의 학자들과 연구를 교류한 지도 벌써 5년이 되어갑니다. 이는 사천사범대학이 해외에 건립한 첫 번째 공자학원이며, 5년간 두 학교는 중국어 및 한국어 교육, 그리고 인재양성을 위해 교수 및 학생, 학부과정 학생부터 대학원 석사 박사 후(포닥) 과정까지 단계별로 파견이 이루어 졌습니다. 더욱이 문화 및 학술교류를 적극적으로 추진하여 새로운 시도를 통한 새 발전을 이룩하였습니다. 그것이 바로 '한국연구센터'의 건립이며, 연세대학교에는 '중국연구원'이 설립되었습니다. 이 두 기관의 활발한 교류를 통해 저희 학교 교무처에 연세대학교 공자아카데미와 중국연구원의 산하 기관인 '파촉(巴蜀)연구소'를 설립하여 두 학교의 문화와 학술교류를 강화하였습니다. 연세대학교가 '중국학포럼'을 열게 됨에 따라 사천사범대학은 연세대학교와 협력하여 〈동아시아 고적의 전파와 연구(东亚汉籍的传播与研究)〉라는 제목으로 2014년, 2015년 2년간 연속 두 차례 국제학술대회를 개최한 바 있습니다. 그 중 한 번은 성도(成都) 사천사범대학에서, 또 한 번은 한국의 서울 연세대학교에서 개최하였습니다. 지금 제 눈앞에 있는 한국 학고방에서 출간된 총서가 두 차례 있었던 학술대회교류의 성과물입니다.

　옛말에 "다른 산의 나쁜 돌이라도 옥으로 만들 수 있다.(它山之石可以攻玉。)"는 말이 있습니다. 동아시아는 중국 문화의 전파 교류가 가장 이른 시기에 이루어진

지역이라 할 수 있습니다. 한적(汉籍)은 중국 문화의 보고이자 서로 다른 국가, 지역 사람들이 창작한 작품이기 때문에 각 국가와 민족의 문화를 고스란히 담고 있습니다. 총서를 통해 우리는 종교, 언어, 역사, 교육, 문학, 문화 등의 영역에서 공통되는 여러 학술 분야의 교류가 활발히 이루어 졌음을 알 수 있습니다. 동아시아 한적의 심도 있는 발굴을 통한 전파와 수용의 과정에서 서로 다른 국가와 지역, 시대 사람들의 문화선택 및 구성의 내용과 의의를 알 수 있었습니다. 이는 국외적으로 한적연구의 학술성과로서 괄목할 만한 성과이며, 한적 학술자원 개발에 도움이 될 뿐만 아니라 서로 다른 국가와 문화의 교류를 이해하고 국가와 국가 간, 문화와 문화 간의 소통을 촉진하는 등 국외 중국학 연구의 중요한 의의와 발전방향을 잘 드러내고 있다고 하겠습니다. 즉 사천사범대학교와 한국 연세대학교의 교육, 문화교류 협력을 적극적 추진하여 얻은 성과라 할 수 있습니다.

편집자의 부탁을 받아, 〈한적의 문명과 전파 연구(汉籍的文明与传播研究)〉 총서 출판과 더불어 사천사범대학교도 마침 개교 70주년을 맞이하였습니다. 이에 서문에 몇 자 적음으로써 미래의 문화, 교육, 학술 교류를 전망해 보고자 합니다.

2016년 5월 16일
중국공산당 사천사범대학교 당서기
주개명

序 言

　　由延世大学孔子学院与四川师范大学联合召集的《东亚汉籍的传播与研究研讨会》第一次会议2014年4月在四川师范大学成功召开，参加这次研讨会的中外学者40多人，分别来自中国、韩国、日本。在热烈的学术气氛中，各国专家学者针对跟会议主旨相关的学术专题各抒己见，互相质疑，友好切磋，不仅有效地促进了各国学者在学术研究专题方面的互相认知，而且成功地实现了以文会友的目标。这次会议，不仅交流了学术，同时也交流了感情，增进了友谊。

　　作为这次学术交流会议的显著成果，我们收到了大会交流的论文26篇，形成了现在呈现在各位读者面前的这部《汉籍的文明与传播研究(上)》。

　　学术没有国界，针对古代汉籍在东亚各国的传播和研究这一主题，本集中的论文作者们从各自特定选题的角度进行了深入的观察和研究。诚然，先前也曾有不少专家在这方面也有一定程度的涉及，但是这次学术会议以一种专题讨论的形式，无论是在质的方面还是在量的方面，都将这一学术领域的研究产生了大大的推动作用。应该说，这种主题的国际讨论，在学术上开辟了一个新的领域。事实上，无论是从促进学术本身的角度还是从增进各国文化的互相交流的角度来认识问题，这种推动的积极意义都是显而易见的。所以，我们有理由说，不仅这次学术会议的成功召开值得庆贺，这部论文集的问世同样值得我们庆贺。

　　由于种种原因，历史上针对中国之外的汉文典籍的专题研究，无论是中国国内还是中国之外的学术界，总体上说都还是处在起步阶段。我们这部论文集虽然涉及到了许多学术议题，但是跟现存的学术悬疑比起来，依然存在着很大的差距。因此，我们还需要长期通力合作下去，希望在不久的将来，我们能够在这个既具有学术意义又具有更多社会意义的专题研究领域做出不愧于历史的成就。

在这部叢书问世之际，我们由衷感谢中国国家汉办/孔子学院总部在整个出版过程中的赞助和指导，同时也感谢四川师范大学熊良智教授和他的科研团队的大力支持。

延世大学孔子学院
金铉哲

目 次

1. 汉籍与朝鲜

2. 汉籍与日本

3. 汉籍与越南

4. 其他

1. 汉籍与朝鲜

箕子入朝与诗书传播

四川师范大学 熊良智

摘要 自箕子入朝, 开始了中国与朝鲜之间的文化传播, 早期只有 "教以礼义"、"八条" 之教的社会生产、礼仪制度的记载, 到了李氏朝鲜王朝时代, 却出现了 "教以诗书" 这样选择性的历史叙述。这同李氏朝鲜王朝建立与朱明王朝颁赐国号, 推崇箕子文化的历史背景有关, 也是他们推进朝鲜 "诗书礼仪之邦, 仁义之国" 王朝建构的文化整合的结果, 从而也作用了朝鲜文学诗话以箕子开始的历史建构。

关键词: 箕子 诗书 传播 诗话文学

箕子入朝, 伴随了中国文化的传播, 它的意义, 有学者认为是 "箕子入朝教以《诗》、《书》等儒家经典, 是儒学东渐, 儒家文化东传的一大历史事件。"[1] 我们知道, 箕子的时代, 儒学似未形成, 即或是箕子传播的文化, 后来成为了儒家典籍中的内容, 似乎也不足以代表儒家文化, 更不用说《诗》、《书》作为典籍, 更是箕子以后多少年的事。因而学界对此有质疑,[2] 所以有韩国学者就认为 "儒学传播至朝鲜, 始于汉代"。[3] 因此, 箕子入朝与儒学的关系, 特别是其中《诗》、《书》的传播也就成为

---

1) 蔡镇楚,《域外诗话珍本丛书》序, 北京图书馆出版社, 2006年, 第6页。
2) 张博泉,《箕子与朝鲜论集》, 吉林文史出版社, 1994年, 第100页。又见苗威《试论古朝鲜与中原王朝的关系》,《博物馆研究》, 2008年, 第2期, 第33页。
3) 李相圭,《中国国学在朝鲜的传播与发展》,《史学研究》, 2002年, 第10期, 第12页。

了值得研究的问题。

一、箕子入朝的讨论

讨论箕子与诗书传播，我们先讨论箕子入朝。现存传世文献中最早的明确记载，是西汉的《尚书大传》和《史记》：

> 武王胜殷，继公子禄父，释箕子囚。箕子不忍周之释，走之朝鲜。武王闻之，因以朝鲜封之。箕子既受周之封，不得无臣礼，故于十三祀来朝。[4]
>
> 武王既克殷，访问箕子。……于是武王封箕子于朝鲜而不臣也。[5]

有的更以为《周易·明夷》所说："箕子之明夷"，也就是"箕子适朝鲜"。[6] 高丽时代的金富轼《三国史记》卷第二十九《年表上》载：

> 海东有国家久矣，自箕子受封于周室，卫满僭号于汉初，年代绵邈，文字疏略，固莫得而详焉。[7]

又有一然《三国遗事》纪异第二记载：

> 周武（正本、堂本、李本作"虎"，科本作"武"）王即位己卯（前1122），封箕子于朝鲜。坛君乃移于藏唐京，后还隐于阿斯达，为山神，寿一千八百岁。[8]

---

4) 伏胜，《尚书大传》卷三，四部丛刊初编（九），上海书店，1989年。

5) 司马迁，《史记》，中华书局，1982年，第1611页，第1620页。

6) 张博泉，《箕子与朝鲜论集》，吉林文史出版社，1994年，第62页。

7) [高丽]金富轼著，孙文钦等校勘，《三国史记》（校勘本），吉林文史出版社，2003年，第335页。

古代的这些记载，学术界存在着认识的差异。他们提出了箕子入朝的时间问题，究竟是武王克殷以前 "把朝鲜封给箕子" 呢，还是在武王克殷以后，"箕子朝周后封朝鲜给箕子"？认为："相同史事，两书记载互异，并把箕子适朝鲜置于释箕子囚之后，于史不合尤为可见。"[9] 进而否定武王封箕子的记载："武王封箕子之说实属荒谬。"[10] 韩国古代的学者对这段史事也有辨析，认为箕子无受封朝鲜的之事理。他们说：

> 《史记·微子世家》曰：武王封箕子于朝鲜，后人因其说而不能辩。余常疑之，殷之将亡也，箕子与微子，比干各论其心事，曰：商（笔者按：当作商。）其沦丧，我冈（笔者按：当作罔）为臣仆。欲以此自靖而献于先王。
>
> 殷既亡，箕子只为武王一陈《洪范》而已。若受武王之命而享其封爵，是遂臣于周而变其初志也。微子之受封为存宗祀，尤有可诿者。若箕子受朝鲜之封，于义何据也？况朝鲜是时未尝服属中国，武王安得取其地而封拜诸侯乎？[11]

对于述箕子入朝的相关问题，也有学者发表了不同的见解[12]。笔者以为，箕子入朝文献不足，又散见于不同记载，各有侧重。如果人们的解读，不完全因自己的意见取舍，尊重历史，相互参照，还是可以得到一些基本的符合事实的历史线索。首先，箕子入朝的时间，应该承认是在武王克殷以后。因为箕子曾受殷纣的拘囚，后来才发生武王克殷后 "释箕子之囚"。这是不同文献记载的共同史实。除了《史记》的《殷本纪》、《周本纪》、《齐太公世家》，还有《尚书大传》。《逸周书·克殷解》也有记载：

8) [高丽]一然著，孙文范等校勘，《三国遗事》，吉林文史出版社，2003年，第30页。
9) 张博泉，《箕子与朝鲜论集》，吉林文史出版社，1994年，第67页。
10) 张博泉，《箕子与朝鲜论集》，吉林文史出版社，1994年，第115页。
11) [朝鲜]张维，《谿谷漫笔》，蔡镇楚，《域外诗话珍本丛书》第8册，北京图书馆出版社，2006年，第621页—622页。
12) 参张碧波《关于箕子与古朝鲜几个问题的思考——与杨军先生商榷》，《吉林大学社会科学学报》，2000年第3期，陈蒲清，《箕子开发古朝鲜考》，《求索》，2003年，第1期。

立王于武庚，命管叔相，乃命召公释箕子之囚，命毕公卫叔出百姓之囚。[13]

这些记载的相互参证，可以证明箕子走之朝鲜的时间。其次，箕子受周武王之封而走朝鲜，韩国学者提出的问题是有一定道理的。第一，商末时代的朝鲜并未臣服于周王朝，周武王怎么可能分封箕子？第二，箕子为臣的人生见解，决定他不会接受周武王的封爵，这也可以得史实文献的支持。箕子面对殷纣拒谏，主张："为人臣谏而不听则去，是彰君之恶而自说于民，吾不忍为也。"[14] 他的这种人生取向，《周易》"明夷"象曰："内难而能正其志，箕子以之。" 孔颖达解释说："内有险难，殷祚将倾而能自正其志，不为邪于，惟箕子能用之。故云箕子以之。"[15] 他不愿像比干那样直谏而死，所以 "被发详狂而为奴"。箕子也不愿为敌国之臣，《尚书·微子》篇记载着他的态度：

商今其有灾，我兴受其败。商其沦丧，我罔为臣仆。[16]

这也可以解释《尚书大传》所载武王 "释箕子之囚"，箕子却不忍周之释的态度，也就是不愿忍受周之赦免沦为臣仆的命运，因而有走朝鲜之行。如果《史记》说："武王乃封箕子于朝鲜而不臣也。"[17] 也是箕子初次入朝返周后的记载，缘于箕子不为 "臣仆" 之意，才会有所谓 "封于朝鲜而不臣" 的举措。箕子的 "不臣" 现有陕西周原甲骨可以进一步佐证：

唯衣（殷）彰（微）子来降，其執眾（暨）氒（厥）吏（史）。[18]

司马迁，《史记》，中华书局，1982年，第1609页。

13) 黄怀信，等，《逸周书汇校集注》，上海古籍出版社，1995年，第176页。
14) 司马迁，《史记》，中华书局，1982年，第1609页。
15) 孔颖达，《周易正义》，阮元校刻《十三经注疏》，中华书局，1980年，第49页。
16) 孔颖达，《尚书正义》，阮元校刻十三经注疏》，中华书局，1980年，第178页。
17) 司马迁，《史记》，中华书局，1982年，第1620页。
18) 陕西周原考古队等，《岐山凤雏村发现周初甲骨文》，《考古与文物》，1982年，第3期。

此文中的"鸡子"学界多释为"箕子",徐中舒先生考证说:"此书鸡子即殷箕子。《礼记·中庸疏》引郑康成说:'齐人言殷声如衣'又《吕氏春秋·慎大览》高诱注:'衮州人皆殷氏皆如衣',是古读殷如衣之证"。[19] 徐中舒先生肯定这是"武王时代"的卜辞,并以客礼接待箕子的记录。箕子初入朝未受武王之封,也有周王朝政治势力鞭长莫及的原因。《竹书纪年集证》曾载《逸周书》佚文:箕子返周陈述《洪范》后,周武王对他说"朕殚竭邦土,靡所私,乃朝鲜于周,底于遐邈,其以属父师。"[20] 这里的父师就是箕子。时间或正是箕子入朝返周,周文王十三年,武王三年(前1044年)事。《史记·周本纪》载:"武王已克殷,后三年,问箕子殷所以亡。箕子不忍言殷恶,以存亡国宜告。武王亦丑,故问以天道。"[21]所以《尚书·洪范》说:"惟十有三祀,王访于箕子。"[22]《尚书大传·洪范》则叙述了时间的来龙去脉,乃在"走朝鲜"之后,称其"十三祀来朝"。《宋微子世家》也载武王访箕子,箕子陈述《洪范》以后,"乃封箕子与朝鲜而不臣"。证之周原甲骨称之来"降",正是此前未降,客观上证明了箕子入朝的时间是在克殷后而十三祀来朝陈述《洪范》之前,尚无箕子受封朝鲜之事,所以还以客礼相待。[23] 在早期这些箕子入朝的记录中,并未见有诗书传播的内容。

二、诗书传播的问题

《史记》载周武王访箕子问以存亡之道,箕子为之陈说《洪范》,见于今本《尚书》有《洪范》篇,《书》序则云"箕子作"。在殷纣末年佯狂为奴时,"遂隐而鼓琴以自悲,故传之曰《箕子操》"。又叙箕子朝周,作《麦秀》之诗。这些既传为箕子的作品,

---

19) 徐中舒,《周原甲骨初论》,《川大史学·徐中舒》,四川大学出版社,2006年,第226页。

20) 陈逢衡,《竹书纪年集证》卷二十四,清嘉庆裹露轩刻本。

21) 司马迁,《史记》,中华书局,1982年,第131页。

22) 孔颖达,《尚书正义》,阮元校刻《十三经注疏》,中华书局,1980年,第187页。

23) 参徐中舒,《周原甲骨初论》,《川大史学·徐中舒》,四川大学出版社,2006年,第226页。

自然会随着箕子入朝传布朝鲜, 可是都不见记载。而最早记载箕子入朝传播中国文化内容的是《汉书·地理志》：

> 殷道衰, 箕子去之朝鲜, 教其民以礼义、田蚕、织作。乐浪、朝鲜民犯禁八条。相杀以当时偿杀, 相伤以谷偿, 相盗者, 男没入为其家奴, 女子为婢, 欲自赎者, 人五十万, 虽免, 为民俗羞之。嫁取无所雠, 是以其民终不相盗, 无门户之闭, 妇人贞信不淫辟。[24]

这里所教的 "礼义"、"田蚕、织作"、"八条" 之禁, 主要是有关社会生产、礼仪习俗、制度规范的内容, 这些措施适应了朝鲜以农业为主和地域的国邑组成的国家形态的需要, 推动了朝鲜地区早期文明建设, 后人称之其为 "仁贤之化"。《后汉书·乐夷传》这样评价说："昔箕子违衰殷之运, 避地朝鲜。始其国欲未有闻也, 及施八条之约, 使人知禁, 遂乃邑无淫、盗, 门不夜扃, 回顽薄之俗, 就宽略之法, 行数百千年, 故东夷通以柔谨为风, 异乎三方者也。" 所以, 箕子之省简文条而用信义, 其得圣贤作法之原矣。"[25] 后世或器物犹存, "东夷之国, 朝鲜为大, 得箕子之化, 其器物犹有礼乐云。"[26] "食用笾豆、簠簋、罇俎、罍洗, 颇有箕子之风。"[27] 有学者研究箕子之教 "并不属于周礼的范畴"[28], 并认为 "诗书礼乐之称乃西周以后事,《汉书》、《后汉书》只言 '礼义', 则更符合于殷末箕子的情况"[29], 也就是说箕子入朝没有 "教以诗书" 之事。但是, 朝鲜地区的中国诗、书传播屡有记载, 一些传播内容, 可以见于人们的用语。金富轼所著《三国史记》中《高句丽本纪》载琉璃明王三年 (17年, 新莽天凤4年), 感于二姬争斗, 作黄鸟歌："翩翩黄鸟, 雌雄相依。念我之独, 谁其与归？"[30]

24) 王先谦,《汉书补注》, 中华书局, 1983年, 第850页。
25) 王先谦,《后汉书集解》, 中华书局, 1984年, 第987页。
26) 姚思廉,《梁书·东夷传》, 中华书局, 1973年, 第800页。
27) 刘煦等,《旧唐书》, 中华书局, 1973年, 第5320页。
28) 张博泉,《箕子与朝鲜论集》, 吉林文史出版社, 1994年, 第117页。
29) 张博泉,《箕子与朝鲜论集》, 吉林文史出版社, 1994年, 第102页。
30) [高丽]金富轼, [中]孙文钦等校勘,《三国史记》, 吉林文史出版社, 2003年, 第177页。

这种四言诗体式可以看到《诗经》的影响，而 "念我之独"，或源于《小雅·正月》、《小雅·小明》的 "念我独兮"，而《小明》诗中 "岂不怀归" 与 "谁其与归"，也不无相似的语意？又《高句丽本纪》载大武神王十一年 (28年，汉光武帝建武四年)，大武神王会群臣问战守之计，"右辅松屋句曰：'臣闻恃德者昌，恃力者亡。'" [31] 这见于《史记·商君列传》赵良引《书》曰[32]。又大祖大王八十六年(138年，汉顺帝永和3年)，"其弟伯固谏曰：祸福无门，惟人所召。……宜以忠义存心，礼让克己。'" [33] "祸福无门，惟人所召"，见于《左传》哀公二十三年闵子马所言，而 "礼让克己"，则可参见《论语·颜渊》"子曰：'克己复礼为仁'。" 这些见于朝鲜高句丽时期的言语用例，相当于中原王朝的西汉、东汉时期，已涉及《诗》、《书》、《左传》、《论语》等典籍的传播，不过就 "诗书" 传播的记载而言当然是已有其实，只是尚无其名。发展到中原王朝的南北朝时期，特别是唐王朝，中国与朝鲜的文化交流更是空前的繁荣，诗书传播日益广泛，而且形成了制度。高句丽的小兽林王二年 (372年，东晋晋文帝咸安二年) "立太学，教育子弟" [34]，百济圣王十九年 (541年，梁武帝大同七年)，"王遣使入梁朝贡，兼表请《毛诗》博士，《涅盘》等经义"[35]。新罗的国学更显示出了儒家诗书典籍传播意义，用于选拔人才，形成取士制度：

> 教授之法，以《周易》、《尚书》、《毛诗》、《礼记》、《春秋左氏传》、《文选》分而为之业，博士若助教一人。或以《礼记》、《周易》、《论语》、《孝经》，或以《春秋左氏传》、《毛诗》、《孝经》，或以《尚书》、《论语》、《孝经》、《文选》教授之。诸生诗书三品出身。读《春秋左氏传》，若《礼记》，若《文选》而能通其义，兼以《论语》、《孝经》者为上；读《曲礼》、《孝经》者为下。
> 若论兼通五经、三史、诸子百家之书，超擢用之。前只以弓箭取人，至是改之。[36]

---

31) [高丽]金富轼，[中]孙文钦等校勘，《三国史记》，吉林文史出版社，2003年，第185页。
32) 司马迁，《史记·商君列传》，中华书局，1982年，第2235页。
33) [高丽]金富轼，[中]孙文钦等校勘，《三国史记》，吉林文史出版社，2003年，第194页。
34) [高丽]金富轼，[中]孙文钦等校勘，《三国史记》，吉林文史出版社，2003年，第221页。
35) [高丽]金富轼，[中]孙文钦等校勘，《三国史记》，吉林文史出版社，2003年，第221页。

不过，这些诗书典籍的传播都是箕子入朝以后时代的事。

但是，到李氏朝鲜时代，徐居正 (1420—1492) 在其所著《东国通鉴·外纪》采录了《汉书·地理志》有关箕子入朝的记载后，特别加了一段按语，说：

> 臣等按：范晔曰：箕子违衰殷之运，避地朝鲜，施八条之约，使人知禁，邑无淫盗，门不夜扃，柔谨为风，道义有焉，省简教条而用信义，其得作法之原矣。涵虚子亦曰：箕子率中国五千人入朝鲜，其诗书礼乐、医巫、阴阳卜筮之流、百工技艺皆从而往焉。既至朝鲜，言语不通，译而知之，教以诗书，使其知中国礼乐之制、父子君亲之道、五常之礼。教以八条，崇信义，笃儒术，酿成中国之风。教以勿尚兵斗，以德服强暴，邻国皆慕其义而相亲之，衣冠制度，悉同乎中国。故曰：诗书礼义之邦，仁义之国也。而箕子始之，岂不信载？37)

徐居正《东国通鉴》的按语引范晔《后汉书·东夷传》说法，基本承袭《汉书·地理志》，而引述涵虚子曰，则在传统的 “教其民以礼仪”、“八条” 之禁外，给箕子入朝的文化传播增添了新的内容：

> 教以诗书，使以知中国礼乐之制，父子君亲之道，五常之礼。
> 教以勿尚其兵斗，以德服强暴，邻国皆慕其义而相亲之，衣冠制度，悉同乎中国，故曰：诗书礼义之邦，仁义之国也。而箕子始之，岂不信哉？38)

为什么《东国通鉴》会出现这些不见于传统记载的内容？过去只言其 “仁贤之化”，现在却特别肯定朝鲜是 “诗书礼义之邦，仁义之国”，而由 “箕子始之”。更言所教 “诗书”，知中国礼乐之制、父子君亲之道、五常之礼，“以德服强暴”，“衣冠制度，悉同乎中国”？这其实是与李氏朝鲜王朝建立的政治背景有关。

我们知道，李氏朝鲜王朝是由高丽大将李成桂取代高丽幼主，在1392年（明洪

---

36) [高丽]金富轼，[中]孙文钦等校勘，《三国史记》，吉林文史出版社，2003年，第460页。

37) [朝鲜]徐居正，《东国通鉴》，朝鲜古书刊行社，明治四十五年，第3页。

38) [朝鲜]徐居正，《东国通鉴》，朝鲜古书刊行社，明治四十五年，第3页。

武二十五年，高丽恭让王四年，朝鲜太祖元年）建立起来的。当时的高丽王朝与朱明王朝存在宗藩朝贡关系，他们奉明朝皇帝为天子。李成桂的新朝需要得到朱明王朝的认可，于是在洪武二十五年，李成桂就以"权知国事"的名义，派金书中枢院事韩尚质以"和宁"或"朝鲜"之名请国号于明王朝。《明太祖实录》卷223载：洪武二十五年闰十二月，"乙酉，高丽权国知事李成桂欲更其国号，遣使来请命。上曰：'东夷之号，惟朝鲜之称最美，且其来远矣，宜更其国号曰朝鲜。'"39)《朝鲜太祖实录》也有相同记载：朱元璋颁旨说："东夷之号，惟朝鲜之称美，且其来远，可以本其名而祖之。"40) 后来还有朝鲜左谏议大夫李滉奉笺陈贺说："圣人启统，奄观箕子之旧封；帝命用休，申锡朝鲜之美号。"41) 他们将李氏王朝的国号"朝鲜"与箕子之封联系在一起，大臣郑道传更有《国号》一文，专论其事说：

> 今天子命曰惟朝鲜之称美，且其来远矣，可以本其名而祖之。体天牧民，永昌后嗣。盖以武王之命箕子者，命殿下，名既正矣，言既顺矣。42)

他们竭力宣扬"命曰朝鲜"之事，不仅有称正统之意，认为自此前的新罗、百济、高句丽、高丽各朝"皆窃据一隅，不受中国之命，自立名号，互相侵夺，鲜有所称，何足取载？"43) 而且更借此事将明朝天子比做了周武王，将李成桂比做了箕子，盛称箕子的德行善政：

> 箕子陈武王以《洪范》，推衍其义，作八条之教，施之国中，政化盛行，风俗至美，朝鲜之名闻于天下后世如此。今既袭朝鲜之号，则箕子之善政，亦在所当讲焉。呜呼，天子之德无愧于周公，殿下之德亦岂有愧于箕子哉。将见《洪范》之学，

---

39) 明实录附校勘记·太祖实录》2版，第3267页，台北"中央研究院"历史语言研究所，1968年。
40) 日学东洋文化研究所，《李氏实录》第1册《太祖实录》卷三，第161页，昭和二十八年。
41) 日学东洋文化研究所，《李氏实录》第1册《太祖实录》卷三，第161页，昭和二十八年。
42) 道传，《三峰集》卷七，《标点影印韩国文集丛刊》，景仁文化社，1996年再版，第414页。
43) 郑道传，《三峰集》卷七，《标点影印韩国文集丛刊》，景仁文化社，1996年再版，第414页。

八条之教，复行于今日也。[44]

　　自此以后，"箕子"在李氏朝鲜时代得到空前的尊崇。李氏朝鲜王朝各代国王，太宗、世宗、世祖、仁祖、肃宗建庙、封赠不断，甚至还有大臣上疏，主张"国都及八道界首，官择则面阳地大建箕子庙。"[45] 他们给"箕子"在朝鲜历史上的定位是："朝鲜檀君，东方始受命之主；箕子，始兴教化之君。"[46] 箕子的功德使朝鲜不同于历史上的其他王朝："自卫满历高氏，专尚武强，其俗大变。逮夫王氏之世，辽金与愿，境壤相邻，重染胡俗，益以骄悍"，因为箕子"九畴天人之学，八条风俗之美，实基我东方数千载礼义之化"[47]。他不仅教化了朝鲜，在中国文化中也功德厚矣。朝鲜世宗十年（明宣宗宣德三年，1428年）判右军府事卞季良奉命作《箕子庙碑》文，说：

　　　　思昔禹平水土，天锡洪范，彝伦叙矣，然其说未尝一见于虞夏之书，历千余年，至箕子而始发。向非箕子为武王而陈之，则洛书天人之学，后人何从而得之？箕子之于有功于斯道 也，岂偶然哉?箕子者，武王之师也。[48]

　　这还不仅表现在历史上，还体现在李氏朝鲜现实社会中。李成桂时代谏官全伯英等上疏说：

　　　　殿下受命开国，运值升平，宜敞经筵，讨论经史，何者可法？何者可戒？事必师古，以资治道。夫朝鲜箕子之所封，今上国复赐为号，《洪范》一篇，箕子之所陈，而帝王之所范，合于经筵首讲，以明其教。[49]

---

44) 郑道传，《三峰集》卷七，《标点影印韩国文集丛刊》，景仁文化社，1996年再版，第414页。

45) 郑璘基，《箕子志》卷三，沈伯纲编，《箕子古记录选编》，民族文化研究院，2002年，第2页-第3页。

46) 日学习东洋文化研究所，《李氏实录》第1册《太祖实录》卷一，第102页，昭和二十八年。

47) 权近，《平壤城大同门楼记》，《阳村集》十三，《影印韩国文集丛刊》，景仁文化社，1996年再版，第134-第135页。

48) 日学习东洋文化研究所，《李氏实录》第3册，《世宗实录》卷四十，第593页，昭和二十八年。

49) 日学习东洋文化研究所，《李氏实录》第1册，《太祖实录》卷六，第266页，昭和二十八年。

　　明"箕子其教"是为了"受命开国"的现在,"何者可法,何者可戒?""以资治道"。郑道传《国号》中也说:"箕子之善政,亦在所讲","《洪范》之学,八条之教,复行于今日也"。可见讲历史上的"箕子",目的还在"复行于今日",还在当今的"殿下之德亦岂有愧于箕子哉?"正是有了李氏朝鲜王朝这种现实政治的背景,箕子得到了大力推崇。完成于成宗时代(1469-1494),即明宪宗成化二十一年(1485年)的《东国通鉴》,也正是徐居正为首的一批朝臣秉承王命编撰的史书,他们效仿的就是司马光的《资治通鉴》和朱熹的《通鉴纲目》,以求历史给当世的鉴戒。因而他们对箕子文化作了这样的选择性的历史叙述:朝鲜是"诗书礼义之邦,仁义之国",这是由"箕子始之"的文明教化。既然朝鲜太祖李成桂被比做"箕子",那么朝鲜这个"诗书礼义之邦,仁义之国?"不会只是在讲殷周时代的箕子,恐怕也在讲李氏朝鲜的"箕子"。

　　这里,我们也知道《东国通鉴》按语中那段选择性的历史叙述,选择的是明太祖朱元璋第十七子宁献王朱权的著述,涵虚子是朱权的号。这段按语见于朱权在永乐四年编撰的《天运绍统》一书之中。他在叙述周王朝诸侯宋世系时,引"周史"对"箕子"的历史作了一段叙述。可以反映朱明王朝与李氏朝鲜王国之间特殊的友好关系,这不仅在朱元璋开国就表示朝鲜是十五个最友好的国家之一,为"不征之国"。特别是在明成祖朱棣即位(1403年),朝鲜太宗李芳远亲自到南京朝见了朱棣。后来在永乐六年(1408年),明成祖派内使黄俨出使朝鲜,赠送朝鲜国王大量礼物。50) 这也许可以为《东国通鉴》按语引述的涵虚子所说"教以勿尚兵斗,以德服强暴",找到现实的依据。而叙述朝鲜"衣冠制度,悉同中国",实际上反映了朝鲜王朝与中国之间的文化认同。不过,这种认同,虽说是建立在"箕子始之"的基础上,所以朝鲜王朝的世宗大王就说:"吾东方文明礼乐,侔拟中国,迄今二千余祀,惟箕子之教是赖。"51) 同时,更是李氏朝鲜王朝建立的政治重构的需要。他们强调不同

50) [日]学习东洋文化研究所,《李氏实录》第1册,《太祖实录》,第213—220页,昭和二十八年。
51) [日]学习东洋文化研究所,《李氏实录》第3册,《世宗实录》卷四十,第593页,昭和二十八年。

于 "专尚武强" 的高氏, 也不同于 "染胡绘, 益以骄悍" 王氏之世, "诗书礼义之邦, 仁义之国" 就成了李氏朝鲜王朝国家建构的目标, 因而就要 "教以诗书, 使知中国礼乐之得君道父子之亲, 五常之礼"。由此, 我们也就明白《东国通鉴》按语中出现∶ "箕子入朝, 教以诗书" 这种选择性历史叙述的道理。

三、朝鲜诗话文学的历史建构

箕子入朝, 由最初的 "教以礼仪"、"八条之教" 的文化传播, 演变出后来的 "教以诗书" 的历史叙述选择, 体现李氏朝鲜王朝 "诗书礼仪之邦, 仁义之国" 的建构。虽出自明王朝朱权的《天运绍统》对李氏朝鲜王朝的文化认同的肯定和明王朝德化外交政策。正如韩国西江大学校教授金翰奎先生的肯定的∶ "箕子的尊重是在韩中间政治文化关系达到最高潮的情况下展开的。"[52]

李氏朝鲜的这种政治文化建构, 也促使了朝鲜文学历史的建构。因为有了箕子入朝 "教以诗书" 的传播, 箕子也成为朝鲜文学史中的第一人。朝鲜《海东绎史》卷第四十二《艺文志》经籍一总论第一条就说∶ "周武王封箕子于朝鲜, 中国之礼乐诗书、医药卜筮皆流于此。"[53] 又艺文志六 "本国诗一" 载∶

> 箕子《麦秀歌》。(《史记》曰∶箕子朝周过故墟, 感宫室残坏, 生禾黍, 箕子伤之, 作麦秀之诗以歌之。) 麦秀渐渐兮, 禾黍油油, 彼狡童兮, 不与我好兮。[54]

箕子《麦秀歌》被纳入了朝鲜的 "本国诗"。所以朝鲜南龙翼编撰的诗歌总集

---

52) 见∶金翰奎《箕子与韩国》, 第四届韩国传统文化国际学术会议, 上海, 2001

53) [朝鲜]金致瀞编,《海东绎史》,《韩国史书丛刊》4, 骊江出版社, 1987年, 第3页。

54) [朝鲜]金致瀞编,《海东绎史》,《韩国史书丛刊》4, 骊江出版社, 1987年, 第58页。

《箕雅》，序中则称：

> 箕封而后，我东始知文字。
> 盖以东方诗雅由箕而作也。55)

朝鲜第一部以诗话命名的著作是徐居正所编的 《东人诗话》(明宪宗成化十年，李氏朝鲜成宗五年，1474年) 载金守温《书东方诗话后》说：

> 吾东方自殷太师歌《麦秀》以来，历三国高丽氏至于今，作者不啻数百家，其品评观《破闲》、《稗说》诸书可知也。56)

金守温文中虽言 "殷太师歌《麦秀》"，但《东人诗话》中并无箕子歌诗之载。包括虽无诗话之名，而视为朝鲜诗话的李仁老的《破闲集》(南宋理宗景定元年，高丽元宗六年，1260年) 和崔滋《补闲集》。可是到了佚名所编的《诗话汇成》中，箕子歌诗的记载就越来越详细了：

> 纣为淫暴，作炮烙之刑，箕子谏而不听，乃解衣被发佯狂而去之，遂隐而鼓琴以自悲，乃作歌曰：天乎天哉，欲负石自投河，嗟呼嗟呼，奈社稷何？57)

这里的箕子所歌，在郭茂倩《乐府诗集》卷五十七题为《箕子操》，朝鲜《诗话汇成》只节取《箕子操》的后4句。而作《箕子操》，最早又见于司马迁《史记·宋微子世家》只说箕子 "遂隐而鼓琴以自悲，故传之曰《箕子操》"，58) 并无诗句。至于《麦秀歌》，《诗话汇成》也有叙述：

---

55) [朝鲜]南龙翼编，赵季校注《箕雅校注》，中华书局，2008年，第1页。
56) 蔡镇楚，《域外珍本诗话丛书》第8册，北京图书馆出版社，2006年，第173页。
57) 蔡镇楚，《域外珍本诗话丛书》第8册，北京图书馆出版社，2006 年，第6页。
58) 司马迁，《史记》，中华书局，1982年，第1609页。

箕子以白马素车朝周，过古殷墟，伤古都宫室毁圮，禾黍生焉，欲哭则不可，欲泣则近妇人，乃作《麦秀》之歌曰："麦秀渐渐兮，禾黍油油，彼狡童兮，不与我好兮。"殷之遗民莫不流涕。[59]

这又是抄录《史记》而来，只是文字略有异同，"白马素车"，则是《史记》不见的。朝鲜的诗歌文学创作受唐、宋影响最多，所以杜甫、李白、白居易、苏轼是他们最推崇的诗人。但在文学思想上，他们还是强调《诗》美刺传统，以孔门儒家诗教为指归。姜希孟在《东人诗话》序中强调，"思无邪"一言足已尽三百篇之意，"而夫子发之，此诗话之所以权舆也"。[60] 崔淑精的《东人诗话后序》也宣称：

《诗》三百篇古也，皆经圣人删定，宜若无事于论议矣。而门弟子之贤如卜商者，从而序之，故能发明圣人之微旨，而诗道昌矣。[61]

诗道之昌更因美刺而感人深。高丽时代的崔滋《补闲集》就引述弃菴居士安淳之《读雅叙》强调说：

《诗》三百篇，非必出于圣贤之口，而仲尼皆录为万世之经者，岂非以美刺之言，发其性情之真而感动之切，入人骨髓之深耶？[62]

朝鲜诗人着眼于"不徒取之文辞之美，隐然以维持世教为本"，[63] 张扬的是孔子诗教精神。但他们的诗歌文学却是从箕子诗歌开始，所以《箕雅序》要说"自箕子始也"。朝鲜佚名所编《诗话汇成》也这样建构他们的诗话历史，说：

59) 蔡镇楚，《域外珍本诗话丛书》第13册，北京图书馆出版社2006 年，第6页。
60) 蔡镇楚《域外诗话珍本丛书》第8册，北京图书馆出版社，2006年，第168页—169页。
61) 蔡镇楚，《域外诗话珍本丛书》第8册，北京图书馆出版社，2006年，第171页。
62) 蔡镇楚，《域外珍本诗话丛书》第8册，北京图书馆出版社，2006年，第110页。
63) 蔡镇楚，《域外珍本诗话丛书》第8册，北京图书馆出版社，2006年，第168页。

　　昔季札观于周, 陈列国之风而论其善恶, 风之系于政尚矣, 而诗又风之自也。
东方自檀、箕以降, 分而为三韩, 合而为罗、丽, 以迄于我朝, 其风之纯庞雅变代
不各一。[64]

　　他们虽然叙述了传说中的檀君, 不过都是后人咏叹的诗歌, 真正的诗作还是从
箕子的作歌和《麦秀》诗开始的。他们以箕子 "教以诗书" 为历史起点, "教民礼乐",
"民自化之以成国风"。[65]　这不同于佚名《诗话汇成》"以成中国之风", 虽少一 "中"
字, 似在诗话中叙述箕子入朝的历史, 强调箕子教化礼乐朝鲜之风的形成。可以说,
这正是李氏朝鲜王朝 "诗书礼仪之邦, 仁义之国" 的民族国家建构的文化整合的结
果。诚如费孝通先生所说:

　　　　一个民族的共同心理, 在不同时间, 不同场合, 可以有深浅强弱的不同。为
了加强团结, 一个民族总是要设法巩固其共同心理……总要强调一些有别于其他
民族的风俗习惯, 生活方式的特点, 赋予强烈的感情, 把它升华为代表这民族的
标志。[66]

　　这或许是李氏朝鲜王朝对箕子入朝 "教以诗书" 的选择性的历史叙述的意义吧。
　　总之, 自箕子入朝, 开始了中国与朝鲜之间的文化传播, 早期只有 "教以礼义"、
"八条" 之教的社会生产、礼仪制度的记载, 到了李氏朝鲜王朝时代, 却出现了 "教
以诗书" 这样选择性的历史叙述。这是李氏朝鲜王朝建立与朱明王朝颁赐国号, 推
崇箕子文化有关, 也是推进朝鲜 "诗书礼仪之邦, 仁义之国" 王朝建构的文化整合
的结果, 从而作用了朝鲜文学诗话以箕子开始的历史建构。

---

64)　蔡镇楚,《域外珍本诗话丛书》第13册, 北京图书馆出版社 2006年, 第3页。
65)　洪重寅,《东国诗话汇成》, 蔡镇楚,《域外珍本诗话丛书》第13册, 北京图书馆出版社 2006年,
　　　第3页。
66)　费孝通,《民族研究论文集》, 民族出版社, 1998年, 第16页。

《韩国所藏中国汉籍总目》简介

延世大学 全寅初

一、编纂背景及意义

韩国与中国大陆隔海相望, 北部与中国大陆东北部接壤, 自古以来, 韩国便受到汉文化的影响, 成为东亚汉字文化圈的重要成员之一。如同日本、越南等国家, 韩国也将汉字作为书写工具, 到20世纪初为止, 韩国大部分档案皆以汉字写成。其最具代表性的便是《朝鲜王朝实录》、《承政院日记》等文献。韩国古代知识分子在创造民族文化遗产时, 曾参考各种中国古代文献, 特别是自统一新罗时代起, 先进的唐文化大量流入韩半岛。至高丽时代, 宋元思想文化及书籍由陆路源源不断地传入韩国, 尤其是儒家与佛家思想在韩国的盛行, 使得儒家经典与佛经典的引入成为主流。据《高丽史》(卷10, 宣宗条)记载, 因战乱, 在中国早已亡失的典籍, 在高丽则保存得完整无损。宋朝廷请求高丽提供复印本, 高丽欣然提供。由此史实记载也可窥见到韩中两国书籍交流历史的源远流长。

目前我国古书收藏机构以及大学图书馆所收藏的中国汉籍数量不少, 但尚缺少一份系统而完整的调查报告。我国所藏的汉籍包含从中国进来的、在韩国刻印的, 以及日本等汉字文化圈国家刻印的汉籍。当然, 里面也含有大量的手写本。韩国汉籍种类繁多, 内容丰富, 编排无序, 因此对汉籍的整理工作竟一而再地拖延至今。即便是出于对国故整理的考虑，我们也不能听凭这种现状的持续。

这些文献的整理与研究，对于了解中国文化向外传播的情况很有帮助，同时对中国本地的文献资料整理与研究也将产生积极影响。例如，明末陆人龙所撰的《型世言》，其珍本在中国早已亡佚，但韩国内仍有保存。此点可以证实，散落在韩国各地的汉籍一旦一目了然地被整理出来，对国内外汉学界而言，真可谓是功德无量之举，既为研究学者提供极大便利，又可促进、强化汉学的国际间交流。同时也必将极大地提高韩国学术团体在国际间的地位。而且此书一经介绍到中国、日本等国外地区，韩国所藏的汉籍也将会传播到世界有汉学研究之处。

在国内已出版的汉籍目录多之又多，但尚未出现过专门收录中国汉籍的目录书，且其分类体系各自不同，因此有效地检索所需的数据颇为困难。处于此一状况下，本书专门收录中国汉籍目录，采用传统的经、史、子、集四部分类法，提供检索上的方便。刊行此书的重大意义在于：透过此项工作成果，重新发掘韩国学研究上具有重大意义的古文献，为国际学界提供基本数据。

在实际工作进行当中，遇到不少困难，痛感我们的浅学菲才。四部中的小类的分门别类尤为艰难。我们尽量以《四库全书总目》和《中国丛书综录》为标准决定归类，不过遇到仅以此二书也无法断定，且也无从查看原书实际情况的书目时，我们的分类工作只好告中断。幸好，通过多方面的探究追寻其他目录书、通过网络等各种途径查询，最终大部分问题都得以解决。工作成果日积月累，将这些体系各异的工作成果，采用统一的系统来管理，也并非简单之事。经过四年多的艰辛努力，从近30种古书目录中收录的12,500多种中国典籍终于被编辑成册。 虽然我们竭尽全力汇集国内所藏的目录数据，但肯定有网罗未足、疏漏之处。韩国历史悠久，自然积累的文化遗产也极其浩瀚。 因此仅以某个人或某个团体之力来执行一次计划案，在短时间内完成如此浩大的工程，实属不可。中国有"抛砖引玉"之成语，我们编辑人员仅希望以此拙劣而未完的成果引出学界各位硕学高见. 脑海间闪现出《论语》中"士不可以不弘毅，任重而道远." 之句，向後蒐集的资料，其后将用补编的形式來整理出版，以期完璧。

二、编纂经过

下面介绍本总目从计划到出版的详细经过。

主编者全寅初本人其间在遇到那些散落在韩国各处、未经整理的与中国相关的汉籍，对于未能体系整理并被学界活用的现实非常着急。1999年7月初本人被聘为台湾国家图书馆汉学研究中心的访问学者，得到了6个月的研究机会。在那里见到了支持海外汉学研究的喜玛拉雅基金会的韩效忠理事长。本人当时与既是中国书志学专家又是本人的朋友王国良教授一起，拿着在中国已失传但收藏于韩国奎章阁的《型世言》全套去见面。在交谈中我说了韩国的俗语"玉不琢，不成器"，并提出将散落在韩国的珍珠穿起来做成宝贝。韩效忠理事长首先以肯定的答复给了我们希望，在他的帮助和鼓励下开始了《韩国所藏中国汉籍总目》的编撰工作。由此发奋并构想将散落在韩国各处的与中国相关的汉籍编撰集成及进行目录化工作，幸运的是得到了四个机构的研究费用支援。

首先以"国学基础文献整理事业韩国所藏汉籍调查研究"的名目得到了台湾喜玛拉雅基金会(2001.1-2003.8)、韩国长银公益财团(2000.12-2001.11)的研究费用支援，之后被韩国学术振兴财团 (2002.8-2003.7) 选定为"基础学问养成支援课题"，得到了1年的经费支援。同时也得到了台湾蒋经国国际学术交流基金会(2003.6-2004.5)的研究经费。除此以外，为了寻求咨询，我把王国良、林庆彰、李立信三位教授聘为顾问，向他们咨询对书籍分类和编辑等方面的专业建议。很多韩国的教授也参与到这个工作，分工负责韩国各图书馆收藏的汉籍资料。首尔大学中文系的徐敬浩教授负责韩国奎章阁所藏的汉籍，高丽大学中文系的崔溶徹教授负责韩国藏书阁与高丽大学所收藏的汉籍，延世大学中文系金长焕教授负责韩国国立中央图书馆等主要图书馆及其他机关所藏的汉籍。此外，延世大学国学研究院的琴知雅教授(现北京大学外国语学院教授)、延世大学国学研究院的李珠海教授及清州大学中文系的李永燮讲师负责实务工作。经过4年多的时间，本书得以完成。2004年1月重新邀请台湾方面咨询团的代表国立台北大学古文献研究所所长王国良教授对整体的体制进行咨询，经过一周时间，对不完善的内容进行了补充。

在此过程中，于2004年9月向支援机构之一的韩国学术振兴财团做了一年工作期间的结果报告，得到了"不够格出版"这个意外的评判结果。韩国一些学者提出指责，他们的批判内容大致有如下两个方面的内容。第一，学者们指出，即将要出版的成果的书名（《韩国所藏中国汉籍总目》和此书名内能否包括韩国本汉籍（中国书中韩国人加注释的情况及在韩国版刻的中国书的情况）。第二，学者指出目录记述无视已成为标准的《韩国文献自动化记述规则-古书用》(韩国国立中央图书馆，2000) 而进行了记述。根据与台湾支援机构的合约，按照当初定好的书名及体裁进行出版，包括本人在内的研究学者们不得不提出异议。这是因为，在进行过程中多次听取了台湾专家王国良、林庆彰、李立信等教授的意见而进行编纂，当初在计划书中也表示要这样做，而且也得到了韩国学术振兴财团的许可而推进的工作。结果是所有研究参与者都受到了今后5年不得申请研究经费的处罚。但是，有义务完成初期支援机构韩国长银公益财团、台湾喜玛拉雅基金会的成果，同时这也是我们研究人员多年共同努力的果实，不能因为学术振兴财团的不合理审查评判就放弃出版本书。所以，为了坚定地坚持当初计划书上的编纂意图，接受了研究上的损失而进行了出版。2005年6月，书名为《韩国所藏中国汉籍总目》(全6册，包括索引集，学古房)（照片1）得以面世。

照片 1.《韩国所藏中国汉籍总目》
(全6册，包括索引集，学古房，2005.6)

三、新发掘的典籍

在此研究过程中，在韩国收藏本中新发现了很多中国已失传的典籍。有以下三种。第一是明代陆人龙所作的话本小说《型世言》，此书已失传于中国早期，现在只传于韩国。第二是明代都穆编辑的笔记《玉壶冰》，此书在中国已失传，在台湾有两种版本，韩国所藏本在现存本中时期最早。第三是《太平广记详节》，此书以宋代刊本为底本进行缩编的书，其中有7个典故并不在现存的《太平广记》之中，有研究价值。

四、编纂范例

1. 收录目录

本目录乃辑28种韩国所藏古书目录而成。本目录收录之古书目录，取自于韩国所藏中国古书调查研究小组收集之70余种古书目录中的重要目录，各目录简称如下(以汉字拼音为序)：

1) 庆尚大学图书馆 (1996)，《汉籍目录》[경상대]
2) 高丽大学中央图书馆 (1973)，《石洲文库目录》[高丽大 石洲]
3) 高丽大学中央图书馆 (1974)，《薪庵文库目录》[高丽大/薪庵]
4) 高丽大学中央图书馆 (1976)，《华山文库汉籍目录》[高丽大/华山]
5) 高丽大学中央图书馆 (1979)，《晚松金完燮文库目录》[高丽大/晚松]
6) 高丽大学中央图书馆 (1982)，《公亮文库目录》[高丽大/公亮]
7) 高丽大学中央图书馆 (1980)，《贵重图书目录》
   景和堂文库目录 - [高丽大/景和堂]

旧藏本目录 - [高丽大/汉籍]

晚松文库目录 - [高丽大/晚松]

石洲文库目录 - [高丽大/石洲]

薪菴文库目录- [高丽大/薪菴]

華山文库目录 - [高丽大/华山]

8) 高丽大学中央图书馆 (1984),《汉籍目录：旧藏》[高丽大/汉籍]

9) 国史编纂委员会 (1983),《古书目录》[国史编纂委员会]

10 檀国大学栗谷纪念图书馆 (1994),《汉籍目录》

金铭源文库 - [檀国大/金铭源]

罗孙文库 - [檀国大/罗孙]

一般汉籍 - [檀国大/汉籍]

秋汀文库 - [檀国大/秋汀]

11) 大韩民国国会图书馆(1969),《李朝书院文库目录》

灆溪书院 - [国会/灆溪书院]

大老祠 - [国会·大老祠]

道东书院- [国会·道东书院]

陶山书院 - [国会·陶山书院]

遯巖书院 - [国会·遯岩书院]

屏山书院 - [国会·屏山书院]

三溪书院 - [国会·三溪书院]

绍修书院 - [国会·绍修书院]

深谷书院 - [国会·深谷书院]

玉山书院 - [国会·玉山书院]

临皋书院 - [国会·临皋书院]

笔岩书院 - [国会·笔岩书院]

桧渊书院 - [国会·桧渊书院]

12) 东国大学校中央图书馆(1981),《古书目录》[东国大]

13) 首尔大学校图书馆(1982),《奎章阁图书-中国本综合目录》[奎章阁]

14) 首尔大学校人文大学附设东亚文化研究所(1980),《补订奎章阁图书韩国
     本总目录》[奎章阁韩国本]

15) 成均馆大学校中央图书馆(1979),《古书目录》[成均馆大]

16) 成均馆大学校中央图书馆(1981),《古书目录2》[成均馆大]

17) 雅丹文化企划室(1996),《雅丹文库藏书目录(二): 古书》[雅丹文库]

18) 延世大学校中央图书馆(1977),《古书目录》[延世大]

19) 延世大学校中央图书馆(1987),《古书目录2》[延世大]

20) 龙仁大学校传统文化研究所(2000),《古书目录》[龙仁大]

21) 梨花女子大学校韩国文化研究院(1981),《古书目录》[梨花女大]

22) 藏书阁(1974),《藏书阁图书中国版总目录》[藏书阁]

23) 忠南大学校图书馆(1993),《古书目录》[忠南大]

24) 韩国国立中央图书馆(1970),《古书目录》1/2/3 [国立中央图书馆]

25) 韩国国立中央图书馆(1976),《外国古书目录: 中国·日本篇》1/2/3/4
     [国立中央图书馆]

26) 韩国民族美术研究所(1967),《涧松文库汉籍目录》[澗松文库]

27) 韓國精神文化研究院(1991),《藏书目录: 古书篇1》[精神文化研究院]

28) 中韩翻译文献研究所(2003),《藏书目录》[中韩翻译文献研究所]

2. 收录范围

1) 本目录命名为《韩国所藏中国汉籍总目》. 所谓 '汉籍' 即 '线装本'。

2) 就内容而言,中国刊刻之书籍中流入韩国者、刊刻于韩国之中国书籍者、韩
    国人加注于中国书籍者为范围。

3) 就时期而言, 唯中华民国成立以前(1911)书籍为着录对象,但石印本则截至

上个世纪四十年代。再者, 如有稀本, 不问时期一并着录, 然其数量甚尠。

3. 编辑

1) 分类基准

本目录由于以着录1911年以前汉籍书目为主, 故从四部分类法,《四库全书》四部分类为准, 大体上可谓略同。例如《山海经》不归史部地理类, 归于子部小说家类。乾隆以后书籍略从《续修四库全书》分类, 然非尽同。例如效《续修四库全书》之例, 另立子部西学类, 然仍不立集部戲剧类。其外参考韩国奎章阁之分类。其分类特征如下:

① 经部: 乐类之书无几, 一概归于礼类。五经总义类简称总经类。乾隆以后书籍虽从《续修四库全书》分类, 亦有例外。例如《汉学师承记》, 在《续修四库全书》归于经部群经总义类, 然本目录归于史部传记类。
② 史部: 载记类、时令类之书无几, 散归杂史类、政书类。效《续修四库全书》之例, 另立金石类, 但其界较阔, 不止金石, 甲骨文之类亦归此类。再者, 效韩国奎章阁之例, 另立史表类、谱系类。
③ 子部: 法家类、谱录类之书无几, 故法家类之书一概归于杂家类, 谱录类之书散归他类。另立西学类、丛书类。
④ 集部: 效韩国奎章阁之例, 另立尺牍类。其外集部分类与《四库全书》尽同, 但其排次略有异同。

2) 著录次序

各其小类依据标目(书名)之韩文音序而著录。

3) 著录体例

本目录乃辑28种韩国所藏古书目录而编, 为一目了然之检索, 将各种著录之体例一律改编而著录。只可惜当初诸古书目录之著录体例参差太甚, 改编未能尽善, 在细项部分上尚有不齐之处(在③④之细项较甚), 然不妨大体。本目录之著录体例如下:

① 书名

② 撰者 / 编者 / 注释者 等

③ 版本 / 刊行地 / 刊行年度 / 册数、卷数 / 书式、板式等

④ 刊记、序跋、备考等余他事项

⑤ 所藏处(所藏处简称参考「1. 收录目录」)

试举一例如下:

① 寄傲山房纂辑易经备旨

② 朱熹(宋) 本义, 邹圣脉(清) 纂辑

③ 石印本 / 上海 文盛书局 光緒30(1904)刊 / 7卷4册 四周双边 半郭19.8×13.5㎝ 半叶 2段 17行 30字 注双行 头注 上内向黑鱼尾 25.7×15.1㎝ 线装

④-1 裏题: 易经备旨

④-2 序: 嘉庆戊午岁(1798)桂月中浣姻家晚生马吕丰(清)拜撰

④-3 刊记: 光緒甲辰(1904)季秋七月上海文盛书局石印

④-4 印: 海圆楼珍藏

④-5 纸质: 竹纸

⑤ [东国大]

4) 索引

另备书名索引(韩音索引、 汉字拼音索引), 人名索引(韩音索引、 汉字拼音索引)以便检阅。

五、国内外学界的反应

在献身于编撰工作的研究员的努力之下，本书的学术价值得到了很高评价。本总书荣获2007年大韩民国学术院优秀学术图书奖。学界专家们齐聚一堂，经过严格的审查，被选定为优秀学术图书，这说明得到了韩国学界最高专家们的认可。对韩国学术振兴财团曾评价本书的审查委员的个人意见并不介意，而是坚持按照最初的计划推进，最终向世界介绍其价值。对此我感到非常自豪。

在本书出版后，中国南京大学张伯伟教授和王淙德教授分别发表了书评《《韩国所藏中国汉籍》出版》(《古籍整理出版情况简报》，2005年第9期)、《关于《韩国所藏中国汉籍总目》一书》(《书目季刊》，2005年冬季号)，向学界介绍了本书的优秀性。同时，作为支援机构之一的台湾喜玛拉雅基金会以《韩国汉学界启动大工程-《韩国所藏中国汉籍总目》费时四年完工》(《回首来时路—喜玛拉雅基金会的故事》，2013.6) 为题介绍了本书编撰者在编纂过程中所经历的多个轶事。

现在通过中国的中国图书进出口中心与台湾的乐学书局，本书得以不断输出并被收藏于中国及台湾的主要大学和研究机构。在中国北京大学中央图书馆的古籍善本室，本书与《日藏汉籍善本书目》并列摆放于书架之上(照片2)。同时，日本东京大学中文研究所、京都大学人文学研究所、美国哈佛大学 Yenching Library(照片3，4)，普林斯顿大学Gest Library (照片5) 等韩国学相关的研究机构也购入本书进行摆放。虽然未一一确认世界性的东洋学图书馆或汉学研究机构，但认为大部分的研究机构均已备置此书。

今后随着《韩国所藏中国汉籍总目》被广泛介绍给中国、日本等海外中国学研究者们，我希望这些收藏于韩国的珍贵的与中国相关的文献将有助于汉学研究。

照片 2. 中国北京大学中央图书馆
古籍善本室所藏
(查询记号G. Z 831, 2(1-6))

照片 3. 美国哈佛大学
Yenching Library-韩国学图书馆所藏
(查询记号HYL(K)Z 3320 H374. 2005(1-6))

照片 4. 美国哈佛大学 Yenching Library - 中国图书馆所藏
(查询记号 HYL(C) REF Z 3320 H374. 2005(1-6))

照片 5. 美国普林斯顿大学 Gest Library所藏
(查询记号 Ref(Gest) Z 3109 H36. 2005(1-6))

汉籍传播带给我们的启示

延世大学　金椿姬

汉籍指的是古代各地区用汉文撰写的各类典籍。汉籍包括三个方面[1]：一是历史上域外文人用汉文书写的典籍，包括朝鲜半岛、日本、越南等国家和地区文人的书写，也包括一部分欧美传教士用汉字书写的著作；二是中国典籍的域外刊本或抄本；三是在中国之外的中国古籍。本文透过古代中国汉籍流入韩半岛的历史，阐述汉籍传播文化对我们的启示。文章以孔子学院为例，指出在国际化时代我们有必要继承中国汉籍传播文化的传统，以德行仁，顺势而行；以客为主，为客所用。在继承传统中探索，创新传播理念与方式。

一、朝鲜半岛的中国汉籍流传与文化传播

1. 中国汉籍在朝鲜半岛流传

根据韩国收藏的中国古代汉籍，我们认为韩半岛对中国文化的吸收与中国文

---

1) 张伯伟《今世治学以世界为范围—张伯伟教授谈域外文学研究》，《文化思考》2005年12期，第38~44页。《域外汉籍答客问》，《南京大学学报》，2006年《增补文献备考》记载："涵虚子曰：箕子率5000人入朝鲜，其诗书礼乐医巫阴阳之流，皆从往焉。"

化的发展几乎是同步发生的。目前看到的韩国人接触汉籍的最早记录是朝鲜时期文献《增补文献备考》中对春秋战国时期箕子携书入朝的记载[2]。纵观历史，中国汉籍流入韩国主要有四种途径。

首先是韩半岛上历代朝廷的购入，以及古代中国历代朝廷的赐赠。新罗第26代王真兴王26年（公元565年），"陈遣刘思与僧明观聘新罗，送释民经论1700部。新罗景文王9年（公元869年）又遣学生李同等3人，随进奉金胤入唐习业，并赐买书银300两。"[3] "淳化二年，高丽遣使韩彦恭来贡。彦恭表述治意，求印佛经，诏以《藏经》并御制《秘藏诠》、《逍遥咏》、《莲华心轮》赐之。"[4] "忠顺王元年，遣博士柳衍，学谕俞迪等，购书籍于江南，船败，衍等赤身登岸，判典校洪瀹，以太子府参军在南京，以宝钞150锭，遣衍使购经籍18000卷而还，瀹又奏元赐王书籍4371册，皆宋秘阁所藏也。"[5] 此外在《宋史》、《资治通鉴长编》、《高丽史》等史书这样的记载也很多。

其次，是私人间的赠送与购买。韩国历史上常有使臣出使中原，他们在完成国家公务之余，总会徜徉在街头巷尾，观察中国人的生活，购买中国书籍带回国。李德懋在《入燕记》中写道，"与在先往琉璃厂五柳居，阅南船奇书，书状嘱余沽数十种，其中朱彝尊经解，马骕驿史，稀有之书，而皆善本也。" 又如李朝圣节使质正官李昌臣奉命赴明廷，寿命名搜求苏文忠公集，遍求北京而未得，自明返国时路经辽东，"偶逢进士前知县邵奎，与之语，因求苏集。奎即迎入藏书阁以示，乃赠之。臣欲偿之，奎却之曰：'何用价为？所以赠之者，以为他日不忘之资耳。' 乃赠诗并序。"[6] 又有 "中宗二十九年四月，李朝国王引见进贺使苏世让，苏世让启奏国王曰：曾郎中（明礼部郎中曾存仁）亦送春秋公羊谷梁传、朱子诗集。"[7]

第三，商人购买后从海上或陆路传入韩半岛。高丽太祖11年（公元928年）自唐

2) 栾兆玉：汉籍在朝鲜的流传与研究，《图书馆建设》2001年2，第86~88页。
3) 据韩国《三国遗史》卷四的记载。
4) 据《宋史·外国传（三）高丽》记载。
5) 据韩国《增补文献备考》中记载。
6) 参见《朝鲜王朝实录·成宗实录·卷一百九十八，成宗十七年十二月己亥》。
7) 见《朝鲜王朝实录·中宗实录》卷七。

闽府航载大藏经一部抵达礼成江。

第四，抄写刻印。在中国的朝鲜使臣或商人，求购汉籍，如果不得手，就有抄录带回的[8]。还有为了提高汉籍在韩国的内的普及率，朝鲜朝廷大量刊印汉籍颁赐给大臣或乡校。"礼曹据司译院牒呈，启：老乞大、朴通事、前后汉直解、孝经等书，缘无版本，读者传写诵习，请令铸字所印出。从之。"[9]

中国汉籍传入韩半岛的历史源远流长，而传入的途径主要有上述四种。据韩国全寅初教授主编的《韩国所藏中国古籍总目》统计，韩国各图书馆现存中国古籍共有125000种。我们相信实际韩国收藏会远远超过这个数字。古代中国人创造出无数引领人类思想、科学与艺术的成果，韩国人执著地搜寻、购买、收藏中国汉籍，汉籍承载着汉文化源源不断流入朝鲜半岛，为韩国人所主动接受。

2. 中国汉籍传播的影响

古代韩国人有选择地吸收与自己民族发展相适应的文化成果，在这一原则下创造文化，为汉文化发展注入了新鲜活力。古代韩国人还进一步弘扬汉籍文化，向隔海相望的日本传播，从而扩大了汉文化的影响力。朝鲜半岛为汉籍文化注入新元素，使得汉籍文化获得新的生命，推动了东亚汉文化的发展，为汉文化圈形成作出贡献。

宋朝使臣徐兢对高丽国藏书之丰富作描写说，其"临川阁藏书至数万卷，又有清燕阁，亦实以经史子集四部之书。"[10]《旧唐书·东夷列传》中记载，高丽"俗爱书籍，至于衡门厮养之家，各于街衢造大屋，谓之扃堂，子弟未婚之前，昼夜于此读书习射。其书有五经及《史记》、《汉书》、范晔《后汉书》、《三国志》、孙盛《晋春秋》、

8) 见吴晗辑《朝鲜李朝实录，中国史料》，北京：中华书局，1980年，第413页。正统五年（1440年，李朝世宗二十二年）二月，(李朝)前正郎金何以火者亲丧咨文贵进官辽东，(李朝)命就求去年在北京礼部所见大明集礼。如已颁降，即设法得来。若未得本文，传写而来。
9) 据《朝鲜李朝世宗实录》卷二十载。
10) 参见徐兢著《宣和奏使高丽图经》卷四十。

《玉篇》、《字统》、《字林》，又有《文选》，尤爱重之。" 据《朝鲜志 (卷上) 风俗》》中记载，李氏朝鲜 "崇尚信义，笃好儒术，礼让成俗，柔谨为风。""士皆先读《资治通鉴》、次读《小学》，再则四书五经，再则为文赋诗 (《小方壶斋舆地丛钞》之《朝鲜杂述》)。"由此可见朝鲜半岛儒学教化蔚然成风。

儒学在中国历经春秋战国时期孔孟原始儒学、汉唐经学、宋明理学和明清实学几个时期，随着汉籍传入儒学也进入韩半岛，对韩国社会发生深刻影响。儒学来到韩半岛与韩国传统文化相结合，成为韩国文化的重要组成部分。有研究显示，至迟在韩国的三国时期，儒学已经全面地传入朝鲜半岛。《三国史记》和《三国遗史》中都有记载[11]：高句丽于372年立太学，新罗于503年按照儒学方式改国号和年号，百济于375年得博士高兴等。而十六世纪朝鲜儒学大师李退溪 (1501-1570) 完善和发展了程朱理学，他既重视宋儒成果，又能采纳汉唐注疏的合理之处，对"存天理，灭人欲"的中国理学传统作修正和突破，顺应韩国社会需要，创立了"退溪学"，李退溪的哲学思想对日本的朱子学发展产生一定影响。

将日本拉进汉文化圈，韩国古人功不可没。据日本文献《古事记》记载：天皇又科赐百济国："若有贤士者贡上。"故，受命以贡上人，有和迩吉师。此人携《论语》十卷，《千字文》一卷，并十一卷而一同贡进。而此和迩吉者，文首等祖。[12] 也就是说日本最初接触到的韩文就是由韩国人带去的。此后无论是佛教还是儒学在日本的发展都与韩国有着密切关联。

李氏朝鲜世宗25年 (1444年) 在世宗大王主持下创制了韩文表音文字《训民正音》，并于世宗28年颁布推行。世宗大王创制《训民正音》的目的有两个[13]：首先是实现对汉籍的汉字准确标记；其次是实现韩国百姓有口能说就能够书写的目的。

---

11) 李宜春，儒学在朝鲜的发展及其特点，《河南大学学报》，1999年第4期。

12) 郭艾敏，《唐代中日汉籍交流研究》，河南大学中国古典文献学硕士学位论文，2013年4月。

13) 参见《训民正音》："国之语音，异乎中国，与文字不相流通，故愚民有所欲言而终不得伸其情者多矣。予为此悯然，新制二十八字，欲使人人易习，便于日用耳"。又见韩国学者研究论文，如：沈在箕，世宗과 訓民正音(3)，〈한글+汉字文화〉；정다함，丽末鲜初의 동아시아 질서와 조선에서의 汉语，汉吏文，训民正音，〈韩国史学报〉제36호 2009년。

随着《训民正音》的诞生, 韵书《洪武正韵译释》和《东国正音》的诞生正说明了这一点14)。《东国正音》是对当时朝鲜内的汉字注音标记的标准。

　　《训民正音》的内容可以得知其吸收了中国宋代程朱性理学和汉语音韵学的成果。 如制字理论运用了阴阳五行之说15) ; 基于《训民正音》具有为汉字注音的功能, 可知其对汉语声韵学研究成果的借鉴。今天看来,《训民正音》的创制不仅有利于教化韩国民众, 对于我们研究古代汉语声韵也是功德无量的。

　　综上所述, 中国汉籍流入韩半岛后大大推动了韩国文明发展进程。韩国人不仅热衷于研读汉籍, 还效法汉文化, 传播汉文化, 扩大了汉文化的生存空间, 极大地丰富了汉文化思想库, 给汉文化注入新生命。韩国人借鉴汉籍思想, 更进一步在本民族传统的基础上创造出自己的民族文化。因此我们认为中国文化之所以能够在东亚各国顺利传播, 是因为它是一个 "以我为主, 为我所用" 地接受汉文化的过程, 吸收者把汉文化与本民族文化相结合创造新文化, 从而赋予汉文化以新的价值与生存空间。

二、中国汉籍传播发生的原因

　　韩国人积极主动地通过中国汉籍接受汉文化, 很多学者认为这是因为中华文明是当时先进的强势文化, 因此其他落后的、相对弱势的民族会理所当然地吸收。但是本文不以为然。我们认为主动吸取异域文化的原因在于有益性。某一文化如果有益或有用于他民族, 即可以补其所无, 健康和丰富其民族精神, 那么就会出现

---

14)　参见《洪武正韵译训·序》: 我世宗庄宪大王留意韵学, 穷研底蕴, 创制训民正音若干字, 万物之声, 无不可传⋯⋯于是以吾东国世事中华, 而语音不通, 必赖传译, 首命译洪武正韵⋯⋯。
15)　参见《训民正音解例制字解》: 天地之道, 一阴阳五行而已, ⋯⋯故人之声音皆有阴阳之理, 顾人不察耳。今正音之作, 初非智营而力索, 但因其声音而极其理而已。

互通有无的文化交流，就会发生对文化的传播与吸收。

今天的中国人生活中不能想象没有胡琴（二胡、京胡、板胡）、西红柿、黄瓜、胡椒、芥末，我们不能想象汉语书面语中没有标点符号。而这些都是中华民族主动从异域文化中获取借鉴来的。中国吸收异域文明，并不是因为中华文化的落后，而是需要使然。吸收异域文化完善中国文化，这些元素补充了中国文化使之丰富。

精神文化方面中华文化中也同样得益于异域文明。比如佛教引进中国。据考证佛教于汉代传入中国，经历过春秋战国时百家争鸣的洗礼，中国可谓是当时世界上文化先进大国了，但数百年来，中国人赴汤蹈火西去取经，积极吸收佛教文化，传播佛教精神。佛教文化改变了中国人的生活，丰富了中国人的精神世界。中国人在翻译佛经过程中，诞生了标注汉字语音的反切法；佛教词汇大量进入中国人的生活，如"现在、世界、烦恼、忏悔、三心二意"等等无不来源于佛教文化；更重要的是，中国人将传统的道教与佛教相结合，嫁接出中国人自己的佛教禅宗。

中华文化最大的魅力就是海纳百川，今天中国文化就是长久以来"以我为主，为我所用"汲取他民族文化的结果。今天中国共产提出的"实事求是""走中国式的社会主义道路"观点，就是将中国国情与马克思主义理论作结合的典范。

中国汉籍东传的历史足迹，可以知道，韩国人吸取汉文化是主动地、自发的。这一主动自发吸取异邦人文明，其动因我们认为是源于韩国人认识到，汉文化有益于韩民族的成长发展，可以补充其精神文化世界。比如效法中国的社会文化制度，普及儒学可以教化人民，有利于统治。

当一种文化具有利他性，补其所无，可以为其所用，实现吸收者的目的时，接受文化一方势必会呈现出积极主动的姿态。

给予文化一方，并非是付出而无回报的，因为文化交流是双向的。正如中国汉籍文化东传韩国，韩国以高丽纸刊印后又大量回流中国；春秋祭孔大典在中国已经失传，今天中国人必须到韩国去才能够看到原汁原味的祭孔大典；充满传统儒教生活方式的韩剧风行中国等等，无不是文化交流的体现。

中国汉籍传播的历史说明，文化传播最重要的是要有可传播的文化，有益于他民族补其所无的文化思想产品。文化传播应该是水到渠成的，只有这样文化传播才能减少摩擦，实现人类的和谐相处，促进文明发展。

三、中国汉籍传播的启示

孔子学院[16]是中国正式对外的文化宣传机构中具有代表性的，因此本文以孔子学院为例，阐述中国汉籍传播对今天中国文化传播的启示。

1. 以德行仁, 顺势而行

悠悠岁月，星转斗移，借鉴历史，去粗取精。悠久的文化历史是汉籍后人的财富，从文化宝库中探寻解决问题的方法是汉籍后人的智慧。21世纪的今天，中国通过发展经济极大地提高了GDP，引来世界各国对中国的高度重视。了解中国，学汉语成为一股世界潮流，就此顺势中国政府在世界各地顺利地开设了几百所孔子学院。以传播汉语言文化为主孔子学院通过教汉语让外国学生了解中国文化，热爱中国文化，接受中国文化。中国政府为各国孔子学院提供教材教师，提供视听教室，设立奖学金等，孔子学院探索传播中国文化的步履蹒跚而坚定。

但近20多年的实践说明，经济高速发展，资金充足，并不能完全代表文化魅

---

16) 参见《孔子学院章程·总则》：孔子学院是当今中国传播汉语言文化的重要平台。孔子学院是借鉴国外有关机构推广本民族语言经验的基础上，在海外设立的以教授汉语和传播中国文化为宗旨的非营利性公益机构。孔子学院致力于适应世界各国（地区）人民对汉语学习的需要，增进世界各国（地区）人民随中国语言文化的了解，加强中国与世界各国教育文化交流合作，发展中国与外国的友好合作关系，促进世界多元化发展，构建和谐世界。孔子学院本着相互尊重、友好协商、平等互利的原则，在海外展开汉语教学和中外教育、文化等方面的交流与合作。

力，它不是传播文化的充足条件。与充足的资金后盾相比，具备可传播的文化更为重要。

回顾历史，纵观韩国所藏中国汉籍的目录，可以看到韩国求购的汉籍，囊括了各个领域，其著作都是具有开时代先河意义，创新时代思想的作品。汉籍所蕴含的文化价值观是为他民族所认可和接受的。汉籍承载的文化有助于人们实现美好愿望，传递给接受者智慧与希望。

中国汉籍传播的历程告诉我们，实现中国式的文化传播，关键是接受者积极主动汲取，也就是传播者应具备为人可接受的文化内容。以德行仁，成为文化强国，顺势传播汉语言文化才能实现文化传播的积极目的。今天我们教授汉语如果仅从为学习者提供就业机会、提供饭碗角度作激励；传播文化如果仅从包饺子、写大字、打太极拳下功夫，显然是不足的。要积极参与国际文化交流，创新自己；了解多元文化国际社会的需求，换位思考，提供他人所需。实践以德行仁，顺势而行中国式的文化传播方式，这正是中国汉籍传播传给我们的启示之一。

2. 以客为主，为客所用

中国汉籍传播文化的成功之处在于，传播过程实践了"以客为主，为客所用"的方式。朝鲜使者出使中国，带着求购赐书单。中韩政府之间文人之间求赐、购买、赠与；商人买卖海上路上输入汉籍等等，活跃的汉籍交流反映了当时人们的需要。韩国人带着自己需求目的寻求汉籍，接受汉文化。而对汉文化中哪些是有用有益的，哪些是无益不可取的，这种辨别取舍，是由当事者韩国人做出选择的。

在国际化时代的今天，中国作为国际社会的重要成员，有承担建构多元文化国际社会的责任，通过汉语向国际大家庭展示自己，是我们中国人需要承担的义务。不过了解学习者，是我们完成义务的前提。了解学习者，提供恰到好处的文化知识，这既是尊重，也是中国文化的展示。让学习者体验中国文化思维方式，才能够深刻理解中国。

根据不同国家和地区的不同情况实施汉语教育。世界各国国情不同,孔子学院的教学理念需要以所在国家为主,根据不同国家的实际国情制定不同的教学内容、方法、模式等等。而实现这些传播策略,需要依靠当事者,孔子学院发展壮大必须依靠所在国家教育者们的积极参与。所在国家教育者最了解如何取舍才能够让中国文化融合进自己的文化的方法,他们掌握着解决水土不服的处方。

"己所不欲,勿施于人",由己推人是今天我们传播文化时恪守的传统。自己不愿意的,不强加于他人。本文对此作进一步补充,即不仅要"己所不欲,勿施于人",也要切忌"己之所欲,强施于人"。自己愿意的,并不一定也是他人愿意的,因此不能强行他人接受。因为按照我们自己的标准和认识确定的优秀的有益的文化,他人不一定认同。是否优秀,是否接受,选择权决定权在接受者。

"以客为主,为客所用"是中国汉籍传播传递给我们的又一启示。孔子学院创新传播途径正在于适合所在国家国情,因地制宜,以获得所在国家政府和百姓的认可。而实现这一点必须依靠所在地教育人士的参与和支持。因为传播文化的对象吸收什么,排斥什么,是由当事人做主的,而不是以传播者的标准来制定并强行推广的。

3. 继承传统,创新文化传播策略

继承传统,传播文化。地球村时代的到来,建构国际社会多元文化,中国文化是不可缺或的,因此我们只有很好地保持中国文化传统,传播才能成为可能。国民经济高速发展后,孔子学院传播汉文化的方法,比如提供教材教师,建设电化教学室,设立奖学金等这些都是容易做到的。但有文化含量的教师、教材、教学方法,是买不到的;创新文化传播策略是不能依靠注入资金能实现的。要从中国优秀文化传统汲取营养,借鉴中国汉籍传播经验,创新传播文化策略。

古今中外有许多传播文化的方式,比如基督教、伊斯兰教传播,比如开拓殖民地、发现新大陆,比如好莱坞电影、韩国电视剧、巴黎时装。各种传播文化方式都

受一定的文化思想支配。而中国人自己有必要也有可能在借鉴历史的同时，走出自己的传播文化的途径。

中国汉籍输出传递带给我们的启迪是，传播文化不必大张旗鼓。创新文化传播方式，可以让汉语言文化更有尊严地走向国际。当人们日常生活中充斥着中国文化元素，影响到人们的生活，人们必然会产生对中国了解的欲望。中国经济高速增长带来的中国制造产品充斥全球，影响寻常百姓人家，中国制造所带来的世人对中国文化关注是我们有目共睹的。但谨此是不够的，我们还需要有中国创造。

中国汉籍传播很重要的一点在于尊重。尊重，不仅是志愿者尊重各地的风俗习惯，入乡随俗；更在于接受者的选择，满足他们对中国文化的需求。孔子学院推广汉语言文化需要致力于研究尊重学习者的策略。不能让传播汉语言文化的孔子学院成为走中国秀的舞台。关注学习者，让学习者在接触了解和掌握了中国文化之后，人生变得更精彩，更自信，思想变得更成熟。

四、结束语

追随着汉籍外传的历史足迹，我们看到：文化传播促进人类文明和谐发展的关键在于接受者的需求与选择。以德行仁，顺势而行；以客为主，为客所用；是中国汉籍成功传播中国文化的特点。今天我们在西方文化强式的传播攻势前，需要保持冷静，审视自己，继承传统，创新文化传播方式。

传播中华文化既需要"随风潜入夜，润物细无声"，也需要保持警惕，尊重他人。这是我们中国传播文化的成功经验对我们的启示。这种传播方式孕育出东亚汉字文化圈。温故知新，历久弥新，让汉籍传播理念"回流"，让我们从先人那里、从周边国家那里寻回我们前进的方法。传播中国文化，提高中国软实力，无需舍近求远，历史已经给出答案，后人需要的是自信与实践的勇气。这点应该成为研究汉籍本体之外的又有一个研究内容。

参考文献

全寅初 (2005)《韩国所藏中国汉籍总目》的编纂与体例,《中国索引》2005年第4期

张伯伟 (2005) 今世治学以世界为范围——张伯伟教授谈域外文学研究,《文化思考》2005年12期。

栾兆玉 (2001) 汉籍在朝鲜的流传与研究,《图书馆建设》2001年2

廉松心 (2004) 十八世纪中朝文化交流研究, 中央民族大学民族学系 博士论文。

王鸿军 (2007) 明代汉籍流入朝鲜李朝及其影响, 内蒙古大学人文学历史系 硕士论文。

简论韩国古代文人对杜诗 "诗史" 特征的接受

四川师范大学　张 海*

摘要：韩国古代诗人对杜甫推崇备至，评价甚高。韩国文人在阅读杜诗时，大都注意到了杜诗的 "诗史" 特征，并给与肯定和高度的评价。虽然这些评论大多接受承袭中国 (唐宋以来) 诗话家的观点，并无多少新意。但我们可以从中了解到韩国文人对中国文化和杜甫精神的认同感。

关键词：韩国古代文人　杜甫　诗史　认同　接受

　　韩国古典文学与中国古代文化和文学有着千丝万缕的联系。两国在政治、经济、文化交往十分密切。李白、杜甫、白居易、苏轼等大家的作品传播到韩国, 深受文人的喜爱, 由此汉文文学成长壮大起来, 古代诗歌和古文创作领域都出现了一批有代表性的名家名作, 如李晬光、李植、李奎报、李齐贤等。他们都受到了中国古典名家的影响, 尤其是杜甫。杜甫是韩国 "最受崇敬, 历久不渝"[1]的中国诗人, 杜甫

---

　*　张海(1975—), 四川成都人。四川师范大学文学院副教授, 四川师范大学巴蜀文化研究中心研究人员, 文学博士, 硕士生导师。主要从事唐宋文学及古代巴蜀文学研究。地址：成都市静安路5号 四川师范大学文学院

　　邮编：610066电话：13683482028 Email: conlan@163.com　75146166QQ.com
1) 许世旭《韩中诗话渊源考》, 黎明文化事业公司1979年, 第16页。

及其诗歌对韩国文坛影响深远，杜诗具有典范地位。 韩国古代诗人对杜甫推崇备至，评价甚高。成宗十二年 (1481)，命人解译杜诗云：''大哉，诗之教也。《三百》以降，惟唐最盛，而杜子美作为首，上薄风雅，下该沈、宋，集诸家之所长二大成焉。诗至子美，可谓至矣。''[2) 金万重《西浦漫笔》：''窃谓自古文章大家只有四人：司马迁、韩愈之文，屈平之赋，杜甫之诗是也。''[3) 权石洲《题杜子美》诗曰：''杜甫文章世所宗，一回披读一开胸。''[4) 金瑱《诗林丛话》：''文章所尚随时不同，古今推李杜为首。''[5) 可见，在韩国古代，无论是高丽时代，还是朝鲜时代杜甫及其诗歌深受文人的喜爱和推崇。

在诗歌评论和创作实践上韩国文人往往自觉地学习和模仿杜诗， 尤其是充分肯定和认同杜诗的 "诗史" 特征。本文根据现存韩国古代诗话和文集，拟就这一问题作一简略的探讨。

"诗史" 之说，最早见于唐代孟棨的《本事诗》：''杜逢禄山之难，流离陇、蜀，毕陈于诗，推见至隐，殆无遗事，故当时号为 '诗史'。''[6) 张晖先生指出：''孟棨 ''诗史'' 说的内涵须具备如下两个条件：首先是杜甫在安史之乱中流离陇蜀时所写的诗歌；其次，杜甫在写作这些诗歌时，记录了他流离陇蜀时的全部事情，连十分隐秘的事也不例外，甚至没有任何遗漏。''[7) 的确，杜甫用诗笔写出自己在安史之乱中的见闻和感受，全面而又深刻地反映了这一段时期的社会现实，并体现了作者忠君爱国，忧国忧民的思想。 当时一些重要历史事件，在他的诗中都有反映。至德元年(756) 唐军陈陶斜大败，继而败于青坂，杜甫有《悲陈陶》、《悲青坂》；收复两京，杜

2) 金欣《翻刻杜诗序》引，《颜乐堂集》卷二，《韩国文集丛刊》第十五册，景仁文化社1996年，第241页。
3) 蔡美花、赵季主编《韩国诗话全编校注》，人民文学出版社2012年，第三册，第2266页。
4) 洪万宗《诗评补遗后识》蔡美花、赵季主编《韩国诗话全编校注》，人民文学出版社2012年，第三册，第2481页。
5) 蔡美花、赵季主编《韩国诗话全编校注》，人民文学出版社2012年，第十二册，第9885页。
6) 丁福保《历代诗话续编》，北京：中华书局1983年，第15页。
7) 张晖《中国 "诗史" 传统》，三联书店2012年，第16页。

甫有《收京三首》、《喜闻官军已临贼境二十韵》；九节度兵围邺城，看来胜利在即，杜甫写了《洗兵马》。而著名的"三吏"、"三别"则是在九节度兵败邺城，为补充兵源而沿途征兵时所作。其次，杜甫的有些诗，还可补史之失载，如《三绝句》中写道渝州、开州杀刺史的事，未见史书记载，从杜诗中可见安史乱后蜀中的混乱情形。而《忆昔》则描述了开元盛世的繁荣景象。他的诗，提供了史的事实，可以证史，可以补史之不足。另外，杜甫有些诗，虽不是直接写时事，只写一己的感慨，但由于他是在颠沛战乱之中，与这场灾难息息相关，心之所向，情之所系，未离时局，因此从他的感怆里，我们可以感受到其时社会的某些心理状态，这一类诗，也具有诗史的意义。

宋代，杜诗受到广泛的肯定和推崇，逐渐形成"经典"地位。"诗史"也成为宋代诗话中杜诗评论的一个重要概念，其内涵有所延伸和扩大。杨松年先生《宋人称杜诗为诗史说析评》，收集了大量宋代杜诗学资料，在广泛考察的基础上，将宋人诗话中"诗史"概念的含义分为九类：一，以杜诗善于反映、叙述那一时代的政事。二，以杜诗所叙述的物事或描绘的情景，最能实录。三，以杜诗用典未尝失误。四，以杜诗练句下字，往往超诣。五，以杜诗寓褒贬之意，具春秋之法。六，以杜诗备于众体。七，以杜诗诗情诚实。八，以杜诗有年月地里本末之类。九，直称杜甫本人或其诗作为诗史。[8] 应该说这是对杜诗"诗史"概念的一个较为准确和全面的认识。

韩国当代著名学者赵钟业先生指出："韩国之诗话起于高丽中叶，实蒙宋诗话之影响者也。"[9] 的确，韩国诗话无论是形式和内容都深受宋诗话影响。韩国文人同样注意到了杜诗的"诗史"特征，并给与高度的认同和接受。

李睟光《芝峰类说》云：

> 古人谓李白为仙才、李贺为鬼才，又为李白为诗圣、杜子美为诗史。胡宗愈言："杜子美凡出处去就、悲欢忧乐一见于诗，读之可以知其世，故谓之诗史。"余谓诗而为史，亦诗之变也。[10]

---

8) 参见杨松年《中国古典文学批评论集》，三联书店（香港）1987年，第127至162页。
9) 赵钟业《中韩日诗话比较研究》，台北：学海出版社1984年，第227页。

李圭景《诗家点灯续集》云：

> 杜甫以诗圣诗史之才，竟不得意而死。然身后之名洋溢中外，足慰九原。[11]

柳梦寅《於于野谈》云：

> 诗关风教，非直哦咏物色。古者木铎者采之，而载之《风雅》。至唐时犹有此风，杜诗曰："采诗倦跋涉，载笔尚可记。高歌激宇宙，凡百慎失坠。" 注者曰："公谓采诗之官倦于跋涉，而不采吾诗。吾之诗如史官载笔，尚可备史之失坠也。[12]

可见，韩国文人在阅读杜诗时，大都注意到了杜诗的 "诗史" 特征，并给与肯定和高度的评价。虽然这些评论大多承袭中国（唐宋以来）诗话家的观点，并无多少新意。但我们可以从中了解到韩国文人对中国文化和杜甫精神的认同感。

又如李穑《前篇意在兴吾道大也不可必也，至于诗家，亦有正宗，故以少陵终焉，幸无忽》诗云：

> 诗章权舆舜南风，史法隐括太史公。以诗为史继三百，再拜杜鹃少陵翁。遗芳腊馥大雅堂，如闻异味不得尝。如知其味欲取譬，青天白眼宗之觞。律吕之生始于黍，舍黍议律皆虚语，食芹而美是野老，盛馔那知王一举。为诗必也学斯人，地位悬隔山难因。圆斋肯我一句语，只学少陵无取新。[13]

这首诗高度评价了杜诗在文学史上的地位，认为杜诗上继《诗经》，为诗之正宗。并强调了其 "以诗为史" 的 "诗史" 特征。

以上材料充分说明韩国文人接受了杜诗的 "诗史" 特征，在论及杜甫时往往会

---

10) 蔡美花、赵季主编《韩国诗话全编校注》，人民文学出版社2012年，第二册，第1074页。
11) 蔡美花、赵季主编《韩国诗话全编校注》，人民文学出版社2012年，第八册，第6527页。
12) 蔡美花、赵季主编《韩国诗话全编校注》，人民文学出版社2012年，第二册，第1033页。
13) 李穑《牧隐稿·诗稿》卷二一，《韩国文集丛刊》四，景仁文化社1996年，第285页。

突出其诗的"诗史"地位。有人还直接用"诗史"一词指称杜甫,如高尚颜《效顰杂记卷下》:"诗史曰:家家养乌鬼,顿顿食黄鱼。"[14] 此乃杜甫《戏作俳谐遣闷》中的两句诗,此处以"诗史"称之,可见在韩国文人心目中,"诗史"已经成了杜甫的代名词。

和"诗史"特征紧密相关的是杜甫忧国忧民的忠君爱国思想。"(甫)数尝寇乱,挺节无所污,为歌诗,伤时桡弱,情不忘君,人怜其忠云。"[15] 宋人陈以庄云:"至杜陵野老,饥寒流落,一诗一咏,未尝忘君天下。后世谓之诗史,其以此耶?"[16] 韩国文人对此也有很高的评价,如成涉《笔苑散语》:"古人称杜甫非特圣于诗,诗皆出于忧国忧民,存一饭不忘君之心。"[17] 又如李仁老《破闲集》云:"自《雅》缺《风》亡,诗人皆推杜子美为独步。岂唯立语精硬,刮尽天下菁华而已?虽在一饭未尝忘君,毅然忠义之节根于中而发于外,句句无非稷契口中流出,读之足以使懦夫有立志。"[18] 申景浚《旅庵论诗》:"而余尝断之,以为杜甫之忧爱君国,扶持义理,可以为经,可以为史,可以为有关于世教处。"[19] 尹祥《刻杜律跋》:"惟子美诗,上薄风雅,下该声律,而其爱君忧国之念,忠愤激厉之词,未尝不本于性情,中于音节,而关于世教也。"[20]

韩国和中国自古以来一直保持着密切的联系,并积极学习借鉴中华文化传统,尤其是儒家思想。韩国文化深受中国儒家文化的影响。崔承老于成宗元年(982)上《时务策》,其十一条云:"华夏之制,不可不尊……其礼乐诗书之教,君臣父子之道,宜法中华,以革卑陋。"[21] 儒家忠君爱国思想在韩国古代文人中深入人心,根深蒂固。因此,在对杜甫具体诗篇进行评价分析时,韩国文人也会自觉地从"诗史"角度来加以阐释,认同杜甫忧国忧民的儒家思想,接受杜诗讽谕批判现实的精神。如:

---

14) 蔡美花、赵季主编《韩国诗话全编校注》,人民文学出版社2012年,第二册,第923页。
15) 《新唐书》卷二零一,中华书局1975年,第5738页。
16) 陈以庄《方是闲居士小稿跋》,《四库全书》第1176册,第622页下。
17) 蔡美花、赵季主编《韩国诗话全编校注》,人民文学出版社2012年,第五册,第3645页。
18) 蔡美花、赵季主编《韩国诗话全编校注》,人民文学出版社2012年,第一册,第17页。
19) 蔡美花、赵季主编《韩国诗话全编校注》,人民文学出版社2012年,第五册,第3582页。
20) 尹祥《别洞集》卷二,《韩国文集丛刊》八,景仁文化社1996年,第286页。
21) 《高丽史节要》卷二,亚细亚文化社1973年,第47页。

李睟光《芝峰类说》云：

> 老杜《八哀》，则所哀者八人，王思礼、李光弼、苏源明、李邕、汝阳王琎、郑
> 虔、张九龄、严武，盖叹旧怀贤而作也。[22]

此条本于葛立方《韵语阳秋》："老杜之《八哀》，则所哀者八人也。王思礼李光
弼之武功，苏源明李邕之文翰，汝阳郑虔之多能，张九龄严武之政事，皆不复见矣。
盖当时盗贼未息，叹旧怀贤而作者也。" 仇兆鳌《杜诗详注》卷一六亦引郝敬曰：
"《八哀》诗雄富，是传纪文字之用韵者。文史为诗，自子美始。" 可见，《八哀》诗具有
强烈的诗史特征和讽时刺世的意义。韩国文人李睟光在阅读此诗时，完全认同中
国学者的分析。

又如李瀷《星湖僿说诗文门》：

> 论者以杜工部《北征》一篇为诗史，不过以送兵驱马为据，犹未能观其深奥。
> 甫以唐之中兴专由于杀杨妃，杀妃之功归于陈玄礼。夫唐之乱本由于杨妃，则不
> 杀此物无以慰天下之人心。当马嵬之行非玄礼其能办此耶？故独举此为言曰：
> "微尔人尽非，于今国犹活。" 如李、郭之伟烈，皆不得以与焉。岂非处置合机而人
> 得以奏功耶？甫可为诗中史断。[23]

《北征》这首长诗是安史之乱爆发的第二年，即至德二年 (757) 八月，诗人从凤
翔到鄜州探家，叙述一路见闻及到家后的感受。当时宰相房琯被贺兰进明等人诬
谤受贿而论罪，作为左拾遗的杜甫上疏为房琯辩罪，触怒肃宗，下三司问罪，得张镐
营救释放。八月，肃宗命他离凤翔探家，实为遣归。全诗以归途中和回家后的亲身
见闻作题材，叙述了安史之乱中民生凋敝、国家混乱的情景，陈述了自己对时事的
见解。对于陈玄礼发动 "马嵬坡事变"，杜甫是完全赞同，热烈歌颂，他在诗中高度赞

22) 蔡美花、赵季主编《韩国诗话全编校注》，人民文学出版社2012年，第二册，第1053页。
23) 蔡美花、赵季主编《韩国诗话全编校注》，人民文学出版社2012年，第五册，第3694页。

扬陈玄礼，认为其对唐王朝有再造之功。对此，李瀷认为杜甫的这一观点符合历史事实是"诗中史断"。李植《述病篇八首》其五云："长卿卧茂陵，白头抱消渴。杜老餐巴水，画省阻朝谒。文章自娱戏，声价共碑兀。我读北征篇，孤忠耿日月。如何东封作，千载困斧钺。"[24] 此诗以《北征》为例盛赞杜甫的忠贞大义，并对其不遇深表同情。

又如《覆舟》二首乃杜甫在夔州期间所作，诗以覆舟之事讽明皇求仙之妄。李瀷《星湖僿说诗文门》云：

> 李太白《古风》第三篇甚讥秦皇之求仙，若有所刺于时者，然史传无考。余观杜工部《覆舟》二篇，有云："丹砂同陨石，翠羽共沉舟。"又云："竹宫时望拜，桂馆或求仙。"注云："此讽玄宗好神仙。黔阳郡秋贡丹砂等物，以供烧炼之用，而使者乃沉其舟也。"然则此诗与上篇俱是讥刺时君之失，可谓诗史。[25]

再如洪奭周《鹤冈散笔》：

> 杜子美诗曰："军州体不一，宽猛性所将。"此诗为崔瓘作也。瓘，儒者也。有惠于民，而不能御骄兵，以至臧玠之乱。子美之意，盖其能于治州，而不能于治军，但任其性之所便，而不知其治体之各异也。故继之曰："嗟彼苦节士，素于圆凿方。"言其清苦之节宜于治民，而不合于御军。又曰："凋弊惜邦本，哀矜存事常。"此言得治州之体也。又曰："旌麾非其任，府库实过防。"此言失御军之体也。军、州二语，实识时务之格言也。[26]

此条是对杜甫《入衡州》中有关潭州刺史崔瓘的分析。大历五年 (770) 杜甫流寓潭州。时逢湖南兵马使臧玠杀崔瓘，据潭为乱。在这首诗史般的排律中，诗人叙写了臧玠之乱的过程和自己避乱的经过，指出崔瓘虽素行清谨但不善治军是导致

---

24)《泽堂集》卷一，曹龙承1977年影印本，第15页。
25) 蔡美花、赵季主编《韩国诗话全编校注》，人民文学出版社2012年，第五册，第3715页。
26) 蔡美花、赵季主编《韩国诗话全编校注》，人民文学出版社2012年，第六册，第5041页。

叛乱发生的一个重要原因。洪氏从"史"的角度对此诗作出了正确的分析。

　　杜甫的一些诗中也记载了自己的悲惨遭遇和流离生活。这些诗篇通过一己之遇,反映社会之乱,亦具有诗史价值。韩国文人也有所关注,如李圭景《诗家点灯》卷六云:

　　　　杜工部以诗圣之姿,亦不免贫穷流移之境。文人厄会。自古然矣。此造物之见猜,时俗之妒忌也。千古伤心莫若此也。杜工部《奉赠韦左丞丈诗》:"残杯与冷炙,到处潜悲辛。"《颜氏家训》:"古来名士多所爱好,惟不可令有称誉,见役勋贵,处之下坐,以取残杯冷炙之辱。"顾亭林亦记此于《日知录》。[27]

又如南羲采《龟磵诗话》卷二十七《评羌村诗》:

　　　　老杜《羌村》诗曰:"峥嵘赤云西,日脚下平地。柴门鸟雀噪,归客千里至。妻孥怪我在,惊定还拭泪。世乱遭飘荡,生还偶然遂。邻人满墙头,感叹亦歔欷。夜阑更秉烛,相对如梦寐。"盖杜于至德二载至鄜州时作也。日暮时归客抵家,鸟雀际晚归巢,相呼求其侣,况我不求其妻子乎?且中原大乱,"豺狼塞路人断肠,烽火照夜尸纵横。"以此时得无死归家,妻子安得不怪我生在乎?夜阑相对,如梦寐中事。读此诗,千载之泪尚在。[28]

　　《羌村》是杜甫在左拾遗任上因上书援救房琯而触怒唐肃宗,被放还鄜州羌村探家时所作。全诗共三首,从三个不同的角度展现了杜甫回家省亲时的生活片断,客观真实地再现了唐代安史之乱中包括诗人自己在内的黎民苍生饥寒交迫、妻离子散、朝不保夕的悲苦境况。这三首诗蝉联而下,构成了诗人的"还乡三部曲",也构成了一幅"唐代乱离图"。南氏在这里分析其中的第一首,诗人用这样简朴的语言将战争年代人们的独特感受更强烈地呈现出来,由写一人一家的酸甜苦辣波及全

27) 蔡美花、赵季主编《韩国诗话全编校注》,人民文学出版社2012年,第八册,第6181页。
28) 蔡美花、赵季主编《韩国诗话全编校注》,人民文学出版社2012年,第十册,第8294页。

天下人的悲苦，故"读此诗，千载之泪尚在"。

此外，韩国文人也从善于用典、以史谕今这一角度来接受认同杜诗的"诗史"特征。

李家源《玉溜山庄诗话》引丁茶山语："杜诗用事无迹，看来如自作，细察皆有本，所以为圣。"[29]　南羲采《龟磵诗话》中有大量对杜诗用典讽今的实例分析，如卷二十四：

> 贞观十二年，建玉华宫于防州宜君县凤凰谷。当时以为清凉胜于九成宫，苻坚慕在宫前，有溪曰"醽醁"，盖取溪色如酒色之碧。至德二载，杜工部往鄜时，作《玉华宫》诗曰："溪回松风长，苍鼠窜古瓦。不知何王殿，遗构绝壁下。阴房鬼火青，坏道哀湍泻。万籁真笙竽，秋色正萧洒。美人为黄土，况乃粉黛假。当时侍金舆，故物独石马。忧来藉草坐，浩歌泪盈把。冉冉征途间，谁是长年者。"起结凄黯，读者殆难为情。而九成隋所建，唐之以为戒，故云"荒哉隋家帝"。玉华，唐所创建，不敢指斥，故云"不知何王殿"。太宗创业主也，贞观习治世也，而劳人费财，营建废时，逸豫于离宫，故诗人讳之曰"不知何王殿"，其意深矣。[30]

九成宫始建于隋文帝开皇十三年 (593年) 二月，竣工于隋开皇十五年 (595年) 三月，初名"仁寿宫"，是文帝的离宫。唐太宗贞观五年 (631年) 修复扩建，更名为"九成宫"。玉华宫建于唐太宗贞观年间。杜甫于至德二年 (757) 赴鄜舟途中经过九成宫和玉华宫，写下《九成宫》和《玉华宫》二诗。诗中暗用隋宫荒淫奢侈之典，有感于当朝统治者未能仰其祖先之俭德，讽谏其应有殷鉴不远之忧虑。故南氏所言当矣。

又如卷二十七云：

> 杜《青丝行》："青丝白马谁家子，粗豪且逐风尘起。"此盖指禄山，而引用侯

---

29)　蔡美花、赵季主编《韩国诗话全编校注》，人民文学出版社2012年，第十二册，第10755页。
30)　蔡美花、赵季主编《韩国诗话全编校注》，人民文学出版社2012年，第八册，第8126页。

景事。大同中, 谣曰 :"青丝白马寿阳来。" 后景破丹阳, 乘白马, 以青丝为羁勒。[31]

　　杜甫《青丝》一诗作于永泰元年 (765), 诗写仆固怀恩之乱, 并非南氏所云 "禄山"。但首二句确以南朝侯景之乱比仆固怀恩之乱, 盖二者确有相似之处。南氏认识到了杜诗用典贴切, 以史喻今的特点。正如明代卢世㴪《杜诗胥钞余论》云:"盖尽少陵七言古诗, 皆即事也……即今即古, 其坐断古今在此, 其融合古今亦在此。……(《青丝》等篇) 卓乎有补于国史者。"

　　又如李植 (号泽堂) 在《杜诗批解》中注意到了杜诗借史讽今的特点, 如:

　　《遣忧》:"隋氏留宫室, 焚烧何太频。" 泽堂曰 :"语亦有讽。"[32]

　　《遣忧》一诗作于广德元年 (763) 十一月。当时吐蕃军队攻陷长安, 杜甫正在阆州, 得知消息后写下了这首诗。诗中伤世乱之极, 推致乱之由, 最后两句借隋形唐, 故有讽意。

　　综上所述, 韩国古代文人高度推崇和评价杜甫及其诗歌, 认同和接受了杜诗的 "诗史" 特征, 以此来阅读、阐释和分析杜诗。一些文人在诗歌创作上自觉地学习和继承杜诗 "诗史" 特质, 创作了大量忧国忧民, 感时伤世的诗篇。关于这一点, 限于篇幅, 此处不赘, 将另文专论。

---

31) 蔡美花、赵季主编《韩国诗话全编校注》, 人民文学出版社2012年, 第十册, 第8289页。
32) 李植《篹注杜诗泽风堂批解》卷一二, 韩国《杜诗丛刊》版, 第891页。

高丽睿宗与道教

四川大学　黄 勇

摘要：睿宗是高丽王朝最崇道的国王，其道教信仰和崇道政策受到高丽王室的信道传统和他身边道流人物的影响。睿宗举行的斋醮活动都是出于护国佑民，祈福禳灾的现实目的。他大力推动引进宋朝道教的政策，除了为提升高丽道教水平之外，更重要的目的是为了全面学习中国文化，并借助道教树立本国文化的主体地位。

关键词：高丽睿宗　道教　斋醮　道流人物

道教在七世纪已正式传入韩国。到高丽王朝 (918—1392)，道教进入繁荣发展时期。从第八代国王显宗 (1010—1031年在位) 开始，几乎每代国王都要举行道教斋醮活动。在高丽诸王中，睿宗王俣 (1105—1122年在位) 无疑是最崇道的国王。虽然他并不是举行斋醮活动最多的，但其举行斋醮活动的频次却远远高于其他诸王；[1] 他大力推行道教的举措更是其他国王所不及。在位期间，睿宗优遇道流人物，[2] 加强与宋朝的文化交流，从宋朝引进纯正的科仪道教，使高丽道教臻于成熟，

---

1) 潵雄：《高麗中期道教의盛行과其性格》，韩国道教思想研究会编《道教의韓國的變容》，首尔：亚细亚文化社，1996年，第171页。

2) 在依宋制建造中国式道观福源宫之前，高丽还没有真正意义上的道士，但是有很多通晓道教之人。这些人或为儒生，或为学者，或为僧人，或为隐士，或为朝臣，或为小吏，或为医生，或为术

取得了接近国教的地位。3) 睿宗的崇道行为反映了其 "三教鼎立" 的治世观,4) 也体现了其 "文轨同乎中夏"5) 的治国理想。

一、睿宗道教信仰的来源及其与道流人物的关系

睿宗的道教信仰主要来源于高丽王室的宗教信仰传统。高丽王室有信仰道教的传统,立国之初,太祖王建就在松京创建了用以举办醮祀活动的九曜堂;6)《太祖训要》第六条要求后世子孙保护道教性质的八关会,7) 从而确立了崇尚道教的立国原则。自显宗之后,王室的斋醮活动日益频繁。王室生活中浓厚的道教氛围,自然会使睿宗受到潜移默化的熏陶。此外,睿宗之父肃宗也对他有重要影响。在册立睿宗为太子的前两天,肃宗曾 "亲醮于毬庭",8) 此中必有深意。此后,肃宗还先后两次命太子亲自主持醮祀活动。9) 肃宗的这些做法显然是在引导睿宗信仰道教。不过,对睿宗崇道政策影响最大的还要数他身边的道流人物。

与高丽其他国王不同,睿宗身边有一个人数较多的道流人物集团。这些道流人物大多是他做太子时的僚佐,而且相互间都有亲戚或师友关系。睿宗与他们朝夕相处,自然会受其影响。睿宗即位后,这些人对睿宗的道教政策也产生了重要影

士,不一而足。虽然他们身份各异,但是都表现出明显的道教倾向,因而可以宽泛地称之为道流人物。

3) 车柱环:《韩国道教思想》,(韩) 赵殷尚译,北京:人民文学出版社,2005年,第26页。
4) 梁银容:《福源宫建立의歷史的意義》,韩国道教思想研究会编《道教와韓國文化》,首尔:亚细亚文化社,1988年,第496页。
5) 金缘:《清燕阁记》,《东文选》卷六十四,京城:朝鲜古书刊行会,1914年,第420页。
6) 郑麟趾:《高丽史》卷一《太祖世家一》太祖七年,平壤:朝鲜科学院出版社,1958年,第16页。
7) 郑麟趾:《高丽史》卷二《太祖世家二》太祖二十六年四月,第26页。
8) 郑麟趾:《高丽史》卷十一《肃宗世家一》肃宗五年正月癸巳,第164页。
9) 郑麟趾:《高丽史》卷十一《肃宗世家一》肃宗七年二月丙申,卷十二《肃宗世家二》肃宗十年正月癸丑,第169、176页。

响。韩安仁可以说是这个集团的核心人物。韩安仁，原名韩皦如，睿宗潜邸时为太子侍学。睿宗即位后，韩安仁"以旧恩密近用事，恩宠寖优"，一生官运亨通，最后成为睿宗的顾命重臣。表面上看，韩安仁只是一位朝廷重臣，似乎跟道教没什么瓜葛，然而，《高丽史》本传说他"明达好学善属文，又善易筮，事多奇中"，[10] 可见他是个有道教倾向的人物。宋人徐兢《高丽图经》记载："大观庚寅，天子眷彼遐方愿闻妙道，因遣信使，以羽流二人从行。遴择通达教法者，以训导之。王俣笃于信仰，政和中始立福源观。"[11] 大观庚寅即大观四年 (1110)，高丽睿宗五年。据《高丽史》记载，睿宗三年韩安仁曾奉命出使宋朝。[12] 梁银容教授的研究表明，韩安仁使团曾向宋徽宗"进言"，要求学习道教，宋徽宗派道士赴高丽传教是应韩安仁使团之请。[13] 由此可见，睿宗朝最重要的道教的政策——即从宋朝引进道教以提升本国道教水平——是由韩安仁开启的。睿宗十三年 (1118)，经过同宋朝的长期交流和学习，依照宋制建成本国道观福源宫，[14] 从此，高丽拥有了规范化的科仪道教。是年闰九月，韩安仁奉命在清燕阁仁讲《老子》。[15] 清燕阁是研习儒家经典的机构，这次讲《老子》是清燕阁讲学史上唯一一例外，此次讲学显然不是普通意义上的学术活动，而是为了纪念从宋朝引进道教。[16]

　　韩安仁只是引进宋朝道教政策的开启者，李仲若才是这项政策的具体执行者和最终完成者。李仲若是韩安仁的女婿，就现存文献来看，他可以说是高丽时期道

---

10)　郑麟趾：《高丽史》卷九十七《韩安仁传》，第131页。

11)　徐兢：《高丽图经》卷十八《道教释氏》道教条，首尔：亚细亚文化社，1972年，第93页。

12)　郑麟趾：《高丽史》卷十二《睿宗世家一》睿宗三年七月乙亥，平壤：朝鲜科学院出版社，1958年，第185页。

13)　梁银容：《福源宫建立의 歷史的 意義》，韩国道教思想研究会编《道教와韓國文化》，第491页。

14)　建造福源宫的详细情况，请参阅拙文《高丽道观福源宫考》，《世界宗教研究》2013年第5期。

15)　郑麟趾：《高丽史》卷十四《睿宗世家三》睿宗十三年闰九月丙子，第213页。

16)　韩安仁之所以在清燕阁而不是福源宫讲《老子》，恐怕跟他的身份有关。韩安仁虽然有浓厚的道教倾向，但他毕竟是以儒学起家的朝廷重臣。以儒臣身份在道观讲学，必为时议所不容。另外，清燕阁讲学也不一定都是纯粹的学术活动，即使讲述儒家经典有时也会有宗教目的，如睿宗十四年八月大旱，乙亥，命朴昇中于清燕阁讲《洪范》，是日果降大雨。参阅《高丽史》卷一百二十五《朴昇中传》，第558页。

教色彩最为纯正的道流人物。据《逸斋记》记载："先妣李氏尝梦黄冠而遂有娠，故先生幼而嗜读《道藏》，服事真风……常宅心事外，脱落羁束，弃家归隐于加耶山，自号青霞子。"后来经无等山处士殷元忠指点，李仲若在道康郡月生山筑逸斋草庐隐居修炼，"恒以幅巾鹤氅登其顶，燕坐弥日，如抱叶之蝉，凝目之龟，澹乎自处。《黄庭》在左，素琴在右，或抚而弄之，声振林木。……与扶桑公、陶隐居、张天师遥为师友。盈缩造化，蓼轕璇玑，漱亭午之元气，思青冥之轻举，待其功圆行满，驾龙骖鸾，上朝玉帝"。肃宗病危时，李仲若因擅长医术受召入宫为肃宗治病，他到达时肃宗已驾崩。可能是其岳父韩安仁的举荐，李仲若自此留在宫中主持道教事务。"后航海入宋，从法师黄大忠、周与龄亲传道要"，归国后上疏创建福源宫，掀起了高丽道教的热潮。[17]《逸斋记》和《破闲集》均称李仲若为李左司。左司是左司议大夫的简称，秩正四品。[18] 作为一名道流人物，李仲若在政治事功方面并无建树，其一生最重要的成就便是创建福源宫，官封正四品只能是因为他创建了福源宫。睿宗如此重视李仲若，说明他赴宋学习道教，回国后创建福源宫是在执行引进宋朝道教的既定政策，而非个人行为。

　　韩安仁的姻亲中，李永也是一个值得注意的道流人物。李永是韩安仁的妹婿，睿宗潜邸时，他和韩安仁同为太子侍学。在《高丽史》的记载中，李永和道教没有发生过任何联系。但是，他被权臣李资谦迫害致死后，"资谦遣术士瘗道傍，牛马不敢践。或病疟者就祷则愈。资谦败，永子请改葬，掘之尸不变"，[19] 可见他也是一位通晓道教的道流人物。韩国古代史学以儒家思想为指导，史书很少记录跟道教相关的信息。不能因为史书中没有记载李永和道教相关的事迹，就轻易否定他对高丽道教的发展产生过影响。退一步讲，就算他没有参与过道教事务，但是作为一位道流人物，做太子侍学时也会对睿宗的宗教信仰产生影响。

---

17) 林椿：《西河集》卷五《逸斋记》，《标点影印韩国文集丛刊》第2册，首尔：民族文化推进会，1990年，第255—256页。

18) 郑麟趾：《高丽史》卷七十六《百官志一》司议大夫条，第547页。

19) 郑麟趾：《高丽史》卷九十七《李永传》，第131页。

睿宗朝声名最显赫的道流人物当属郭舆。[20] 郭舆, 字梦得, 肃宗朝名臣郭尚之子。此人 "自幼不茹荤, 不从群儿戏。……于道释医药阴阳之说, 见辄成诵不忘",[21] 与李仲若 "少以文章相友, 号神交"。[22] 据《破闲集》记载 : "郭处士璵, 睿王在春宫时寮佐也。及上践阼 (祚), 挂冠长往。"[23] 睿宗八年三月, "征郭舆, 处之禁中。舆……力学工文, 道释医药阴阳射御琴棋, 靡所不治。……王在东宫识之。至是遣中使召之, 赐酒食, 与之酬唱。使居禁中, 称为先生。以乌巾鹤氅, 常侍左右, 从容谈论唱和, 时称金门羽客"。[24] 郭舆入宫后, 甚受睿宗宠遇。就史书记载来看, 郭舆受宠似乎主要靠他的文学才华, 他和睿宗的诗歌酬唱之作甚至被结集成书。[25] 但是, 就时人称其为 "金门羽客" 来看, 他是以道士身份出现在宫中的。睿宗十一年, 睿宗驾幸西京, 郭舆与金富辙、洪瓘从行, 龟山昙秀禅师寄诗云 : "青云二学士, 白日一仙翁。"[26] 这就进一步证明了他的道士身份。再从睿宗称其为 "先生", 为其隐居之所亲笔题额 "虚静"、"养志" 来看,[27] 睿宗也是把他当作道士看待的。依此揆之, 睿宗恩遇郭舆, 与其崇道政策有密切关系。作为一位受人瞩目的宫廷道士, 郭舆没有参与过任何道教事务, 是件很奇怪的事情。这也许是文献漏记使然, 但更大的可能性是迫于反对道教势力的压力, 睿宗有意让他淡出道教事务。睿宗十年的一件事情便能证明这一点。睿宗十年王字之、文公美出使宋朝, "郭舆请于所居阙西别业钱入宋使副, 王特赐酒果, 命内官主办, 供帐甚隆, 物议非之"。[28] 迫于 "物议" 的压力, 郭舆 "固求退居", 离开王宫在城东若头山构山斋隐居。[29] 据笔者考证, 李仲若正是

---

20) 郭舆,《破闲集》作郭璵, 其他典籍均作郭舆。本文除了引《破闲集》作郭璵外, 均作郭舆。

21) 郑麟趾 :《高丽史》卷九十七《郭舆传》, 第128页。

22) 李仁老 :《破闲集》卷中, 首尔 : 亚细亚文化社, 1972年, 第27页。

23) 李仁老 :《破闲集》卷中, 第22页。

24) 安鼎福 :《东史纲目》第二辑睿宗八年三月条, 京城 : 朝鲜古书刊行会, 1915年, 第323页。

25) 李奎报 :《东国李相国集》卷二十一《〈睿庙唱和集〉跋尾》, 首尔, 明文堂, 1982年, 第232页。

26) 崔滋 :《补闲集》卷下, 首尔 : 亚细亚文化社, 1972年, 第147页。

27) 郑麟趾 :《高丽史》卷九十七《郭舆传》, 第128页。

28) 金宗瑞 :《高丽史节要》卷八睿宗十年六月条, 首尔 : 亚细亚文化社。1973年, 第207页。

29) 郑麟趾 :《高丽史》卷九十七《郭舆传》, 第128页。

随这个使团入宋学习道教的。[30] 由此可见, 郭舆也是主张向宋朝学习道教政策的重要支持者和推动者。

睿宗时期的道流人物中, 郭舆是以方外之人身份出现的, 与其相似的还有李资玄。李资玄, 字真精, 出身权贵之门, 自幼 "常有紫霞逸想"。[31] 大康九年 (1083) 与郭舆同科登第[32], 官至大乐署令。元祐四年 (1089), 忽弃官逃世, 入清平山文殊院修习禅学。[33] "由是心法流布于海东, 惠照、大鑑两国师皆游其门",[34] 成为享誉海东的佛教居士。睿宗闻其名, 累诏徵之。资玄 "遂上表曰:'以鸟养鸟, 庶无钟鼓之忧; 观鱼知鱼, 俾遂江湖之性.' 王览之, 知不可致。幸南京, 使其弟尚书资德谕赴行在, 作诗手书赐之。资玄赴召。……问养生之要, 对曰:'莫善于寡欲.' 遂进《心要》一篇。王叹赏, 待遇甚厚。既而固请还山",[35] 表面来看, 李资玄是造诣高深的佛教居士而非道流人物, 但是 "鱼鸟之喻"、"寡欲之旨" 表明, 他也受道教影响。另据《东国通鉴》记载, 李资玄 "服道士之服",[36] 由此亦可见, 他有浓厚的道教倾向, 也算得上是道流人物。[37] 李资玄和睿宗没有多少交往, 因此他不可能直接影响睿宗朝的道教发展。徵召隐居山林的修道之士, 以达到野无遗贤的治国理想, 是历代帝王塑造自我形象的惯用手段。睿宗通过徵召李资玄, 达到了把自己塑造为贤明君主的目的。因此, 李资玄和睿宗的关系也体现了高丽道教的另一个侧面。

除了和睿宗有过直接交往的道流人物外, 殷元忠也是一个值得注意的人物。

---

30) 请参阅拙文《高丽道观福源宫考》,《世界宗教研究》2013年第5期。

31) 李仁老:《破闲集》卷中, 第21页。

32) 崔滋:《补闲集》卷下, 第147页。

33) 金富轼:《清平山文殊院记》,《东文选》卷六十四, 第430页。

34) 李仁老:《破闲集》卷中, 第21页。

35) 郑麟趾:《高丽史》卷九十五《李资玄传》, 第98页。

36) 徐居正:《东国通鉴》卷二十睿宗十二年九月条, 京城:朝鲜古书刊行会, 1912年, 第50页。

37) 道教在韩国始终未能发展成为中国式的制度化宗教, 所以道流人物常常寄寓佛门, 表现出一种佛道不分的特点。如高丽毅宗时重修逸斋遗址以纪念李仲若, 却要供奉观音画像; 朝鲜王朝道教内丹学集大成者金时习祝发为僧, 均属这种情况。参阅林椿:《西河集》卷五《逸斋记》, 第256页; 韩无畏:《海东传道录》, 首尔:普成文化社, 1998年, 第263页; 洪万宗:《海东异迹》, 首尔:乙酉文化社, 1982年, 第234页。

此人神龙见首不见尾，《高丽史》对其记载仅有三次：肃宗八年应诏入宫，[38] 肃宗九年十一月"巡视东界山川"，[39] 曾以道诜之说上书言迁都之事。[40] 现存高丽时代的文献，只有《逸斋记》和《破闲集》提及此人。根据这两部典籍的记载，殷元忠精通地理风水之术，曾经指点过李仲若；李资玄年轻时曾追随他"密访溪山胜地"，[41] 可见他应该也是道流集团中的人物。由于文献阙如，殷元忠是否参与过道教事务已不得而知。

　　以上所述只是睿宗时期较有代表性的道流人物，限于篇幅本文不对所有道流人物做逐一考察。但是，仅就以上所述也可发现，道教发展至睿宗时期，在高丽出现了一个比较有影响的道流阶层。这个阶层的人物通过姻亲或师友等关系纽带，组结成松散的道流集团，并借助他们和睿宗的特殊关系对高丽道教的发展产生了较大影响。

二、睿宗朝的道教活动及其目的

　　睿宗朝是高丽历史上举行道教活动最频繁的时期。在众多道教事宜中，仿照宋朝道观建造本国皇家道观福源宫，是睿宗开创的最重要的道教事业。关于福源宫笔者曾撰专文讨论，此不赘述。其次，睿宗二年闰十月"始置元始天尊像于玉烛亭，令月醮"，[42] 其意义也同样非比寻常。"月醮"属于常祀性质的宗教活动，对道教最高神元始天尊进行常祀，说明道教活动已成为高丽王朝宗教生活中的常规事务，道教已获得了国家宗教的地位。不过，最引人瞩目的还要数频繁举行的各类道教

38) 郑麟趾：《高丽史》卷十二《肃宗世家二》肃宗八年十月庚午，第173页。
39) 郑麟趾：《高丽史》卷十二《睿宗世家一》，第178页。
40) 郑麟趾：《高丽史》卷一百二十二《金谓磾传》，第517页。
41) 李仁老：《破闲集》卷中，第21页。
42) 郑麟趾：《高丽史》卷十二《睿宗世家一》睿宗二年闰十月庚子，第183页。

斋醮活动。据笔者根据《高丽史》的统计，睿宗在位期间共举办过三十次斋醮活动。[43] 为明了起见，特以图表形式对各次斋醮活动进行逐条梳理。

睿宗在位期间举行斋醮活动一览表

序次	时间	简况	目的	备注
1	元年	（二月）戊子，亲醮于阙庭	不详	
2	元年	（七月）己亥，王率两府台省两制及三品官，亲祀昊天上帝于会庆殿，配以太祖祷雨。	祷雨	祀昊天上帝本是儒教性质的宗教活动，当于南郊举行，睿宗亲祀上帝则属道教性质。[44]
3	元年	（七月）丙午，醮太一于乾德殿。	荐冥祐	此前两日（甲辰），召名僧讲《木莲经，此前三日（癸卯）设盂兰盆斋。两次佛事活动目的都是"荐肃宗冥祐"。因此，此次道教斋醮目的也应是荐冥祐。
4	元年	（九月）戊戌，设消灾道场于乾德殿，是夜亲醮三界神祇于会庆殿。	荐冥祐	此前一日（丁酉）睿宗诣肃宗虞宫，据此可推知，戊戌日举行的佛、道活动都应为肃宗荐冥祐。
5	二年	（三月）乙卯，醮太一于乾德殿。	不详	
6	二年	（五月）乙巳，醮太一于乾德殿。	祷雨	四月戊辰至五月乙卯的宗教活动都是为了祷雨，只有此条没说是否为祷雨，但应该不会例外。
7	二年	（五月）乙卯又醮于乾德殿祷雨。	祷雨	
8	二年	（十月）甲子，醮于山呼亭。	荐冥祐	此前一日（癸亥）佛顶寺"改名资荐，以资肃宗冥祐"。据此，甲子日的斋醮应是荐冥祐。

---

43) 据《高丽史·礼志》记载，睿宗三年八月丙戌、六年二月己亥"祀老人星于南坛"，李能和认为这两次祭祀属于道教斋醮。在国都南郊祭祀老人星，起源于古代星辰信仰，与道教没有直接关系。睿宗祭祀老人星与《后汉书·礼仪志》所载"祀老人星于国都南郊"极为相似。老人星信仰后来被道教吸收，出现了以道教斋醮仪式祭祀老人星的情况。高丽毅宗"亲醮老人星于内殿"，就明显是道教性质的祭祀活动，跟睿宗"祀老人星"有较大区别。为慎重起见，本文不拟将这两次"祀老人星"活动统计为道教斋醮。参阅《高丽史》卷六十三《礼志五·吉礼·小祀》杂祀条；《高丽史》卷十九《毅宗世家》毅宗二十四年四月辛巳条；李能和：《朝鲜道教史》，首尔：普成文化社，1977年，第389页。

序次	时间	简况	目的	备注
9	三年	(五月) 辛酉，王率宰枢近侍文武三品以上醮昊天五方帝于会庆殿。	禳兵	"五月辛亥，讲《药师经》于文德殿以禳贼兵。" 辛酉离辛亥只隔十天，在此期间曾大破女真，因此辛酉日斋醮应与禳兵有关。
10	四年	三月戊申，亲醮三清于赏春亭。	禳兵	两天后 (庚戌) "阅神骑军"，此后展开一系列讨伐女真的军事行动，此次斋醮目的应是禳兵。
11	四年	(三月) 丁卯，亲醮于阙庭。	禳兵	丁卯亲醮是戊申亲醮的延续，自三月至七月还女真九城，高丽与女真战争不断，在此期间频繁以佛法、阴阳秘术等禳兵。道教斋醮不过是禳兵活动的一种。
12	五年	(正月) 甲子，亲醮于星宿殿。	不详	
13	五年	(十二月) 乙巳，醮于乾德殿。	不详	
14	六年	秋七月甲子，亲醮三清于纯福殿。	不详	
15	六年	八月甲午，亲醮于阙庭。	禳疾	此前四日 (庚寅) "王太后不豫"，此次斋醮应是为王太后禳疾。
16	八年	(三月) 丙寅，王不豫，百官设大醮于会庆殿祷之。	禳疾	
17	八年	(四月) 戊申祷雨于九曜堂三日。	祷雨	
18	八年	(闰四月) 辛酉，亲醮于阙庭	不详	
19	九年	(二月) 己未，亲醮本命于乾德殿。	祈福	睿宗生于文宗三十三年己未，其本命日当为己未，因此这次斋醮应是睿宗的本命醮。[45]
20	九年	(四月) 丁卯，亲醮阙庭。	禳灾	两天前 (乙丑) "大雨雹震文德殿东廊柱，丙寅雨雹，御史大夫林有文等以灾异引咎辞职"。雨雹才结束就举行斋醮，应是为了禳灾。
21	十年	(三月) 戊子，亲醮于毬庭。	不详	
22	十年	(十月) 辛亥，亲醮下元于纯福殿。	解厄	下元为水官，水官解厄。是年正月阿骨打称帝，国号金。金国势强盛，契丹衰落，金灭辽已如箭在弦。八月以来，辽持续施压让高丽出兵伐金，高丽采取拖延策略。此时举行下元醮，当是为国解除厄运。

序次	时间	简况	目的	备注
23	十一年	（正月）甲子，醮三界于内殿。	解厄	此时金灭辽的战争激烈进行，作为辽的属国，高丽国运堪忧。此时醮三界当是为国祈福解厄。[46]
24	十一年	（四月）壬申，醮三界于长乐殿。	解厄	为应对辽、金战争造成的边境压力，三月乙卯睿宗幸西京。此次斋醮在西京平壤举行。此时辽已岌岌可危，行将灭亡。四月辛未高丽停用辽年号，次日（壬申）醮三界，当是为国祈福解厄。
25	十三年	（二月）甲子，亲醮阙庭。[47]	不详	
26	十四年	六月丙子朔，王如奉恩寺。甲申亲醮阙庭。	不详	
27	十五年	（六月）丁亥，亲醮于福源宫。	祷雨	是年五至八月大旱，其间曾举行多次祈雨仪式，六月丁亥福源宫举行的斋醮也应是为了祷雨。
28	十五年	（十二月）甲申，亲醮于福源宫，遂幸安和寺。	荐冥祐	此次斋醮在顺德王后丧毕后举行，斋醮结束后睿宗便往顺德王后真堂所在之地安和寺。据此推测，这次斋醮应是为顺德王后荐冥祐。
29	十六年	（闰五月）丙子，亲醮于纯福殿祷雨。	祷雨	
30	十七年	（三月）乙卯，亲醮阙庭。	不详	

---

44) 按照儒教礼仪，祀昊天上帝是天子之事，高丽国王没有资格祭天。在道教体系中，祀昊天上帝则并非天子之专属，所以高丽国王完全有资格祭祀昊天上帝。其实，睿宗之父肃宗就已举行过这种祭祀，《东国通鉴》载："（七年）夏五月，王率群臣醮上帝于禁中，配以太祖。""醮"字说明这是一场道教性质的宗教活动。李朝史臣注意到了"醮"与"祀"的微妙差别，对肃宗"醮"上帝，《东国通鉴》的编纂者未置一词；对睿宗"祀"上帝却大加挞伐，在史臣按语中酷评道："睿宗因旱祷雨，未有格天之德，求媚于佛，经行街衢，已失礼矣，况祀天不于郊而于殿，失礼之中，又失礼焉。语曰：吾谁欺，欺天乎？睿宗之谓也。"对比睿宗"祀上帝"和肃宗"醮上帝"的史料可以看出，这是两场同样性质的宗教活动。对睿宗用"祀"不用"醮"，只是史官在记录这一事件时偶然为之，并不能说明睿宗"祀昊天上帝"是儒教性质的祭祀活动。韩国学者金得榥认为肃宗"醮上帝"祭拜的是玉皇大帝，此说不确。宋朝在真宗时代已开始用道教方式祭祀昊天上帝，但是昊天上帝和玉皇大帝并不是同一个神，当时玉皇大帝的地位次于昊天上帝。政和六年（1116），宋徽宗才试图把昊天上帝与玉皇大帝合二为一。高丽肃宗和睿宗醮祀昊天上帝均在政

据上表可知，三十次斋醮活动中，睿宗 "亲醮" 就有二十次，占总数的67%，由此可见睿宗对道教的重视程度。宫廷中举办的常规性宗教活动，史书一般不会做专门记录。这些斋醮活动举办的时间、地点均无规律可循，因此，应该都是出于某种特殊目的举办的常祀之外的宗教活动。《高丽史》对大多数斋醮活动举办的原因和目的往往语焉不详。笔者根据每次斋醮活动前后一个时期内发生的各种事情，推证举办斋醮之目的，其结论虽然未必绝对可靠，但自忖庶几近是。

在三十次斋醮活动中，其目的大体可知的共计二十次，其中出于军事目的的共计六次。高丽王朝国小兵弱，来自外敌的压力是高丽政权始终面临的最大威胁。睿宗二年十一月至四年七月，高丽与女真爆发战争。战争初期高丽大获全胜，但旋即陷入战争泥潭不能自拔，在此期间共举行禳兵醮三次。睿宗十年正月，阿骨打称帝，随即展开金灭辽的战争。作为辽的藩属国，高丽被辽国胁迫要求加入战争。如果对抗强大的金国，高丽将面临亡国的厄运。从睿宗十年到十一四月高丽弃用辽的年号为止，出于为国解厄的目的共举行三次斋醮。由此可见，道教和佛教一样担负着护国的使命。[48] 高丽是个农业国家，气候的好坏关系着国家的经济命脉，目的可知

和六年之前，所以醮祀的昊天上帝不可能是玉皇大帝。但是不可否认，高丽以道教方式祭祀昊天上帝应该是受宋朝道教的影响。参阅徐居正：《东国通鉴》卷十八肃宗七年条，第548页；金得榥：《韩国宗教史概述》，何隽译，载沈善洪主编《韩国研究》第一辑，杭州：杭州大学出版社，1994年，第308页。

45) 本命日六十天一循环，故一年中有六个本命日，相应有六次本命醮。帝王的本命醮主要目的是为民祈福，属于有规律可循的常祀性质的宗教活动，史书中往往不会逐次记录，《高丽史》中对睿宗本命醮的记录仅此一次。关于《本命信仰》，请参阅刘长东：《本命信仰考》，载氏著《宋代佛教政策论稿》，成都：巴蜀书社，2005年。

46) 此 "三界" 当指天地水三官，或上中下三元，而非欲界、色界、无色界。理由如下：1. 三官 (三元) 是道教信仰，三界观念来自佛教。2. 三界不是神灵，不可能成为醮祀对象；三官则是道教神灵，天官赐福、地官赦罪、水官解厄，是其核心信仰。3. 现存高丽时期的斋醮青词中有三元醮青词，却没有跟三界有关的醮文。高丽道教醮祀的 "三界" 应是三官 (三元) 之说，承蒙李丰楙教授提示，谨致谢忱。关于三元斋，请参阅张泽洪：《道教斋醮符咒科仪》，成都：巴蜀书社，1999年，第263—267页。

47)《高丽史》诸本皆作 "三月壬戌"(甲子是壬戌后第二日)，后文又出现 "三月丁酉"。自壬戌至丁酉共四十三天，三月并非闰月，而且此处没有二月的记事，可见 "三月壬戌" 应是 "二月壬戌" 之误。

的斋醮中有六次是为了祷雨，说明道教还担负着护佑民生的任务。如果算上禳除雨雹之灾的斋醮，那么，出于祈祷风调雨顺目的进行的斋醮次数将达到七次之多。为生者祈福禳疾，对亡者表达终极关怀，是宗教的基本功能。为国王祈福的一次斋醮，为王室禳疾的两次斋醮，以及为亡故的王室成员"荐冥祐"的四次斋醮，反映了道教的这一功能。总体来看，睿宗举办的斋醮活动都有现实的考量，其目的都是为了护国佑民、祈福禳灾。

三、睿宗从宋朝引进道教的目的及其历史背景

睿宗的道教政策与高丽其他崇道君王最大的不同在于，他大力主张从宋朝引进纯正的科仪道教，这也是他对高丽道教做出的最大贡献。诚如李能和所说，高丽早期的"种种醮祀，无非出于道教的意义，而但其行事，杂于佛教的思想，不可谓之纯全道教"。[49] 因此，睿宗派遣韩安仁向宋徽宗"进言"要求引进道教，并派李仲若赴宋学习道教，进而建立"斋醮科仪，一如宋朝"[50] 的中国式道观福源宫，其最直接的目的就是为了完善高丽道教的科仪体系，提升高丽道教的水平。然而，这只是表层目的，更重要的目的还在于以下两点：

首先，为了更全面地学习中国文化。高丽建国之初就确立了"慕华"的立国纲

---

48) 以佛护国是佛教传入韩国伊始的三国时代就已形成的传统，高丽立国后更加重视佛教的护国功能，《太祖训要》第一条就强调了诸佛对国家的"卫护之力"。在高丽历史上，每次遇到外敌入侵，以佛力禳敌护国都是高丽国采取的最重要的应对措施之一，比如著名的《高丽大藏经》的雕版，就出于禳敌护国的目的。参阅李奎报：《东国李相国集》卷二十五《大藏刻板君臣祈告文》，第272—273页。

49) 韩）李能和：《朝鲜道教史》，首尔：普成文化社，1977年，第389页。

50) 李圭景：《五洲衍文长笺散稿》卷三十九《道教仙书道经辩证说》，
http://db.itkc.or.kr/itkcdb/mainIndexIframe.jsp（韩国古典综合数据库）

领,《太祖训要》曰:"惟我东方, 旧慕唐风, 文物礼乐, 悉遵其制。……契丹是禽兽之国, 风俗不同, 言语亦异, 衣冠制度, 慎勿效焉。"[51] 在高丽人眼中, 只有汉族政权才能代表华夏文化, 在当时东亚诸国中也只有宋朝才是高丽学习的对象。睿宗堪称高丽王朝的一代贤君, 被誉为"有中华之风"。[52] 其一生"崇尚儒术, 乐慕华风", 有很深的"慕华"情结,"文轨同乎中夏"[53] 是其最高治国理想。当时宋朝的文化格局是"三教鼎立", 而高丽的情况却是儒释兴盛, 道教不振。因此, 向宋朝学习道教也是为实现其"文轨同乎中夏"的治国理想采取的必要举措。据《高丽图经》记载:"或闻俣享国日, 常有意授道家之箓, 期以易胡教。其志未遂, 若有所待然。"[54]考察高丽诸史, 睿宗非但没有"易胡教"之举, 相反, 他对佛教的推崇要远远高于道教, 他从未受过道箓, 却先后七次受菩萨戒就是最充分的证据。那么, 徐兢之说是否是不实之词呢?通过《太祖训要》可以看出, 高丽特别强调他们与契丹等蛮夷民族的区别, 潜意识里是以华夏文化传人自居的。之所以"其志未遂", 根本原因恐怕在于佛教传统在高丽已根深蒂固。其实, 就是在极度推崇道教的道君皇帝宋徽宗统治下的宋朝, 又何尝会以道教"易胡教"呢?但是, 睿宗会产生以华夏本土宗教道教取代外来的佛教, 以彰显本国作为华夏文化国家的特性的想法, 并非没有可能。

其次, 通过发展道教树立本国文化的主体地位。高丽虽然"乐慕华风", 但它毕竟是东夷民族国家, 并非华夏正统。于是, 传说中把华夏文化带入朝鲜半岛的华夏圣贤箕子就成为高丽"攀附"华夏的最好阶梯。[55] 因为本国文明是箕子开创的, 所以高丽在文化上也便取得了华夏正统的地位; 又因为箕子"不臣"于周, 所以箕子

---

51) 郑麟趾:《高丽史》卷二《太祖世家二》太祖二十六年四月, 第26页。

52) 李齐贤:《栎翁稗说后集》,《益斋集》第2册, 首尔:民族文化推进会, 1967年, 第51页。

53) 金缘:《清燕阁记》,《东文选》卷六十四, 第420页。

54) 徐兢:《高丽图经》卷十八《道教释氏》道教条, 第93页。

55) 王明珂教授在《英雄祖先与弟兄民族——根基历史的文本与情景》一书中提出, 文化与社会界限模糊的人群之间会相互攀附, 在东亚历史上表现为"华夏边缘"人群攀附华夏, 造成华夏认同在历史过程中的扩张。请参阅该书第241—244页, 及第四至第八章, 尤其是第六章《反思英雄徙边记:朝鲜与东吴》, 北京:中华书局, 2009年。

开创的朝鲜国又具有强烈的本土特性。肃宗七年 (1102) 高丽官方正式开始祭祀箕子,[56] 可以说就是借助箕子这一文化资源树立本国文化主体地位的尝试, 由此, 箕子成为高丽文化的本土性与华夏性的连接点。据徐兢的记载, 福源宫大门 "前榜曰敷锡之门, 次榜曰福源之观".[57] "敷锡", 语出《尚书·洪范》"敛时五福, 用敷锡厥庶民",[58] 可见福源宫的名称取自《洪范》。《洪范》传说为箕子所作, 睿宗据《洪范》为福源宫取名, 表现出强调本国文化特性的倾向, 至此, 作为本国文明开创者的箕子又和道教联系在一起。梁银容教授认为, 睿宗的崇道行为反映了其 "三教鼎立" 的治世观。[59] 然而, 睿宗眼中 "三教鼎立" 格局中的道教并非真正意义上的道教。1116年 (即睿宗十一年), 睿宗进行了在位期间最重大的政治改革, 在 "颁新教以与物更始" 的诏令中, 睿宗强调要保护 "三教", 但对保护道教的表述却是 "四仙之迹, 所宜加荣".[60] 可见睿宗是把道教和新罗以来的本土 "仙家" 联系在一起的, 道教从而获得了强烈的本土特征, 成为高丽的主体文化而非单纯的外来信仰。

　　推崇道教的高丽国王不止睿宗一位, 但为什么直到睿宗时才开始大力引进宋朝道教？这跟他所处的历史背景有密切关系。学习中国文化是高丽的基本国策, 宋朝一建国高丽便与宋建立了外交关系。但是丽、宋两国隔着强大的契丹, 由于契丹的阻挠, 两国外交关系时断时续。高丽文宗以后, 随着契丹势力的衰落, 两国外交关系才趋于正常。[61] 文宗朝以来, 高丽国力逐渐开始恢复。到睿宗时, 高丽国的文治武功达到鼎盛, 与宋朝的外交往来也日益频繁。睿宗在位十七年, 向宋遣使七次。除了朝廷间的正式遣使外, 其他类型的外交活动也非常活跃。据中方文献记载, "政和 (1111—1117) 以来, (高丽) 人使每岁一至".[62] 频繁的外交往来, 为从宋朝

---

56) 郑麟趾：《高丽史》卷六十三《礼志五·吉礼·小祀》杂祀条, 第353页。

57) 徐兢：《高丽图经》卷十七《祠宇》福源观条, 第84页。

58) 孔颖达：《尚书正义》, 阮元校刻《十三经注疏》, 北京：中华书局, 1982年, 第189页。

59) 梁银容：《福源宫建立의歷史的意義》, 韩国道教思想研究会编《道教와韓國文化》, 第496页。

60) 郑麟趾：《高丽史》卷十四《睿宗世家三》睿宗十一年四月庚辰, 第205页。

61) 全海宗：《中韩关系史论集》, 全善姬译, 北京：中国社会科学出版社, 1997年, 第257页。

62) 黄以周：《续资治通鉴长编拾补》卷五十六钦宗靖康元年十月辛酉, 北京：中华书局, 2004年, 第1792页。

引进道教创造了有利条件。

　　睿宗在位期间正值北宋道君皇帝宋徽宗统治时期。宋徽宗是宋代最崇奉道教的帝王,睿宗崇道未免会受他的影响,比如郭舆得宠后被称作"金门羽客",明显就是宋徽宗所创"金门羽客"制在高丽的翻版。睿宗三年遣使向宋徽宗表达学习道教的意愿,该使团归国次年 (睿宗五年、大观四年) 宋徽宗便派遣道士赴高丽传教,这表明宋徽宗对向高丽传播道教采取积极态度。此外,受宋徽宗宠遇的一些道教领袖也热衷于向高丽传教。据陆游记载:"宣和中,林灵素得幸,乃白遣道士数人,随奉使往,谓之行教。"[63] 由此可见,睿宗在高丽大力推行道教也受到了宋朝道教界的鼓励。

　　由于政权长期受契丹、女真、西夏等北方民族的威胁,宋朝是一个民族意识凸显的王朝,[64] 宋朝道教也因而带有较强的民族主义特征。[65] 高丽政权的外部环境与宋朝极其相似,睿宗强化道教的本土特性,一方面是外部政治环境使然,另一方面应该也受到了宋朝道教的影响。此外,睿宗开展与宋朝的道教交流,可能还有政治方面的考量。睿宗三年遣使入宋时,高丽与女真正处于激烈的战争状态,按照《增补文献备考》的记载,此次遣使的目的是"告捷于宋"。[66] 据前文可知,这次遣使还有从宋朝引进道教的诉求。睿宗十年李仲若随高丽使团赴宋学习道教,此时正值辽即将为金所灭,高丽政权面临空前危机。在高丽与外族发生激烈冲突之时,睿宗积极开展与宋朝的道教交流,恐怕还有通过道教拉近两国关系,营造有利于高丽的国际关系格局的政治目的。当然,对宋朝而言,通过道教交流加强与高丽的联系,也不失为制衡契丹和女真的良策。

---

63) 陆游:《家世旧闻》卷上,北京:中华书局,2006年,第192页。
64) 葛兆光:《宅兹中国》,北京:中华书局,2011年,第42页。
65) 卿希泰主编:《中国道教史》(第二卷),成都:四川人民出版社,1996年,第549页。
66) 洪凤汉:《增补文献备考》卷一百七十二《交聘考二》,首尔:明文堂,1985年,第1021页。

略论韩国古代诗话对苏轼的接受

：作为对韩国汉诗影响深远的诗人，高丽、朝鲜时代的韩国诗话对苏轼的接受全面而深入，包括对其文艺观念及授艺方法，文学渊源、学习态度及文学史地位，作品风骨及意格，诗歌作法，生平际遇及轶事等方面进行了探讨。在对苏轼的接受中，韩国诗话的观照视野受到儒家文化、中国诗话及中国诗坛风气的影响，且处处以苏轼为参照系考察韩国汉诗，呈现出主体性及开放性。

关键词：苏轼　　韩国诗话　　接受

苏轼（1036—1101）作为中国文学史上最伟大的作家之一，不仅在国内享有盛誉，在邻邦韩国也备受推崇。高丽朝宗尚东坡之风就十分隆盛。徐居正《东人诗话》云："高丽文士专尚东坡，每及第榜出，则人曰三十三东坡出矣。高元间宋使求诗，学士权适赠诗曰，'苏子文章海外闻，宋朝天子火其文，文章可使为灰烬，千古芳名不可焚.' 宋使叹服，其尚东坡可知也。"[1] 高丽朝之后，近世朝鲜前、中期，直至公元20世纪初的近世朝鲜末期，苏轼其人其作仍一直在惠泽韩国文学。鉴于苏轼对韩国古代文学的巨大影响力，有学者提出，"苏轼在韩、中比较文学史上占有的地位和意义，可以说比陶渊明、李白、杜甫等文人，更深刻而广大。"[2]

---

1) 徐居正《东人诗话》，蔡镇楚编《域外诗话珍本丛书》第8册，北京图书馆出版社2006年，第205页。

公元958年, 高丽推行科举。自此, "三年一比, 上下数千载, 以文拾青紫者, 不可胜纪"[3], 开科取士使得以辞章、文艺为核心的制述科目大受重视, 从而大大促进了高丽文士对大文豪苏轼的学习。此外, 韩国古代文士在学习中国文学时, 抱着 "天下一家, 翰墨同文, 胡彼此之有间"[4] 的态度, 因此他们对苏轼的接受是全方位的, 既包括对其作品的学习、效法, 也包括从理论上加以分析研究。关于前者, 中韩学者已讨论甚多, 本文则拟聚焦于韩国高丽、朝鲜时期的诗话《破闲集》、《补闲集》、《东人诗话》、《秋江冷话》、《霁湖诗话》、《惺叟诗话》、《溪谷漫笔》、《小华诗评》、《诗文清话》、《壶谷诗评》等, 探讨这些诗话作品对苏轼的接受情况。

一、文艺观念及授艺方法

苏轼本人在对文学艺术的鉴赏、批评中所折射或提炼出的的文艺观念, 是韩国古代诗话的一个关注重点。苏轼《王维吴道子画》一诗赏鉴且比较了吴道子与王维二人的画作 : "道子实雄放, 浩如海波翻。当其下手风雨快, 笔所未到气已吞", 而 "摩诘本诗老, 佩芷袭芳荪。今观此壁画, 亦若其诗清且敦", "吴生虽妙绝, 犹以画工论。摩诘得之于象外, 有如仙翮谢樊笼。吾观二子皆神俊, 又于维也敛衽无间言。"[5] 东坡对吴道子与王维的画作都给予了很高的评价, 认为皆非凡品, 但王维似乎仍高一筹, 实乃其 "得之于象外, 有如仙翮谢樊笼"。苏轼受庄禅熏染甚深, 对 "超以象外, 得其环中" 的风格清丽、清俊或清逸之作一直十分青睐。受到苏轼此诗的启发, 崔滋在《补闲集》中特地拈出 "逸气" 一词作为文学批评的重要概念, 称 "苏子瞻品

---

2) [韩] 洪瑀钦《韩国苏轼研究述略》,《宋代文化研究》第九辑, 巴蜀书社2000年。

3) [李仁老《破闲集》, 蔡镇楚编《域外诗话珍本丛书》第8册, 北京图书馆出版社2006年, 第45页。

4) [崔滋《补闲集》, 蔡镇楚编《域外诗话珍本丛书》第8册, 北京图书馆出版社2006年, 第108页。

5) [苏轼《王维吴道子画》, 孔凡礼点校《苏轼诗集》第8册, 中华书局2009年, 第109页。

画云，'摩诘得之于象外，笔所未到气已吞。' 诗画一也。"6) 得之于象外，如仙翩飘飞，是为逸气，这一认识是深得苏轼文艺思想之壶奥的。不过，"笔所未到气已吞" 本为苏轼形容吴道子而非形容王维之语，崔滋有所舛误。

苏轼《与侄书》云："凡文字，少小时须令气象峥嵘，彩色绚烂。渐老渐熟，乃造平淡。其实不是平淡，绚烂之极也。""绚烂之极归于平淡" 是苏轼颇为经典的一个文艺观，亦是受老庄 "淡然无极而众美从之" 思想影响所致。佚名的《诗文清话》对苏轼此观点十分推崇："苏长公言少年作文当绚烂，晚乃造平淡，比彼枫林饱霜，自斐亹有致，直取一段精华耳。若元来枯树，更益变衰，何有佳态？凡欲成陶韦家诗者，请终身守长公此言。"7)《诗文清话》以 "枫林饱霜，斐亹有致，直取一段精华" 来解释 "其实不是平淡，绚烂之极也"，可谓精辟。

苏门四学士皆蜚声文坛，尤其是黄庭坚作为江西诗派的代表人物，对北宋后期诗歌及韩国汉诗影响尤大。因此，苏轼的授艺之道也成为韩国诗话的兴趣点。张维《溪谷漫笔》云："东坡为文章最喜《战国策》贾谊陆贽，晚节悟入则在于庄子楞严。而黄鲁直问作文之法，告以熟读《檀弓》，鲁直用其言亦有得。坡之告黄，不以己之所得力而乃举《檀弓》，何也？岂亦因其材而道之者欤？"8) 在张维看来，因材施教是苏轼在授艺方面重要且行之有效的方法。

二、文学渊源、学习态度及文学史地位

沈德潜《说诗晬语》云："苏子瞻胸有洪炉，金、银、铅、锡，皆归熔铸。其笔之超旷，等于天马脱羁，飞仙游戏，穷极变幻，而适如意中所欲出。韩文公后，又开辟

---

6) 崔滋《补闲集》，蔡镇楚编《域外诗话珍本丛书》第8册，北京图书馆出版社2006年，第109页。
7) 佚名《诗文清话》，蔡镇楚编《域外诗话珍本丛书》第10册，北京图书馆出版社2006年，第557页。
8) 张维《溪谷漫笔》，蔡镇楚编《域外诗话珍本丛书》第8册，北京图书馆出版社2006年，第607页。

一境界也。"9) 此语说明苏轼在文学创作上，既转益多师且又能融会贯通、开创新局面。关于苏轼在文学上的渊源、师承等问题，韩国古代诗话也有颇多探讨。在苏轼之文方面，张维《溪谷漫笔》云："东坡为文章最喜《战国策》贾谊陆贽，晚节悟入则在于庄子楞严。"10) 苏轼散文出入于《战国策》、贾谊、陆贽、庄子、楞严诸家，张维的看法是准确的。在诗歌方面，李晬光注意到苏轼对杜甫的学习，其《芝峰类说》引用王世贞的观点称："子瞻多用事，从老杜五言古诗排律中来，鲁直用拗句法，从老杜歌行中来，信斯言也。宋以后诗概以老杜为祖耳。"11) 李晬光《芝峰类说》又援引了陈师道等人的话，指出苏轼诗歌亦取法于刘禹锡。"后山曰：苏诗是学刘禹锡，故多怨刺。脱学李白，其得意则似之，然失之粗，以其得之易也。后山乃其门下人，而评论如此，可谓不阿所好矣。又巩丰东坡门人也，亦言东坡平生诗学刘梦得，其言信矣。"12) 苏轼与刘禹锡皆持有 "缘诗人之义，托事以讽，庶几有补于国" 的主张，好写政治讽刺诗，前者又在语言、技巧、意趣等多个层面向后者取法，李晬光注意到二者的关联，是有所根据的。

　　苏轼虽然转益多师，在学习中却持批判接受的态度，不肯蹈袭、拘泥于前人，对此，韩国诗话多有赞誉。李晬光《芝峰类说》云："朱子曰：文字好用经语，亦一病。杜诗云 '致远思恐泥'，东坡谓此诗不足为法，此可见评论之至公。而今人于古人之作不敢议其疵病，稍有指点，则人辄诋以愚妄，何也？陈后山以欧阳永叔不好杜诗，苏子瞻不好马史，即此观之，子瞻非特不好马史，亦不好杜诗者也。"13) 又，佚名《诗文清话》曰："夫情之所蓄，无不可吐出，景之所触，无不可写入，晋惟渊明，唐惟少陵。叙事者如画师，肖貌各随其形之妍媸，议论者如老吏断狱，悉得其情之本末，汉惟子长，宋惟子瞻。或谓古诗自唐而弱，古文至宋而衰，余以为不然。少陵欲学汉魏不难，子瞻欲学周秦亦易，古人只不肯学，是以独竖拳头，别自成家。今人只是肯

9) 沈德潜著、王宏林注《说诗晬语笺注》，人民文学出版社2013年。
10) 张维《溪谷漫笔》，蔡镇楚编《域外诗话珍本丛书》第8册，北京图书出版社2006年，第607页。
11) 李晬光《芝峰类说》，蔡镇楚编《域外诗话珍本丛书》第9册，北京图书出版社2006年，第24页。
12) 同上，第58页。
13) 李晬光《芝峰类说》，蔡镇楚编《域外诗话珍本丛书》第9册，北京图书出版社2006年，第8页。

学，是以虽有鼻孔，不得出气。"[14] 上述言论皆盛赞了苏轼在借鉴前贤时的批判精神，认为唯此方可 "评论至公" 和 "独竖拳头，别自成家"。

在探讨苏轼的文学渊源及学习态度的同时，韩国诗话对苏轼的文学史地位、苏黄优劣等问题也屡屡述及。南龙翼的《壶谷诗评》对宋诸名家诗逐一点评，称 "王半山精而刻，梅都官妙而枯"、"黄山谷奇而狭" 等，而 "苏东坡大而饫"，"大家则无出坡翁之右"[15]。该诗话又议宋文曰，"宋朝诸学士始变体格，以典重纪实为宗，以恳到写情为主，表诏则苏轼词藻独步。"[16] 诸类评论就不同的文体，探讨苏轼的成就，观点皆准确具体。受宋末和明中叶宗唐之风的影响，也有诗话作品对苏轼的文学史地位表达异议，如李晬光《芝峰类说》云："严沧浪曰：'诗自东坡，自出己意为之，略不肯效些子气味，为唐诗之一大变。而诗至此亦大厄矣。' 余谓沧浪乃晚宋人，而所见若此何也。"[17] 北宋诗坛，苏黄并称，黄庭坚的 "夺胎换骨、点铁成金" 诗学理论传至韩国，也在韩国产生很大的影响。如崔滋《补闲集》称："李学士眉叟曰：杜门读苏黄两集，然后语遒然，韵锵然，得作诗三昧。"[18] 苏黄孰优孰劣，韩国诗话对此话题亦颇有兴趣，如李晬光《芝峰类说》云："王弇州曰：'诗格变自苏黄固也。黄意不满苏，直欲凌其上，然不如苏也，何者？愈巧愈拙，愈新愈陈。' 余谓此可定其优劣矣。"[19]

三、作品意格、风骨

高丽朝诗坛既有宗尚东坡之风，效仿者甚众，但相当一部分是邯郸学步、得其

---

14) 佚名《诗文清话》，蔡镇楚编《域外诗话珍本丛书》第10册，北京图书馆出版社2006年，第538页。
15) 南龙翼《壶谷诗评》，蔡镇楚编《域外诗话珍本丛书》第11册，北京图书馆出版社2006年，第486页。
16) 同上，第559页。
17) 李晬光《芝峰类说》，《域外诗话珍本丛书》第9册，第60页。
18) 崔滋《补闲集》，《域外诗话珍本丛书》第8册，第126页。
19) 李晬光《芝峰类说》，《域外诗话珍本丛书》第9册，第60页。

表面，真正能窥门入室者不多。对此，有诗话作品专门拈出"风骨"、"意格"等概念，剖析苏轼作品的内核及精髓。崔滋《补闲集》云："夫评诗者，先以气骨意格，次以辞语声律。"[20] 李晬光《芝峰类说》云："李容斋郑湖阴诗大抵学苏黄者也。湖阴问曰：'人皆谓余学苏黄，而不谓公学苏黄，何也？' 容斋答曰：'君用其文字，故人见而易知，我取其意格，故人不知之。' 湖阴服其言。"[21] 意格是中国诗话中较常见的一个范畴，如姜夔《白石道人诗说》云，"意格欲高，句法欲响，只求工于字句，亦末矣。""意格"之"意"即作者要表达的思想和情感，"意格"之"格"或指法式、标准，"意"与"格"相辅相成，共同决定了由意绪与格调糅合而成的作品的审美品级。崔滋与李晬光将辞语声律或文字与意格相对，强调了意格作为作品审美品级第一要素的重要性。

崔滋《补闲集》云："近世尚东坡，盖爱其气韵豪迈，意深言富，用事恢博，庶几效得其体也。后进读东坡集，非欲仿效以得其风骨，但欲证据以为用事之具，剿窃不足道也。"[22] 崔滋于此强调"风骨"，认为效仿者得其风骨，方为得苏轼之精髓。风骨是中国文艺理论的重要范畴，刘勰《文心雕龙·风骨》曰："是以怊怅述情，必始乎风；沉吟铺辞，莫先於骨。故辞之待骨，如体之树骸；情之含风，犹形之包气。结言端直，则文骨成焉；意气骏爽，则文风清焉。"[23] 关于风骨的具体内涵，历来解释众多。崔滋《补闲集》论文章境界高下的一段文字可视为风骨之阐发："文以豪迈壮逸为气，劲峻清史为骨，正直精详为意，富赡宏肆为辞，简古倔强为体，若局生涩琐弱芜浅是病。"[24] 崔滋所谓的"劲峻清史为骨"、"正直精详为意"或接近刘勰的"结言端直"，"豪迈壮逸为气"或与"意气骏爽"有内在的关联。在对苏轼诗文之意格、风骨的揣摩中，韩国古代诗话皆运用了中国诗学的概念范畴作为观照视野，且受儒家文化的影响，十分强调诗以意为主、意以气为主的诗歌审美品级。

---

20) 崔滋《补闲集》，《域外诗话珍本丛书》第8册，第140页。
21) 李晬光《芝峰类说》，《域外诗话珍本丛书》第9册，第12页。
22) 崔滋《补闲集》，《域外诗话珍本丛书》第8册，第127页。
23) 刘勰著、杨明照校注拾遗《增订文心雕龙校注》，中华书局2000年，第88页。
24) 崔滋《补闲集》，《域外诗话珍本丛书》第8册，第140页。

四、诗歌作法

包括使事用典、声韵格律、遣词造句、修辞手法等在内的诗歌作法一直是域外诗话重点关注和探讨的内容，在对苏轼的接受中，韩国古代诗话也无一例外地对苏轼诗的作法进行了详细揣摩。

用典：李仁老《破闲集》云："诗家作诗多使事，谓之点鬼簿。李商隐用事险僻，号西昆体，此皆文章一病。近者苏黄崛起，虽尚其法而造语益工，了无斧凿之痕，可谓青于蓝矣。如东坡'见说骑鲸游汗漫，忆曾扪虱话悲辛，永夜思家在何处，残年知尔远来情。'句法如造化生成，读之者莫知用何事。"[25] 东坡作诗往往用典繁富，是为宋调之一大特征，李仁老充分认识到这一点，且比较了苏轼与李商隐用典的异同，认为苏轼的造诣高出一筹即在于"了无斧凿之痕"、"句法如造化生成"。

声韵：徐居正《东人诗话》云：或问李文顺三百韵诗重押二施字，二祇字，有何所祖乎？子曰：……苏子瞻送王公晋诗，"忽忆钧台归洗耳"，又曰"亦念人生行乐耳"，自注曰二耳字，义不同，故得重押。予谓一韵重押，苏杜尚然，非但苏杜，魏晋诸集中多有之，独何怪于李乎？[26] 此处以苏轼诗歌为范本，提出一韵重押符合作诗法则。《东人诗话》又以东坡赠陈季常诗，旁用六韵为例，指出通押旁韵亦属普遍现象，有大家之先例可循。梁庆遇《霁湖诗话》云："诗人或未尽晓字音高低，壬辰之壬字，或作去声用，丈人行之行字，或作平声用，是甚不知者也。至如胶字，则折胶凤胶及胶舌之胶，皆平声也。若胶合之胶，盖仄声也，坡翁诗曰，童子愁水酒，佳人苦胶杯者是也。灯檠之檠字，则古诗有灯檠混鱼目之句，李义山诗'九枝灯檠夜珠圆'者，仄声也。坡诗曰'梦断酒醒山雨绝，卧看饥鼠上灯檠'者，平声也，盖通用矣。"[27] 梁庆遇此处关注的是平仄问题，仍以东坡诗为例，说明同一字在不同语言环境中或读平

---

25) 李仁老《破闲集》，《域外诗话珍本丛书》第8册，第36页。
26) 徐居正《东人诗话》，《域外诗话珍本丛书》第8册，第185页。
27) 梁庆遇《霁湖诗话》，《域外诗话珍本丛书》第8册，第397页。

声，或读仄声，需区别对待。该问题在张维的《溪谷漫笔》中有更细致的探讨："我东乡音上去二声绝不可辨，虽深于文学者必须检韵，不尔则不能别也。余常病此。及观古人文字，押韵或有糅杂，如东坡《酒经》，本用庚韵，而其中饼猛等韵，上声也，正定劲病等韵，去声也，惟取音叶，虽平仄不同，皆不拘也，此犹文也。"[28] 除了例举东坡《酒经》，张维又以柳宗元、陈后山、李梦阳等人的诗文为例，最后提出，"凡著杂文，用韵虽时混上去声不至大错，唯诗什则当谨守正法耳。"[29] 在对苏轼等人之作的研读中，张维的观点显然比梁庆遇更为严苛，认为诗歌当谨守"正法"，杂文则上去声可勉强混用。

遣词造句：关于作诗是否可以句法重叠的问题，韩国古代诗话亦有所讨论，且不少以苏轼作品或其观点为例者。徐居正《东人诗话》云："古人云，句法不当重叠，如淮海小词"杜鹃声里斜阳暮"，苏东坡曰此词高妙，但既云斜阳，又云暮，重叠也。"[30] 又，李晬光《芝峰类说》云："诗用叠字，古人不以为嫌，最忌意叠。如苏子瞻律绝中叠使数字者多矣。至于杜韩两诗，叠押韵字，此则不为病，惟观作句工拙如何。然语其精，则恐亦不免小疵耳。"[31] 徐居正和李晬光在对苏轼观点或其作品的考察中，皆提出作诗忌意叠。

李晬光《芝峰类说》对苏轼诗歌的遣词用字尤多剖析。如 "东坡牡丹诗曰，'一朵妖红翠欲流'，按蜀语，鲜翠犹言鲜明也"[32]，这是对具体字词的解释。"东坡诗 '山忆喜欢劳远梦，地名惶恐泣孤臣'。按宋邢凯曰，蜀大散关有喜欢铺，万安县有皇公滩，而改为惶恐以作对。"[33] 这亦是解释字词的来历，并言及苏轼改动地名为我所用之法。《芝峰类说》又云："东坡诗曰：'公独未知其趣耳，臣今时复一中之。'古今以为奇对。然此为四六，偶对则好矣，用之于诗，则句法以为俗而天机亦浅。唐人则必

---

28) 张维《溪谷漫笔》，《域外诗话珍本丛书》第8册，第531页。
29) 同上。
30) 徐居正《东人诗话》，《域外诗话珍本丛书》第8册，第215页。
31) 李晬光《芝峰类说》，《域外诗话珍本丛书》第9册，第24页。
32) 同上，第281页。
33) 同上。

不如是作句矣。"34) 此处则批评苏轼诗歌用散句作对的习惯，认为 "句法以为俗而天
机亦浅"。

修辞手法：苏轼作诗好用且擅用比喻，韩国诗话于此也有所关注。如徐居正《东
人诗话》云："古之诗人托物取况，语多精切，如东坡咏海棠云，'朱唇得酒晕生脸，翠
袖卷纱红映肉,' 以妇人譬花也。"35) 苏轼此诗的比喻公认精当巧妙，徐居正拈出 "精
切" 一词作评，亦是的论。

五、际遇及轶事

苏轼之际遇与轶闻亦是高丽、朝鲜诗话关注的一大焦点。韩国文士多联系其
诗文感喟其遭遇及人格。南龙翼《壶谷诗评》云："东坡狱中二律冠绝平生，使其不
幸，则其嵇叔夜之广陵散欤？"36) 此语以东坡乌台诗案事发下狱时所写的两首律诗
为其作品之冠，并假设若东坡就此殒命，这两首诗就类似于嵇康之《广陵散》，成为
绝响了。此观点的出发点为，诗人的坎壈命运铸就和决定了诗作的艺术高度。《壶
谷诗评》又将苏轼《英州谢上表》中的 "瘴疠灾乡，去若清凉之地，苍颜白发，谁怜
衰暮之年" 与吕惠卿《到建宁军谢表》中的 "龙鳞凤翼已绝望于攀援，虫臂鼠肝一寘
心于造化" 进行对比，认为 "两句之精妙悲凉一也，而苏无心吕有意"37)。此观点其
实是将两人之人格进行对比，认为苏轼之真诚使其文出语自然，而吕惠卿之奸巧使
其文造作。上述两则材料既论诗文，又都以遭遇人品为皈依，吻合了中国的知人论
世传统。

---

34) 同上，第60页。
35) 徐居正《东人诗话》,《域外诗话珍本丛书》第8册，第244页。
36) 南龙翼《壶谷诗评》,《域外诗话珍本丛书》第11册，第486页。
37) 同上，第560页。

　　韩国古代诗话对苏轼的传闻轶事更是大为关注, 尤其是佚名的《诗文清话》大量引述了与苏诗相关的轶闻趣事, 包括东坡入狱, 其子迈托人误送鱼肉之事、东坡戏谑张先年迈而娶妾事、东坡侍妾朝云不忍卒闻 "枝上柳绵吹又少, 天涯何处无芳草" 事、东坡给王定国歌儿写《定风波》词事、东坡与众人讨论苏武在匈奴娶妻事, 等等。所述轶事多系撮录宋及宋以后的笔记、诗话而成。

　　可以看出, 作为对韩国汉诗影响十分深远的大文豪, 高丽、朝鲜时代的韩国诗话对苏轼的探究是全面、深入和细致的。除此, 韩国古代诗话对苏轼的接受还呈现出以下特点: 其一, 评价标准和尺度深受儒家文化及中国诗话的影响, 所用概念和范畴如风骨、意格等也大都沿用了中国文艺理论。肇始于高丽中叶的韩国诗话, 原本就是蒙宋诗话的影响而生, 其眼光未脱中国诗话的框架, 亦属自然。其二, 韩国诗话探究苏轼之目的, 主要是为了用以指导韩国汉诗的创作, 苏轼在很大程度上充当了韩国诗话评价其国内文士的参照系或标尺。无论是论诗人之生平际遇, 或是诗文创作, 以之与东坡比较者, 在韩国诗话中比比皆是。该现象诚如蔡镇楚先生所言, 反映了 "朝鲜诗话论诗的主体意识和开放性格"[38]。其三, 中国文学史上的 "唐宋诗之争" 亦波及韩国古代诗话接受苏轼时的观照视野。高丽末期至李氏朝鲜初期, 二百余年间, 东坡一直享有盛誉, 此段时期的诗话作品整体而言对其是推崇备至的。时至近世, 韩国诗话受严羽及明代七子宗尚盛唐之风的影响, 对苏轼的评价亦呈现出复杂的面貌, 其中不乏李晬光《芝峰类说》这样对苏轼诗作颇多批评和纠弹的诗话作品。

---

38)　蔡镇楚《域外诗话珍本丛书·自序》,《域外诗话珍本丛书》第1册, 北京图书馆出版社2006年。

从《宣和奉使高丽图经》看中国音乐的东传

同济大学　曾美月

《宣和奉使高丽图经》(后文简称《高丽图经》), 北宋徐兢撰。徐兢 (1091~ 1153年) 字明叔, 和州历阳 (今安徽和县) 人。[1] 北宋政和年间以父任补将仕郎, 治誉著闻, 宣和年撰《高丽图经》, 宋徽宗览后大悦, 迁其为尚书刑部员外郎, 赐同进士出身。徐兢洞晓音律、善歌啸、能吹箫拊瑟, 并作为书画家闻名于宋代, 其书画作品受徽宗爱赏, 张孝伯《徐公行状》称其 "画入神品。世人所藏, 多出他手", 此外, 他还颇具文才:"渔猎古今, 靡不贯通", "文词隽敏立就, 下笔衮衮不能自休"。[2] 徐兢的多方面才能决定了《高丽图经》的多方面价值, 他的音乐才能也使其中的音乐资料具有较高史料价值。

北宋建国伊始就面临辽金政权的严重威胁, 为了解决外患, 赵氏朝廷长期实施 "联丽制辽" 的战略方针, 积极展开与高丽的外交。宣和四年 (1122年) 夏四月, 高丽国王王俣薨, 王楷继位, 宋徽宗朝廷为行奠慰之礼, 于宣和五年派遣给事中路允迪、中书舍人傅墨卿作为使节出使高丽, 徐兢作为奉议郎、 充奉使高丽国信所提辖人船礼物官随团出行。 使团于宣和五年三月十四日从汴京出行, 五月十六日从明州登船出海, 六月十三日抵达高丽王城, 在高丽停留一月后, 于七月十三日返航。归

---

1) 兢先祖为建州欧宁 (今福建建瓯) 人, 祖父徐师回被赠光禄大夫后移居和州历阳。

2) [宋]张孝伯:《宋故尚书刑部员外郎徐公行状》,《全宋笔记第三编 (8)》, 大象出版社, 2008年, 第159~160页。

国后一年，宣和六年，徐兢写成了《宣和奉使高丽图经》40卷，详细描绘高丽"建国立政之体，风俗事物之宜"等耳闻目睹之事，作为书画家，徐兢还将见闻绘成图画，敬奉给朝廷。但此书的绘图部分在南北宋之交的靖康之难中遗失，唯部分文字辗转存留。文字内容涉及出使的航线日程、船队组织装备、朝鲜半岛的历史沿革、山川地理、典章礼仪、接待仪文、宫室器用、人物风俗等。它的史学价值历来备受瞩目，据考证，《宋史·高丽传》的内容，多有源自此书，[3] 其对朝鲜史学著作《三国史记》、《高丽史》也有补缺作用。[4]

作为一部杰出的见闻录，《高丽图经》记录的内容广泛而丰富，其中的音乐史料包括高丽鼓吹乐队与乐器、高丽宫廷雅乐与燕乐、高丽民俗与宗教音乐等。通过其鼓吹乐队、乐悬音乐等的文字记录，可确知中国音乐传入高丽后被高丽国吸收、并与本国音乐融合的历史事实。

一、卤簿鼓吹乐队与乐器

《宣和奉使高丽图经》卷24"节仗"，记录了使团到达高丽后，接待使团的仪仗队卤簿鼓吹队伍，其行走方阵如下：

神旗队 → 骑兵 → 铙鼓 → 千牛卫 → 金吾卫 → 百戏 → 乐部 → 礼物 → 诏舆 → 充代下节 → 宣武下节 → 使副 → 上节 → 中节

在这十四种方阵中，音乐方阵有铙鼓队、百戏队、乐部三种。

铙鼓方阵有胡笳和铙、鼓三种乐器，其排列方位为：胡笳乐队前行，铙、鼓乐

---

3) 顾宏义："《宋史·高丽传》史源考"，《中国边疆史地研究》，2007（4），第126页。
4) 孙希国：《〈宣和奉使高丽图经〉研究》，吉林大学，硕士学位论文，2007年，第30页。

队在胡笳乐队之后。每行走百余步，胡笳队吹奏，方阵相应退行，胡笳声止时，铙与鼓相间击节。

> 铙鼓：骑兵之次，鸣笳之军次之，铙鼓之军又次之。每百余步鸣笳，军必却行，面诏舆而合吹。声止，则击铙鼓为之节。5)

关于铙鼓队中的行鼓、金铙与胡笳，《高丽图经》卷13 "兵器" 条目记录：

> "行鼓：行鼓之状，稍类雅乐之搏拊也。中腔差长，而以铜环饰之，贯以紫带，系于腰下。军行则在前，与金铙间击，其节颇缓。金铙之形，与中华制度不异，故略而不图。"6)
> "胡笳：胡笳之制，上锐下丰，其形差短。使者初至群山岛，巡尉将迎，舟卒服青衣而吹之。其声呜咽，不成曲调，惟觉群噪如蚊虻之音。迎诏则在前行，每数十步，辄稍却回，面诏舆而吹。声止乃行，然后击铙鼓为节也。"7)

高丽金铙与中国金铙完全相同。从 "略而不图" 这句话来判断，徐兢曾对行鼓作了绘图，这说明行鼓是高丽的本国乐器。行鼓外形类似中国雅乐中的搏拊，演奏时系于腰下，行进时在队伍的前部，与金铙相间击节。搏拊实则用手拍击演奏的小鼓，也用于高丽的宫廷雅乐中，如《高丽史·卷70》"有司摄事登歌轩架" 记录："钟、磬、柷、敔、搏拊、琴、瑟工，各坐于坛上。"8) 中国卤簿鼓吹乐的前部鼓吹中常用到一种小鼓，如唐宋时期的大驾卤簿前部鼓吹有 "小鼓一百二十"，皇太子卤簿前部鼓吹中有 "小鼓三十六"。9) 高丽行鼓的演奏效果与中国小鼓类似。胡笳的形制上锐下丰，使者初至，当地巡尉就令吹胡笳行接待之礼。胡笳用在行进队伍中时，往往走

---

5) [宋]徐兢《宣和奉使高丽图经卷13》,《全宋笔记第三编 (8)》, 大象出版社, 2008年, 第93页。
6) 同上, 第53页。
7) 同上, 第54页。
8) 朝鲜]郑麟趾：《高丽史》, 首尔：银河出版社, 1988年, 第440页。
9) [元]脱脱：《宋史》卷146 "仪卫4"。

在队伍前列，走吹数十步后再止吹，其演奏与铙鼓队相间。

铙鼓队之后的方阵是两种卫军队，其后是百戏方阵与乐部方阵相连，乐部位于百戏之后。百戏方阵由少儿组成，乐部方阵由歌工及各种乐器乐工组成。

> 次百戏：金吾仗卫之后，百戏小儿次之，服饰之类略同华风。
> 次乐部：7
> 歌工乐色，亦有三等之服，而所持之器闲有小异，其行在小儿队之后。比使者至彼，会俣衣制未除，故乐部皆执其器而不作，特以奉诏命，不敢不设也。[10]

从"闲有小异"这句话来看，乐工所持的大部分乐器与中国乐器相同。由于高丽王俣去世，徐兢等使团此次出访的目的是吊祭俣，当时正处于"衣制未除"的忌乐期间，乐工都执乐器而不演奏。

以上文献记录的是高丽鼓吹乐的具体情况，从中可以看到其深受中国鼓吹乐的影响。将它与《大唐开元礼》、《宋史》记录的卤簿仪仗队进行比较就可知，高丽"节仗"队的各方阵组成成员类同于唐宋朝廷的皇太子卤簿，但其规模远远小于中国皇太子卤簿。如，《高丽图经》中记录的"神旗队"类似于中国的"清游队"，"骑兵"队与中国类同，"铙鼓"队类同于中国的前部鼓吹，"千牛卫"、"金吾卫"队与中国类同，"乐部"队类同于中国的后部鼓吹，"诏舆"与中国类同，"充代下节"类同于文官队，"宣武下节"类同于武官队，后部的"使副"、"上节"、"中节"则主要是使团成员。

其中的铙鼓、百戏、乐部三种音乐方阵，除百戏队不同于中国宫廷的卤簿鼓吹外，铙鼓队与乐部队均类同于中国宫廷的卤簿鼓吹乐，乐器与中国同种乐器相同，并融合了本国的特点。其乐部中用歌工的作法也取法于中国卤簿鼓吹。此外，虽然中国宫廷的卤簿鼓吹乐不用百戏，但在唐代北方地区的贵族出行队伍中，并不排除鼓吹乐用百戏，如唐代莫高窟壁画《宋国河内郡夫人宋氏出行图》中，就有百戏表演场景。

---

10) ①，第93-94页。

高丽鼓吹乐队在忌乐期间持而不奏的礼仪，也与中国类似。如《新唐书·卷51》
"百官一"记述，"大功以上丧，受册莅官，鼓吹从而不作，戎事则否。"唐宋时期规定，
在大丧时期、皇帝纳后、祭祀去途、受册莅官等庄严场合，鼓吹乐皆须持而不奏。[11]
至于鼓吹乐持而不奏的原因，《旧唐书·卷28》"音乐一"叙述，"尊严之地，铙吹哗欢，
既无明文，或乖肃敬"。随行人员徐兢对高丽国的这种持而不奏的礼仪，是非常首肯
的，他在卷24"节仗"中评论："使命每至丽国，闻其备竭仪物之华、兵卫之众，以迓
诏书，以导旌节，礼甚勤至。然是行也，适在王俣衣制未终，其鼓吹之类皆执而不
作，亦可谓知礼也已。"[12]

二、乐悬与唐乐

《高丽图经》卷六"延英殿阁"中抄录高丽燕记文，其中叙述高丽国王在延英殿

---

11) [唐]魏征 《隋书·卷13·音乐上》："天监七年，将有事太庙……八座丞郎参议，请与驾始出，鼓吹
    从而不作，还宫如常仪。帝从之，遂以定制。"
12) [宋]徐兢《宣和奉使高丽图经》，第92页。

清燕阁接见近臣的情景：

> 埙篪、柷楬、琴瑟、钟磬，安乐雅正之声，合奏于堂下……左右再拜告旨而卒
> 爵，或献或酬，和乐孔偕。乃觞酒九行，且令退息。[13]

这里记录的是宫廷宴乐活动中的乐悬音乐演奏情况，其中用到的乐器如埙、
篪、柷、敔、琴、瑟、钟、磬等，均是用于中国宫廷乐悬的乐器。

《高丽图经》卷40 "乐律"，记录了高丽音乐与中国音乐的师承关系、高丽宫廷
"唐乐" "乡乐" 两部的基本构成、宫廷音乐机构的人数构成等。

> 熙宁中，王徽尝奏请乐工，诏往其国，数年乃还。后人使来，必赍货奉工技为
> 师，每遣就馆教之。比年入贡，又请赐大晟雅乐，及请赐燕乐，诏皆从之，故乐舞
> 益盛，可以观听。今其乐有两部：左曰唐乐，中国之音；右曰乡乐，盖夷音也。其
> 中国之音，乐器皆中国之制。惟其乡乐有鼓版、笙竽、觱栗、空侯、五弦琴、琵
> 琶、筝、笛，而形制差异，瑟柱胶而不移。又有箫管，长二尺余，谓之胡琴，俯身先
> 吹之，以起众声。若女伎则谓之下乐。凡三等：大乐司二百六十人，王所常用；次
> 管弦坊，一百七十人；次京市司，三百余人。亦有柘枝、抛球之艺。其百戏数百
> 人，闻皆敏捷特甚。然以时王俣衣制未终，工人执其器而不作，声律之度不可得而
> 考也。[14]

高丽国王王俣的先祖王徽曾在北宋宋神宗熙宁年间（1068-1077年），请求宋朝
廷派遣乐工前往教习中国宫廷音乐，此后，高丽国将学习中国音乐作为常年沿袭的
传统，宋徽宗时期，大晟乐与宫廷燕乐也一并传入高丽。后文中提到的高丽宫廷乐
悬因王俣去世而 "工人执其器而不作" 也与中国宫廷乐悬演奏礼仪是一致的。
引文中提到的 "唐乐" 实乃从中国传去的音乐，乐器、乐舞皆中国形制形态。高

13）[宋]徐兢《宣和奉使高丽图经》，第31页。
14）[宋]徐兢《宣和奉使高丽图经》，第154页。

丽宫廷"唐乐""乡乐"并用的情景，卷6"长庆殿"也有记录：

> "其日大会公族、贵臣、近侍于长庆……用夷华二部乐，亦有致语。"[15]

关于高丽宫廷的唐乐，《高丽史·乐志》有详尽记载。对于唐乐体系中的歌舞音乐——队舞及曲破，王小盾、刘玉珺《从〈高丽史·乐志〉"唐乐"看宋代音乐》将此二者与宋代歌舞音乐进行比较，并指出，"高丽'唐乐'是宋代流行音乐的代表。"[16] 唐乐体系中的乐器均从中国传入高丽，赵维平《朝鲜历史上乐器的形成、变迁及与中国的音乐关系》亦有具体阐述。[17] 部分学者认为高丽唐乐的传入时间"极可能为政和七年二月"(1117年)，[18] 而由《高丽图经》"乐律"记录的这段话来看，高丽唐乐的传入时间至少起始于宋神宗熙宁年间。

"乐律"条目中记录了高丽宫廷的大乐司、管弦坊人数构成，卷16"官府"条目又对此有所补充："自广化门外言之，官道之北，则尚书户部；又其东曰工部，曰考功，曰大乐局，……以至管弦有坊，弓箭有司。"[19] 此记录说明了高丽宫廷音乐机构大乐司、管弦坊在高丽王城所处的地理方位，即广化门外东部。

关于高丽国对中华文化的接受与效仿，《高丽图经》中屡屡提及，如卷40"同文"："虽高句丽域居海岛，鲸波限之，不在九服之内，然禀受正朔，遵奉儒学，乐律同和，度量同制。"[20] 卷6"延英殿阁"："王以聪明渊懿、笃实辉光之德，崇尚儒术，乐慕华风"。[21]

---

15) 同上，第30页。

16) 小盾、刘玉珺《从〈高丽史·乐志〉"唐乐"看宋代音乐》，《中国音乐学》2005 (1)，第52页。另一文亦可参看：王小盾：《高丽史·乐志》"唐乐"的文化性格及其唐代渊源，《域外汉籍研究集刊》创刊号，中华书局2005年5月出版，23 - 72页。

17) 维平《朝鲜历史上乐器的形成、变迁及与中国的音乐关系》，《乐府新声》2012 (2)。

18) 君梅：《〈高丽史·乐志〉"唐乐"传入时间考》，《华北水利水电学院学报(社科版)》，2007年4月，第50页。

19) [宋]徐兢《宣和奉使高丽图经》，第63页。

20) 同上，第150页。

三、其他音乐资料

《高丽图经》中还保留了高丽国宗教音乐与民间音乐活动的资料。如：卷17"祠宇"，述高丽民间信鬼神，暮夜时则男女群聚歌舞倡乐。[22] 卷18"释氏"述高丽佛教活动中常用乐器铙钹和螺："浮图之教始出天竺……其铙钹形制小而声愁，至其螺声，则洪大如号焉。"[23] 卷36"竹岛"条目叙述竹岛人的音乐生活："适值中秋月出，夜静水平……人人起舞弄影，酌酒吹笛。"[24]

四、《宣和奉使高丽图经》音乐史料的独特价值

将《高丽图经》中的音乐史料与其他宋代典籍进行比较，可确知其独特的史料价值。

1. 其他宋代笔记的相关记录

有关高丽音乐的叙述，宋代笔记庞元英《文昌杂录》卷4，记录宋神宗时期高丽向中朝进贡音乐：

> 元丰四年，高丽国遣使崔思齐、副李子威朝贡，并献乐器。明年正月十四日，车驾幸集禧观，诏思齐等侍从，又令所遣乐工对御献乐，赐袍带银帛有差。思齐言

---

21) 同上，第31页。
22) [宋]徐兢《宣和奉使高丽图经卷17·祠宇》："臣闻高丽素畏信鬼神……暮夜辄男女群聚为倡乐。"第66页。
23) 同上，第73页。
24) 同上，第140页。

今高丽乐是新罗乐，乐器有嘉配琴；谓笛为大吟；舞有七十余种，止用两人，谓
之《攀花》云。25)

元丰四年，高丽使者崔思齐、李子威向中国朝贡的高丽音乐是新罗乐，并于元
丰五年正月表演于宋神宗跟前。朝贡的乐器有嘉配琴、大吟笛及舞蹈《攀花》。这
条记录可在《高丽史》卷9"文宗世家"中得到佐证："庚辰，遣礼部尚书崔思齐、吏
部侍郎李子威如宋献方物，兼谢赐医药。"这里记录的是高丽音乐向中国的传入。

2. 与《文献通考》、《宋史》的相关记录比较

因唐代"十部乐"中有一部"高丽乐"，《文献通考·乐考》对高丽音乐的叙述，较
多集中于"十部乐"之"高丽乐"情景。26) 对宋代高丽音乐，《文献通考》卷148叙述如
下：

宋乾德四年，镇州进伶官二十八人，善习高丽部乐，赐衣服银带，遣归本道。
元丰间，来臣求中国乐工教之。今之乐，大抵中国制。中国使至，尝出家乐以侑
酒。27)

这段文献叙述的内容有三点：一，宋太祖乾德时期，镇州有伶人善高丽乐；二，
宋神宗元丰年间，高丽来使求教中国音乐，因此高丽音乐同中国制；三，中国使者
至高丽后，他们以家乐侑酒。其中第一点，《玉海》卷108"乾德高丽部乐"有相同叙
述。28)

《文献通考·乐考》在叙述"八音"乐器时，常兼及介绍此种乐器可见于高丽。

---

25) [宋]庞元英：《文昌杂录》，《全宋笔记第二编 (4)》，郑州：大象出版社，2006年，第158页。
26) [元]马端临：《文献通考卷148乐21·东夷》，北京：中华书局影印，1986年，第1293页。
27) 同上。
28) [宋]王应麟：《玉海》，扬州：广陵书社影印，2003年，第三册，第1983页。

如：《文献通考》卷137 "丝之属胡部" 叙筝："高丽乐器用弹筝一, 搊筝一, 卧筝一。自魏至隋, 并存其器。至于制度之详, 不可得而知。"[29] "竹之属" 叙义嘴笛："义觜笛, 如横笛而加嘴, 西梁乐也, 而今高丽亦有用焉。"[30]《文献通考》卷136 "革之属" 叙檐鼓、齐鼓, 皆 "西凉、高丽之器也。"[31] 此外, 叙箜篌、蛇皮琵琶时, 亦提到高丽有此乐, 并记《箜篌引》乃朝鲜人所作[32]。可见,《文献通考·乐考》保存的高丽音乐文献, 多关注于高丽乐器。

《文献通考》对高丽音乐的记录多见于卷325 "四裔考二·高句丽", 此条目在介绍高句丽的政治、经济、文化状况中, 有四条音乐文献：

> 乐有二品：曰唐乐, 曰乡乐。
> 尝献伶官十馀辈, 曰："夷乐无足观, 止欲润色国史尔。"
> 政和中, 升其使为国信……赐以《大晟燕乐》。
> 乐有五弦、琴、筝、筚篥、横吹、箫、鼓之属, 吹芦以和曲。[33]

以上文献与《宋史》中的记载多有相同之处, 可将其二者进行比较：

> 《宋史卷487·高丽传》：乐声甚下, 无金石之音, 既赐乐, 乃分为左、右二部：左曰唐乐, 中国之音也；右曰乡乐, 其故习也。[34]
> 《宋史卷487·高丽传》：尝献伶官十馀辈, 曰："夷乐无足观, 止欲润色国史尔。"[35]

---

29) [元]马端临：《文献通考卷137·乐10》, 北京：中华书局影印, 1986年, 第1215页。
30) 同上, 第1226页。
31) 同上, 第1208页。
32) [元]马端临《文献通考卷137·丝之属胡部》："高丽等国有竖箜篌、卧箜篌之乐, 其引则朝鲜津卒樵里子高所作也。樵里子高晨刺船, 有一白首狂夫, 披发提壶, 乱流而渡。其妻止之, 不能及, 竟溺死。于是凄伤援琴作歌而哀之, 以象其声, 故曰《箜篌引》。" 北京：中华书局影印, 1986年, 第1215页。
33) [元]马端临：《文献通考卷325四裔二·高句丽》, 北京：中华书局影印, 1986年, 第2559~第2660页。
34) [元]脱脱：《宋史》, 北京：中华书局, 1999年, 第10848页。
35) [元]脱脱：《宋史》, 北京：中华书局, 1999年, 第10842页。

《宋史卷129·乐4》：七年二月，中书省言："高丽，赐雅乐，乞习教声律、大晟府撰乐谱辞。"诏许教习，仍赐乐谱。[36]

　　二者的第一条文献大致相同，记录高丽宫廷音乐的构成，但其记录甚简。第二条文献完全相同，叙述高丽向宋朝进贡乐人。第三条文献叙述方式不同，但均为记录政和七年宋徽宗朝廷对高丽赐予大晟乐与燕乐。《文献通考》"高句丽考"中的第四条文献为其独有之记录，但实际上，这句话是对其"乐考"中高丽乐器的概括。

　　综观文献，中国对高丽的音乐传授和赐予、高丽对中国音乐的师承，是宋代笔记和正史共同关注的话题，二者对此都有记录。高丽乐器也是二者记录的对象，但《高丽图经》对乐器的记录集中于作者在出使高丽的过程中亲眼目睹的乐器，《文献通考》中的高丽乐器文献，多从其它文献中抄录而来，因此《高丽图经》中的乐器文献有更直观生动的特点。此外，《高丽图经》对高丽宫廷音乐构成和宫廷音乐机构构成的记录、对高丽鼓吹乐的记录等，一方面弥补了中朝史书相关文献之简、之阙，同时，对进一步研究两国之间的音乐文化交流提供了有利途径。

3. 与《高丽史·乐志》的相关记录比较

　　朝鲜郑麟趾撰修的《高丽史》，成书于15世纪中叶，对9~14世纪的高丽诸王及社会政治、经济、文化等史事载录颇详，其"乐志"部分集中于志卷第24~25，主要内容涉及高丽音乐的来源、高丽宫廷的雅乐、唐乐、俗乐。文献中多次提到高丽乐的来源，如"乐一"卷首："睿宗朝，宋赐新乐，又赐大晟乐"，乐一"轩架乐独奏节度"记"太祖皇帝赐乐器"，乐一卷末记"宋新赐乐器"等。"雅乐"条，详录高丽宫廷的乐悬制度及音乐；"唐乐"条，详录传自唐宋时期的教坊歌舞乐及乐器；"俗乐"条，详录高丽宫廷旧有的歌舞乐及乐器等。无疑，这些文献是研究中国音乐东传高丽的重

---

36)　同上，第2037页。

要史料。但将其与《宣和奉使高丽图经》音乐文献相比较, 后者仍有不可替代的价值, 如关于宫廷鼓吹乐,《高丽史》乐一 "用鼓吹乐节度", 只是简略叙述不同场合的用乐过程, 而无关于鼓吹乐乐器及卤簿鼓吹方阵。因此,《高丽图经》的此类文献可补充此缺失。此外,《高丽图经》中关于高丽宫廷音乐机构及其人员记录、高丽民俗音乐的记录等, 均未能见于《高丽史·乐志》, 从而在这方面具有独特的史料价值。

五、结语

宋代笔记《宣和奉使高丽图经》是研究宋代音乐东传高丽的一部不可或缺的资料, 其中的音乐史料具有其他宋代史书典籍所不具备的独特价值。它反映的音乐历史在于：高丽卤簿鼓吹乐接收与效仿中国卤簿鼓吹乐, 不仅在乐器方面使用中国之制, 并融合本国特点, 其 "忌乐" 期间持而不奏的礼仪也来自中国。高丽乐悬的演奏礼仪也接受了来自中国的影响。尽管宋代自建朝就与高丽国有音乐交流与往来, 但从《高丽图经》反映的事实看, 北宋神宗时期的熙宁、元丰年间, 两国之间的音乐交流更为频繁, 高丽国王王徽在神宗继位不久后就向神宗请教与请赐中国宫廷音乐, 并自此形成求学于中国音乐的传统、且至少延续至北宋徽宗政和年间。

朝鲜刊本『世说新语姓彙韵分』的文献价值

延世大学 金长焕

中国魏晋南北朝宋国的代表文人刘义庆(403~444)所编撰的笔记小说集『世说新语』,是将自後汉末期至东晋末期帝王和高官贵族及文人、学者、贤者、隐者、大师、妇女等700馀人物的独特言行和逸话,按「德行」、「言语」、「政事」、「文学」等分为三十六个主题收录而成的。由於它的内容相当庞大,能反映出当时的文化、艺术、政治、学术、思想、历史、社会、人生观等人们生活中的整体面貌。因此,透过此书可以有系统地了解中国中古文化。

如同『文选』、『蒙求』,『世说新语』也是一部带给韩国内的文学界和学术界极大影响的一部书。据推断,『世说新语』早在统一新罗时代已经流传到韩国之後,经过高丽和朝鲜两个朝代直受到包括国王在内的知识阶层的喜好。尤其在学术风气极盛的朝鲜时代,它更是受到了极大推崇,各种刻本和笔写本陆续问世。不但如此,在许多文人的文集中可以找到将『世说新语』中的故事作为典故活用的例子。本论文探讨的对象『说新语世姓彙韵分』就是在这样的背景下所刊行的。

『世说新语姓彙韵分』以明刻本『世说新语补』为底本。『世说新语补』是将刘义庆的『世说新语』和明代何良俊的『何氏语林』中部分删掉後再合并起来的一部书,据说这项删定工作由王世贞(1526~1590)来担任。『世说新语补』中被收录的故事,其时代范围大约涉猎自汉代至宋、元代。

『世说新语姓彙韵分』首先完全打破『世说新语补』的顺序, 再把所有的故事按照人物姓氏分别排列。它是世界上独一无二的、只在韩国刊行的珍贵版本。大家普遍认为『世说新语』的缺点之一就是一个人物分散在许多篇章裏, 因此很难理解一个人的整体面貌。而『世说新语姓彙韵分』有效地克服了这样的缺点。不仅如此, 还作出索引, 给读者提供了在阅读上的方便。如此形式和体裁崭新的版本在韩国内的发行, 能證实当时文人喜爱『世说新语』的程度。

『世说新语姓彙韵分』是流传至今的『世说』系列版本中属於新的版本, 此书最大的研究意义在于: 它能扩大国内外 "世说学" 的领域。还有此版本是只在韩国刊行的贵重版本, 因此可以藉此向世界宣传韩国拥有的版本资料。另外『世说新语姓彙韵分』的刊行不仅反映朝鲜时代知识阶层对『世说新语』的爱好, 他们在文集中往往将此书的许多故事当作典故使用, 就这一点来看, 研究韩国汉文学的人也可以把它作为有用的参考资料加以利用。

本文探讨世界上唯一的版本『世说新语姓彙韵分』 的价值, 並且分成刊行背景、版本、体裁、收录范围、内容等几个项目, 进行综合性的分析。这样的研究可使『世说新语姓彙韵分』成为 "世说学" 中的一部分, 从而确立在学術界上的地位。再进一步, 为发掘国内贵重文献资料, 使该方面学術研究走向国际化。

一、『世说新语姓彙韵分』 的刊行背景

1.『世说新语』和『世说新语补』在韩国内的流传和流行

『世说新语』何时传到韩国尚不清楚, 但根据笔者的考察, 『世说新语』已在统一新罗後期引进国内, 其依据是: 新罗的大文豪崔致远(857~?)写了一篇「春晓偶书」[1)]诗, 在诗中写下 "思量可恨刘伶妇, 强劝夫郎疏酒盃" 这两句。这是引用『世说新语』

「任诞」篇裏的「刘伶病酒」故事作为典故使用的。

崔致远是新罗末期的学者, 字孤云、海云, 謚号文昌侯。他十二岁(868年)已渡唐留学, 十七岁(873年)便中科举, 後历任宣州溧水县尉、 承务郎侍御史内供奉等职。又做为高骈的从事官时, 随着高骈平定黄巢之乱, 在这时写的「讨黄巢檄文」一书, 使他扬名天下。二十八岁(884年)归国。38岁(894年)上奏时务十餘条, 累迁阿湌。但传说, 他晚年绝望乱世, 流浪各处, 萧然吟咏人生无常和山川风月, 最後入伽倻山海印寺逝世。其卒年未详。

不知道崔致远何时作了「春晓偶书」一首诗, 但按照他的行迹, 可以推测是他晚年所作的。他诗中言及的 "乱世" 指何时? 在918年高丽建国而与新罗对峙, 从此新罗国势渐渐衰落下来, 到935年为高丽所灭。若 "乱世" 指这一时期, 当时他年岁约60~80岁, 相当於他的晚年。

根据上述资料, 可得出以下定论:『世说』传入韩国, 最晚也在崔致远作那首诗以前, 即900年初。这一时期, 相当於中国唐末五代初。

到了高丽中叶,『世说新语』很受文人墨客的重视。这种现状的出现与当时社会政治状况和文坛崇尚清谈趣向的风气有着密切关系。高丽初期以来, 由于施行崇文抑武政策, 给武臣们带来不满情绪。 到毅宗年代(1146~1170年在位)更加高涨, 终于在毅宗24年(1170)引来了称做 '郑仲夫之乱' 或 '武臣之乱' 的政变。以郑仲夫、李义方、 李高为首的武臣们杀死文官, 驱逐毅宗, 拥立毅宗之弟翼阳公为王(後为明宗)。从此武臣执政, 在明宗26年(1196)武臣崔忠献(1149~1219)执政擅权60多年。'郑仲夫之乱' 至崔氏一族掌权几十年间, 文人备受迫害和压制。因而很多文人对黑暗的现实采取消极反抗态度, 或隐遁于山野, 或诗酒为友, 清谈为业, 虚渡岁月。其中, 李仁老、吴世才、林椿、赵通、黄甫抗、咸淳、李湛之等人把自己比喻中国的竹林七贤, 称做 '海左七贤'。李奎报在弱冠年岁做为後辈也参加了这一行列。

---

1) 见『三韩诗龟鑑』卷中。全篇如下:"叵耐东流水不迴, 只催时景恼人来。含情朝雨细复细, 弄艳好花开未开。乱世风光无主者, 浮生名利转悠哉。思量可恨刘伶妇, 强劝夫郎疏酒盃。"

就在这样的背景之下，受‘世说类’清谈文学的影响，相继出现了李仁老『破闲集』、崔滋『补闲集』、李奎报『白云小说』、李齐贤『栎翁稗说』等稗官小说。这此作品中不难找出借『世说』中故事来做典故的用例。

『世说新语』传入韩国的明确文献记载，最早是在高丽大文豪李奎报(1168~1241)的诗和自注当中被发现的。李奎报的长篇古律诗「次韵吴东阁世文呈诰院诸学士三百韵诗」中，对“威已慑王姨”一句自注如下：“王夷甫姨也。事见『世说』。”[2] 引用文中“事见『世说』”指的是『世说新语』「规箴」篇中的「王夷甫妇」故事[3]。李奎报做次韵诗的时期，可在李奎报之子李涵编父亲文集之後写的「年谱」中得之[4]。即该属金代明昌6年，高丽明宗25年(1195)。由此可见，至晚1195年在韩国确实流传『世说』。从李奎报同时代的文人爱好‘世说风’谈论，频繁引用‘世说故事’为典故等事实[5]，可以推断『世说』在这时期以前流传已有相当的时间了。

朝鲜时代是热烈推崇『世说』的时期。那时候比起刘义庆的原本『世说新语』，明代王世贞删定同时代人何良俊的『何氏语林』而编撰的『世说新语补』更为流行。

『何氏语林』(也叫 『语林』)是明代何良俊(1506~1573)在嘉靖29年(1550)撰写的，书名摘自东晋裴启的『语林』。此书参考『世说新语』的体裁，增加「言志」、「博识」两篇，完成由总30卷、38篇、2781条、10馀万字构成的一部志人类笔记小说集。现存的原刻本有明嘉靖何氏清森阁刻本、何氏繙经堂刻本、套板本，此外还有『四库全书』本等等。此书从前代的史传和笔记杂书中抽取一些人物故事来记录，时代范畴涉猎为自汉代至宋、元代，但『世说新语』中的故事並不可以收录。它模仿『世说新语』的刘孝标注，在各条下面标上了自己的注，在各篇前面都有自序，表明篇目的含意和编辑意图。

---

2) 李奎报，『东国李相国集』卷五「古律诗」。
3) 此故事也见『晋书』卷四十三「王衍传」，都是跟王衍妇人有关的故事。李奎报的诗和自注中提到的“王夷甫姨也”可能有错误。
4) 『东国李相国集』「年谱」：“乙卯(明昌六年)，公年二十八。是年著「和吴东阁三百韵诗」。”
5) 以李奎报为例的话，在他的『东国李相国集』中引用『世说新语』的故事为典故的达80多处。

　　『世说新语补』是将刘义庆的『世说新语』和何良俊的『何氏语林』中的一部分进行删除後合并而成的一部书，担任此项删定工作的人相传为王世贞(1526~1590)。此书起初是以删定好的『世说新语』和『何氏语林』合刻的形式存在的，後来逐渐成为把两本书混在一起的形式。合刻本有 '万曆间刻『世说新语』八卷、『世说新语补』四卷' 本等，混合本有 '万曆十三年(1585)张文柱刻、李卓吾评点『世说新语补』二十卷' 本等。『世说新语补』删除了在『何氏语林』中添加的「言志」、「博识」两篇，依照『世说新语』的原来篇目分为36篇。王世贞在序文中说明有关篇幅的事项，"世说之去不过十之二，而何氏之所采则不过十之三耳。"6) 据凌濛初的序文，明代『世说新语补』特别盛行，"海内不复知有临川(刘义庆)矣"。在朝鲜时代也有这样风气。

　　关于 『世说新语补』 在韩国流传的记录，可从英祖(1724~1776年在位)时大提学、文章家李宜显(1669~1745)的『陶谷集』「杂著」一文中查到。

　　　　其谈论风标一书之文字则无不澹雅可喜，　此刘义庆世说所以为楮人墨客所剧嗜者也。因此想当时亲见其人听其言语者，安得不倾倒也? 明人删其芜补其奇，作为一书，诚艺林珍宝也。朱天使之蕃傋来赠西坰7)，遂为我东词人所欣睹焉。

　　上文中可以看出李宜显对『世说』"澹雅"的文风、生动的人物描写称讚不已。另外，从 "明人删其芜补其奇" 一句中可以发现当时传入的不是刘义庆的原本『世说新语』，而是明代刊行的『世说新语补』。明使臣朱之蕃访韩时期是宣祖39年(1606)，『世说新语补』是明代嘉靖35年(1556)首次刊行的8)。因此，可以看出『世说新语补』

---

6)　根据笔者的调查，『世说新语补』 由总1426条的故事構成，其中采自刘义庆原书的故事是849条，补充的故事是577条。

7)　指朝鲜的文臣柳根(1549~1627)。柳根字晦夫，号西坰、孤山，李滉的门人。1591年郑澈因建储问题遭难时，他也被目郑澈的一派而遭弹劾，幸有爱惜文才的宣祖才免遭一祸。1613年因反对废母论丢了官，1619年复职。

8)　『世说新语补』最初的刊行年代的依据是王世贞的序文 "嘉靖丙辰季夏琅琊王世贞譔" 的记录，

问世不久，便传入了韩国。这充分證实了韩国的文人学者对『世说』的需求量如此的大。

　　朝鲜时代包括国王在内的很多文人学者都高度宣扬『世说』的价值，且在他们的文集中引用不少『世说』中的故事。其代表的人物就是正祖(1776~1800年在位)。他在『弘斋全书』中评价『世说』如下：

　　　　小说家甚繁杂猥滥，名目虽殊，其指则一也。唯刘义庆世说最可观，江左子
　　弟眉目、颊牙、鬓髮、宫室、舆服、醴酽，历历如亲睹焉[9]。

　　其实，正祖是一个提倡保持正统汉文文体，压制小说文体的国王。他为实行 ‘文体反正’，发布过对稗史、小说、杂书的禁书令，但只对『世说』不惜讚美之词。可见当时『世说』在文人中受欢迎的程度。

　　此外，已證实车天辂『五山说林』、沈滓『松泉笔谈』、李济臣『清江小说』、『清江琐语』、柳梦寅『於于野谈』、李義准『溪西野谈』、郑戴崙『公私闻见录』、徐居正『滑稽传』及作者不详的『纪闻丛话』、『大东奇谈』、『醒睡丛话』、『青丘野谈』、『稗林』等一系列笔记小说也受『世说』所含谐谑性和清谈性的直接或间接影响[10]。

　　另一方面，在朝鲜时代也大批购买了『世说』的中国版本，大部分都是『世说新语补』。韩国现藏的版本都是明、清代刊行的木版本。其中『世说新语』大部分都是明代袁褧嘉趣堂本系列的六卷本，『世说新语补』大部分都是明代张文柱校刻本系列的二十卷本[11]。

　　　　但是现存『世说新语补』的版本都是万曆年间(1573~1619)以後刊行的。
　9)　『弘斋全书』卷一百六十二「日得录」。
10)　朴晟义，『韩国文学背景研究』(首尔：二友出版社，1980)，680~683页。
11)　关于『世说新语』在韩国内的流传时期和流传状况的具体事项。请参考金长焕的「世说新语在韩国的流传与研究」(首尔：『东方学志』第104辑，延世大学校国学研究院，1999。6)。

2.『世说新语补』的刊行

朝鲜时代的『世说』板刻具有两大特点。第一，板刻对象不是刘义庆的原本『世说新语』，而是明代增补的『世说新语补』。若估量从中国进口的版本都以『世说新语补』为主的事实，很明确地了解到在读者当中还是『世说新语补』更为流传。对它的原因尚没有明确的论证，笔者认为，由于『世说新语补』中人物故事的时代范围从魏晋代扩大到宋、元代，人们可以通过它了解到1500年间的人物故事和历史知识的缘故。第二，版本字体以朝鲜肃宗(1674~1720年在位)时新铸造的显宗实录字12)来发刊的。据当时情况来看，小说、杂书类都是木版本或笔写本，只有经书、史书等主要的国家典籍才用显宗实录字发刊。那麽，就『世说新语补』能夠用显宗实录字来发刊本身，足以说明『世说新语补』的特殊地位。

目前可以推测其刊行年代的版本有肃宗34年(1708)以显宗实录字刊行的 『世说新语补』20卷6册本(延世大学)和20卷7册本(中央图书馆、高丽大学、韩国学中央研究院、成均馆大学、涧松本)等。这些版本都在卷首按序排列着王世贞「序」(1556)、王世懋「序」(1580)・「再识」(1585)、陈文烛「序」(1586)、袁褧「旧序」(1535)・「旧题」、董弅「旧跋」(1138)、陆游「旧跋」(1188)、文徵明「何氏语林序」(1611)、陆师道「何氏语林序」、「附释名」、「世说新语补目录」等，还在『世说新语补』卷一下面注明着"宋刘义庆撰，梁刘孝标注，宋刘辰翁批，明何良俊增，王世贞删定，王世懋批释，钟惺批点，张文柱校注"一句。而且对从『何氏语林』中抽取的故事，在该故事上面的上栏裏都标上"补"字，以便和原本『世说新语』故事作个分辨，给读者提供检索上的方便13)。另外也有一些故事是将属于原本『世说新语』的篇目移动到别的篇目去的。

---

12) 显宗实录字是为了印刷『显宗实录』从民间借来的洛东契字35, 000字和肃宗3年(1677)新铸造的40, 825字合并起来的。所以以1677年为基准的话，以前印刷的书籍是 '洛东契字本'，之後印刷的书籍是 '显宗实录字本'。铸造水平并不精巧，但字体典雅、楷正，所以包括七代实录的许多书籍的印刷中都使用此中字体。另外活字的後面象弓一样弯曲，这是为了节约铜的量，以便组版时能夠结实地贴上去。

13) 依据笔者确认，有关条文上栏中的"补"标记大部分正确，但是一部分标记中发现明显的错误如上所述，『世说新语』自从统一新罗时代流传到韩国後，经过高丽、朝鲜两个朝代，一直列为包括国王在内许多文人的爱读书目，特别是在1600年代初传到韩国的『世说新语补』在当时读书界引起了极其深刻的影响。『世说新语补』就是在这样的历史背景下，利用只使用於刊行国家主要典籍的显宗实录字印刷而成的。『世说新语补』在韩国刊行之後，为更多的知识界人士提供了閱讀及收藏上的方便。在此过程当中一些读者开始探索把约达到了700馀名人物和1400馀条故事的『世说新语补』更有效地閱讀的方法。和既有的『世说』的版本体裁截然不同的『世说新语姓彙韵分』就是这样探索与研究的成果。『世说新语姓彙韵分』是以『世说新语补』为底本，但完全打破它原有的顺序，按照登场人物姓氏重新排列所有故事。如此在形式和体裁上焕然一新的版本在韩国刊行，充分證实当时知识界人对『世说新语』的喜好程度。

二、『世说新语姓彙韵分』的版本和刊行年代

根据笔者的调查，现在韩国收藏的『世说新语姓彙韵分』的版本如下：

12卷4册/王世贞「世说新语补序」(1556)， 袁褧「旧序」(1535)/中央图·高丽大学晚松文库

12卷6册/王世贞「补序」(1556)，袁褧「旧序」(1535) /奎章阁、延世大学、高丽大学晚松文库

12卷3册/王世贞「补序」(1556)，袁褧「旧序」(1535)/第2、3册缺/ 高丽大学华山文库

12卷3册/王世贞「补序」(1556)，袁褧「旧序」(1535)/第1、9、10、11、12卷缺/奎章阁

和缺陷, 直接使用存在一些问题。

12卷6册/王世贞「补序」(1556), 袁褧「旧序」(1535) /第10、11、12卷缺/ 忠南大学
12卷12册/王世贞「补序」(1556), 袁褧「旧序」(1535)/第8卷缺/高丽大学晚松文库

以上的版本都是用显宗实录字体木活字印刷的, 共12卷。其中延世大学收藏的
『世说新语姓彙韵分』共12卷6册, 卷首有4条「世说新语姓彙韵分凡例」, 其後依
次排列着王世贞「世说新语补序」(1556)、袁褧「旧序」(1535)、「世说新语姓彙韵分目
录」、「附旧目录」。此书版本样式如下: 四周单边的匡郭、有界的界线、半叶10行18
字、双行小注、上下内向二叶花纹鱼尾, 表题是 "世说", 序题是 "世说新语补", 板心
题是 "世说", 楮纸、线装。

在韩国收藏『世说新语姓彙韵分』的所有刻本, 都缺如刊记, 因此刊行者、刊
行地、刊行处、刊行年均无从考證。只能根据『世说新语姓彙韵分』用显宗实录字
体木活字印刷, 且以『世说新语补』为底本这一点推断此书在显宗实录字本『世说
新语补』刊行的肃宗34年(1708)到英祖(1724~1776年在位)之间被刊行[14]。

另外, 除了上面的刻本以外, 还有几种笔写本, 它们分别是:

12卷 2册/王世贞「世说新语补序」(1556), 袁褧「旧序」(1535)/高丽大学晚松文库
12卷 6册/王世贞「世说新语补序」(1556), 袁褧「旧序」(1535 /延世大学
12卷 6册/王世贞「世说新语补序」(1556), 袁褧「旧序」(1535)/第3、4、7、8卷缺/
韩国学中央研究院

以上的笔写本写成的正确年度也无从考證, 唯独高丽大学晚松文库收藏的12
卷版本里有 "丁酉九月初七日" 的字样, 但 "丁酉" 年究竟指哪一年也无从考查[15]。

---

14) 关于『世说新语姓彙韵分』刊行的年代, 推断 '肃宗34年(1708)以後' 为上限线无多大问题, 但
   对其下限线的推断实际上没有明确的根据可察, 本文采取的是『国立中央图书馆古书目录』
   中的 "英祖年间?" 的记录。
15) 以笔写本在古活字本刊行以後再出现为前提, 可以推断 "丁酉" 可能是1717年、1777年、1837
   年、1897年。

　　另外,『世说新语姓彙韵分』也被收藏在中国国家图书馆和日本京都大学文学部图书馆, 两个图书馆的古书目录书说明这本书是用朝鲜木活字印刷的版本。 其中京都大学收藏的版本共12卷4册(元·亨·利·贞), 标题 "世说", 还有 "安东"、"金时发印" 的藏书印。

三、『世说新语姓彙韵分』 的体裁

　　『世说新语姓彙韵分』 的体裁在下面4条「世说新语姓彙韵分凡例」中被显示得一目了然。

　　　　一.『世说』旧本, 以题目分门, 而人名错出, 字职异称, 琐简短章, 艰於考撷。遂分门以姓, 分姓以韵, 合书事实於各其名下。至如複姓、亡名氏、缁流、女徒, 亦各类分焉。
　　　　一. 一人而分见诸门, 一事而分係诸人者, 不可叠床於彼此。故於其首见者, 並录其始终, 而随其语意之所归宿, 主着互字, 客着详字, 以备参考。
　　　　一. 旧注或采『南北史』, 或括『东京事实』、『唐书』、『五代史』等书, 详悉无遗, 而亦有伤烦之病。故略加订删, 观者详之。
　　　　一. 旧本题目, 今宜删去, 而姑取每题一字, 标印於章下, 以寓存古之意云。

1. "分门以姓, 分姓以韵"

　　『世说新语姓彙韵分』在体裁上的最大的特徵就是 "以姓分篇, 以韵分姓。" 很多人认为旧本『世说』的缺点就是登场人物分散在许多篇章裏, 很难综合起来一个人的整体面貌, 而『世说新语姓彙韵分』按人物的姓氏进行再次排列, 按照人物来记录相关故事, 有效地解决了这一问题。但是对 '複姓'、'帝王'、'闺秀'、'沙门' 并没有按照"分门以姓, 分姓以韵"这一原则, 另外处理。

关于此书分类的详细内容, 可参考下面等于此书目录的「世说新语姓彙韵分目录」。

卷之一：[东] 冯(三人) 种(一人) / [董] 董(四人) 孔(十七人) / [冬] 钟(五人) 宗(六人) 龚(一人) / [宋] 宋(五人) / [江] 江(十人) 庞(二人) / [支] 脂(一人) 时(一人) 眭(一人) / [纸] 李(三十一人) 纪(一人) 史(一人) / [寘] 挚(二人) 费(一人) / [微] 韦(九人) 郗(六人)

卷之二：[未] 魏(六人) / [鱼] 徐(十人) / [语] 褚(六人) 吕(四人) 许(十人) / [虞] 虞(七人) 朱(十一人) 吴(四人) 苏(九人) 卢(七人) 苻(一人) 胡(一人) 干(一人) 蒲(一人) 庾(二十人) 祖(六人) 杜(八人) 武(三人) 鲁(一人)

卷之三：[遇] 顾(十三人) 傅(五人) 喻(一人) 路(一人) / [齐] 齐(一人) 嵇(一人) / [荠] 米(一人) 祢(一人) / [霁] 卫(五人) / [泰] 蔡(六人) 大(二人) / [灰] 裴(十三人) 崔(十一人) 来(一人) 雷(一人) 梅(一人) / [队] 戴(六人) / [眞] 荀(十三人) 陈(二十一人) 秦(三人)

卷之四：[轸] 闵(一人) / [文] 殷(八人) / [元] 元(三人) 袁(十五人) 孙(十人) 温(三人) 源(一人) / [阮] 阮(十一人) / [寒] 韩(十一人) 单(一人)

卷之五：[寒] 桓(十五人) 潘(六人) / [旱] 管(二人) 满(一人) 段(一人) / [删] 班(二人) 山(三人) 颜(四人) / [潸] 简(一人) / [先] 权(一人) 全(一人) 边(一人) 田(二人) 钱(二人) 员(一人) 圈(一人) / [霰] 卞(三人) / [萧] 萧(三人) 尧(一人) 姚(一人) 廖(一人) / [筱] 赵(十二人) / [肴] 包(一人) / [巧] 鲍(二人) / [豪] 高(九人) 曹(二人) 刁(一人) 陶(四人) 毛(一人) / [皓] 到(一人)

卷之六：[歌] 和(二人) 何(十六人) 罗(四人) / [哿] 左(一人) / [个] 贺(二人) / [麻] 华(一人) 车(一人) / [马] 马(五人) 贾(三人) / [禡] 谢(三十六人) / [陽] 阳(一人) 扬(一人) 杨(十六人)

卷之七：[阳] 张(三十九人) 方(一人) 羊(十四人) 梁(二人) 黄(四人) 房(一人)
　　　　姜(一人) 唐(一人) 光(一人) 康(二人) 王(二十八人)

卷之八：[阳] 王(五十九人)

卷之九：[阳] 王(二十五人) / [养] 蒋(二人) 向(一人) / [庚] 明(一人) 丁(四人)
　　　　成(一人) 京(一人) / [梗] 郉(一人) 井(一人) / [敬] 敬(一人) 孟(六人)
　　　　盛(一人) 郑(九人) / [青] 邢(一人) / [径] 邓(六人) 应(一人) / [蒸]
　　　　滕(一人) 曾(一人) / [尤] 周(十八人) 刘(五人)

卷之十：[尤] 刘(三十九人) 侯(三人) 牛(一人) 邹(一人) 丘(一人) / [有] 柳(六
　　　　人) / [宥] 寇(一人) 窦(三人) / [侵] 任(五人) 林(一人) 禽(一人) / [寝]
　　　　沈(三人) / [盐] 阎(一人) 严(七人) / [豏] 范(十三人) 氾(一人) / [入]
　　　　郭(十一人) 郝(二人) 乐(一人)

卷之十一：[入] 陆(十二人) 竺(一人) 狄(一人) 石(四人) 翟(一人) 沐(一人) 缪
　　　　(一人) 穆(一人) 谷(一人) 伏(一人) 服(一人) 束(一人) 毕(一人) 薛(一
　　　　人) 葛(二人) 习(一人) 聂(一人) 叶(二人) 白(一人) 索(一人) / [複姓]
　　　　诸葛(八人) 皇甫(二人) 胡毋(二人) 令狐(一人) 宇文(一人) 夏侯(五人)
　　　　太叔(一人) 公孙(一人) 仲长(一人) 欧阳(三人) 司空(一人) 司马(九人)
　　　　/ [帝王] 汉(二) 魏(六) 吴(三) 晋(十三)

卷之十二：晋(五) 赵(二) 秦(一) 北燕(一) 刘宋(六) 齐(六) 梁(五) 陈(二) 北魏
　　　　(二) 北齐(二) 隋(二) 唐(五) 後唐(一) 闽(一) / 闺秀(三十五女) 沙门(二
　　　　十一人) 亡名氏(二人)

([ ]和( )是笔者添加的)

　　按韵目分类故事 ["以韵隶事"]的体裁首见於唐代颜真卿的『韵海镜源』，继而
有宋代阴时夫的『韵府羣玉』，到明代『永乐大典』[明永乐6年(1408)成书]16)。又按

---

16) 『永乐大典』的编辑体裁是 "用韵以统字，用字以繫事"("御制永乐大典序")，即按韵目分配单
　　字。在各单字下面排列相关单字的音义、反切、解说、书体之後，再分类辑录了和相关单字有

韵目分类姓氏["以韵隶姓"] 而添加一些故事的体裁早见于唐代林宝的『元和姓纂』,
继而有宋代邓名世的『古今姓氏书辨證』等, 至於明代凌迪知的『万姓统谱』。再进
一步, 按韵目分类姓氏而按姓氏分类故事 ["以韵隶姓, 以姓隶事"] 的体裁时见於宋
代章定的『名贤氏族言行类稾』、元代的『排韵增广事类氏族大全』、明代廖用贤的
『尚友录』[明天启年间(1621~1627)成书][17]等。其中与『世说新语姓彙韵分』体裁最
相似的就是『尚友录』。但在采取这种体裁的单行本当中,『世说新语姓彙韵分』尚
属首例。这种体裁具有检索作用, 可给读者提供在阅读上的方便。正因为『世说新
语姓彙韵分』的体裁和以往『世说』的其他版本截然不同, 可说此书掀起了『世说』
版本史上新的一幕。

2. "於其首见者, 並录其始终"

『世说 语姓彙韵分』体材上的另一个特徵就是 "对于第一次登场的人物便书写
该人物的人生经历。" 即一个人物初次登场时, 不象旧本那样直接记录故事[18], 而是
先在相关表题人物的名字下记录简要的略传。举个例子来说:

> 【晋】李充(字弘度, 重弟也。初辟丞相校记室, 以贫求剡县。迁大著作·中书
> 郎。)[19] ○ **俭** **详** 卫展
> [卷一 ·[纸]韵·李充条]

这种体裁上的特徵使得读者有效地掌握超过700名的登场人物的基本面貌,

关的天文、地理、人事、名物、诗文、词曲等各项记载

17) 廖用贤所编的『尚友录』(共二十二卷)用 "以韵为纲, 以姓为目" 的体裁来记载周秦到南宋的名
    人言行, 因为比史籍更方便於阅读, 读者常爱读这本书, 到清代续编和补编陆续问世。[参考『
    四库全书总目提要』「子部·类书类存目二」。]

18) 当然旧本中不是没有对相关人物的略传标的注文, 但是不像『世说新语姓彙韵分』那样把标
    题人物的名字单列出来, 并在其下面加以注文的, 而是在故事的中间或末尾记录的。

19) ( )裏的一部分本来是用两行小字记录的注文。以下的引用文也同样如此。

帮助理解故事的全貌。这种体裁也是『世说新语姓彙韵分』创制的。这种方法对更快、更准确地理解全体登场人物和内容起很大的作用。

3. "主着互字，客着详字"

『世说新语姓彙韵分』在体裁上的独特特徵之一就是"主要人物加个'互'字，次要人物加个'详'字"，其实际运用可在下面引用文中看出。

【魏】钟毓(字稚叔，繇长子。年十四，为散骑侍郎。机捷谈笑，有父风。仕至车骑将军。) ○ **方** **详** 夏侯玄

钟毓兄弟小时，值父昼寝，因共偷服药酒。其父时觉，且诧寐而观之。毓拜而後饮，会饮而不拜。既而问毓："何以拜？"毓曰："酒以成礼，不敢不拜。"又问会："何以不拜？"会曰："偷本非礼，所以不拜。" **言** **互** 钟会 [卷一・[冬]韵・钟毓条]

以上引用文中的**方**和**言**意味着『世说新语』的「方正」篇和「言语」篇，"**详** 夏侯玄"意味着与夏侯玄同时登场的故事[20]中钟毓扮演配角。"**互**钟会"意味着与钟会同时登场的故事[21]中钟毓扮演主角。这种'互'和'详'是为了将标题人物和相关人物进行互相对照而做出来的，这样一来读者接触一个人物或故事时，至少可以获得两名以上人物的讯息，可说它确实是一个很有效的方法。

这种方法与中国传统目录学中的'互著'、'别裁'[22] 十分相似。『世说新语姓彙韵

---

20) 『世说新语』「方正」篇第6条："夏侯玄既被桎梏，时钟毓为廷尉。钟会先不与玄相知，因便狎之。玄曰：'虽复刑馀之人，未敢闻命！'考掠初无一言，临刑东市，颜色不异。"

21) 本故事记载在『世说新语』「言语」篇第12条当中。

22) 中国传统目录学中使用的'互著'法是'一书两注'，即把同样的书籍分别记载在不同类目之中的方法。'别裁'法是采取一些书的部分章节，单独记载在别的类目里的方法。早在汉代，班固的『汉书』「艺文志」就采取了'互见'的方法，之後元代马端临的『文献通考』「经籍考」也使用了'互见'和'参照'的方法，明代祁承朴的『澹生堂藏书约』「庚申整书略例」使用了'通'和'互'的方法。在前代人的基础之上，清代章学诚在理论上对'互著'和'别裁'两种方法作了更深入的探

分』引进了目录学上的分类系统, 把相似的主题按照篇目分类, 大胆地摆脱了集录为主的陈套, 创制了将各个相关的故事有机地连接起来的新体裁。

4. "旧注伤烦, 略加订删"

『世说新语姓彙韵分』在重编『世说新语补』的过程中, 对各标题人物下的注解及整体注解中部分加以修正或删除, 整理出了解人物与故事情节时必不可少的主要讯息。尤其从『世说新语补』中采录, 重新补充的故事, 其注解大部分采自前代的史书, 与『世说新语』刘孝标注解相比, 多少有繁杂之感。以『世说新语补』和『世说新语姓彙韵分』韩国的刊行本为准, 就两者作比较的话, 可以看出如下几点: 两者都用同样大小半叶10行、1行18字的活字印刷, 而『世说新语补』有20卷, 相比之下『世说新语姓彙韵分』只有12卷。仅管『世说新语姓彙韵分』每卷的篇幅比『世说新语补』多一些, 但不少部分已被删除, 是不容置疑的。具体的例子如下:

> 【补】江从简(『南史』曰:革少子。从简少有文才。何敬容为吏部尚书, 浅於学术, 通贿赂。从简作「采荷调」刺之, 为时所赏。官至司徒从事中郎。侯景乱, 为任约所害。)是光禄革子。(『梁书』曰:革字休映, 济阳考城人。祖齐之, 宋金部郎。父柔之。齐仓部郎。革早有才思, 六岁便属文。仕至光禄大夫。)少时有文情, 作「采荷调」, 以刺何敬容曰:"欲持荷作柱, 荷弱不胜梁。欲持荷作镜, 荷暗本无。" 敬容不觉 唯歎其工。[『世说新语补』卷十九「轻诋下」]
> 【梁】江从简(革子。少有文才。何敬容为吏部尚书, 浅於学术, 通贿赂。从简作「采荷调」刺之。为时所赏。官至司徒从事中郎。侯景乱, 为任约所害。)
> 江从简是光禄革子。少时有文情, 作「采荷调」, 以刺何敬容曰:"欲持荷作柱, 荷弱不胜梁。欲持荷作镜, 荷暗本无光。" 敬容不觉, 惟歎其工。**排 互**何敬容
>
> [『世说新语姓彙韵分』卷一[江]韵·江从简条]

求。[李瑞良,『中国目录学史』(臺北: 文津出版社, 1993), 282页]『世说新语姓彙韵分』的 '互'、'详' 方法与目录学上的 '互著'、'别裁' 方法并不相同, 但功能上有着相似的一面。

从以上两条引用文中可以看到：『世说新语姓彙韵分』中对江从简的注解只漏掉几个字，但对他父亲江革的注解完全被删除了。『世说新语姓彙韵分』就是这样将与本故事没有直接关联的部分大胆删掉，使故事更简洁明了。

5. "姑取旧本题目，以寓存古之意"

『世说新语姓彙韵分』在各条的末尾用阴刻标注了旧本篇目的第一字，表明与此相关的故事原本属于旧本的哪一篇章。这样一来，即使原书的顺序改变，重新排列，但有必要时随时可以与旧本进行对照，这也是体裁上优点之一。

除此之外，尚有在「凡例」中没有表明的体裁上的特征，那就是:在标题人物的上栏裏标注该人物所属的朝代，以便读者把握故事中人物及时代特征。勿庸置疑，这样的体裁对读者来说是既有必要又有用的方法。

另外，如果为了将『世说新语补』中从刘义庆原书中采录的故事与後来补充的故事作区别而使用的 "补" 标记，『世说新语姓彙韵分』也加以利用的话，此书的体裁更加完善。这一点让人感到遗憾。

四、『世说新语姓彙韵分』的收录范围

在『世说新语姓彙韵分』裏出现的标题人物共有765名，收集的故事共有1380条，其所涉猎的时代范畴是自秦代末期至元代初期，长达1500年。按照时代顺序排列如下:

	秦	汉	魏	吴	晋	後赵	前秦	北燕	刘宋	齐	梁	陈	北魏	东魏	北齐	隋	唐	五代	後唐	南唐	五季	宋	元	合计
标题人物数	1	90	54	17	282	1	1	1	64	31	35	6	17	1	7	10	96	2	3	2	1	42	1	765
故事数	1	121	100	22	753	1	0	1	84	45	41	7	18	1	10	12	103	3	2	4	1	49	1	1380
只有人名者	0	8	6	0	20	0	1	0	1	2	0	0	1	0	0	1	4	0	1	0	0	2	0	47

　　首先看标题人物和故事的时代分布情况。晋代人物及故事各占40%和60%。『世说新语姓彙韵分』中出现的人物及故事，所涉及的时代范围是将近『世说』原书300年的5倍，不过仍然以清谈与人物品评极盛的晋代为主。

　　其次看一下标题人物。「世说新语姓彙韵分目录」中收录的一般姓氏和複姓、帝王、闺秀、沙门、亡名氏共有1105名，但是据笔者考證，正如上面图表显示，实际上被收录的标题人物共有765名。「目录」上的姓氏数和实际作品中的人物数有出入的原因无从考證。但根据笔者的判断，在编撰此书时可能先做好「目录」，然後在编辑本文。而在这个时候，在原先想收录的人物中将340名删掉，但是在刊行时来不及修改「目录」。笔者是根据下面几点作如此推断的：首先，「目录」的姓氏中和史、鲁、齐、大、单、班、全、员、圈、廖、包、鲍、到、方、房、姜、井、盛、禽、束、葛、白、于文、公孙氏等24个姓氏28个人物及帝王中的陈、隋、闽3个朝代5个帝王的有关记录在本文中完全被遗漏，相反地，收录在本文中的岳氏在「目录」中看不到。其次，在「目录」卷3[灰]韵当中排列在崔氏之後的来氏，在本文中列在梅氏之後。再次，「目录」中列在卷4开端的闵氏实际上排在卷3的末尾。

　　最後再看看故事收录的情况。此书完整的故事有1380条，只具人名没有故事的例子有47条[23]，合起来共达1427条。此数字比作为『世说新语姓彙韵分』底本的

---

23) 只具人名，没有与它相关的正式故事的时候，在标题人名下面，以注解的形式附加略传，略传当中大部分有故事。所以虽然没有无正式故事，还可算是一个条文。'董阳' 条[卷一·董韵就是一个很好的例子。

『世说新语补』多了3条。其中有关26个人物的53条故事不见於『世说新语』、『世说新语补』、『何氏语林』。这些新故事是大部分采录『资治通鑑』。因此我们知道了『世说新语姓彙韵分』的编者在再编辑『世说新语补』的过程中对於人物和故事加了部分删定和增订，这就是『世说新语姓彙韵分』的版本上另外一个特徵，值得关注。此书收录的全体故事，其内容基本上与『世说新语补』相同，没有特别的区别。只是收录在卷5[阮]韵的 '阮侃' 一条24)志怪色彩浓厚，不能看作是真正的志人故事。当然此故事收录在『世说新语补』补充的故事裏面25)，不能说是『世说新语姓彙韵分』的错误，但是笔者认为在重新编辑的过程中应该被删除。

五、『世说新语姓彙韵分』在 '世说学' 上的意义

『世说新语姓彙韵分』在 '世说学' 上的意义可归纳为如下几点:

第一，『世说新语姓彙韵分』创制了兼备多种的检索功能的新体裁。『世说新语姓彙韵分』的体裁除了具有按姓氏检索、时代区分这种明显的特点以外，还具有容易掌握标题人物，且可以将各个人物和故事进行对照等等的特点。『世说新语』问世以来，许多续编书籍都继承『世说』独有的 '主题分类' 传统，但是自从『世说新语

【晋】董养(字仲道。永嘉中，洛城东北角步广里中地陷，中有二鹅，苍者飞去，白者不能飞。问之博识者，不能知。养闻，歎曰: "昔周时所盟会狄泉，此地也。卒有二鹅，苍者胡象，後胡当入洛，白者不能飞，此国讳也。" 谢鲲「元化论序」曰: "陈留董仲道，於元康中，见惠帝废杨悼後，升太学堂歎曰: '建此堂也，将何为乎? 每见国家赦书，谋反逆皆赦，孙杀祖父母，子杀父母不赦，以为王法所不容也。奈何公卿处议，文饰礼典，以至此乎?天人之理既灭，大乱斯起! 顾谓谢鲲、阮孚曰:『易』称 "知几其神乎"，君等何深藏矣? 乃与妻荷担入蜀，莫知其所终。") ○ 賞詳 王玄

24) 【魏】阮侃(字德如，共子也。有俊才，仕至河内太守。)阮德如尝於厕见鬼，长丈馀，色黑而眼大，着皂单衣、平上帻，去之咫尺。德如心定，徐笑语之曰: "人言鬼可憎，果然!" 鬼赧愧而退。雅

25) 此故事记载在『世说新语补』卷七「雅量上」中。

姓彙韵分』 首创新的体裁後，以往的传统分类法逐渐流失，此书因此往往受到批评。但是『世说新语姓彙韵分』创新的让人耳目一新的体裁为读者提供阅读上的方便，是不可否认的。如果利用以往的篇目分类法的话，也许无法有系统地把握历史上失传的1500年间700馀名士的逸话，而对身为外国人的韩国人更是如此。『世说新语姓彙韵分』正是为了解决这问题，将『世说新语补』的顺序全部改变、重新编辑，以便读者更有效、更方便地掌握书中的内容。从这一点来看，『世说新语姓彙韵分』是 '世说学' 上具有独特体裁的贵重版本。

第二，『世说新语姓彙韵分』与『世说新语补』都是用古活字在韩国印刷刊行的罕见的笔记著作版本。当然『世说新语补』是叫做 '显宗实录字' 的金属活字本，『世说新语姓彙韵分』是模仿显宗实录字的木活字本，在这一点上，两者稍有不同，但两者都以古活字刊行这一点值得注意。『世说新语补』和『世说新语姓彙韵分』的刊行年代大约在从肃宗末年到英祖年间，在这段时间裏几乎看不到用活字刊行的其它笔记著作。只有这两本书用活字刊行，这也许和当时知识界人士对『世说』的看法有关。就是说，当时的文人学士并不把『世说』与其他笔记著作相提并论，而把它看作是一定要读的教育书目。这种认识在前面第二章所引用的英祖年间李宜显和正祖本人的一段话当中可得而知。正是因为如此，这两本是用国家刊行主要典籍时才用的显宗实录字和仿照显宗实录字做的木活字来印刷出来的。总之，它虽然是一部笔记著作，但是用古活字来刊行的贵重版本。只有这一点也足夠提高韩国在 '世说学' 上的声望了。

第三，『世说新语姓彙韵分』是朝鲜时代知识文人对『世说』研究的成果。据日本资料的證实，『世说新语』在800年代末期已经在日本内开始流传，历经平安时代和江户时代，被刊行了许多研究此书的书籍和仿照著作26)。但是在韩国只能通过

---

26) 日本平安时代(782~1190)约890年撰的 『日本国见在书目』 当中有关于 『世说新语』 的记载。江户时代(1603~1868)时发行了与『世说新语』、『世说新语补』和刻本同时，也把一些如『世说新语补觽』(1749)、『世说新语补考』(1762)、『世说抄撮』(1763)、『世说抄撮补』(1772)、『世说新语补索解』(1773)、『世说误字误读订正』(1774)、『世说新语补系谱』(1785)、『世说抄撮集成』

崔致远的诗句才能證实『世说新语』在统一新罗末期在国内流传，这是唯一的證据。高丽和朝鲜的许多文人们不仅爱读『世说』，并在自己的文集裏多次引用『世说』的故事，但是到目前为只还没有发现对『世说』本身做新的注释或考證的书籍[27]。在这样的状况下『世说新语姓彙韵分』虽然还称不上是一部 '世说' 研究书，但是就此书的刊行意图、编辑体裁、部分故事的取舍选择、注文的删定等方面来看，其价值和意义不必不如研究书。『世说新语姓彙韵分』值得成为在 '世说学' 史上新的研究对象。

(1794)、『世说匡缪』(1810)、『世说启微』1815)、『世说音释』(1816)、『世说讲义』(1816)、『世说笺本』(1826)等研究书及 『大同世语』(1750)、『仮名世说』(1824)等模仿作进行了刊行。 [参照王能宪，『世说新语研究』(江苏古籍出版社, 1992)附录「『世说新语』在日本的流传与研究」]。

27) 另外朝鲜时代通过对『世说新语』周密检讨，抽取其精髓编辑的『世说新语类抄』(肃宗年间朴铣编)、『世说抄』(撰写年度未详, 俞鎭瓚编)、『世说新语』(撰写年度未详, 编者未详)、『世说掇英』(撰写年度未详, 编者未详)等笔写本问世。 这样的抄录本虽然达不到研究书的水准，但是选择故事时，难免介入作者的主观见解，所以在广义上说，也可列入研究工作的范畴。

朝鲜时代唐诗选集的编撰现状研究

——以延世大学所藏4种唐诗选集的类型、特征及文献价值为中心

北京大学 琴知雅

一、序论

虽然朝鲜时代已有了刊行的唐诗选集，但还是能发现朝鲜文人们所编撰的唐诗选集。这不是个别作者的诗选集，而是汇集唐代作家们、试图以统合的方式而编撰的诗选集。朝鲜文人们以己之手重新编撰唐诗选集，表现出他们对唐诗的关注和喜爱之极，同时也可看出当时文人们把唐诗消化为自己的东西并进行自主创作的风气。但是从庞大的唐诗中选诗并不是容易的事情，因为这需要编撰者的读书经验及批判性的编撰意识来做后盾。也许是因为此，到现在为止，以自撰编撰书为人所知的唐诗选集的数量并不多。笔者确认共有18种，从编撰时期来看，中期有11种，后期有7种。但遗憾的是到目前为止只有8种确认了收藏处，其余的均已遗失，只能通过各文集的序文或跋文来推测其内容。通过文献可以确认朝鲜文人们是如何批判性、折中性地来看待已刊行的唐诗选集，同时也可以确认朝鲜朝文人们的文学志向及"学唐"的整体态度如何。并且，在朝鲜独自选定中国的作家，确立唐诗选集的新典型，这一点也赋予了韩国本新的学术价值。

为了研究自撰唐诗选集的流行这一文学史现象, 首先在本文的第2章叙述了朝鲜时代文人们所编撰的18种唐诗选集的概况。 通过选集的整体现况, 可以探究编撰者及其诗选集对唐代文坛及当时文学史所带来的影响力和意义。在第3章中, 以18种唐诗选集中的4种延世大学收藏本《唐诗汇选》、《唐律广选》、《唐诗画意》、《唐律汇髓》为中心, 论述了选集的类型、特征及文献价值。在论述延世大学收藏本的过程中, 确认了之前未公开的孤本及稀贵本的文献价值。[1] 同时通过对文献残本的挖掘, 也有对学界所知缺本数据进行补完的价值。通过活用这些资料, 也有助于异本对照及研究交流等。

二、朝鲜时代自撰唐诗选集的流行及延世大学图书馆收藏现况

1. 朝鲜文人对已有唐诗选集的认识

朝鲜时代唐诗选集编撰者大部分认为是最高教科书的当属《唐音》和《唐诗品汇》。比较刊行的量来看,《唐音》比《唐诗品汇》还多。《唐诗品汇》从记录上来看一直刊行到英祖时期, 而《唐音》则一直刊行到1913年。根据《朝鲜王祖实录》等留下的记录来看,《唐诗品汇》是在成宗15年 (1484年),《唐音》是在燕山君11年 (1505年) 首次刊行。事实上《唐音》较之《唐诗品汇》更为人熟知, 可能是由于它的简便。这从朝鲜时代刊行的《唐音》的样相也可看出。《唐音》分为始音 (1卷)、正音 (6卷)、遗响 (7卷)。朝鲜时代刊行的《唐音》并不是印刷《唐音》的全部, 大部分都是选取

---

1) 延世大学图书馆收藏有很多稀贵本古书, 但并未向学界公开, 由此引起了众多研究者的关注。对于古书研究来说, 必然存在着接近资料的限制。在延世大学国学研究院的主导下 (课题负责人 : 全寅初院长), 从2003年至2009年, 对延世大学中央图书馆所收藏的韩国本古书630种进行了解题, 并出版了共12册的《古书解题》。本文中论述的4种诗选集的目录和解题在《古书解题》 v (2006, 延世大学国学研究院编, 平民社)。

一部分进行编撰刊行。这主要是为了背诵的便利。据记载，许筠 (1569-1618) 曾10年吟诵明代顾璘 (1476-1545) 的《批点唐音》。2) 题为《唐音精选》的书主要由五言或七言绝句组成，符合朝鲜人的喜好来进行编撰，这本书在朝鲜时代的私塾作为夏季汉诗学习教材被广为使用。这也是为了朗诵方便而编撰的书。这本文集中还有很多次韵《唐音》的诗。3) 从其作为朝鲜时代科举考试学习的重要数据被广泛使用的记录4)来看，当时学唐几乎占了绝大多数教材。唐诗选集的编撰应该也是考虑了这个方面进行编撰。在任埅 (1640-1724) 选集的《歌行六选》中有 "是选也，初为业科者作也" 5)作为流入朝鲜的唐诗选集，《唐音》可是说是独占鳌头。

但《唐音》也有其缺点。金锡胄(1634-1684)曾说过 "遗杜李详晚唐，尚未尽善"，6)李睟光(1563-1628)说过 "如正音鼓吹三体等编，亦多主晚唐，或失之太简"，7) 许筠说过 "杨氏虽务精，而正音遗响之分，无甚蹊径，其声俊古鲁之音，亦或不采，使知者有遗珠之嘅焉"。8) 也就是说《唐音》是以晚唐为主的选集，太过简略，漏掉很多好诗。在这两种唐诗选集中，《唐诗品汇》被认为是唐诗的正本，被评为有很多优点，而编撰者的主要动机都是为了完善《唐音》的短处。即便如此，实际上《唐音》比《唐诗品汇》刊行得更多，朝鲜文人们编撰的唐诗选集并未能过多地超脱《唐音》的水平。

---

2) 《惺所覆瓿藁》卷十三，文部十，《批点唐音跋》"余壬午岁，得此本。时年幼，不辩得失，手而诵者，殆十年余，失于兵燹。"
3) 比如有《次唐音韵》，《灯下坐阅唐音次武佰苍日出事还生诗韵寓怀》(洪贵达，《虚白亭集》)，《溪堂灯下抽出唐音与姜子舒唱和》(成文浚，《沧浪集》)，《次唐音五首》，《次唐音》(成汝学，《鹤泉集》)，《次唐音东望望春春可怜韵》(高用厚，《晴沙集》)，《次唐音韵七首》(金得臣，《柏谷集》)等。
4) 《水村集》卷八，《歌行六选序》"国朝以诗士，少年操觚者，莫不染指于唐，而比鲜博览之儒，世所传习者，不过唐音而止耳。"
5) 任埅，《水村集》卷八，《歌行六选序》。
6) 金锡胄，《息庵先生遗稿》卷八，《唐百家诗删序》。
7) 李睟光，《芝峯集》卷二十一，《唐诗汇选序》。
8) 许筠，《惺所覆瓿藁》卷四，文部一，《唐诗选序》。

2. 朝鲜时代自撰唐诗选集的流传及延世大学图书馆收藏现况

朝鲜时代文人们直接编撰的唐诗选集到目前为止发现的共有18种。从16世纪李睟光编撰的《唐诗汇选》开始到19世纪李祥奎编撰的《唐律汇髓》一直持续编撰。从时期上来看，前期完全不能确认，中期有11种，后期有7种。唐诗选集的编撰集中在中期出现，这与当时唐诗风最为盛行有直接的关系。而前期未能出现编撰唐诗选集，主要是因为前期是唐宋诗风混在时期，有《唐宋八家诗选》[9] 等选集，所以并没有要单独编撰唐诗选集的想法。

这18种唐诗选集中流传到现在的不过8种，其余全都遗失。这些未能流传下来的唐诗选集，只能通过各种文集的序文或跋文来推测其内容。编撰唐诗选集最多的是任堕，共编撰了4种，许筠编撰了3种，安鼎福 (1712-1791) 与申纬编各个撰了2种。自撰唐诗选集有的选集了各种体裁，也有只选集绝句，有的选集律诗和歌行。但大体上只单独选集律诗是比较突出的特征。朝鲜时代编撰的唐诗选集18种的现况整理如下。

虽然已经有了刊行的唐诗选集，但朝鲜的文人们还是要自己再次选定唐诗进行编纂，这具有多种意义。这是作为中国诗选集的广泛传入及对此深层理解的结果。其中最重要的意义在于是如何有效果地熟悉作为诗之源头的唐诗。对此，已有的唐诗选集从多方面来说并不合适，文人们对这种不便经常带有不满，因此以各种诗选集为基础，进行补充并按照自己的方式重新整理。以下以许筠来举例说明。

---

9)   这本书是安平大君 (1418-1453) 严选唐诗诗人李白、杜甫、韦应物、柳宗元和宋代诗人欧阳修、苏轼、王安石、黄庭坚的诗编撰成十卷而成的唐宋代统合中国诗选集。(对此李旻贞的《《唐宋八家诗选》研究》详细叙述。(2011, 韩国庆北大学硕士学位论文)。

选集名	著者	编撰现况	收藏处(延世大学收藏现况)
唐诗汇选	李晔光	以《唐诗品汇》为模本, 8卷	玉山书院(10卷10册 完帙), 延世大学缺本(卷1部分, 卷2, 卷6)
唐诗选	许筠	各体, 2600余首, 60卷	
唐绝选删	许筠	絶句, 10卷 2册	国立中央图书馆
四体盛唐	许筠	盛唐的歌、行、五言律诗、七言律诗	
唐律广选	李敏求	七言律诗, 7卷6册	国立中央图书馆, 藏书阁, 奎章阁, 高丽大学, 延世大学 7卷2册(干, 坤)
唐诗类选	闵晋亮	七言, 400余首, 2卷	釜山大学
唐百家诗删	金锡胄	融合了《唐诗品汇》、《唐诗正声》	
唐律辑选	任堕	五七言律诗, 800首	
手书唐五言古诗	任堕	五言古詩, 手写	
歌行六选	任堕	歌, 行, 682首, 2卷	
唐诗五言	任堕	五言古诗, 2卷	
千首唐绝	安鼎福	绝句, 1000首, 3卷 取宋 洪迈《万首唐人绝句》1/10	
百选诗	安鼎福	参考《文选》、《唐音》、《唐诗品汇》、 《诗选》而选取100首	
三唐律选	吴载纯	盛唐, 中唐, 晚唐 五七言律詩, 119首	
唐律集英	张混	七言律诗, 4卷	高丽大学
全唐近体选	申纬	五绝287首, 七绝627首, 五律250首, 七律260首, 词142首, 共 1566首, 20卷4册	奎章阁
唐诗画意	申纬	古近体诗 540首, 词191首	国立中央图书馆4册, 藏书阁5册, 伯克利大学ASAMI文库 11卷3册, 延世大学15卷5册(贵重本)
唐律汇髓	李祥奎	七言律诗, 根据主题部类分类	延世大学孤本 6卷6册中 缺本 (5卷5册(卷2~卷6))

　　徐筠的《唐诗选》参考了杨士弘的《唐音》、高棅的《唐诗品汇》、李攀龙的《唐诗删》,选取唐诗2600首,汇编为60卷的书。其《唐诗选》的序文这样写道,"有唐三百年,作者千余家,诗道之盛,前后无两。其合而选之者,亦数十家,而就其中略而精核者,曰杨士弘所抄唐音,其详而敷缛者,曰高棅唐诗品汇,其匠心独智,不袭故不涉套,以自运为高者,曰李攀龙唐诗删。此三书者出,而天下之选唐诗者,皆废而不行,旴其盛哉"10) 认为当时流行的数十种唐诗选集中《唐音》、《唐诗品汇》、《唐诗删》是最好的选集,并一一提出其根据。其评价《唐音》"就其中略而精核者",认为只选取唐代诗作品中的精髓及核心是其最大的长处。但对于《唐音》也提出,"杨氏虽务精,而正音遗响之分,无甚蹊径,其声俊古鲁之音,亦或不采,使知者有遗珠之慨焉",11) 认为根据正音及类型而收录的作品并没有恰当评价实际作品的水平。对此,《唐诗品汇》虽然收录了丰富的作品,但雅俗共存,就像鱼眼与珠玉混合在一起。而《唐诗删》 则偏颇于编者的喜好, 根据自身的法理来选择, 即使扔掉了珠玉也不觉得可惜。 对于各个诗选集的优缺点进行了恰当比喻和评价。12)最终徐筠经过几年的研究, 终于提出了自己独创的标准。同时从各种书中只选取符合自身标准的诗来重新编撰诗选集。最先从《唐诗品汇》入手, 删掉其杂乱部分, 庞大的数量删减到一半, 由此推测其参考了《唐音》、《唐诗删》严格的选诗标准。13)其结果来看, 即使是盛唐的诗, 若有缺点则也不用, 即使是晚唐的诗, 若内容好则详细论述。由此可见其彻底按照自己领悟的标准来选诗。

---

10) 许筠,《惺所覆瓿藁》卷四, 文部一,《唐诗选序》。

11) 许筠,《惺所覆瓿藁》卷四, 文部一,《唐诗选序》。

12) 许筠,《惺所覆瓿藁》卷四, 文部一,《唐诗选序》。"廷礼所裒, 虽极其富, 而以代累人, 以人累篇, 俾妍蚩并进, 韶濮毕御, 职者以鱼目混玑诮之, 似或近焉。至于鳞氏所拣, 只择劲悍奇杰者, 合于己度则登之, 否则尺璧经寸之珠, 弃掷之不惜, 英雄欺人, 不可尽信也。其遗篇逸韵, 埋于众作之间, 歷千古不见赏者, 于鳞氏能拔置上列, 是固言外独解, 有非俗见所可测度也。余讽而研求, 阅有年纪, 怳然如有所悟。"

13) 许筠,《惺所覆瓿藁》卷四, 文部一,《唐诗选序》。"遂取高氏所汇, 先芟其芜, 存十之五, 而参之以杨氏, 继之以李氏, 所湔拔者合为一书。分以各体, 而代以隶人, 苟妙则虽晚亦详, 而或类或俗, 则亦不盛唐存之。"

三、延世大学藏本4种唐诗选集的编撰特现状

1.《唐诗汇选》

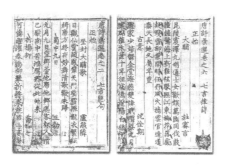

此书是编撰者李晬光 (1563-1628) 从明初高棅 (1350-1423) 的《唐诗品汇》(90卷, 拾遗10卷) 中选择并编撰, 于1615年由尹暄 (1573-1627) 在庆州刊行10卷。[14] 其中延世大学只收藏有1卷 (部分)、2卷和6卷。形态如下。(照片, 左) 训炼都监字本, 卷2 (含卷1最后部分六言 (5面), 零本)；四周双边半郭 23.1×17.4㎝, 有界, 10行16字, 上下内向花纹鱼尾；31.0×22.0㎝; (照片, 右) 训炼都监字本, 卷6 (零本) 2 (含卷1最后部分六言 (5面), 零本)；四周双边半郭 23.1×17.4㎝, 有界, 10行16字, 上下内向花纹鱼尾；31.0×22.0㎝; (照片, 右) 训炼都监字本, 卷6 (零本)。

本书的书名是 "从《唐诗品汇》中选择" 的意思。选集以《唐诗品汇》为根据, 诗体排列与《唐诗品汇》不同, 近体诗编撰在前。[15] 虽然也有李晬光个人的喜好, 但也反映出近体诗是最为重要的学诗对象。根据延世大学残本来推测诗体的顺序, 从卷1结尾部分为六言绝句、卷2选取七言绝句来看, 卷1选取了五言绝句和六言绝

---

14) 韩国国会图书馆目录上来看, 现传完帙为尹暄跋文所记录的十卷十册, 现藏于玉山书院。遗憾的是无法确认全套, 李晬光所写的序文中为八卷, 无法明确编撰十卷的理由。

15)《唐诗品汇》的诗体排列为五言古诗、七言古诗、五言绝句、七言绝句、五言律诗、七言律诗、五言排律、七言排律。

句。从卷6-7选取七言律诗来看, 卷3-5选取五言律诗和五言排律, 并推测卷8-10选取的是五言古诗和七言古诗。由于翠庵文库收藏的卷8-9的残本均已确认为五言古诗,[16] 可推测卷10为七言古诗。

根据作者的时代分为九格 (正始, 正宗, 大家, 名家, 羽翼, 接武, 正变, 余响, 旁流)来选择。适用四唐说, 大体上来看初唐诗为正始, 盛唐诗为正宗、大家、名家、羽翼, 中唐诗为接武, 晚唐诗为正变、余响, 旁流与时代无关, 选取了方外、异人、闺秀等。这部分是延续《唐诗品汇》的选集形态。只是《唐诗品汇》中间或可见的刘长翁等的评注并未反映其中。收录在本书中的选集内容在延世大学《古书解题》V(181- 182页)中详细叙述。

李睟光选集的特征及文献价值如下。

第一, 朝鲜中期最大的尊唐论者李睟光认为《唐诗品汇》包括拾遗共6719首唐诗, 是诗选集的正本。他认为《唐音》只选取了1341首, 选取的诗数量少, 律诗和绝句尤为少, 又疏略了李白、杜甫、韩愈的文集。《唐诗鼓吹》只选取七言律诗,《三体诗》无古诗, 他认为《唐诗品汇》补完了以上这些缺点, 因此给予了很高评价。[17]

第二, 从选取基准来看, 本书力图克服以往唐诗选集所带有的晚唐偏向, 这一点也是其特征。他在本书的序文中论述了在独自编撰《唐诗汇选》的过程中, "如正音鼓吹三体等编,亦多主晚唐,或失之太简。而唯品汇之选, 所取颇广, 分门甚精, 视诸家为胜,第编帙似伙, 学者病之, 余尝择其中尤隽永者为八卷,命曰唐诗汇选"[18] 他分析了《唐诗正音》、《唐诗鼓吹》、《三体诗》等诗选集的长短处, 暗示在已有的诗选集中他喜好的内容是什么。同时, 他认为《唐诗品汇》作品收录范围广, 分类精

---

16) 现在庆北大学翠庵文库收藏有卷八—九残本。与唐诗品汇原本对照的结果, 卷八是精选《唐诗品汇》卷一—八为一卷, 卷九是精选《唐诗品汇》卷九-二十四为一卷。两卷均为五言古诗部分的减缩。

17) 李睟光,《芝峯类说》卷七,《经书部》卷三,《书籍》"余谓唐音之选, 世号精粹, 然其诗仅一千三百四十一首, 而律绝尤少。且不及李杜韩集, 未免疏略。鼓吹所编, 只七言近体, 而三体无古选长篇, 其最优者, 唯品汇乎。"

18) 李睟光,《芝峯集》卷二十一,《杂著》、《唐诗汇选序》。

细，是好书。但指出其规模庞大，学者认为这是其不足之处。为了对此进行改善，他精选《唐诗品汇》90卷，编撰为《唐诗汇选》8卷。他提出其一生除诗以外别无所好，其中最喜爱唐诗，所以研究初、盛唐的诗法，略有自得。[19]李晬光确信在中国诗史上唐代达到了诗的最高水平，看出其平时对唐诗的极大好感。他评价，在唐代到了盛唐才达到了诗的顶峰。[20] 他明显表现出对盛唐诗的喜爱立场，他摆脱当时的晚唐喜爱风气，积极为初、盛唐的诗辩护。但即便如此，从选集的结果来看，他还是接受了晚唐诗所带有的美学特征。以下为卷2收录内容的一部分。初唐诗为正始，盛唐诗为正宗、大家、名家、羽翼，中唐诗为接武，晚唐诗为正变、余响。(括号中标记《唐诗品汇》选择/《唐诗汇选》选择。选择的诗相同，则只记入选择作品数)

> 正始：许敬宗(1/0)，卢照邻(2/1)，王勃(1)，乔知之(1)，杜审言(2/1)，刘庭琦(2/0)，沈佺期(2)，宋之问(2)，李峤(2/1)，李乂(2/0)，徐彦伯(1)，岑羲(1)，刘宪(1)，赵彦昭(1/0)，李适(1)，徐坚(1/0)，马怀素(1)，武平一(2/0)，苏颋(2/1)，张说(5/2)，贺知章(3/2)，王翰(2/1)，玄宗皇帝(1/0)(以上 七言绝句 一)
>
> 正宗：李白(39/32) 王昌龄(42/28)(以上 七言绝句 二)
>
> 羽翼：王维 (12/8)，贾至 (15/11)，岑参 (20/16)，储光羲 (8/5)，杜甫 (7/3)，常建 (8/5)，高适 (5/4)，孟浩然 (2)，李颀 (2)，崔国辅 (2)，张谓 (2/1)，王之涣 (2/1)，綦毋潜 (1/0)，薛据 (1/0)，蔡希寂 (1/0)，沈颂 (1/0)，张俦 (1/0)，吴象之 (1/0)，张潮 (2)，元结 (2)，严武 (1)，李华 (1/0)，独孤及 (2/0)(以上 七言绝句 三)
>
> 接武：刘长卿(18/6)，钱起(10/3)，韦应物(12/7)，皇甫冉(8/2)，韩翃(11/8)，卢纶

---

19) 李晬光，《芝峯集》卷二十一，《杂著》、《唐诗汇选序》"余平生无所耆，所嗜唯诗，而于唐最偏耆焉。"；《芝峯集》卷二十，跋，"颇阅古今诸集，尤好始盛唐诗法。观其体格，究其意趣，稍有所自得。"
20) 李晬光，《芝峯集》卷二十一，《诗说》"夫诗道至唐大备，而数百年间，体式屡变，气格渐下……诗自魏晋以降，陵夷，至徐庾而靡丽极矣。及始唐稍稍复振，以至盛唐诸人出，而诗道大成。蔑以加焉。逮晚唐则又变而杂体并兴，词气萎弱，间或剽窃陈言，令人易厌。"

(10/7)(以上 七言绝句 四)

接武: 刘方平(4), 朱放(1), 皇甫曾(2/0), 秦系(2/1), 严维(1), 李嘉佑(3/0), 郎士元(5/3), 司空曙(6/5), 李端(4/1), 耿湋(3/2), 崔峒(1), 包何(1/0), 张继(2/1), 顾况(10/7), 戎昱(6/4), 长孙翱(1/0), 卫象(1), 柳谈(1), 宋济(1) (四川师范大学文学院 四川师范大学巴蜀文化研究中心), 杨凭(1/0), 长孙佐辅(2), 刘商(9/4), 于鹄(4/3), 戴叔伦(8/5), 德宗皇帝(1) (以上 七言绝句五), 李益(16/7), 刘禹锡(28/23), 张籍(23/16), 王建(17/14), 王涯14(/5)(以上 七言绝句 六), 武元衡(14/3), 杨巨源(6/3), 张仲素(9/6), 权德舆(4/2), 李涉(12/8), 窦巩(7/6), 窦牟(1), 窦庠(1), 雍裕之(1), 李约(1), 陆畅(2/0), 刘言史(1), 吕温(2/1), 羊士谔(2/1), 令狐楚(2/1), 陈羽(6/2), 柳宗元(3), 韩愈(6/3), 欧阳詹(1/0), 元稹(2), 白居易(4/3), 鲍溶(2/1), 孟郊(1), 李贺(1), 卢仝(2/1), 李绅(1/0), 顾非熊(1), 张佑(6/3), 朱庆余(4/3), 徐凝(1/0), 贾岛(2), 姚合(1), 王表(1), 裴夷直(1/0), (以上 七言绝句 七),

正变: 李商隐(21/15), 杜牧(23/16), 许浑(14/10), 赵嘏(12/7), 温庭筠(10/8)(以上 七言绝句 八)

余响: 雍陶(6/4), 刘得仁(3/2), 陈陶(4/3), 马戴(1/0), 薛逢(2/1), 薛能(4/2), 孟迟(4/4), 项斯(1/0), 段成式(2/1), 李羣玉(2), 韩琮(1), 司马礼(3/2), 杜荀鹤(2), 李频(1/0), 刘驾(1/0), 储嗣宗(1/0), 陆龟蒙(2/1), 张贲(1), 方干(1/0), 唐彦谦(3/2), 张乔(3/1), 司空图(1), 高骈(3/0), 罗邺(2/1), 李拯(1/0), 崔鲁(3), 崔涂(2), 章碣(2), 郑谷(2), 高蟾(2/1), 曹松(1), 王驾(2), 吴融(1/0), 李洞(2), 韦庄(8/4), 韩偓(1),江为(1), 李建勋(1), 张泌(1), 孙光宪(2)(以上 七言绝句 九)

　　第三, 因为本书收录的作品沿用了现存《唐诗品汇》的内容, 可见并无多大数据价值。但可以验证其取舍选择《唐诗品汇》的标准和态度, 以及了解编撰者李晬光及出版此书的尹暄, 以及他们所代表的朝鲜中期特定文人集团对唐诗的批判性观点，从这一点来看可以高度评价此数据的价值。

第四，本书是国内外均很难找寻的稀贵本。因此对各收藏处缺本数据进行补充的价值是无容置疑的。现在延世大学收藏的诗卷1部分、卷2、卷6，通过古书目录可以确认各图书馆所收藏的残本，启明大学藏有1册 (3卷)，岭南大学藏有1册 (卷6)，诚庵文库有1册 (卷7)，翠庵文库有卷8、卷9 (2卷2册)。很有必要分别调研这些资料，并与玉山书院的全套10卷做比较。

2.《唐律广选》

此书是李晬光的次子李敏求 (1589-1670) 编撰的七律唐诗选集。延世大学收藏本的形态如下。为7卷2册 (干，坤) 的木活字本；四周双边半郭21.0×15.0㎝，有界，11行19字，上下内向3叶花纹鱼尾；29.4㎝×18.5㎝。表题和卷首题均为"唐律广选"，版心题为"唐律"。干册为序文及卷1-4，收录初唐 (卷1)、盛唐 (卷2)、中唐 (卷3-4) 的气焰律诗，坤册为卷5-7，收录有晚唐的七言律诗。收录有163名唐代诗人创作的七言律诗926首。其构成为：卷1 (初唐，31人87首)，卷2 (盛唐，8人52首)，卷3 (中唐，25人，163首)，卷4) 中唐，36人170首)，卷5 (晚唐，10人166首)，卷6 (晚唐，18人148首)，卷7 (晚唐，35人148首)。本书收录的内容在延世大学《古书解题》Ⅴ(150页)详细叙述。

李敏求选集的特征及文献价值如下。

第一，表明了根据唐代四时期的品评来进行的选择标准。对此，虽然有与《唐音》及《唐诗品汇》共有鉴赏眼力的部分，但根据李敏求自身的选诗观来进行长短取舍，这反映出其特征。李敏求的序文并不在文集之中，但提出了对四唐的品评及选择标准等，其内容如下。

　　　　诗以唐为宗,唐固作者之准的哉。盖诗辞之精者,律又诗之精者,而古人谓七言
更加二字,为尤难,然则斯又其最精者也...唐有四变,操觚之士类,能知之,其始也,
天葩未敷,大羹未调,元气可袭也。其盛也,体赅气完,蔑以加矣。轨度可则也。中逎
声格稍缓,体裁别别,然其风调浏浏犹为匠门之高手也。 晚则卑弱欠力,其细已甚,
无完篇,无全格,然其援物寓兴,取境寄意,犹为摸索,知唐摘句则可也……,杜工部
之具美,以有全家,兹不并录,白香山之巨帙,以类俳谐,取之甚尠。

　　虽然局限于唐诗的七言律诗, 但高度评价盛唐诗, 言及了体裁及精神, 论及了
初唐诗的元气、中唐诗的风调、晚唐诗的寓兴及寄意等长处,从这一点可以看出其
批判眼光在哪里。同时, 与《唐音》先例一样, 未选取杜甫, 认为有流行的诗集, 杜甫
诗都很美, 最终作为七言律诗的典范, 给予杜甫诗最高评价。前面也有所提及, 对
杜甫的尊崇也适用于其选诗观。 并不是唐代的特定时期, 而是汇集唐一代的诗集
以独自的力量来出版。认定盛唐为学诗的典范, 同时也编入初、中、晚唐诗, 并不是
只固执于盛唐。选取了初唐诗人31名 (87首)、盛唐诗人8名 (52首)、中唐诗人61名
(332首)、晚唐诗人63名 (455首), 强调根据学诗者或诗论家的喜好和鉴赏差异而有
所不同, 命名诗选集为 "广选"。

　　第二, 这是第一本经朝鲜文人选取并出版的唐代七律全选书。《唐律广选》收
录的七言律诗与其他唐诗选集相比绝对是首屈一指。《唐诗广选》 收录了唐代163
名诗人创作的七言律诗926首。以此相反, 以庞大数量而著称的《唐诗鼓吹》和《唐
诗品汇》所收录的七言律诗分别为86名诗人597首和129名诗人490首。与因收录唐
诗数量多而获得评价的《唐诗品汇》相比, 其共收录了接近《唐诗品汇》2倍的作
品。与中国唐代最早的七言律诗选集《唐诗鼓吹》相比, 收录了更多的诗人及作品。
这是根据李敏求命名标题为 "广选" 的意图而进行的。通过《唐律广选》收录的作
品, 可以了解创作了诸多七言律诗的诗人及因七言律诗而出名的诗人, 同时也可以
了解四唐的具体体裁及特征。

　　第三, 从选集方法来看, 李敏求分别选取了四唐的诗, 但并不是以同等比率来
选择。在序文中指出, "余故于始盛十举其九,中五取其三,晚则三存其一", 初唐和盛

唐的诗最多，其次是中唐和晚唐的诗。由此可见李敏求对初唐和盛唐诗的喜爱程度。但从实际作品数量来看，收录的晚唐诗几乎占了一半，其次是中唐诗、初唐诗、盛唐诗。这并不是因为李敏求喜爱中唐和晚唐的诗，而是由于大部分的七言律诗是在中唐和晚唐时期创作出来的。

第四，另一个需要关注的部分是《唐律广选》到目前为止都完整无缺地流传了下来。虽然不能以现存与否来断定书籍的影响力，但从好几个地方都收藏有此书，可以推测当时的人们熟读这一本书的事实。现存的版本中，除延世大学本全套外，国立中央图书馆藏有7卷2册（木板本）和7卷3册（木活字版本），高丽大学华山文库藏有7卷2册的木活字本（训鍊都监字），高丽大学晚松文库藏有7卷1册的木活字本（训鍊都监字）和7卷2册的木板本，奎章阁、国立中央图书馆、庆北大学、启明大学、高丽大学、延世大学等都收藏有手抄本。通过木板本和木活字本，可以知晓此书刊行的事实。通过诸多图书馆发现的手抄本，可以推测出此诗选集曾广为传播的事实及作为唐诗的教材而被习作。

3.《唐诗画意》

此书是申纬（1769-1845）于1820年编撰的唐诗选集。此书是延世大学中央图书馆收藏贵重本（贵305），其形态如下。15卷5册笔写本；上下单边，左右双边。半郭 18.0㎝×13.2㎝。乌丝栏，无鱼尾，9行18字。23.0㎝×15.5㎝。版心写有"画意卷一"等。在底封面上，"唐诗画意"题目旁边写有"紫霞山人钞，凡十五卷，例目各一卷，庚辰秋八月，碧芦舫藏本"。本书的体系如下。

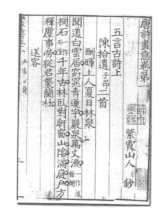

第1册：　序文 4篇(自序2，徐耕辅，徐淇修)

　　　　　例言十五则(申纬(紫霞山人) 述)

画意总目(118人 诗 540首 目录)

唐诗画意卷第一 五言古诗 上

唐诗画意卷第二 五言古诗 下

第2册: 唐诗画意卷第三 七言古诗

唐诗画意卷第四 五言律诗 上

唐诗画意卷第五 五言律诗 下

第3册: 唐诗画意卷第六 七言律诗 上

唐诗画意卷第七 七言律诗 下

唐诗画意卷第八 五言绝句 上

第4册: 唐诗画意卷第九 五言绝句 下

唐诗画意卷第十 七言绝句 上

唐诗画意卷第十一 七言绝句 中

唐诗画意卷第十二 七言绝句 下

第5册: 画意总目(24人 词 91首 目录)

唐诗画意卷第十三 词 上

唐诗画意卷第十四 词 下

唐诗画意卷第十五   附编(白居易(772~846) 《池上篇》, 司空图
(837~908)《二十四诗品》)

跋文2篇(洪显周, 柳本学), 题词 1篇(尹定铉), 赘言 1篇(清 卢见曾)

本书收录的画意总目 （诗人118名540首，词人24名91首） 的目录在延世大学
《古书解题》Ⅴ(172-173页)详细论述。

申纬诗选集内容上的特征及文献价值如下。

第一, 关于本书的选集方法及背景, 可以说是"以画选诗"。他在例言第5中一一
论述了在朝鲜盛行的与唐诗相关的诗选集 (《河岳英灵集》(唐 殷璠),《中兴间气集》
(唐 高仲武),《才调集》(蜀 韦谷),《百家诗选》(宋 王荆公),《三体唐诗》(宋 周弼),《唐

诗鼓吹》(金 元遗山),《唐音》(元 杨士弘),《唐诗品汇》(明 高棅),《唐贤三昧集》(清 王士祯)), 提出这些选集是以诗来选诗, 自己是以画来选诗。由此可知他在选集时参考了这些书, 但他具体接受了这些书中的哪些内容, 目前还不得而知。在例言第15中提出 "古有每事, 须存畫意之语, 故取以为集名。" 由此推测他对以往诗选集的鉴赏眼力提出了问题, 以自身的鉴赏眼力来重新选诗, 或随着文坛的趋势按照诗体来选诗。

本书四篇的序文中隐含着申纬 "画意" 认识的背景。他提出诗与画为一体的 "诗画一律", 既可以是诗, 也可以是画, 其中蕴含着诗人创造性的诗精神和画人的艺术精神。为更具体说明这种诗认识的内容, 以下是看看《唐诗画意》的一部分序文。

> 诗有画意, 诗三百十一篇, 皆画家之蓝本也。凑洧涣涣, 春景融怡; 飘风发发, 冬景惨凄; 灌木黄鸟, 夏景秾丽; 蒹葭白露, 秋景澄霁。衡门泌水, 隐居画也; 雨雪杨柳, 行旅图也。界画楼阁, 斯干章也; 屏间耕织, 七月篇也。鸡鸣苍蝇, 曺不兴也; 鱼丽鳖鲨, 徐景山也。戴嵩之牛, 其耳湿湿, 薛稷之鹤, 白鸟翯翯, 顾野王之草虫, 阜螽趯趯, 房从眞之射猎, 选徒嚣嚣, 骐骝骃骊, 宛对韩干, 蝾首蛾眉, 如见周昉 ……… 余于读诗, 而得读画之妙, 如此, 此余所以有《唐诗画意》之选也。或曰, 然则曷不于风人而乃唐人之是选耶。余曰, '唐人诗, 诗而已。风人诗, 经也。诗固可选, 经不可以选也。夫诗自汉魏以降, 至唐而大备 ……… 前乎唐而选, 则吾惮其僻也。后乎唐而选, 则吾惧其滥也。选之止于唐, 岂无所以哉', 唯唯而退, 余将以读三百十一篇之心, 读画, 以读画之心, 读唐人诗。

申纬提出诗与画为一体的 "诗画一律", 申纬选集《唐诗画意》的动机是从诗中读出画意, 这在与杜诗齐名的《诗经》的作品中能找到。他读到《诗经》作品的特别章节, 并分别与画联系起来。

第二, 本书选取杜甫 (712-770) 的作品最多。《唐诗画意》选集的杜诗58首的各诗体的诗题如下。

五古 14首：「发秦州」，「铁堂峡」，「寒硤」，「法镜寺」，「青阳峡」，「龍门鎭」，「木皮岭」，「水会」，「飞仙阁」，「五盘」，「龍门阁」，「石柜阁」，「剑门」，「成都府」

七古 3首：「饮中八仙歌」，「丽人行」，「风雨看舟前落花戏为新句」

五律 16首：「与任城许主簿游南池」，「巳上人茅斋」，「房兵曹胡马」，「画鹰」，「夜宴左氏庄」，「陪郑广文游何将军山林」，「重过何氏」，「陪诸贵公子丈八沟携伎纳凉晚际遇雨」，「秦州杂诗」，「野望」，「过南邻朱山人水亭」，「江亭」，「寒食」，「水槛遣心」，「上牛头寺」，「园」

七律 20首：「九日蓝田崔氏庄」，「曲江对雨」，「望岳」，「卜居」，「有客」，「狂夫」，「堂成」，「野老」，「南邻」，「客至」，「野人送朱樱」，「涪城县香积寺官阁」，「登高」，「将赴成都草堂途中有作先寄严郑公」，「白帝城最高楼」，「返照」，「愁」，「卽事」，「暮归」，「小寒食舟中作」

七排 1首：「寒雨朝行视园树」，

五绝 2首：「絕句」(1)(2)

七绝 2首：「春水生」，「江畔独步寻花」

　　除杜甫的58首意外，还收录了王维48首、李白26首、杜牧21首、孟浩然19首、韦应物17首、白居易17首、柳宗元12首等作品。

　　第三，由于到目前为止无法确认版本，所以无从得知此书是否版刻。除延世大学本全套外，国内收藏手抄异本有国立中央图书馆本 (手抄本, 元亨利贞4册：韦沧文库, 序文4篇, 跋文2篇, 扉页：申紫霞先生亲笔本)、韩国学中央研究院藏书阁本 (手抄本, 不分卷5册：其中只留有第一册, 缺第2-第5册)。国外收藏手抄异本有美国伯克利大学东亚图书馆ASAMI文库收藏的《唐诗画意》(手抄本, 11卷3册：卷1-6, 11-15)。ASAMI本为11卷3册的零本, 四周单边, 半郭 15.7×11.0㎝, 乌丝栏, 10行20字, 注双行, 无鱼尾；21.0×14.5㎝, 书根为 "唐"。(序：庚辰夏六月荷花生日紫霞山樵客书。赵重弼印。卷末: 任戌(哲宗13, 1862)夏藕史赵重弼辑竹下安鏞书)。无跋文、题词和赘言等。只手抄申纬的自序2篇的ASAMI本与延世大学本的4篇序文、2篇跋文、题词、赘言及国立中央图书馆本的4篇序文、2篇跋文等相比较, 可以推断为更早时期。但考虑到编者和手抄者的生存时期 (1880年代前后) 和手抄时期 (壬戌年, 1862), 可推测在申纬死后 (1847年以后) 以手稿本为底本进行手抄。以上通过几种手抄异本, 可推测此书在当时有相当多的读者群。

4.《唐律汇髓》

    此书是李祥奎 (？—？) 编撰的6卷6册的七言律诗选集。形态如下。笔写本, 6卷6册 (卷1缺)；四周双边, 半郭 22.0㎝×14.0㎝, 乌丝栏, 11行21字, 无鱼尾, 27.5㎝×17.0㎝。是很干净的笔写本, 在其他地方并未发现, 此为唯一孤本。也无从确认是否版刻。据一般诗文选集的惯例, 推测编者的序文、选诗集的范例及其他信息收录在卷1 中, 但目前为止无法确认。因为卷1的第1册并未传下来, 所以现存的只有5卷5册 (卷2-卷6)。从题目可知, 此书

是根据不同主题选集唐诗中的七言律诗编撰而成。在跋文的最后部分登有曾为当时丹城郡守的姜教锡的跋文。跋文全文登在延世大学《古书解题》(158-159)。跋文的年代为光武2年 (1898), 由此可知李祥奎在这之前看了很多的诗选集和文集之后还是坚持收集数据进行编撰。由于不能明确其生卒年, 所以很难推测此书是在编者生前就进行了编撰还是到了其子一代才进行编撰。此书是根据作品的内容来进行分类编辑的诗选集。以现存下来的内容来看, 收录40个分类共1526首。收录的诗人和诗如下。(括号内数字为收录作品篇数)

卷1: 缺本

卷2: 登览(38), 远外(12), 边塞(46),风土(38), 谴谪(41), 守宰(58), 藩镇(35), 幕佐
(23), 科第(23), 宦情(21)

卷3: 咏怀(52),伤时(34), 寻访(19), 送别(108)

卷4 : 闲适(62),退逸(44), 旅况(56), 纪行(93), 宴游(44), 渔猎(26)

卷5: 亲戚(32), 仙道(100), 释梵(96), 艳情(57), 侠少(26), 技技(19), 诗画(18)

卷6: 音乐(58), 果实(4), 禽兽(43), 云月(12), 霜雪(11), 晴雨(18), 春(35), 夏(7),
秋(37), 冬(29), 朝暮(9), 山岩(5), 川渎(37), 姜教锡的唐律汇髓跋

李祥奎诗选集内容上的特征及文献价值如下。

第一, 本书具有以主题为中心的分部类编撰特征。前面介绍的3种诗选集在
以诗体或时代进行分类之后, 再以作家的生平年代进行排列, 但此书并不如此。这
有什么影响呢？本书无序文, 只不过是推测, 关于《唐律汇髓》, 值得注意的书是
《瀛奎律髓》。在朝鲜被接纳, 在成宗年间首次被出版之后, 直到壬辰倭乱前被刊行
两次, 壬辰倭乱后多次续刊 (训鍊都监字), 被文人们广为诵读。《瀛奎律髓》选择根
据主题进行分类, 以下是按收录顺序来看各部分内容。

登览, 朝省, 怀古, 风土, 升平, 宦情, 风怀, 宴集, 老寿, 春日, 夏日, 秋日,
冬日, 晨朝, 暮夜, 节序, 晴雨, 茶, 酒, 梅花, 雪, 月, 闲适, 送别, 拗字, 变体, 着题,
陵庙, 旅况, 边塞, 宫阃, 忠愤, 山岩, 川泉, 庭宇, 論诗, 技艺, 远外, 消遣, 兄弟,
子息, 寄赠, 迁谪, 疾病, 感旧, 侠少, 释梵, 仙逸, 伤悼 (共49卷 49项目)

以上项目只是看一眼就能看出与李祥奎的《唐律汇髓》相似。虽然《瀛奎律
髓》中没有的内容多少在《唐律汇髓》中被设定, 但还是能猜测从根本上来说李祥
奎受到了《瀛奎律髓》的很大影响。

第二, 根据本文中姜教锡的跋文, "编次以观则唐人之歌咏, 自应制为始以川渎

为终，使成一帙"，可以看出卷1收录的第一个项目是"应制"。把带有答谢君王性质的作品放在前面，可以看出其编撰标准与其他诗选集不同。

第三，各卷收录的作品并不是在已准备好的状态下手抄，而是根据定好的项目不断进行追加，以这种方式进行编辑。所以在同一项目中同一作家的作品散记收录的现象随处可见。也可以看出其参考过在朝鲜时代具有相当影响力的《瀛奎律髓》等的项目。但并不像《瀛奎律髓》那样没有关于项目的说明，也不像一般诗文选集那样根据作家的生平进行详细分类。虽然也有可能在范例中提出过标准，但现在还无法得知为什么以相同的项目进行分类。也有各分类互相重迭的情况，作品分类上也有不明确的部分。若发现了缺本卷1，则可以了解序文或选集的范例等内容。

第四，关于编者李祥奎，并未留下文集等相关的记录物，可以说在文学史上并未得到满意的审察。编者的新面孔有助于丰富文学史的真相。本书为国内孤本的事实更赋予了其收藏价值。

四、结论

到了朝鲜朝，朝鲜文人们不顾当时已刊行的唐诗选集，以己之手重新编撰唐诗选集，表现出他们对唐诗的关注和喜爱之极，同时也可看出当时文人们把唐诗消化为自己的东西并进行自主创作的风气。本文第2章介绍的18种自撰唐诗选集是了解朝鲜接受中国文学及思想的接受时期、接受途径、接受方法的直接和基础的数据。作为具体反映朝鲜中、后期学唐论的选集，并不是原封不动地袭用中国的汉诗选集，而是在朝鲜进行重编。这一点具有其意义。在此过程中可以发现韩国本固有的特征和独创性，同时也赋予韩国本新的学术价值。第3章介绍的延世大学收藏的4种唐诗选集具有以下特征和文献价值。

第一，《唐诗汇选》扩大了《唐诗品汇》在朝鲜时期的影响力，只选择特定诗体进行编撰，成为学诗书。因为延世大学本并不是完帙，很难进行全面的研究，但是能看出此书试图克服以往唐诗选集所带有的晚唐偏向。因为延世大学本不是完帙，很难进行整体的研究。但通过挖掘延世大学收藏的残本，也赋予其补充数据的价值。

第二，《唐律广选》是李晬光的次子李敏求只选集唐代七言律诗的书。虽然也有反映《唐音》(目录并序) 和《唐诗品汇》(叙目) 眼光的部分，但实际上反映出在选定诗人和诗方面他自己的选诗观。除延世大学外，在国立中央图书馆、奎章阁、藏书阁、高丽大学等图书馆均收藏有刊本或写本，由此推断这是朝鲜最被熟读的自撰唐诗选集。了解李敏求的诗世界是研究朝鲜中期以后选集和唐七律非常有用的数据。

第三，《唐诗画意》是被称为诗书画三绝的申纬选取唐诗中 "画意" 丰富的作品笔写而成，贵重本15卷5册被完整得收藏在延世大学。选取的诗词作品和收录的序文跋文是了解唐代文人士大夫艺术动向和意识非常有用的数据，同时也是推论选集人申纬艺术论轮廓很重要的基础数据。流传下来好几个异本，可见也有相当多的读者层。

第四，《唐律汇髓》是以内容为中心的诗选集，作为只整理律诗的个人诗选集，是最为宏伟的著作。延续之前尊崇唐诗和律诗的传统，通过分主题来编撰，进一步提高了选集的可读性。此为延世大学孤本，由于卷1为缺本，所以无法了解序文及编撰的标准等，但可以与其他作者的作品相比较，并能了解其运用内容、兴趣、主题或素材的手法，这一点正是此数据的价值。

从《海东辞赋》看金锡胄的赋学思想
——兼谈高丽至朝鲜中后期的辞赋创作特点

四川师范大学　赵俊波

内容摘要：本文通过《海东辞赋》一书探讨编选者金锡胄的赋学思想，同时认为此书实际上也反映了高丽至朝鲜中后期辞赋创作的特点：数百年间，赋家深受楚辞、《文选》的影响，出现了大量以仿骚宗选的作品，而文赋尤其是欧、苏之赋也有一定的影响。另一方面，试赋仅为干禄之筌蹄，虽然数量很多，但地位低下。

关键词：金锡胄　《海东辞赋》

《海东辞赋》是关于高丽至朝鲜朝中后期辞赋作品的一部重要选本。其时赋家众多，作品数量庞大，但辞赋选本不多，流传至今的更少，所以此书在东国辞赋史上有着重要的地位。编者金锡胄（1634—1684）生活于朝鲜显宗、肃宗时期，曾任肃宗朝的首相，是著名的政治家、文学家，今存《息庵遗稿》，含"遗稿"二十三卷、"遗稿补遗"一卷、"别稿"两卷。

《海东辞赋》一共收录辞赋五十八篇，既有题为"赋"的作品，也有题为"辞"的作品，此外，尚有部分吊文、杂文、祭文等。所收作家均按出生年代排序，首列李奎报（1168—1241），而以申最（1619—1658）殿后，从高丽一直到朝鲜中后期，时代跨度很长。编者广泛涉猎数百年间的辞赋作品，选录名作，编成此书，其编选态度是认真的。而且, 除了此书之外, 金锡胄还有《古文百选》、《唐百家诗删》, 其中前者不满于谢枋得《文章轨范》等选集 "杂采赋辞而章程未整, 偏取唐宋而词气渐俚", 后者批评从唐至明的唐诗选本缺略、错杂、牵合、繁芜、陋僻等弊病, 可以说是位有着高水平文学鉴赏眼光的编选者。所以, 从《海东辞赋》也可以看出海东辞赋数百年的创作概况。

但此书没有 "凡例", 以致读者对编选标准懵然无知, 就连序文也被置于编选者的《息庵遗稿》一书中, 与原书分离。从序文中得知, 编者 "就拣其声调谐雅、能不诡于作者之旨者为一帙", 这可视为去取的标准了。但寥寥数语, 仍然笼统不明。

因此, 笔者试图分析此书的编选标准, 探讨金锡胄的赋学思想, 同时从中窥见东国辞赋的一些特点。

一、《文选》的影响

1. 《海东辞赋》选录大量受《文选》影响的作品

其一, 收录概况。从题目看, 五十八篇中, 有许多作品是直接受《文选》赋作影响而写作的, 包括金宗直《拟登楼赋》、李瞻《续拟恨赋》、象村的《归田赋》、亡名氏《思旧赋》、李安讷《次王粲登楼赋》、张维《次韵幽通赋》、申最《和归去来兮辞》七篇, 占到12%。此外, 如无名氏《北归赋》、李敏求《南征赋》之与《文选》中的 "纪行赋", 南孝温《玄琴赋》之与嵇康《琴赋》, 张维《雪赋》、赵希逸《龙门赏雪赋》之与谢惠连《雪赋》等等, 也是高度类似。此类作品, 占到9%。两厢相加, 占到总数的21%, 比例非常高。

上述各篇, 有的明言受《文选》启发, 如拟与和类, 金宗直《拟登楼赋》序中说自己 "遂拟仲宣《登楼》之作"。有的题目虽无明言, 但在文中却提到了这一点。如亡名氏《思旧赋》序文中说, 故人多已物化, 自己无限感伤, "遂抽思而为之赋, 是向子山阳之感也已。"

有些题目还明确说明本篇次《文选》某赋之韵, 这样的联系就更为密切了。相对于诗而言, 赋的次韵更难, 如徐居正所言: "古者诗有和, 无次韵, 次韵起于后世。至如词赋, 前辈未尝有次韵者。盖词赋押韵必多, 多则韵强, 韵强则才窘, 才窘则不能骋其步骤, 有牵强拘涩之病, 此古作者所以避而不居也。"[1] 所以, 除非对原作深有感触, 才会不惜如此地作茧自缚。次韵作赋, 在中土也不多见, 而《海东辞赋》中, 就有三篇作品次《文选》赋韵, 即李安讷《次王粲登楼赋》、张维《次韵幽通赋》和申最《和归去来辞》, 占到5%。表面看来, 所占比例不高, 但如果考虑到是次韵, 而且是次《文选》赋韵, 那么这一比例是很高的了。

其二, 内容的相同或类似。从内容方面看, 题目与《文选》赋密切相关的作品, 内容也往往近似。如李晬《续拟恨赋》承江淹、李白之作, 续写"古之恨者"。象村《归田赋》首叹"何吾生之不辰", 末歌"吾将游乎大荒"。张维《次韵幽通赋》序中明言己作之效颦: "首举性命之原, 次及古今世变, 中叙己志, 感慨乎世道之溷浊、祸福之舛错, 而终之以天定之常、修身俟命之道焉。命辞托物, 颇用其体, 盖欲自纾郁抑。虽蒙效颦之讥诮, 不暇恤也。"

当然, 模拟之中又不乏新意。如王粲《登楼赋》, 表达建功立业的渴望, 而金宗直《拟登楼赋》表达守正不改的心志, 这在末段中说的很明白。又如向秀《思旧赋》为怀念嵇康、吕安之作, 亡名氏同题之作涉及民生、故友, 述说洪灾造成的破坏, 感叹繁华已逝, 人生短暂。其内容之丰富, 远过向秀。

其三, 结构的模拟。

结构之模仿, 最明显的是李晬《续拟恨赋》。其结构与江赋如出一辙, 首段笼括, 中间分段写汉武帝求仙未成之恨、刘备功未成而身先死之恨、祖逖北伐未成之恨、

1) 徐居正《次韵祁户部太平馆登楼赋》序, 见徐著《四佳集·四佳诗集》卷一, "韩国文集丛刊"本。下引韩国文集均为此本, 故不一一详述。

共姜丧夫之恨、岳飞冤死之恨、文天祥为国捐躯之恨、漂泊者之恨及权臣富家者不能永保荣华富贵之恨，末感叹人生短暂，收束全文。

又如金馹孙《感旧游赋送李仲雍》模仿《文选》纪行赋，按行程顺序，结合史实，纪途中所见所感，亡名氏《竹楼赋》首仿王粲《登楼赋》，言登楼所见之景；末则似谢庄《月赋》，既醉而悲，"念代谢之必至今，知来日之无多。"于是高歌一曲，感伤时光易逝。

其四，语言的模拟。作为类书，《文选》分门别类，直接为后人的写作提供借鉴的对象。如写雪、月，则模仿谢惠连《雪赋》、谢庄《月赋》，写凤凰、孔雀，则仿照祢衡《鹦鹉赋》。如赵希逸《龙门赏雪赋》写阴云密布："于是日会龙尨，岁律云暮。玄阴栗烈，朔气赑屃。"写雪："云容裔而幂林，霰淅沥而明磴。""撒密屑于圭璧，幻皓质于鹭鹄。"写大雪覆盖："千岩兮秀白，万壑兮呈缟。壁铺兮中逵，玉崎兮群峭。"张维《雪赋》"冒庭庑而委积，穿帘户以飘摇"、"表阴渗于袤丈，呈丰瑞于盈尺"，这些与谢惠连《雪赋》何其相似。至于上述次韵、拟作、和作类的作品，这种相似度就更高了。

2.《海东辞赋》及东国赋坛对《文选》的接受

《海东辞赋》所选的作品多受《文选》影响，这不仅仅与编选者金锡胄的思想有关，也是海东辞赋创作的真实反映，即：当时的确有大量此类作品，所以退一步讲，哪怕金锡胄不喜欢《文选》，在编选中也不得不然。

《文选》之所以被重视，科举是重要原因之一。高丽时期实行科举制度，此后，"如同中国文人应试中举必须熟精文理一样，当时社会上读《文选》、学《文选》的风气更加兴盛起来。"[2] 朝鲜时代，《文选》依然与科举关系密切，在士人中流传广泛。如作品被选入《海东辞赋》的李安讷曾以诗赠别一位向自己请教楚骚、《文选》的士子，诗序中说此书生辗转投奔的自己的门下，"请学古赋，授《文选》、楚辞。"即

---

2) 白承锡《韩国高丽朝辞赋综论》，见《四川师范大学学报》2005年第一期，第76页

诗中所谓的 "坐诵梁皇太子选, 行吟楚国大夫骚." 该生卒业后即 "因赴秋场"3)。另一位被选录的作者张维述说自己的为学经历, 称自己十六岁时, "读楚辞、《文选》, 学为词赋以应举." 4)读书的目的多为科举, 而《文选》作为教科书, 自然会深入到几乎每一位士子的心中。

所以, 《文选》对辞赋创作影响甚巨。仅以和韵或次韵的赋作而言, 就有大量次《登楼赋》、次《幽通赋》、次《归去来兮辞》的作品, 其它《天台山赋》、《雪赋》等也有部分次韵之作。至于虽不次韵但属模拟的作品就更多了。如果再推广到诗、文等其它文体, 那么其例之多, 更加不胜枚举。如《归去来兮辞》, 如曹虹先生《陶渊明归去来辞与海东汉文学》一文所言："在《归去来辞》的流传史上, 海东文人所表现出的崇仰之情甚为浓烈, 从高丽中期至李朝之末, 赞评之语与拟效之篇源源不断。从形式上看, 韩国汉文学家主要通过三种途径来表达其仰慕效法之情。 一是集《归去来辞》字而成诗, 二是以诗体表达读后感, 三是依其韵而庚和之。"5)

此类作品多, 还与金锡胄本人的创作思想有关。金锡胄推崇《文选》, 曾写诗回忆青年时期曾一起与人研读《文选》的经历："清宵公举宅, 对讨萧选注。青春京兆试。并草《鸣鸟赋》。居然十年余, 此事已成故。"6) 其赋作中也有拟《文选》者, 如其《雪赋》绾合《文选》中的《风赋》与《雪赋》, 设置楚襄王与宋玉的问答, 铺陈 "寡人之雪" 与 "庶人之雪", 其造语则多承谢惠连同题之作。

---

3) 李安讷《东岳先生集》卷十一
4) 张维《余之平生学习来历》, 见其《溪谷先生漫笔》卷一
5) 见曹虹著《中国辞赋源流综论》, 中华书局, 2005年, 第227—244页
6) 锡胄《息庵遗稿》卷二《挽崔生泫》

二、屈骚的影响

1.《海东辞赋》选录大量受屈骚影响的作品

从全书所选作品来看，屈骚的影响力是非常惊人的，一是辞类及骚体赋较多，二是几乎随处可见与屈骚类同的语言、结构、情感等。另外，柳宗元骚体的作品也有很大的影响力。

其一，收录概况。以"辞"命名的作品有李穑《闵志辞》、李崇仁《哀秋夕辞》、李荇《哀朴仲说辞》、象村《哀黄秋浦辞》、申最《和归去来兮辞》；以"骚"命名的作品有李敏求《次慎素隐赠短骚》、慎天翊《短骚赠东州山人》，共计七篇。

以"赋"命名的作品中，骚体赋有：李奎报《祖江赋》、《春望赋》、《梦悲赋》，金宗直《拟登楼赋》、《观鱼台赋》，金驲孙《感旧游赋送李仲雍》，象村《次李白悲清秋赋》、《归田赋》，亡名氏《思旧赋》、《竹楼赋》、《北归赋》、《梦归赋》，李安讷《次王粲登楼赋》，张维《怀同甫赋》、《次韵幽通赋》、《次姜天使吊箕子赋》、《鸟岭赋》，郑弘溟《瑞石山赋》，李敏求《南征赋》、《铁瓮城赋》、《梦笁赋》，慎天翊《梦笁赋》，申最《返故居赋》，共二十三篇。

同时，有些作品如金宗直《吊义帝文》、李春英《逐魍魉文》、赵缵韩《哀鹰文》、张维《谴魅文》、李敏求《祭东淮申公文》、郑弘溟《续招》等，虽然题目不称骚或辞，但采用的是骚体的"兮"字句式，所以也视为骚体，此类作品共六篇。

三者累计，共计三十六篇，占到62%，比例相当高。

其二，结构。仅以屈子陈辞重华及神驰天上而言，《海东辞赋》中的作品就多有此类模拟。作者常虚构神灵，向其诉说自己内心的矛盾、痛苦。如李崇仁《哀秋夕辞》中，作者梦中飞升，"指虚无以恍忽兮，若有路乎纡萦。忽焉升彼苍兮，俨玉之高居。"于是"入余跪而陈辞"，诉说自己的迷茫：

入余跪而陈辞兮，皇为之色敷腴。曰：下土之微臣兮，心菀结犹未得信。曩
余仅免褓褓兮，动必师乎古之人。惟仲尼之垂训兮，杀身以成仁。志士不忘在沟
壑兮，子舆味夫斯言。宁力不足而或毙兮，羌佩服以拳拳。忠君与爱国兮，志专
专而靡他。何时俗之险巇兮，学曲而心阿。视余犹机上鬻兮，既鼓吻又磨牙。彼谄
谀之得志兮，自昔匈人国也。虽万死余无悔兮，恐此志之不白也。时陟高以瞰远
兮，余舍此而安适？

这是屈子陈辞的翻版，而其语言明显也是仿照屈子的。而"玉皇大帝"为他指
明了道路，即去方就圆，和光同尘，则有类于渔父：

所贵学之道兮，能变通而推移。日中则昃兮，月盈而亏。天道亦不可久常兮，
在人事其何疑。世既恶夫方兮，尔何惜乎为圆？世既尚夫白兮，尔胡独守此玄？
我哀尔之遭罹兮，亦惟尔之故也。欲去危以就安兮，盍反尔之道也。

又如南孝温《大椿赋》表达老庄思想，但也有屈骚的痕迹："梦予乘胡蝶兮，飘
飞飞其上征。令冻雨洒尘兮，使飘风戒行。过银河而牛斗兮，历太微而帝庭。仍大人
于九霄兮，双眼为予而青。予乃揖而宿之，敬而神之，载前而致辞曰……"

柳宗元是后代继承屈子的杰出代表，所以其作品也常为海东赋家所推崇。如
亡名氏《梦归赋》，明显是以柳宗元《梦归赋》为蓝本的，首言："窜遐荒而囚山兮，
邈不返夫旧都。"张口便似柳之《梦归赋》或《囚山赋》。赋言自己窜于遐荒，铺陈梦
归故里之状，绝似柳宗元《梦归赋》。又如金宗直《拟登楼赋》，先言初志：守正远邪，
故不与世合；中叙颠沛流离，登楼思乡；末在经历激烈的思想斗争后，坚定了自己
蹈道不迁的决心。其结构与柳宗元《惩咎赋》相同。柳赋先言己志，即所谓"惩咎愆
以本始"，中言改革失败遭受打击，末坚定自己"蹈前烈而不颇"的志向。

其三，思想。作者常抒发坚持理想，宁愿穷阨也不改高尚志向的决心，这与屈
子相同。如金宗直《拟登楼赋》末表示以此赋提醒自己蹈道不迁之志：

有蹈道之如矢兮，羌群咻而众呭。征往哲之芳躅兮，信余命之多愆。顾初服之未悔兮，纵阨穷而勿迁。尚百岁之在后兮，惧誓言之不坚。聊书绅以自诏兮，庶日夜以乾乾。

《哀秋夕辞》中，作者也是反复思考，坚定初志："窃不敢改余之初服兮，固长终乎穷阨。""矢余志之不回兮，仰前修而饬躬。"

其四，语言。从上引的例子可以看出，《海东辞赋》中有大量语言借鉴楚辞，这里不再具体阐述。

除上举例子之外，如张维《次姜天使吊箕子赋》、无名氏《北归赋》、郑弘溟《续招》、李敏求《次慎素隐赠短骚》、慎天翊《短骚赠东州山人》等，都可见从文意、句式、结构等多角度对屈宋、柳宗元诸人《离骚》、《招魂》、《涉江》、《哀郢》、《梦归赋》、《惩咎赋》等骚体之作的继承。

2.《海东辞赋》及东国赋坛对屈骚的接受

骚体之多，原因有二：一是屈骚自古就在韩国享有崇高的地位，二是编选者对屈骚的推崇，三是其时中土文坛的崇骚思想。

楚辞作品尤其是《离骚》，在朝鲜有这崇高的地位。诚如郑日男先生所说："位于亚洲东部的朝鲜半岛，自统一新罗时期前的三国时代便已开始接受楚辞文化。此后，直至朝鲜朝末，受其影响或与之又们密切关联的文人举不胜举。且不论名气极大的大诗人，就连稍有名气的文人墨客亦是动辄结合自己的不幸遭遇与屈原同病相怜，谈及屈骚，吟咏楚辞。"[7] 作品被选入《海东辞赋》的作家李穑，就有《辞辨》一文，承袭传统之说，以骚为赋源[8]，可见对骚体的重视。现存韩国古代文集中有与楚骚直接相关的作品，或模拟，或释义，或评论，如金时习《梅月堂集》卷十九有《楚

---

7) 郑日男《楚辞与朝鲜古代文学之关联研究》，第1页
8) 李穑《牧隐文稿》卷十二，第281—282页

屈原赞),卷二十二收录的七篇赋作中,有六篇即为骚赋,包括《拟离骚》、《拟吊湘累》、《汨罗渊赋》、《哀贾生赋》等,卷二十三有《怀沙赋正义》。申光汉《企斋集》卷一有《和离骚经》、《拟招隐士》。屈原之外,柳宗元之作也因骚怨幽深而被推崇,出现了诸如文敬仝《拟惩咎赋》等模拟柳赋的作品。

金锡胄本人也非常喜欢楚辞,其作品中有辞两篇,虽然数量不多,但其中《讽隐》对《招魂》的模仿至为明显,其赋作则如赵宗著《息庵集序》所评价的“宗楚蜀而务变其轨法”9)。金锡胄还在文中多处高度评价骚体,《题史记拔萃》一文中说自己读了屈贾之作,“流涕滂滂”。同时秉承骚为赋祖的观念,认为:“国风变而为骚。屈氏之骚,其骚之圣者乎,骚变而为赋。”10) 在《沈生伯衡传》一文中,他高度评价屈、贾、柳诸人:

> 昔者楚屈原被谗见放,忧愁幽思而作《离骚》。《离骚》出而词人之赋兴矣。其后世文辞之士、操觚捉管之伦,盖莫不以原为宗而。然其于原之瑰琦伟丽之体,迭宕蝉蜕之旨,与夫哀怨感愤凄怆激昂之音,则自原弟子宋玉、景差以下,已莫有能及之者。间独有超轶之才、牢骚之徒,因其托怀之高旷而浮游疏濯,或得其致;由其遭时之危峭而悱恻郁结,或得其情。虽不可以与论于全体大成,而斯亦足以观夫性情之所发而得其人焉。若其造托湘流而投骨有文,野鸟入室而问鹏有赋,柳州之去国投荒而《惩咎》、《闵生》之篇成,邢子之感时托兴而秋风三迭之辞著,则兹数子者,固皆卓然精粹,为世所称,寝寝乎庶几《哀郢》、《怀沙》、《九歌》之遗音者矣。

可见,金以骚为赋祖,同时以为后世拟骚最得其神者当为贾、柳等,并提及贾之《吊屈原赋》及柳之《惩咎赋》、《闵生赋》等。那么,《海东辞赋》所选多骚体,且有吊文及模仿柳宗元《惩》、《闵》之作,就不足为奇了。

而中土文学思潮的影响,也是造成这一特点的重要原因。元、明时期,中土赋

9) 赵宗著《南岳集》卷三
10) 金锡胄《息庵遗稿》卷二十一《题史记拔萃》

坛正盛行骚体。《中国辞赋发展史》一书中指出,, 元明赋家创作时 "仿唐重骚", 即 "由仿唐人雅善言情上溯骚人之情", 元初、晚明时代, "骚辞颇有复兴之势"。"在元代, 郝经、虞集、任士林、袁桷、吴莱、朱德润、汪克宽、杨维桢诸家, 不仅善写楚辞, 而且铺陈之赋亦多用骚体骋势纵情。至明代赋家, 更以骚辞为宗。"11) 金锡胄的时代, 大致相当于中土的崇祯至康熙年间。观其《题李于鳞送张伯寿序后》一文, 可知金对中国文学非常熟悉, 能对李攀龙的拟古及王世贞的观点做出客观评价。那么中土赋坛的这一创作趋向, 他也应当是非常了解的。

三、新文赋与试赋

除了骚、选之外, 从所收录的作品中, 可以宋文赋尤其是欧阳修、苏轼等人作品的影响。同时, 试赋地位低下。

1. 文赋

选本中, 文赋的数量也不少:

一是说理之作多。文赋语言平易而不堆积僻难之字、押韵随意而不严格、不大肆铺陈, "专以论理为体"12)。代表之作有欧阳修《秋声赋》、苏轼前后《赤壁赋》等。

《海东辞赋》中此类颇多。如《础赋》、金宗直《观鱼台赋》、《乌圆子赋》、《养蕉赋》、《石假山赋》、《鸟岭赋》、《瑞石山赋》、《鸮得腐鼠吓鹓鶵赋》等, 说理成分非常重。如《础赋》借础、楹之争, 说明 "谦能受益, 高必易危" 的哲理。姜希孟《养蕉赋》

11) 郭维森、许结 《中国辞赋发展史》, 江苏教育出版社, 1996年, 第23、31页
12) 祝尧《古赋辨体》卷八《宋体》, "四库全书" 本, 台湾 : 商务印书馆, 1986年, 第1366册, 第818页

阐述养芭蕉的关键"妙在自得",以此推广到养心,序言中说:"物既如此,心亦待乎养者。功名事业之所引诱,忧患荣辱之所拂揽,能全其天而不爽者鲜。"同样的,养心亦贵在自得。此外,如南孝温《大椿赋》再三致意于庄子之无为,郑弘溟《瑞石山赋》津津于佛教思想,有类孙绰《游天台山赋》,张维《鸮得腐鼠吓鹓雏赋》一反《庄子》原意,责备鹓雏飞集失所,所以难怪鸱鸮之猜防,颇有理趣。

二是结构、语言等方面对欧阳修特别是苏轼赋的模仿。如《乌圆子赋》:

> 岁在火鸡,夏至之夕。风雨晦冥,夜昏如漆。四佳子患心痞,身不帖席,倚壁而睡。忽闻屏幛间有声摩戛,乍止乍作。予有鸡雏笼,在卧榻之侧,呼童子而护之,以防猫窃。童子鼻雷,其睡也熟……

其意境与《秋声赋》何其神似。文末说理:

> 呜呼!天下事理无穷,人之酬酢,有万不同。有疑于不疑,有不疑于疑。疑与不疑,毫厘千里。不揆以理,而揆以心;不迹其实,而迹其似。靡有不鸡鼠于其间而致疑于乌圆子也!

模仿苏轼《前赤壁赋》的更多。如成侃《石假山赋》设置客与大人先生的问答,中间以"或盘或纡……"及"若昂首之鸟……"等一连串的排比来描绘形容,综合了阮籍《大人先生传》与杨敬之《华山赋》的写法;作品后半部分说理,表达任自然、轻富贵的人生哲理,如"自其小者而言之,则肝胆不为我有;自其大者而言之,则天地亦不我容",则又是苏轼《前赤壁赋》的口吻了。

金锡胄《送徐兄道润东游枫岳序》中尝自谓:"余少喜词赋,于心最所契,独孙兴公《梦游天台》、苏子瞻《赤壁》两赋而已。"[13] 透露出自己的好尚趋向,所以在书中选入上述一些类似孙、苏之赋的作品。

---

13) 金锡胄《息庵遗稿》卷八

2. 试赋

《海东辞赋》的编选，最明显地体现了《文选》和屈骚对东国赋坛的影响。此外，纯粹体物、体国经野式的大赋虽然不多，但也有《孔雀赋》、《剑赋》和《梦喻》等几篇。而试赋仅入选李安讷《东门柳赋》一篇，之所以被选，大概也是出于模拟苏轼《前赤壁赋》的原因。

其它众多的试赋就没有这样的遭遇了，如李荇赋作众多，达六十一篇，然而这六十一篇中，一篇也没有入选。入选的一篇，却是其《朴仲说墓志》后半的铭文部分。铭文为骚体"兮"字句式，被选入后，更名为"哀朴仲说辞"。编选者不从李荇的赋类作品中选，而不惜割裂一篇完整的墓志，将其铭文选入，大概原因就在于前者应试，而后者情深意长。

这与赋家们及金锡胄本人普遍轻视试赋的态度有关。

高丽光宗时期，科举开始以赋试士[14]，此后绵延至朝鲜时代，赋一直被用于科举。不过，试赋却始终被人轻视。早在高丽时期，李稷就《观鱼台赋》后就说：

> 予年十七岁，赴东堂赋《和氏璧》。二十一岁，入燕国学月课。吴尚伯先生赏予赋，每曰可教。既归，赴癸巳东堂赋《黄河》，乡试赋《琬圭》，会试赋《九章》，今皆不录，非古文也，非吾志也，非吾志而出身于此，若此无阶于荣养耳。呜呼哀哉！[15]

可见，轻视试赋，是因为其命题作文，不能表达真实情感。

其次，试赋常有剽窃之嫌。与中土试律赋不同，韩国试赋多为古赋。但在考试中，"古赋易于剽窃，多有才否混滥之弊。"[16]《海东辞赋》所收录的全是古赋，如上文所言，从中已可发现对屈骚、《文选》的模仿，更遑论用于应试的古赋了。

14）郑麟趾《高丽史》卷七十三《选举一》，奎章阁本
15）李稷《牧隐诗稿》卷一
16）金安国《科举之规》，见《慕斋先生集》卷十《杂著·策题》

后人对试赋的态度，大致与上述李穑等人相同，所以不少高丽、朝鲜古代文集将试赋列为"续编"、"补编"、"外集"或"别集"中。如郑希良试赋四篇，全部被编入"虚庵先生续集"；李荇赋作六十一篇，全部为"科体赋"17)，被编入"外集"；郑澈赋四篇，全部为应试之作，被编入其"别集"；申光汉《企斋集》赋类作品分列卷一、卷十，其原因大概也在于后者多为应试。

金锡胄本人也轻视试赋。其文集中，虽然"遗稿"中有应试之作如下注"甲午为藏六赵公代月课作"的《昆明池赋》，但其多数应试之作，包括试赋五篇、试笺一篇、殿策四篇及执策七篇等，全部被编入"别稿"。金锡胄文集虽然不一定为本人所编，但金本人轻视试赋却是事实，其长篇五古《送韩同年肯世之南原觐外氏》中认为试赋只是敲门砖，及第后即可放弃，甚至其它赋体也可不作："作赋比雕虫，壮夫所不为。雄也逼屈骚，悔之言若兹。况不及雄者，小技真可嗤。邦家取进士，较艺以赋诗。词场夸觜距，磨砺各见奇。唯先利其器，努力宜孜孜。然当决科止，岂必淫文词。结筌在求鱼，得鱼筌可遗。"

这与中国古代的情况大致相同。《宋文鉴》中，在"赋"类之外，又专列"律赋"一类，直将律赋排除在"赋"之外。

---

17) 李安讷《容斋先生集跋》："右曾王父容斋先生集十卷，以古律绝类者三，以集录类者八，散文碑志类者二，科体赋类者一。"

中国古典戏曲的国内接受(朝鲜传入)和翻译及 相关研究简介

延世大学 河炅心

一、韩国所藏中国古典戏曲现况及其在接受上的特征

中国古典戏曲从16世纪传入到朝鲜以来广泛被普及。〈西厢记〉、〈琵琶记〉、〈桃花扇〉、〈娇红记〉等代表性的古典戏曲皆于此时被引进并阅读[1],但不是以表演艺术来接受,而是和小说一般以案头阅读物来接受。这些作品以多样的形态流传,有些改成小说,有些翻译成韩文,出现所谓的'谚解本'。当然其中最为盛行的非〈西厢记〉莫属。据『朝鲜王朝实录:燕山君卷62条』,可推定〈西厢记〉在1506年(燕山君12年)流入到朝鲜[2]。李昌淑说,最早流入的是1499年刊行的『新刊大字魁本全相参增奇妙注释西厢记』,而直到金圣叹的〈第六才子书西厢记〉被流传之后〈西厢记〉开始正式盛行[3]。当初〈西厢记〉受到 '淫书'的批判[4],但逐渐在儒者集团中广泛被

---

1) 据记录,〈西厢记〉与〈娇红记〉的流入时期为燕山君12年(1506),〈伍伦全备记〉16世纪初,〈琵琶记〉、〈桃花扇〉则英祖51年(1775)以前参考成昊庆〈中国戲曲对韩国剧文学的影响〉,(『东洋古典剧的再发现』(박이정, 2000)。

2) "传曰:〈剪灯新话〉、〈剪灯余话〉、〈效颦集〉、〈娇红记〉、〈西厢记〉等, 令谢恩史贸来。"

3) 李昌淑,〈朝鲜后期文人对明清文学的认识:关于〈西厢记〉朝鲜流入的小考(A Study on the

阅读5)，产生影响力，终于成为互相赠送、推荐、玩赏的对象。金正喜和文汉命曾撰述过『西厢记谚解』、『西厢记注解』，试图将〈西厢记〉广泛普及，同时还出现解说〈西厢记〉里面白话词汇来提高读者理解程度的语录体〈西厢记〉及附加 '悬吐'，中间还加以批语的『西厢记言抄』6)，这些书籍的陆续登场对扩大〈西厢记〉读者群起了一定的作用。在一百多种的〈西厢记〉版本里面在朝鲜特别盛行的是金圣叹评点的〈第六才子书西厢记〉。至于〈伍伦全备记〉，则于英祖朝被指定为译科汉学初试的背诵书目，经过教诲厅长达24年的翻译，在肃宗46年(1720)共八卷本『伍伦全备记谚解』问世。

　　不过由于对通俗文学的歧视及贵古贱今的观念，古典戏曲不如诗文那样容易普及并接受。当时将填词看作 '吟咏闺房之情的轻薄行为' 的观念普遍存在，朝鲜正祖时期的文人李钰(1760-1813)之屡次苟且辩解自己填词的行为，其原因正在于次此7)。词既然如此，更何况戏曲？和其他中国的古典不同，为了解古典戏曲须要具备对文学、历史的渊博知识，以及能领会出歌曲、打扮、服装的象征意味的文化素养。而且不直接观赏舞台表演而只读剧本的话，无法掌握全部的剧情，于是不得不像〈西厢记〉那样改写成小说，或者同时收录朝鲜语和汉语等，以特殊的形态流传。还有，戏曲在体裁特征上使用不少代言体和白话文，于是需要适当的改编和注解，甚至对词汇的解释。

　　全寅初、金长焕、琴知雅等根据近30种韩国国内古书目录，搜集并整理韩国所藏中国汉籍书目，出刊了『韩国所藏中国汉籍总目』1-6(学古房, 2005)。其中在卷5

Introduction of Seosanggi into Joseon)〉，『大同文化研究』，第73辑, 2011。
4) "足下知病之崇乎？金人瑞灾人也，〈西厢记〉灾书也."(李德懋(1741-1793)『靑庄馆全书』卷20,雅亭遗稿 第7卷〈朴在先齐家书一〉)。
5) "近世才士秀儒，率未免拔迹于水浒传西厢记等书。故其文皆靡曼凄酸，刺骨销肌."(丁若镛(1762-1836)，『与犹堂全书』第1集 第22卷, 文集〈陶山私淑录〉)。
6) 仁川的训长宋致兴翻译(1911)的 1册111张小说体改译本，以金圣叹评点本为底本。(参看 金晓民，〈高丽大学所藏 西厢记言抄的翻译形态及其特征〉『中国语文论丛』第54辑。)。
7) 古典文学研究会译注，〈桃花流水馆问答〉『译注李钰全集』卷1, 소명出版,, 2001, 323-333页。

集部 '词曲类' 里收录了中国古典戏曲的目录及所藏处。以后, 闵宽东、刘承炫二人搜集并整理韩国所藏中国古典戏曲的目录及版本, 出刊了 『韩国所藏中国古典戏曲(弹词、鼓词)』(学古房, 2012.12)一书8)。该书所收录的对象限定于1912年之前出版的及刊年不详的书籍, 中国出版本(木版本和石印本)、国内手抄本(传写本和翻译本)及语录都包括在内。该书按所藏处及作品分别制作目录, 对每篇附加解题, 便于理解。他们调查的所藏处除了首尔大学奎章 阁、国会图书馆、国立中央图书馆、首尔大学、延世大学、成均馆大学、高丽大学等国立及大学图书馆以外, 还包括韩国银行、船桥庄(江陵所在)、釜山直辖市、雅丹文库等书院、乡校、寺院、企业附属图书馆, 以及仁寿文库、德愚文库、朴在渊、金奎璇等个人藏书, 将多达54个所藏处的作品完成目录。根据这项资料, 韩国的各图书馆所藏的1912年之前中国古典戏曲目录如下:

> 〈荆钗记〉(东亚大学1种), 〈拜月亭记〉(东亚大学1种), 〈琵琶记〉(国立中央图书馆, 首尔大学, 成均馆大学等7种), 〈西厢记〉(首尔大学, 中央图书馆, 奎章阁, 高丽大学, 延世大学图书馆等240多种), 〈萨真人夜断碧桃花杂剧〉(金奎璇所藏1种), 〈伍伦全备记〉(首尔大学奎章阁等4种), 〈四声猿〉(首尔大学奎章阁等4种), 〈牧丹亭〉(成均馆大学等4种), 〈长生殿〉(国立中央图书馆3种), 〈笠翁传奇十种〉(韩国学中央研究院1种/首尔大学中央图书馆 各卷1种), 〈桃花扇〉(首尔大学奎章阁等5种), 〈藏园九种曲〉(首尔大学奎章阁, 延世大学, 首尔大学中央图书馆 各卷1种), 〈红楼梦曲谱〉(首尔大学奎章阁1种), 〈(坦园)传奇六种〉(首尔大学奎章阁等1种)

其中〈西厢记〉的数量最多, 藏有240多种, 而大部分是金圣叹评点本。其中中国出版本、朝鲜出版本、手抄本、谚解本、悬吐本、鲜汉双文本、语录、言抄等其各

种版本都有。所谓的谚解本指的是用小说写作方式改写的，有的在原文上附加悬吐，有的只对台词进行翻译，有的将原文和谚文对立起来，有的在词汇上加注。其中鲜汉双文本(手抄本)采取原文和谚文对照的方式，上栏有韩文注解；注解本的话在原文上附加韩文悬吐，只翻曲文，上栏同样有韩文注解。语录是选取对朝鲜读者而言较为陌生的词汇，来附加说明的版本，而这里也存在两种形式：一种是从两个字到29个字，按字数来加以区分，进行说明的；另一种是从 '惊艳'、'借厢'、'酬韵' 到 '惊梦'，以分节方式来进行说明的。言抄是韩文手抄本，曲牌名称大部分被省略掉，以文中批方式收录了韩文评论。

　　透过这些资料可以初步理解朝鲜时期哪种中国古典戏曲被流通并阅读，其规模与存在形态为如何。不过闵宽东的资料是以所藏处的古书目录为基础而作成的，因此最近整理出来的资料可能被遗漏。还有，〈西厢记〉的流传范围极其广泛，剩下继续补充的余地，而且还需要进一步阐明不同版本之间的异同。另外，里面有不少刊写年、刊写者、刊写地、手抄年、手抄者、手抄地不详的资料，无法确认这些版本何时引进、如何普及等正确情况，所以往后透过新资料的发掘，继续探索其流入途径和流通结构。

　　闵宽东曾经整理、研究过中国古典小说的国内流入、接受、翻译的路线[9]。他将国内接受方式大约分为二：一是使臣或贸易商带进来的直接流入；另一是透过口传、翻译、改写等的间接流入。读者群也分为王室、士大夫、平民、女性；流通结构分为借的和通过书僧(书籍贩卖商)、赁册家、书店买的。中国古典戏曲不以表演艺术来受到观赏，而是以读本被阅读，因此可推定其流通途径、结构、读者群都和中国古典小说十分类似。为了帮助读者对白话文的理解，像〈西游记〉、〈三国志演义〉、〈水浒传〉一样，附加词汇说明的〈西厢记〉语录制作、流通，还流行了注解、言抄等各种形式的版本，由此可以推测当时〈西厢记〉的读者群相当广泛。

---

9) 参考〈关于中国古典小说的国接受方法研究〉(『中国小说论丛』 第6辑)，〈朝鲜时期中国古典小说的出版情况〉(『中国小说论丛』第11辑)，〈中国古典小说的国内流入和接受研究〉(『中国语文学』 第49辑)，『中国古典小说的传播与接受』(学古房，2007)。

二、延世大学图书馆(学术情报院)所藏中国古典戏曲资料检讨

1. 1912年以前资料

检讨闵宽东资料里收录的韩国延世大学所藏中国古典戏曲目录的结果，总15种当中2种(第5, 6)无法确认, 而且1912年以前资料里面有几种被遗漏。确认所藏的资料如下(按闵宽东目录的顺序)：

1) 新刊合并陆天池西厢记: 屠隆(明) 校正, 周居易(明) 校梓. (木板本-中国),
   [刊写者未详] [刊写年未详]
   2卷1册：四周双边 半郭 22.0×13.8㎝, 有界, 10行24字 注双行, 上下向白鱼尾 ; 25.2×16.8㎝
   表题/版心题：陆天池西厢记 / 手书刻序: 万历庚子(1600)仲刋十有六日张凤翼伯起撰嚴村伯梁书 / 纸质: 竹纸

2) 增像第六才子书 西厢记：王实甫(元)·关汉卿(元) 共撰, 金圣叹(清) 辑注.
   新铅活字本(中国) [上海：赏奇轩] [光绪 22(1896)]
   卷首, 5卷, 共6册：插图, 四周单边 半郭 12.7×8.0㎝, 无界, 14行34字, 上下向黑鱼尾 ; 1㎝
   刊记: 光绪丙申年(1896)春月 上海赏奇轩影印 ; 序: 康熙庚子(1720)仲冬上澣 丰溪吕世镛题

3) 增像第六才子书 西厢记: 王实甫(元), 关汉卿(元) 共撰 ; 金圣叹(清) 辑注.
   (石版本-中国) [上海：宝华书局] [刊写年未详]
   首卷1册, 5卷5册, 共6册：插图, 四周双边 半郭 13.6×8.6㎝ 无界, 15行36字 注双行, 上下内向黑鱼尾 ; 18㎝
   标题: 增像绘图西厢记第六才子书 ; 序: 康熙庚子(1720)仲冬上澣 吕世镛题

4) 西厢记: 王实甫(元), 关汉卿(元) 共撰 ; 梦凤楼, 暖红室 共刊校.
(新铅活字本-日本) [东京 : 文求堂书店] [刊写年未详]
5本3册, 附录3卷1册, 共4册 : 插图, 四周单边 半郭 15.1×9.2㎝, 有界, 9行
20字, 上黑鱼尾 ; 20㎝
上栏外에 小字注 / 标题: 北西厢; 表题: 北西厢记
刊记: 卽空观主人鉴定本 ; 跋: 时宣统二年庚戌(1910)端五 梦凤楼主识

5) 西厢记(笔写本) [刊写地未详] [刊写者未详] [刊写年未详] 7卷3册, 22×17
㎝ (无法确认)

6) 西厢记(笔写本) [刊寫地未詳] [刊寫者未詳] [刊寫年未詳] 1책 120장, 25.5
×19.5㎝ (无法确认)

7) 西厢记 (笔写本) [刊写地未详] [刊写者未详] [刊写年未详]
83张 : 四周单边 半郭 21.2×17.2㎝, 有界, 12行25字, 无鱼尾 ; 34㎝
口诀略号悬吐本

8) 西厢记 (笔写本): 王实甫(元), 关汉卿(元) 共撰 [刊写地未详] [刊写者未详]
[刊写年未详]
1册(全4册) : 无界, 10行27字内外 注双行, 无鱼尾 ; 34.7×22.3㎝ 汉韩对译本

9) 第六才子西厢记评论 (笔写本) [刊写地未详] [刊写者未详] [刊写年未详]
21张, 无界, 10行字数不定, 无鱼尾 ; 28㎝
表题: 锦绣评

10) 第六才子书西厢记 (笔写本) [刊写地未详] [刊写者未详] [刊写年未详]
册 : 四周双边 半郭 19.2×14.5㎝, 乌丝栏, 10行24字 注双行, 无鱼尾 ; 25.2
×17.0㎝
上栏外有小字注 ; 口诀略号悬吐 ; 朱墨, 蓝墨, 黄墨傍点 / 表题: 待月记

11) 圣叹先生批评弟六才子书科白词煞解 (笔写本) [刊写地未详] [刊写者未
详] [刊写年未详]
5卷3册 : 无界, 8行19字, 无鱼尾 ; 22.2×17.1㎝

　　　　头注 / 口诀略号悬吐 / 朱墨傍点

　　　　藏书记: 庚辰(?)四月日 册主卢[手决]

12) 乐山心谈 (笔写本) [刊写地未详] [刊写者未详] [刊写年未详]

　　　　39张 : 无界, 8行字数不定, 无鱼尾 ; 27㎝

　　　　西厢记语录. -- 朱子语录抄

13) 语录 (笔写本) [刊写地未详] [刊写者未详] [刊写年未详]

　　　　1册 : 四周单边 半郭 24.3×17.4㎝, 有界, 10行字数不定 注双行, 上下向2
　　　　叶花纹鱼尾 ; 31.8×22.5㎝

　　　　西厢记语录. - 同春堂语录鲜. - 梁山泊语. - 吏语

　　　　国汉文混用本 ; 跋 : 岁在壬戌(?)春梅隐(朴凤瑞)书

14) 语录解 (笔写本) : 李滉(朝鲜), 柳希春(朝鲜) 训 ; 郑瀁(朝鲜)
　　　　编 ; 南二星(朝鲜), 宋俊吉(朝鲜) 增补. [刊写地未详] [刊写者未详] [刊写
　　　　年未详]

　　　　1册 : 四周双边 半郭 18.4×11.3㎝, 无界, 8行字数不定 注双行, 无
　　　　鱼尾 ; 23.0×14.4㎝

　　　　国汉文混用本 ; 朱墨傍点 及 口诀略号 ; 旧序 : 皇明纪元之丁酉(1417)三月
　　　　下澣 志于屏山之县斋

15) 九种曲 : 蒋士铨(清) 着 (木板影印本) [上海 : 朝记书局] [刊写年未详]

　　　　8册(缺帙) : 四周单边 半郭 13.8×10.6㎝, 有界, 9行22字, 上黑鱼尾 ; 20㎝

　　　　刊记 : 癸亥(?)七月 上海朝记书局印行

　　　　册1-2, 冬青树. 册3, 第二碑. 册4, 一片石. 册5, 雪中人. 册6, 四弦秋. 册7-8,
　　　　桂林霜

　　此外, 延世大学所藏1912年以前资料中闵宽东所遗漏有如下 :〈西厢记〉的原
文、语录、注解及汤显祖 '四梦'、〈桃花扇〉等。(包括刊写年未详者)

1) 增像第六才子书, 西厢记: 王实甫(元)著, 金圣叹(清)外书.

   (新铅活字本-中国) [刊写者未详] [刊写年未详]

   卷首1册, 5卷5册, 共6册 1包匣 : 插图, 四周双边 半郭 13.5×8.5㎝,

   无界, 15行36字 注双行, 上下内向黑鱼尾 ; 15.6×10.0㎝

   包匣题: 绘图西厢记 / 手书刻序: 康熙庚子(1720)仲冬上澣 丰溪吕世镛题

2) 西厢解 (笔写本) [刊写地未详] [刊写者未详] [刊写年未详]

   73张: 无界, 12行字数不定, 无鱼尾 ; 21.0×19.7㎝

3) 西游记语录(外) (木板本) [刊写地未详] [刊写者未详] [刊写年未详]

   56张 : 四周单边 半郭 20.8×14.9㎝, 有界, 12行字数不定, 上下向黑鱼尾 ;

   24.8×14.9㎝

   西厢记语录 - 三国志语录 - 吏文语录

   汉韩辞典 形式 ; 无鱼尾 混入

4) 语录解(笔写本) :李滉(朝鲜), 柳希春(朝鲜)训 ; 郑瀁(朝鲜) 编 ; 南二星

   (朝鲜), 宋浚吉(朝鲜) 增补. [刊写地未详] [刊写者未详] [刊写年未详]

   41张 : 无界, 行字数不定, 无鱼尾 ; 27㎝

   附: 西厢记语录解. 水浒志语录解 ; 表题: 语录 ; 跋: 时龙集己酉(1669)

   四月日 议政府左参赞宋浚吉奉教敬跋 / 印: 四方氏藏书

5) 绣像绘图桃花扇传奇 : 孔尚任(清) 着, 石潭居士校正本(石版本) [上海 :

   进步书局] [刊写年未详]

   2卷2册 1包匣 : 插图, 四周双边 半郭 17.8×11.5㎝, 无界, 20行 39字 注双

   行, 上下向黑鱼尾 ; 20.1×13.3㎝ / 上段은 小字注 / 标题: 繡像繪图桃花

   扇 / 序题: 桃花扇

   序: 梁溪梦鹤居士撰

6) 桃花扇传奇 : 孔尚任(清) 着, 石潭居士校正本 (石版本)[上海 : 锦章图书

   局] [刊写年未详]

   2卷2册 : 插图, 四周单边 半郭 17.1 × 11.7㎝, 无界, 13行 36字内外 注双

行, 无鱼尾；20.4×13.7㎝ / 上栏外有小字注 / 版心题: 桃花扇 / 上序: 梁溪梦鹤居士撰

7) 纳书楹四梦全谱: 叶堂(清) 订谱；王文治(清) 参订. (木板本) [纳书楹] [乾隆 57(1792)]

8册：四周双边 半郭 18.5 x 13.1㎝, 有界, 7行18字 注双行, 上下向黑鱼尾；27.5×17.7㎝

册1-2, 纳书楹紫钗记全谱. 册3-4, 纳书楹邯郸记全谱. 册5-6, 纳书楹南柯记全谱. 册7-8, 纳书楹牡丹亭全谱

刊记: 乾隆壬子(1792)春镌 纳书楹藏板

8) 纳书楹曲谱: 叶堂(清) 订谱；王文治(清) 参订. (木板本) [纳书楹] [乾隆 57(1792)] 正集4卷4册, 续集4卷4册, 外集2卷2册, 共10卷10册：四周双边 半郭 18.7×13.1㎝, 无界, 6行18字 注双行, 上下向黑鱼尾；27.7×17.6㎝ 上栏外에 小字注；刊记: 乾隆壬子(1792)春鐫 納书楹藏板；序: 乾隆五十七年壬子(1792)春正月 愚弟王文治拜撰. 乾隆五十七年壬子(1792)孟春 懷庭居士自序

9) 牡丹亭还魂记：汤显祖(明) 编. (石版本) [同文书局] [光绪 12(1886)] 2卷4册 1包匣：插图, 四周单边 半郭 15.9×9.6㎝, 有界, 10行22字 注双行, 上下向白鱼尾；20.1×13.2㎝ 标题 및 版心题：還魂记；刊记: 光绪丙戌(1886)季秋 同文书局石印； 题辞: 万历戊戌(1598)秋 清遠道人题

10) 增像第六才子书 西床记: 王实甫(元), 关汉卿(元) 共撰；金圣叹(清) 辑注. (石版本), [上海：锦章图书局] [刊写年未详] 6卷1册：插图, 四周双边 半郭 17.4×11.6㎝, 无界, 18行38字 注双行, 上下内向黑鱼尾；20.3×13.5㎝ 刊记: 上海锦章图书局石印；序: 光绪三十一年(1905)仲秋上瀚 镇江王浩题

11) 注解 西厢记 [京城：大东书市] [光武10(1906)] 216 p.；24㎝ / 单行本

(此外 选集类有『盛明杂剧』

- (木板本) [刊写地未详] [刊写者未详] [刊写年未详]

13卷1册(缺帙)：上下单边左右双边 半郭 20.3×13.4㎝, 有界, 9行20

字, 无鱼尾；27㎝ 卷13-25 / 表题: 明剧

- (木板本) [上海：中国书店] [刊写年未详] 著者 汪道昆, 徐渭, 陈与郊, 沈自征,

 叶宪祖, 孟称舜, 康海 等

30卷10册：插图, 上下单边左右双边 半郭 11.3×7.8㎝, 有界, 9行

20字, 无鱼尾；16㎝

榜点 있음；上栏外에 小字注；标题: 盛明杂剧三十种；序: 崇祯己巳

(1629)仲春 張元徵题

- (新铅活字本) [中国 奉化县] [刊写年未详] 郁轮袍 / 王衡(明) 譔；沈泰(明)

 评 -- 红线女 / 梁辰鱼(明) 编；汪楳(明) 评

1册：插图, 上下单边 左右双边 半郭 11.2×7.8㎝, 有界, 9行20字, 无鱼尾；15.6

×10.2㎝ / 榜点 있음；上栏外에 小字注.)

2. 1913年以后资料

延世大学所藏自1913年至1930年有关中国古典戏曲资料有如下：

1) 待月西厢记 [京城：朝鲜书馆 [大正2(1913)] 14, 2, 212 p.；22㎝ / 资料类

 型：单行本

2) 鲜汉双文 西厢记 [京城：汇东书馆] [大正3(1914)] 136, 84 p.；22㎝ / 资料类

 型：单行本

3) (县吐注解) 西厢记：王实甫 着；朝鲜图书 编辑部 译. [京城：朝鲜图书] [大

 正5(1916)]

157 p.(线装本)；23㎝ / 资料类型：单行本

4) 增批绘像第六才子书 西厢记：王实甫(元)，关汉卿(元) 共撰；金圣叹(清)
辑注. (石版本)

[上海：扫叶山房] [民国 7(1918)]

8卷4册：插图，四周双边 半郭 15.0×10.6㎝，无界，16行34字，上
黑鱼尾；20㎝

上栏外有小字注；标题：绘图西厢记；重刻序：康熙庚子(1720)岁仲冬上浣
丰溪吕世镛题

5) 注解语录总览：白斗镛 编纂；尹昌铉 增订. (木板本) [京城：翰南书林 [大
正 8(1919)年]顷

2册：四周单边 半郭 20.9×15.0㎝，有界，12行28字 注双行，上下向黑鱼尾；
31㎝

册1，朱子语录，水浒志语录. 册2，西游记语录，西厢记语录，三国志语录，
吏文语录

6) 桃花扇：云亭山人(清 孔尚任) 编. (石版本)[上海：扫叶山房][民国 15(1926)]

2卷4册：插图，上下单边左右双边 半郭 15.4×10.6㎝，有界，13行26字，上下
小黑口，上黑鱼尾；20㎝

有榜点/ 上栏外有小字注 / 标题：传奇小说桃花扇 / 民国六年(1917)重校精
印 / 序：梦鹤居士撰 / 后序：北平吴穆识 / 小识：康熙戊子(1708)三月 云亭山
人漫书 / 跋：黄元治. 上元甲寅(?)月当头夕 枕雷道士识

7) 桃花扇：云亭山人(清 孔尚任) 编. (石版本)[上海：扫叶山房][民国 17(1928)]

2卷4册：插图，上下单边左右双边 半郭 15.6 x 10.6㎝，有界，13行 26字，上下
小黑口，上黑鱼尾；20㎝

有榜点 / 上栏外有小字注 标题：传奇小说桃花扇 / 民国六年(1917)重校精印 /
序：梦鹤居士撰, 后序：北平吴穆识/ 小识 康熙戊子(1708)三月 云亭山人漫书 /
跋：黄元治. 上元甲寅(?)月当头夕 枕雷道士识-和6)项只有刊行年代上的不同。

8) 鲜汉双文 西厢记 (4版) [京城：汇东书馆 [昭和5(1930)] 167 p. ; 22㎝ / 资料
类型：单行本

此外，有日译本(1921, 1922年出版)5种10)。

三、关于韩国所藏中国古典戏曲资料之研究及其作品之翻译

关于中国古典戏曲的流入与流通的研究大部分以〈西厢记〉为主，主要分析对象为从16世纪以来国内的接受情况，19世纪到20世纪初问世的多样化的文本类型，以及文人对〈西厢记〉的认识与大众的嗜好。举例有如下的研究成果11)。

〈从西厢和东厢戏曲看中国文化接受问题〉(河炅心, 『人文言语』第6辑, 2004.6.)

〈韩国接受中国戏剧的情势研究〉(윤일수, 『中国戏曲』第9卷, 2004.)

〈朝鲜后期文人对金圣叹评批本的读书谈论研究(A Study on Literary

---

10) 延世大学所藏日文翻译本有如下：(1) (新译) 西厢记：王实甫 原作, 岸春风楼 新译. [东京：文教社] [大正5(1916)] 4, 2, 311 p. ; 19㎝ /资料类型：单行本 (2) 西厢记：王实甫 着, 宫原民平译 [东京: 国民文库刊行会] [大正10(1921)] [15], 231 p.(겹장) ; 24㎝ / 丛书名称 ： 国译 汉文大成. 文学部; 第33册 (3) 西厢记/ 琵琶：王实甫著, 宫原民平 译. /高明 著, 盐谷温 译. [东京：国民文库刊行会][大正10(1921)] 1册(면수복잡) ; 23㎝/丛书名称: 国译 汉文大成.文学部; 第9卷 /资料类型：单行本 - 西厢记原文: 王实甫著/ 琵琶记原文：高明 著 [东京：国民文库刊行会] [大正10(1921)] 80, 126 p.(겹장) ; 24㎝/丛书名称: 国译 汉文大成 文学部; 第36册/ 资料类型：单行本 (4) 还魂记 1: 汤显祖 著；宫原民平 译. [东京：国民文库刊行会] [大正10(1921)]16, 192 p.(겹장) ; 24㎝ / 丛书名称: 国译 汉文大成. 文学部; 第37册. 资料类型：单行本 - 还魂记 2：汤显祖 著；宫原民平 译. [东京：国民文库刊行会] [大正10(1921)] p. 193-416(겹장) ; 24㎝ / 丛书名称: 国译 汉文大成. 文学部; 第38册. 资料类型：单行本 (5) 桃花扇：(孔尚任 著), 云亭山人 编, 节山学人 译 [东京：国民文库刊行会] [大正11(1922)], 745 p. ; 23㎝ / 丛书名称: 国译 汉文大成. 文学部；第9卷 / 资料类型：单行本

11) 关于2011之前国内中国古典戏曲研究资料, 可参考『中国古典小说及戏曲研究资料总辑』(闵宽东、郑宣景、刘承炫, 学古房, 2011.12)

Discussions among Late Choson Writers Regarding the Critical Works of Kim Songt`an〉(정선희,『东方学志』第129辑, 2005.)

〈16-17世纪西厢记接受态度及其获得大众性的要因〉(윤지양, 首尔大学硕士论文, 2009.8.)

〈渊民先生的翻译及其注释本小说研究；关于李家源 译注〈西厢记〉(淵民先生译注版的〈西厢记〉研究)〉(강동엽,『渊民学志』第13輯, 2010.)

〈朝鲜读本西厢记和异本实态，以及流通情况〉(金晓民,『中国语文论丛』第46辑, 2010.)

〈西厢记的国内流入及其板本研究〉(闵宽东,『中国小说论丛』第31辑, 2010.3)

〈旧汉末西厢记国文改译本的改译情况及其特征-以尊经阁本和奎章阁本为中心〉(金晓民,『人文学研究』第84号, 2011)

〈朝鲜后期文人对明清文学的认识：关于『西厢记』朝鲜流入的小考(A Study on the Introduction of Seosanggi into Joseon)〉(李昌淑,『大同文化研究』第73辑, 2011.)

〈高丽大所藏西厢记言抄的翻译面貌及其特征〉(金晓民,『中国语文论丛』第54辑, 2012)

〈从李家源本看朝鲜后期〈西厢记〉韩文翻译的接受与受变奏〉(金晓民,『中国语文学志』第40辑, 2012)

〈从18世纪到20世纪初〈西厢记〉国内接受形态考察(A Study on the Acceptance Patterns of Xixiangji 西厢记 from the 18th Century until the Early 20th Century in Joseon)〉(윤지양 ; Ji Yang Yoon,『大同文化研究』第83辑, 2013)

国内所藏资料及相关记录都偏重于〈西厢记〉，因此有关中国古典戏曲国内接受问题的研究也自然而然地偏向于〈西厢记〉, 往后透过更多资料的发掘与分析, 得弥补这种偏向现象。

对〈西厢记〉以外作品的接受进行研究的有：〈对春香传产生影响的中国作品

(〈西厢记〉和〈玉堂春〉等〉)(丁来东，『大东文化研究』第1辑，1963，8)，

　　〈'왕시봉전(王十朋傳)'，中国戏曲 '荆钗记' 的翻译〉(朴在渊，『中国学论丛』第7辑，1998)，『荆钗记，왕시봉전(王十朋传)，王十朋奇遇记的比较研究』(이복규，박이정，2003)，〈韩国文学的中国戏曲接受情况研究〉(成昊庆，『中国戏曲』第9卷，2004)，〈朝鲜时期中国戏曲的接受情况-以〈西厢记〉以外的作品为中心〉(刘承炫、闵宽东，2013)等等[12]。关于古典戏曲的翻译及其成果进行研究的有：〈国内中国古典戏曲的翻译现况与实际〉(河炅心，『中国语文学论集』第28号，2004，8)，〈梁白华的长生殿翻译初探〉(李知恩，『中国语文学论丛』第46 辑，2010)等等。

　　相对于悠久的韩中交流历史，中国古典戏曲作品的国内翻译显得稀少。和其他古典作品的翻译情况作比较也是少之又少。中国古典戏曲的代表性作品之一关汉卿〈窦娥冤〉，也到了1980年代才被翻译，声称为明清戏曲之白眉的〈琵琶记〉和〈牡丹亭〉目前只有部分翻译，没有全译。明代以后作品当中全篇都翻译出来的，只有〈桃花扇〉等极少数而已。和同样为通俗文学的〈三国志演义〉、〈水浒传〉、〈红楼梦〉等小说比起，戏曲翻译本的数量实在是太少，且其翻译本的问世时期也比日、英、法语晚得多。

　　欧洲早在17, 8世纪已翻译或改编〈灰阑记〉、〈赵氏孤儿〉，且还在舞台上表演；而我国20世纪以前翻译或改编的却只有〈西厢记谚解〉、 〈伍伦全备谚解〉[13]及〈伍伦全备记〉的小说式改写作〈伍伦传〉和〈荆钗记〉的小说式改写作〈왕시봉뎐(王十朋传)〉[14]而已。 对此一现象或许可以推测几个原因。 在20世纪以前我们的祖先将

---

12) 在比较研究方面尚有〈东厢记와 西厢记의 比较研究〉(朱镇永，公州师大教育大學院 硕士论文，1984.2)(金仁顺，诚信女大 硕士论文，1990.2) 等论文。

13) 8卷5册本 『伍伦全备谚解』 是译官高时彦(1671-1734)等人在明代丘浚所撰的戏曲上加译注后进行谚解的，删削诗词，只解说台词的中韩对译，为朝鲜译官的汉语学习用途而刊行的。译注对典故或白话词汇用汉文古文来加以说明，偶尔出现韩文解释。 关于详细的出版途径与其在国语历史上的地位，可参考『伍伦全备谚解』 (朴在渊 整理，『中国小说戲曲翻译资料 丛书』2，学古房 1995)的解题部分

14) 关于〈왕시봉뎐〉的问世时期、体例、内容等，可参考 〈'왕시봉뎐'，中国戏曲 '荆钗记' 的翻译〉(朴在渊整理，왕시봉뎐，鲜文大学中韩翻译文献研究所，1999)。

〈西厢记〉、〈琵琶记〉、〈伍伦全备记〉等都当作案头文学阅读, 译官当作汉语教材阅读, 除了金正喜(1788-1856)以外没有人积极投入翻译工作。 即便出现了翻译本, 其翻译往往忽略中国戏曲原有的特色, 采取了小说写作的方式。 出现这种现象也许可以这样理解: 其一, 直接引进这些作品, 并享受这些古典的士人层都娴于汉字, 感觉不到翻译本的必要性。 其二, 在浓郁的儒家传统下将戏曲看作通俗文学, 以偏狭的视角歧视它。 还有一点, 戏曲本身很重视音乐因素, 综合艺术意味比较强。 而且在文学表现特征上大量使用白话、 俗语, 因此如果事先不具备对中国固有的地域、 音乐、 民族、 文化背景的知识的话, 难以全盘接受、 完整享有, 于是对它的需求不可能大。

李家源先生在1974年将金正喜在汉纸上手抄的谚解本和汉文本对照后, 用现代用语改写并发表。 这时, 李先生在解题中根据译者序里的 "白羊(辛未)孟春" 四字来推算这是金正喜26岁(1811)时写成的。 还说: "不遗漏一字一句, 对他认真的翻译致以敬意。" 李家源以为, 金正喜能够在歧视通俗文学、 蔑视谚文的氛围中果敢地用谚文整理恋爱故事, 给人提供欣赏的机会, 这种行为本身具有极高的意义。 如果这部著作果然在1811年春写成的话, 可以推断说金正喜是1810年3月从清国回来后马上投入此项工作的。 而这时金正喜的脑子里也许充满着新见闻新知识。 他是否在赴清之前已读过〈西厢记〉, 无法确认, 但肯定他是在小说、 戏曲、 民歌焕然盛行的清朝文化气息的影响下决定翻译这部书的。 他在译者序文里说明他之所以硬要翻译这种 "君子回避阅读" 的稗官哀曲的理由说, 这种体裁虽然不像经典、 史书那样有助于世, 但像奇妙的花儿, 自然的景观, 美丽的歌曲一样, 在生活上不可或缺的存在[15]。 从中可以看到他对待通俗文学的开放性态度及先进的见识, 而这种观念

---

15) "…客有谓余曰, '非圣贤书, 君子不读, 稗官哀曲, 见犹不可, 况译之乎? 工则工矣, 其于荡心何?' 余磬折辞谢曰, '唯唯, 夫天有日月风雨, 地有五谷草木, 人有公卿农工, 文有经史子集, 固民生日用, 不可阙者, 而若夫天之奇云幻雾, 地之名花异卉, 人之逸士漫客, 文之绮词艳曲, 虽无补于用, 而天地间, 不可少此一物也。 余以西厢一书, 一以作奇云幻雾, 一以作名花异卉, 不亦可乎?' 遂相视而笑…" (金正喜, 〈西厢记谚解本序〉)

的产生也许是赴清经验的产物。金圣叹将〈西厢记〉和〈水浒传〉列入 '六才子书' 里，大副提高通俗文学的地位，这对金正喜发出这种意见肯定起了一定的作用，但更重要的因素是：在异国亲身经验的文化冲击带来的 "百里不同俗，千里不同风" 的切实感受下，感到想共享这种气氛的热望，于是为了克服时空上的差异，主动选择了能使 "万国不齐之言" 沟通的训民正音来试图翻译。

进入20世纪以后约40多种的古典戏曲被翻译(包括选译)，其中的先驱者是文学批评家，也是翻译家的梁白华(1889-1944)先生[16]。他在1920, 30年代通过报子和杂志上连载的方式来翻译了〈红楼梦〉、〈水浒传〉等小说，〈琵琶记〉、〈桃花扇〉、〈西厢记〉、〈四弦秋〉等古典戏曲，〈王昭君〉、〈卓文君〉等9篇话剧，还翻过汉文戏曲〈东厢记〉。 此外，发表了介绍中国小说和戏曲并且叙述其特征的〈关于支那小说和戏曲〉、〈元曲概说〉，介绍〈牡丹亭〉剧情与主题的〈牡丹亭还魂记- 情文学中的名作〉，谈论〈西厢记〉的〈从艺术角度去看西厢〉，介绍北京戏剧界浪漫的〈北京梨园的一双名花〉等，他在介绍、翻译、改编、评论中国文学，尤其中国戏曲方面立下了不可磨灭的贡献[17]。不过他的心血得不到继承，其他大部分的戏曲翻译跨越漫长岁月，直到1991年 '韩国中国戏曲学会' 成立以后，以中国戏曲专业者为中心才开始逐渐活泼起来。 之所以出现如此遥远的时间空白，首先也许是翻译文化难以成熟的社会气氛的缘故。韩国在近代化过程中经历了日本统治、战争、国土分裂，这种恶劣的社会环境下， 在文化界里从事文学活动的人没有余力将眼光伸到中国古典戏曲的翻译。之后，西欧文学相对占强势，于是梁白华那样的试验性翻译难以树立一个传统。还有一点，中国戏曲研究者本身不多，而且中国古典戏曲固有的独特体制防碍了它像诗文、小说那样容易接受，于是对翻译的需求不高，成就自然很少。

---

16) 关于先生在中国文学研究上面的贡献，李錫浩(〈中国文学的传授者梁白华〉，延世论丛13辑，1976)，朴在渊(〈对梁白華中国文学翻译作品的再评价-以现代吸取和小说为中心〉，中国学研究第4辑 1988)，崔容澈(〈양건식的红楼梦评论和翻译文分析〉，『梁白华文集』3等人都有论及过。

17) 至于梁白华小说、翻译小说、翻译戏曲、散文、评论等的作品年表及出处，请看『梁白华文集3』(남윤수·朴在渊·김영복 编，江原大出版部，1995.10) 495-502页。

* 目前中国古典戏曲的国内翻译本按照翻译年代排列如下：

〈伍伦全备记〉，高时彦等译注，『伍伦全备记谚解』，1720，奎章阁 所藏本 (朴在渊 整理，学古房，1995).

〈西厢记〉，金正喜 译，『西厢记』，1811(李家源 整理，一志社，1974).

〈西厢记〉，韩文本『西厢记』，[刊地未详] [刊者未详]，隆熙 3年(1909).

〈西厢记〉，丁九燮 译注，『悬吐注解西厢记』，博文社 大东书市 1909—原文有韩文悬吐，只对曲文进行韩文翻译

〈西厢记〉，李敬庵 注解，『悬吐注解西厢记』，朝鲜图书，1916/1922.

〈西厢记〉，『鲜汉双文西厢记』，唯一书馆，1917(大正 5年)/汇东书馆，1930 (昭和 5年)[18].

〈西厢记言抄〉，宋致兴 译，『西厢记言抄』，1910.一小说体改写翻译

(曲牌，宫调，唱者等省略)

〈西厢记解〉，郑乔，『금성』第二号，(1924)

〈西厢记(西厢歌剧)〉，梁白华 译，『朝鲜文坛』9-12号，1925.

〈琵琶记〉1出-16出(『동명』第15号，1927.7) 〈桃花扇〉先聲 -17出 (選译)，梁白华 译，『梁白华文集』2，江原大出版部.

〈四弦秋〉 (选译)，梁白华 译，『如是』1号，1928.

〈西厢记〉 金龙济 译，『单券完译西厢记』，学文社，檀纪 4286(1953).

〈桃花扇〉，朴钟赞，『常绿』3，1956.8.

〈西厢记〉(『注解 西厢记』-光武10年/190年 博文社)，吴台焕 译注，4290(1957).

〈(中国古典名作戏曲) 琵琶记〉，孔云曙，『地方行政』大韩地方行政공제회，8卷 72, 74, 75號(1959)，9卷 77號(1960).

〈西厢记〉金光洲·金湖星 译，『完译西厢记』，良书阁，檀纪 4293(1960).

---

18) 『待月西厢记』、『鲜汉双文西厢记』、『悬吐注解西厢记』三种在3种在『旧活字小说丛书』(古典小说/ 金勇范 编 8)里一并收录并影印。(民族文化社，1983)

〈西厢记〉, 張张基槿 译, 『西厢记(世界戏曲集)』, 三省出版社, 1976.(剧团 造形 剧场 15回 公演 台本集, 1979.7月12日-18日 세실剧场表演, 导演：金正奎)

〈窦娥冤〉, 李龙镇 译注, 『中国语文学』 第15辑(1988), 第16辑(1989.12).

〈赵氏孤儿〉, 文盛哉 译, 『中国戏曲』 第1辑, 1993.

〈窦娥冤〉〈单刀会〉〈墙头马上〉〈赵氏孤儿〉/〈琵琶记〉(选译)，　中国戏曲选集, 韩国中国戏曲学会编, 1994.2.

〈窦娥冤〉, 梁会锡 译, 『中国戏曲』, 民音社, 1994.6.(也有京剧〈打渔杀家〉的翻译)

〈救风尘〉, 车泫定 译, 『中国戏曲』 2辑 1994.12.

〈望江亭〉, 李龙镇 译, 『中国语文学译丛』 第2辑(1995.2), 第3辑(1995.10).--校勘, 原文

〈梧桐雨〉, 李尚烨 译, 『中国语文学译丛』 第2辑(1995.2), 第4辑(1996.3).--原文

〈救风尘〉, 李龙镇 译, 『中国语文学译丛』 第5辑(1996.9), 第7辑(1997.9).--校勘, 原文

〈汉宫秋〉〈梧桐雨〉〈秋胡戏妻〉〈倩女離魂〉〈灰闌记〉〈隔江鬪智〉〈窦娥冤〉〈李逵负荆〉〈看钱奴〉〈蓝采花〉, 朴成勋·文盛哉 译, 『中国古典戏曲10选』, 高丽园, 1995.10.

〈中山狼〉, 权应相 译, 『中国戏曲』 第3辑, 1995.12.

〈西厢记〉, 梁會錫 译, 『西厢记』, 图书出版 진원, 1996.1.

〈黄粱梦〉, 金道荣 译, 『中国戏曲』 第4辑, 1996.12.

〈铁拐李度金童玉女(金安寿)〉, 金道荣 译, 『中国戏曲』 第6辑, 1998.12.

〈窦娥冤〉〈汉宫秋〉〈梧桐雨〉〈汗衫记〉〈魔合罗〉〈气英布〉〈陈州粜米〉, 金学主 译, 『元杂剧选』, 明文堂, 2001.10.--〈窦娥冤〉 原文

〈黑旋风双献功〉〈同乐院燕青扑鱼〉〈梁山泊黑旋风负荆〉〈大夫小妻还牢末〉

〈争报恩三虎下山〉〈鲁智深喜赏黄花峪〉〈梁山五虎大劫牢〉, 申智瑛 译, 『戏曲으로 읽는 水滸傳』, 새문사, 2003.4.

〈西厢记〉『后叹先生订正注解 西厢记』, (文汉命 注解- 原文有悬吐, 汉文注解。通过凡例, 读法等来说明押韵、宫调、曲牌、词汇等中国戏曲的特征, 1882序), 郑容秀 译注, 国学资料院, 2006.

〈窦娥冤〉〈鲁斋郎〉, 河炅心 译, 『두아 이야기, 악한 노재랑』, 지만지, 2008.

〈伍伦全备谚解〉, 柳在元·郑莲实·赵娟廷 译注, 『中国语文論译丛刊』(1)-(10) 第17辑(2006.1)-第28辑(2011.1).

〈宝剑记〉, 李昌淑等4人共译, 『中国文学』47辑(2006.5) 48 辑 (2006.8) 50 辑 (2007.2) 51 辑 (2007.5) 54 辑 (2008.2), 韩国中国语文学会.--原文, 译注

〈桃花扇〉, 李廷宰 译, 『桃花扇』, 乙酉文化史, 2008.

〈白兔记〉, 吴秀卿 译, 『白兔记』, 지만지, 2009.

〈桃花扇〉, 宋龙準·文盛哉 译, 『桃花扇』1, 2, 소명出版社, 2009. (韩国研究财团, 学术名著翻译丛书, 东洋篇, 130, 131)

〈赵氏孤兒〉, 鄭有善 译, 지만지, 2011.

〈看钱奴〉, 文盛哉 译, 지만지, 2011.

〈张协状元〉〈玉禅师〉〈牧丹亭〉〈清忠譜〉〈风筝误〉〈长生殿〉选译-- 『中国古典剧 읽기의 즐거움』, 民俗园, 2011.

〈点花魁(李玉)〉, 윤현숙 译, 『中国语文论译总刊』25辑(2009) 29辑(2011) 33辑 (2013) 34辑(2014), 中国语文论译學會--原文

〈识英雄红拂莽择配〉, 凌梦初 着, 李淑宁 译, 『中国语文论译总刊』, 33辑, 中国语文论译学会, 2013--原文

大部分的翻译本都附有解题和译注, 有些本还附录校堪本和原文。至于『用戏曲读水浒传』(申智瑛译)则以一般读者为对象, 因此不加注解；孔云曙的〈琵琶记〉是部分翻译, 有些出只介绍人物和内容, 不加翻译。在上面的作品中〈窦娥冤〉总共被翻译过5次,〈梧桐雨〉3次,〈救风尘〉、〈汉宫秋〉、〈李逵负荆〉、〈赵氏孤儿〉[19]各2次。〈琵琶记〉虽然有2次翻译, 但却都是选译；〈桃花扇〉有3次, 其中2次是完译。

　　超越时代最受到欢迎的应该是〈西厢记〉，除了以小说改写的谚解本以外，以注解、悬吐注解、鲜汉双文等以各种形式流传。首尔大学奎章阁、高丽大学、延世大学图书馆所藏的刊地、刊者、刊年未详的国汉混用文本及韩文本的存在告诉我们，从金正喜的翻译问世以来〈西厢记〉多么流行，多么广泛阅读。有些刊本在原文上加悬吐，用汉文加注解；有些刊本在台词上加悬吐，唱部分则在原文旁边加韩文翻译，这么多样的阅读方式是针对习于汉文的当时读者而出现的，显然区别于现代式翻译的独特形式。另外，1970年代问世的张基槿翻译本〈西厢记〉则在세실剧场由金正奎导演上台表演时的剧本。'剧坛造形剧场' 第15回表演，1979年7月12-18日)，留下了翻译本用到实际表演的先例。上面列举的翻译作品，除了少数以外都是国内初次翻译的，所以其本身带有的意义是不用话说的。而且之前偏重于元杂剧中代表性作品的翻译，从2000年代以后逐渐往南戏、传奇扩大，这是个鼓舞的现象。不过元代杂剧仍然占优势，且长篇传奇的话部分翻译较多；有些翻译本的注解过于繁琐，滥用汉字语气，这些都是尚待改善的地方。至于是否得标明曲牌、脚色名称，该选择那种作品等，都是需要翻译者与读者、翻译者与翻译者之间沟通的问题。

　　此外，京剧〈打渔殺家〉(梁会锡译，『中国戏曲』，民音社，1994, 6)，越剧〈西厢记〉(『越剧西厢记解题与翻译』车美京译，中国语文论译总刊，第33集，中国语文轮译学会，2013 /『西厢记』, 지만지, 2013)，京剧〈霸王别姬〉(车美京译, 지만지, 2013) 等也翻译出版。古典戏曲相关资料方面的翻译则有：〈青楼集〉(权应相译注，『中国戏曲』第4辑，1996.12)，『錄鬼簿』(朴晟惠 译，2008, 学古房-延世大学硕士学位论文，2002)，『閑情偶寄詞曲部』赵宽熙等译，李漁的戏曲理论，보고사, 2013)，〈花部农谭〉(윤현숙 译注，『中国語文学志』，第40辑，2012)等，这些都是得和作品翻译一同进行的翻译课题之一。

---

19)　此中〈赵氏孤儿〉在上面的目录中3次出现，不过2次的翻译是同一个人，所以当作1次。

车天辂《五山说林》解李白诸条辨析

四川师范大学文学院 王红霞
四川大学古籍所 任利荣

朝鲜学者车天辂 (1556—1615)[1]著《五山说林》三卷, 其中论述李白诗文者共计九则[2]。车天辂对李白诗歌的评析集中於两方面, 其一, 对诗句本身文字进行校勘, 包括《枯鱼过河泣》、《侠客行》、《赠宣城太守悦》、《题五松山》; 其二, 对诗歌注释进行剖析与辨證, 包括《寓言》、《赠汉阳辅录事》、《胡无人》、《鞠歌行》、《效古》。

车天辂对李白诗歌的解读, 与中国後来众多李白诗歌注解者不谋而合, 颇具启发意义。以下以詹瑛先生《李白全集校注彙释集评》[3]为基础, 参考其他史料对此九条诗评予以辨析, 就教方家。

一、校勘李白诗歌字词四则

1、《枯鱼过河泣》[4]:"万乘慎出入, 柏人以为戒。""柏人"当作"柏谷"。

《史记·张耳传》:"上从东垣还, 过赵, 贯高等乃辟人柏人之置。"[5]此高祖非微

1) 中国纪年当为明嘉靖三十五年到万曆四十三年。
2) 鄺健行、陈永明、吴淑典:《韩国诗话中论中国诗资料选粹》, 北京:中华书局, 2002年版, 第49-51页。
3) 詹瑛:《李白全集校注彙释集评》, 天津:百花文艺出版社, 1996年版。
4) 詹书, 第二册, 834页。

行人。潘岳《西征赋》："长傲宾於柏谷，妻赌貌而献餐。" 注："武帝微行，夜至柏谷，亭长欲杀之" 云云。

按：此则鄺健行先生在《韩国诗话中论中国诗选粹》前言中有独到论述，兹引如下："'柏人' 各本无作 '柏谷' 者。诗句是否本为 '柏谷'，不得而知；但 '柏谷' 之义确较 '柏人' 为长，值得注意。因为白诗首二句云：'白龙改常服，偶被豫且制。' 萧、王等注均引《说苑》卷九，提出白龙所以为豫且制，因为他 '下清泠之渊，化为鱼'。这等於天子 '弃万乘之位而从布衣之士饮酒'。瞿、朱二氏注本诗後指出诗有讥讽玄宗微行之意。旧注引《史记·张耳传》，但汉高祖过赵，赵臣贯高等虽埋伏甲士意欲加害；不过就高祖来说，他不是 '弃万乘之位'，所以车天辂说他 '非微行人'；他也不见得不应过赵而过。总之他所作所为不一定不对，因而也不需要因此而有所 '诫'。後来他 '欲过宿，心动，问曰：县名为何？曰：柏人。' '柏人者，迫於人也，不宿而去。' 还可以说是 '慎' 之至。汉武帝到柏谷去的事则不然，潘岳《西征赋》说他 '厌紫极之閒敞，甘微行於游盘'。《文选》李善注引《汉武故事》，把过程写得很清楚：'帝即位为微行，尝至柏谷，夜投亭长宿，亭长不纳，乃宿逆旅。逆旅翁要少年十馀人，皆持弓矢剑，令主人妪出遇客。妇谓其翁曰：吾观此丈夫非常人也，且有备，不可图也。天寒，妪酌酒，多与其夫，夫醉，妪自缚其夫，诸少年皆走。妪出谢客，杀雞作食。平旦，上去，还宫。' 汉武微行，只是厌倦了宫中的生活，想到外间游耍一下而已，没有甚麼迫切理由，其实是可以不去的。他以帝王之尊，轻率微行，险些出事，这倒是要引以为诫了。车天辂的辩论，实见合理，中国古今学者未见於此注意。"

车氏立足诗歌本意，前後贯通，以 "柏谷" 代替 "柏人" 实为灼见，虽诸本皆作 "柏人"，然 "柏谷" 之见颇足借鉴。

2、"纵使侠骨香，不惭世上英。"[6] "使" 当作 "死"。王维诗："纵死犹闻侠骨香。"

---

5) 司马迁：《史记》卷八十九《张耳陈余列传》，北京：中华书局，1982年版。作 "上从东垣还，过赵，贯高等乃辟人柏人，要之置廁。上过欲宿，心动，问曰 '县名为何？' 曰 '柏人。' '柏人者，迫於人也！' 不宿而去。"

曾见一本亦如此。

　　按：萧士赟注、元刻本《分类补注李太白诗》(以下简称 "萧本")、嘉靖二十五年玉几山人校本 (以下简称 "玉本")、《四部丛刊》影印郭云鹏本《分类补注李太白诗》(以下简称 "郭本") 俱作 "纵使"。然宋蜀本《李太白文集》则作 "纵死"。且车氏言曾见一本亦作 "纵死"，故二者混用情况颇多。

　　《乐府诗集》卷六七《杂曲歌辞》有张华《游侠篇》，太白此诗拟之而作。

　　该诗上段："赵客缦胡缨，吴钩霜雪明。银鞍照白马，飒踏如流星。十步杀一人，千里不留行。事了拂衣去，深藏身与名。" 朱谏[7] (1455-1541) 注曰："言赵地任侠之客，重义轻生之士，服曼胡之缨，佩吴钩之剑，剑光之名，有如霜雪，身乘白马，疾如流星。剑术之精无人能当。十步杀一人，而千里无留行者，如其所向而无敌也。赴人急难，为人报仇，志毕事完，拂衣而去。又隐匿其行跡，不欲人知。是侠客之勇於信义者，有如此也。" 轻生死，重然诺是侠客之精神。

　　下段："閒过信陵饮，脱剑膝前横。将炙啖朱亥，持觞劝侯嬴。三杯吐然诺，五岳倒为轻。眼花耳热後，义气素霓生。救赵挥金槌，邯郸先震惊。千秋二壮士，烜赫大梁城，纵死侠骨香，不惭世上英，谁能书阁下，白首《太玄经》？" 举侯嬴、朱亥二壮士，与信陵君相结於无事，却守死於危难。可见然诺之重，山岳为轻，千载流芳，有谁不知此二士之名？虽死而侠骨留香，无愧矣哉！侯嬴因觉愧对魏国自刎而死，朱亥後被秦王所执，自扼喉而亡。

　　"纵死"，言即使是死，侠骨留香於世，方可不愧对世上英豪。一 "死" 字颇具悲壮豪迈之气，侠客投知遇之主，为其排忧解困，挺身而出於危难之际，故尝将生死置之度外。"纵" 仮设之语，"死" 为侠客所常面对之境遇，故於侠客而言，若死後，"侠骨香"，则无愧无悔。

　　张华《博陵王宫侠曲》有诗句云："生从命子游，死闻侠骨香。" 王维诗亦为一佐證。

---

6)　詹书，第一册，491页。

7)　字君佐，弘治九年 (1496年) 进士。著有《宋史辩疑》、《学庸图说》、《李诗辩疑》、《李诗选注》、《荡南集》和《雁山志》。

"纵使" 表假设, 为即使之意。北齐颜之推《颜氏家训·养生》: "纵使得仙, 终当有死。"[8] 诗中其意为 "即使侠骨留香", 与下句 "不惭世上英" 语义衔接相垺。太白本意在若能侠骨留香, 那麼就不愧於世上英豪。用 "即使" 虽亦为假设, 却使得语义相差颇多。

要之, 相较二者, "纵死" 则更加切合侠客所处之历史境遇, 且感情豐沛, 充满悲壮豪迈气概。朱谏亦以 "纵死侠骨香" 解此诗, 可见车氏之前, 中国学者已经注意到这个问题。域外学者对此有如此见地可谓有得。

3、《赠宣城太守悦》[9]: "冥海不振荡, 何又缩鹏鲲。所期玄津白, 倜傥仮腾骞。" "缩" 是 "纵" 之误。"玄津白" 是 "要津日" 之误。

按: 萧本、玉本、郭本、隆庆六年刊朱谏注《李诗选注》本 (以下简称 "朱本")、崇祯三年严沧浪、刘会孟评点《李杜全集》本 (以下简称 "严评本")、上海古籍出版社影印扬州诗局刻《全唐诗》本 (以下简称 "全唐诗本") 皆作 "玄津白"。詹瑛《李白全集校注彙释集评》校勘记言 "玄津白" 误, 当作 "要津日"。另彙校诸本皆作 "纵鹏鲲", 未见 "缩鹏鲲", 不知车氏所见何本, 然当以 "纵" 为是。

李白原诗到底为 "玄津白" 还是 "要津日", 今已无从考證。

《求阙斋读书录》: "首二十句叙赵士胄之盛, '忆在南阳' 十二句, 叙昔相见之早, 并颂太守之贤, '迁人' 十六句谢赵款接之厚, 仍冀其汲引也。" 李白一直希望能被引荐, 建功立业, 以达其志。诗歌最後四句, 蕴含希求引荐之意, 以期实现鲲鹏翱翔冥海之志。

"要津",《文选》卷二九《古诗十九首》: "何不策高足, 先据要路津。" 吕向注: "'要路津' 谓仕宦居要职者, 亦如进高足, 居於要津, 则人出入由之。" "要津" 之意颇合诗歌大旨。李白期待自己能 "借義和景", "为人照覆盆", 有朝一日得到居於 "要津"

8) 颜之推撰, 王利器注:《颜氏家训集解》, 北京: 中华书局, 2013年版,《养生》第十五。
9) 詹书, 第四册, 1719页。

之赵悦的引荐，实现鲲鹏翔於冥海之志。

"玄津" 代指佛法，《文选·头陀寺碑文》："释网更维，玄津重柹。" 张铣注："'释网'、'玄津'，并佛法也。"《法苑珠林》亦有 "机悟玄津" 之语。後以 "玄津" 指代苦海。朱谏注言此四句之意为："夫鲲鹏之大，非浅水之所能容，必须冥海玄津之广，方可遂其九万里之高骞也。 君将为冥海，为玄津乎？使吾得以将超然而飞腾乎？" 将 "玄津" 与 "冥海" 对言，以 "冥海" 之义解 "玄津"，殆取其具有海之意，与 "玄津" 本意相差甚远，解释颇多牵强。同时於 "白" 字无解。

另外，从字形上而言，古书竖排，"白" 与 "日" 经常混淆，而 "要" 字之下半部分亦与 "玄" 字形颇类，"要" 误为 "玄"，"日" 误为 "白" 的可能性更大。诗义上 "要津日" 更符合太守赵悦之身份及李白之平生理想，故以 "要津日" 为得。车氏之见为是。

4、《题五松山》[10]："伊尹生空桑，指庖佐皇极。" "指" 当作 "捐"。"三年帝道明，威质终辅翼。" "威" 当作 "委"。

按：萧本、玉本、郭本、朱本俱作 "指"，刘本注云："捐旧作指"。车氏之见为得，当作 "捐"。"威质" 当作 "委质"。

"伊尹"，《水经注》卷十五："昔有莘氏女采桑於伊川，得婴儿与空桑中。言其母孕於伊水之滨，梦神告之曰：'白水出而东走'。母明视而见白水出焉，告其邻居而走，顾望其邑，咸为水矣。其母化为空桑，子在其中矣。莘女取而献之，命养於庖，长而有贤德，殷以为尹，曰伊尹也。" 母亲化为空桑保护伊尹，莘女发现并将他收养在庖厨，因此当伊尹成为君王的贤臣之後，即离开庖厨，"捐" 有舍弃、放弃之义，故 "捐" 字可解。而 "指" 字或为 "捐" 之误。

"委质"：《左传》僖公二十三年："策名委质，贰乃辟也。" 王注："'委质' 有二解。《左传》(僖公二十三年) '策名委质'。孔颖达曰：质，形体也。拜则屈膝而委身体於地，以明敬奉之也。章怀太子《後汉书注》：'委质，犹屈膝也。'"《国语》："委质为臣，无有

10) 詹书作《纪南陵题五松山》，第六册，3221页。

二心." 韦昭注解: "质, 贽也。士贽以雉, 委质而退." 《史记·仲尼弟子列传》: "子路儒服委质." 《史记索引》引服虔注: "左氏云古者始仕, 必先书其名於策, 委死之质於君, 然後为臣, 示必死节, 於其君也。依前二说, 作 '哲' 音读。依後二说, 作 '至' 音读." 《孟子·滕文公上》: "'辅之翼之, 使自得之.' '委质终辅翼', 谓终屈身为其辅臣."

故伊尹作为殷时贤臣, "委质" 於君, 乃言其终身为君之臣, 盡心竭力, 死而後已。"威志" 不可解, 当为 "委质"。

二、辨證李白诗歌注释五则

1、《寓言》[11]: "武王昔不豫, 翦爪投河湄"。注: "《金縢》: '王有疾不豫'"。《史记》与《尚书》皆言为三坛, 周公北面, 植璧东班, 告於太王、王季、文王, 不言翦爪事。" 此注误。《史记·蒙恬传》: "成王有疾, 甚殆, 公早自斋剪爪, 以沈於河." 盖太白兼用之。

按: 此注之误在其 "不言翦爪事", 车氏言其 "兼用", 实为合理。

注文引《尚书·金縢》注 "鸱鸮" 以上八句。言周公盡心辅政, 反被诬陷, 先是为武王之疾而祝祷, 北面, 植璧秉圭, 武王廖。後武王丧, 周公辅成王, 然被管蔡所误。後天降异象, 风拔大木, 禾黍伤萎, 周公乃赋《鸱鸮》以贻成王。注文未见 "不言翦爪事" 之语, 不知车氏所见之注为何?殆或有误?而注文以下引《史记·蒙恬列传》则明言成王有疾之时, 周公亦祝祷, 即翦爪之事。周公被诬奔楚, 成王发府见策, 乃迎周公。"剪爪" 事又见於《史记·鲁周公世家》。

车氏引《史记·蒙恬列传》以證己见, 後言盖兼用之。清代王琦注曰: "《鲁世家》亦载此事。太白此诗盖合二事而互言之。" 王注 "合二事而互言之" 与车氏 "兼而用之" 之论断不谋而合。

---

11) 詹书, 第七册, 3450页。

车氏所见注文殆为别本？不得而知，然其论断足取。另"植璧东班"当为"植璧秉圭"。

2、《赠汉阳辅录事》[12]："应念投沙客，空馀吊屈悲。"注："投沙客，屈原也。"注误。屈原作《怀沙赋》，非投沙也。按《史记》，贾谊为长沙王太傅，及渡湘水，为赋以吊屈原。今曰"投沙客"者，白被谪，故自言如谊之投长沙也。又有诗曰："投沙吊楚臣。"又曰："已作投沙伴。"

按：车氏之论为是，"投沙"者非屈原也，当为贾谊。

《史记·屈原贾生列传》："屈原至於江滨，披髪行吟泽畔，颜色憔悴，形容枯槁。……乃作《怀沙》之赋。於是怀石，遂自投汨罗以死。"屈原作《怀沙赋》，投水而死，与"投沙"无关联。

贾谊《吊屈原文序》："谊为长沙王太傅，既以谪去，意不自得。及渡湘水，为赋以吊屈原。屈原，楚贤臣也，被谗放逐，作《离骚》赋，其终篇曰：'已矣哉，国无人兮，莫我知也。遂自投汨罗而死。谊追伤之，因自喻。'"

王琦注"空馀吊屈悲"曰："《风俗通》贾谊为长沙太傅，既之官，内不自得，及渡湘水，投吊书曰：'闒其尊显，佞谀得志。'以哀屈原离谗邪之咎，亦因自伤为邓通所愬也。"

贾谊胸怀大志，然无施展之所，後又遭谗被贬为长沙王太傅，其才华、人生际遇与屈原如出一辙，贾谊由长安至长沙不经汨罗江，而其所经之湘江与汨罗江相通，故投书湘江以吊之。後来亦以"投沙"喻与贾谊般被贬之人。

车氏言"今曰'投沙客'者，白被谪，故自言如谊之投长沙也。又有诗曰：'投沙吊楚臣。'又曰：'已作投沙伴。'"此说有可商榷之处，诗固有伤己之意，然亦为李白寄赠友人之作。

录事，王琦云："唐时刺史属官，司马之下有录事参军事。上州者从七品，中州者正八品，下州者从八品。有录事，皆从九品。每县亦有录事，在丞尉之下，则流外官也。"《泛沔州城南郎官诗序》："席上文士辅翼、岑静以为知音。"翼，盖即汉阳辅录事也。此诗主要感怀辅翼为谗所害而罢官，李白亦曾被谪，二人相同际遇，深有同感，遥寄以慰友人。李白与辅翼相交甚厚，另有《江夏寄汉阳辅录事》。

"投沙吊楚臣"出自李白《赠崔秋浦》，"已作投沙伴"当为"已先投沙伴"，出自李白《流夜郎至西塞驿寄裴隐》。

"投沙"，《李白集校注》："《史记》、《汉书·贾谊传》皆言为赋以吊屈原，则投沙客谓迁谪於长沙，仍用赋中竢罪长沙意，非怀沙意也。"

要之，车氏解"投沙"为得，且早於国内众多学者，可谓灼见，然其言此诗为李白自伤而作，有不妥之处。

3、《胡无人》[13]，其终曰："胡无人，汉道昌，陛下之寿三千霜。但歌大风云飞扬，安用猛士守四方。"

萧士赟注曰："一本无'陛下之寿'以下三句者，是使苏子由见之，必云如何也。"此注大可笑。

颖滨尝曰："李白诗有不识理处。汉高《大风歌》'安得猛士守四方'者，乃帝王安不忘危之意也。白曰'安用猛士守四方'，何也？"

今注白诗者，去此三句，以解嘲於颖滨。楚则失矣，齐亦未得也。白既以《胡无人》命篇，乃曰胡无人则汉道昌矣，陛下当寿三千霜矣，今日但歌《大风》而已，将用猛士也？语意甚明白。彼二子不及知，异哉！

按：萧氏於末三句下注曰："诗至'汉道昌'，一篇之意已足，一本云无此三句者是也，使苏子由见之，必不肯轻致不识理之诮矣。"此即车氏所言"大可笑"之注。萧氏之意为若苏辙曾见到未有末三句之诗，必不会讥诮李白诗不识理。

苏辙，字子由，号颖滨。其对白诗"不识理之诮"见《滦城集》："汉高祖归豊沛，作歌曰：'大风起兮云飞扬，威加海内兮归故乡，安得猛士兮守四方'，高祖岂以文字高世者哉？帝王之度固然，发於中而不自知也。白反诗曰：'但歌大风云飞扬，安用猛士守四方'，其不达理如此。老杜赠白诗有细论文之句，谓此类也哉。"

车氏又言苏子由之语："李白诗有不识理处。汉高《大风歌》'安得猛士守四方'者，乃帝王安不忘危之意也。白曰'安用猛士守四方'，何也？"

可见苏辙认为李白诗有"不识理"处，此诗为一典型例證。除苏辙以外，其兄苏轼亦云："今《太白集》有《悲乎来》、《笑矣乎》、《赠怀素》草书数诗，决非太白之作，盖唐宋间齐己辈诗也。仆亦曰：此诗末三句，安知非此辈所增乎！致使太白贻讥於数百年之後，惜哉。今遂删去，後人具真法眼者，必蒙赏音。"苏轼同意其弟苏辙的看法，且直言此三句或为齐己等的作品，可直接删去。

据苏氏兄弟之评析，可知他们所见之本皆有末三句，故才对李白诗歌有不识理之诮。萧氏见到了无末三句的版本，然后才言若使苏子由见之云云。萧氏实则同苏氏兄弟一样，认为此诗当无末三句。故胡本注云："一本下有陛下之寿三千霜，但歌大风云飞扬，安用猛士兮守四方三句，苏子由以为不类白诗，元人本因是删去，今从之。"王注："後人录此诗者，悉删去後三句，盖多从萧本也。"

然则到底白诗原本是否有此三句尚无定论。

萧本、玉本、郭本、明万曆四十年刘世教《合刻分体李杜全集》本《李翰林全集》(以下简称"刘本")、清顺治七年胡震亨《合刻李杜诗通》本《李诗通》(以下简称"胡本")、严评本、《唐文粹》本、敦煌残卷、《全唐诗》本俱无陛下以下三句。咸本注云："一本无此三句。"《李白诗文繫年》："王本仍将後三句补入。按敦煌残卷本唐诗选录此诗即至'胡无人，汉道昌'为止，而无後三句。《唐文粹》并同。"

《升庵诗话》卷七古《胡无人行》条："'望胡地，何险侧，断胡头，脯胡臆，'此古词虽不全，然李太白作《胡无人》尾句全效。"可證杨慎家藏乐史本《李翰林集》亦无"陛下之寿三千霜"以下三句。是则萧氏谓末三句为後人所补，信而有徵。

但《文苑英华》录此诗不但有末三句，其後复有"胡无人，汉道昌"两句，注云："一无此六字"，《乐府诗集》亦然。则来源已久，非宋以後人所附加者也。断定此三句来源已久，非宋以後所增，然是否为太白原诗，仍无定论。

车氏之见认为当有末三句，且言萧氏与苏辙之可笑处。其解释有其合理之处，然无版本依据，与苏氏兄弟相类，皆从文意考證，故可备一说，非全得也。

4、《鞠歌行》[14]："奈何今之人，双目送飞鸿。"注引齐桓公与管仲语鸿雁之事，甚误。《史记·孔子世家》："卫灵公与孔子语，见蜚雁，仰视之，色不在孔子，孔子遂行。"白诗又曰："目色送飞鸿，邈然不可攀。"亦使此事。

按：车氏之论为得。

齐桓公与管仲语鸿雁之事，《东周列国志》第八十七回："(秦) 孝公方饮酒，忽见飞鸿过前，停杯而叹。景监进曰：'君目视飞鸿而叹，何也？' 孝公曰：'昔齐桓公有言：吾得仲父，犹飞鸿之有羽翼也。寡人下令求贤，且数月矣，而无一奇才至者。譬如鸿雁，徒有冲天之志，而无羽翼之资，是以叹耳。'"

桓公重用管仲治天下，乃成战国七雄。齐桓公与管仲已成为历史上明君贤臣的典范，齐桓公以鸿雁喻己，以羽翼喻管仲，二人同心合力，成就霸业，可谓伯乐与千里马。

然此诗，萧士赟注云："太白此词始则伤士之遭谗废弃，中则羡乎昔贤之遇合有时，终则重叹今人不能如古人之识士也。亦藉此自况云尔。"《求阙斋读书录》："按《鞠歌行》言知己难逢之意。"可知与齐桓公管仲之事恰恰相反。车氏以卫灵公见孔子事解之，甚得诗旨。

《史记·孔子世家》："他日，(卫) 灵公问兵陈。孔子曰：'俎豆之事则尝闻之，军旅之事，未之学也。' 明日，与孔子语，见蜚雁，仰视之，色不在孔子，孔子遂行。"卫灵公不好贤，孔子遂行。

此诗之大旨，《唐宋诗醇》卷三曰："起六句盖述遭谗被放之感。…… '听曲知宁戚' 以下，讬意古人，与《梁甫吟》起处同意。'目送飞鸿' 用卫灵见孔子事，乃心不在

---

14) 詹书，第二册，536页。

贤之意。"王琦注云："'双目送飞鸿'正用其事，以喻不好贤之意。"足可与车氏之论遥相呼应。

另"目色送飞鸿，邈然不可攀"，出自《游溧阳北湖亭望瓦屋山怀古赠同旅》，该诗上段即言游溧阳时，未被礼遇，不悦，乃与友人出游。"飞鸿"之意与"双目送飞鸿"同，皆为不被赏识。

车氏之论甚精，注之误也。中国学者亦认识到此问题，故萧注、王注、《唐宋诗醇》等皆正解。

5、《效古》[15]："自古有秀色，西施与东邻。"

宋人有非此诗者，曰："太白以东施为东邻，是牵於押韵，殊不及东坡。坡有诗曰'绛腊销残玉斝飞，离歌唱彻万行啼。他年一舸鸱夷去，记取侬家旧姓西。'岂为韵所拘者耶？"

此可谓管见。按东家施、西家施者，有施氏两人，故以东西别之，则西非姓也。白之东邻云者，乃用司马相如《美人赋》语，不必指东施也。

按：车氏所言"有宋人有非此诗者"，盖指葛胜仲（1072—1144）[16]《丹阳集》中论用韵之事。

《宋诗话全编》[17]"为韵所牵"条："《寰宇记》载西施事云：施，其姓也；是时有东施家，西施家，故李太白诗：'自古有秀色，西施与东邻'。而东坡《代人赠别》乃云：'绛腊销残玉斝飞，离歌唱彻万行啼。他年一舸鸱夷去，记取侬家旧姓西。'岂为韵所牵耶？"此条为魏庆之《诗人玉屑》卷七引葛胜仲《丹阳集》语。另该书《葛立方诗话》[18]亦有论用韵之事，言"黄鲁直诗云'世有捧心学，取笑如东施'。梅圣俞云'曲眉不想西家样，馁腹还如二子清'。《太平寰宇记》载西施事云，施其姓也。是时有

15）詹书，第七册，3380页。

16）字鲁卿，宋丹阳（今属江苏）人。绍圣四年（1097）进士。

17）吴文治：《宋诗话全编》，南京：凤凰出版社，1998年版，第九册，9041页。

18）同上，第八册，8244页，

东施家、西施家。故李太白《效古》云'自古有秀色，西施与东邻'。而东坡《代人赠别》乃云：'绛腊销残玉斝飞，离歌唱彻万行啼。他年一舸鸱夷去，记取侬家旧姓西'，似与《寰宇记》所言不同，岂为韵所牵耶？"葛立方（？—1164）[19]为葛胜仲之子，父子二人於苏东坡用韵之事所见相同，皆以为东坡诗有拘於用韵之嫌。

宋人诗话之意为李白用西施与东施之典故，但是並未拘於用韵，故用东邻代东施。然苏东坡未必不知西施姓施，不姓西，但为了押韵而言西施姓西，车氏对此诗话理解有误。宋人诗话实则並未贬抑太白，反而是批评东坡拘於用韵。但值得注意的是，葛氏父子以为李白用西施东施事，但诗歌上句明言"自古有秀色"，故下句所举之人必为"秀色"者，东施奇丑，故此东邻当为司马相如《美人赋》中之东邻女子。

"东邻"，《全汉文》卷二一司马相如《美人赋》："臣之东邻有一女子，云髮豐艳，蛾眉皓齿，颜盛色茂。"

因此，车氏误解宋人诗话，但是於"东邻"解释为是。

三、结论

车天輅论李白诗九则，校勘字词者四则，皆合情合理，甚为有得，足可见深厚的文学涵养与才识。辨析注释者五则，议论精到。其对李白诗歌的解析，与後来中国不少学者的意见不谋而合，可谓远见。明朝使臣朱之番[20]赞其为"东方文士之首"[21]，名副其实！

---

19) 字常之，胜仲子，绍兴八年（1138）进士。

20) （1546~1624），字元升，一作元介，号兰嵎，定觉主人。原籍山东聊城茌平县，後附籍南直锦衣卫（今属江苏南京）。万曆二十三年（1595）状元，官终礼部右侍郎，任上曾奉命出使朝鲜，有《使朝鲜稿》四卷。

21) 车云景《延安车氏世考》："明使臣金陵朱之番素以文章擅中朝，见天輅，倾盖甚欢。及还朝，问及东方文士，首以天輅对。於是，天輅之名躁中朝矣。"（汉城：韩国学中央研究院，1939年，第31页。）车天輅与朱之番的平壤唱和奠定了其诗坛地位，朴汉亮《梅翁闲录》详载此事。

论《金瓶梅》对韩国古代汉文小说的影响

四川师范大学 汪燕岗

摘要：古代韩国汉语教育主要是文言教育，遍及整个文人阶层，白话教育针对的是某些特定人群，因此中国白话小说传入韩国，如没有韩文译本，则影响力较之文言小说要小得多，《金瓶梅》就是如此。但该书对韩国古代汉文小说也并非毫无影响，《玉仙梦》和《折花奇谈》就可以看出《金瓶梅》的诸多影子，特别是《折花奇谈》在结构、语言运用和具体描写上都多有模仿《金瓶梅》，特别值得注意。

关键词：《金瓶梅》 韩国汉文小说 《玉仙梦》 《折花奇谈》

公元1865年，即韩国朝鲜王朝高宗三年，洪淳学出使北京，回国后写了部《燕行歌》，记录其中国见闻，其中有一段写他与中国官员郑功秀相见的场景："花柳交椅，相对而置，主客落座，下人献茶。杯精而细美，置于盅托之上，注满生香。然彼方语言，与我不同，主客相对，无以通情，安坐良久，似哑似聋。幸天下文字相同，决意笔谈。遂置砚磨墨，各持毫管，书以诗笺，终通语言。来往问答，坦诚自然，肝胆披沥，情曲相通。……余虽无识，文笔不足，亦当场联句，即时和答。"这真是一个奇特的场景，洪淳学能用纸笔与中国人联诗作对，但却不能简单地口语问答，不得不令人惊讶。这还并非个案，在古代韩国、日本是极普通的现象，不少到过中国的韩国文人都有类似的经历，如著名文人朴趾源在其《热河日记》中也如此记载，说到此点，就不得不提韩国古代的汉语教学。

一、韩国古代的汉语教学与《金瓶梅》的阅读

　　韩国古代的汉语教学可分为文言文教学与汉语白话教学两类，前者占绝对优势。原因大致有二，其一，韩国古代的教育与科举以中国的儒家经典为主要内容。早在682年 (神文王二年)，新罗设立国学，以儒家经典《论语》、《孝经》，辅之《五经》等教育贵族子弟。788年 (新罗元圣王四年)，新罗设 "读书三品科"，规定："读《春秋左氏传》，若《礼记》，若《文选》，而能通其义，兼明《论语》、《孝经》者为上。读《曲礼》、《论语》、《孝经》者为中。读《曲礼》、《孝经》者为下。若博通《五经》、《三史》、诸子百家书者，超擢用之。"[1] 此成为韩国古代科举之开始。此后，无论高丽朝还是朝鲜王朝，都仿效同时期的中国朝代，用文言写成的儒家经典来教育与科举，因此是否能熟练掌握文言，就成为是否为文人学士的标志。其二，文言文是一种 "死语言"，其语法结构与词汇都比较固定，相对灵活多变的汉语白话来说，韩国人掌握起来要容易得多。惟是之故，韩国现存的浩如烟海的汉文文献，几乎都是用文言写成的，例如数百万字的汉文小说，全部是文言小说。

　　汉语白话自然也有市场，针对的主要是与中国打交道的特定人群，如外交使节、译员、商人等，因此早在高丽王朝时期，就出现了汉语白话教科书《老乞大》、《朴通事》，朝鲜王朝时出现了它们的谚解本，所谓 "谚解" 是指用 "谚文"，即世宗大王1446年主持创制并颁布的韩国拼音文字 "训民正音"，来对汉语白话正文进行注音和翻译。

　　由此可知，文言的学习人群几乎涵盖了所有古代韩国的文人阶层，比汉语白话学习人群要大得多。知道了这点，我们就不难理解为什么中国文言小说，如《太平广记》、唐传奇、《剪灯新话》等，可能要比某些一流的白话小说，如《红楼梦》等对韩国汉文小说的影响更大，同是白话小说，半文半白的《三国演义》也比纯白话的《红楼梦》、《儒林外史》等更容易被接受，阅读障碍是重要的原因。当然，白话小说

---

1) 杨昭全《韩国文化史》，山东大学出版社，2009年，第44 - 45页。

也不是不能被阅读，一方面，阅读汉语白话较之说汉语白话要容易得多，如果借助某些"谚解"类工具书，也是可以慢慢读的；另一方面，不少受欢迎的白话小说还被翻译成了"谚文"(韩文)，据李裕元 (1814 - 1888)《林下笔记》卷二七《喜看稗说条》记载："桐渔李公平日手不释者，即稗说也。毋论某种，好阅新本。时带译院，都相象译之。赴燕者，争相购纳，积至屡千卷。"桐渔李即李相璜，历官至丞相，竟收藏数千册小说，也可谓难得。政府不仅不禁中国小说，在1884年左右，还动员李钟泰等数十名译官翻译中国小说近百种。

现知的朝鲜时代韩译本小说有五十余种，即《今古奇观》、《南溪演谈》、《唐晋(秦) 演义》、《大明英烈传》、《武穆王贞忠录》、《补红楼梦》、《北宋演义》、《三国志》、《西周演义》(《封神演义》)、《仙真逸史》、《雪月梅传》、《醒风流》、《续红楼梦》、《孙庞演义》、《女仙外史》、《瑶华传》、《残唐五代演义》、《忠烈小五义传》、《忠烈侠义传》、《平山冷燕》、《平妖传》、《红楼梦》、《红楼梦补》、《红楼复梦》、《后水浒传》、《后红楼梦》、《聘聘传》、《麟凤韶》(《引凤箫》)、《珍珠塔》、《快心编》、《包公演义》、《型世言》、《太原志》、《镜花缘》(《第一奇谚》)、《水浒传》、《薛仁贵传》、《西汉演义》、《东汉演义》、《春秋列国志》、《东游记》、《好逑传》、《玉娇梨》、《玉壶冰心》、《绿牡丹》、《西游记》、《锦香亭传》、《隋唐演义》、《南宋演义》、《开辟演义》、《伍子胥传》、《苏云传》等。其中不少是全译，《三国演义》、《西游记》是部分翻译[2]。

此外，还有一种奇怪的现象，即一些中国白话小说甚至被翻译成了汉语文言文，如朝鲜王朝中期的文人洪羲福 (1794 - 1859) 就曾用文言翻译了《三国演义》、《水浒传》、《列国志》和《西周演义》等书，可惜现已不存。

《金瓶梅》传入韩国很早，著名文人许筠 (1569 - 1618) 所著的《惺所覆瓿稿》中引用明代袁宏道《殇政》中的话，"传奇则《水浒传》，《金瓶梅》为逸传，不熟此传者，保面瓮肠，非饮徒也。"袁文作于万历三十四年 (1606)，此时《金瓶梅》还在抄本流传阶段，《金瓶梅》现存最早刊本是万历四十五年 (1617) 的《金瓶梅词话》，而次年

2) 见闵宽东《中国古典小说在韩国的翻译、出版与研究情况》，第405 - 411页，学林出版社，1998。

许筠即死，因此韩国学者金宰民认为许筠并未看到《金瓶梅》一书，只是最早将《金瓶梅》信息带到韩国。[3]《金瓶梅》应该至少在十七世纪中后期就传入了韩国，但可惜未见文人的著录，到了十八、十九世纪，文人记录就较多了，如安鼎福（1712－1791）《顺庵杂录》、沈宰（1776－1800）《松泉笔谭》、李圭景（1788－？）在《五洲衍文长笺散稿》、赵在三（1808－1866）《松南杂识》，以及英祖王妃完山李氏之《中国小说绘模本·小序》(1762)、著名画家尹德熙（1685－1766）的《小说经览录》（大约成书于1762年）等，都提到或评论过《金瓶梅》。但由于内容禁毁之原因，《金瓶梅》长期没有韩文译本，直到二十世纪中期才由金龙济翻译完成，1956年出版。因此，《金瓶梅》对韩国汉文小说的影响不仅比不上诸多文言小说，在明代四大奇书中也是排名最后。但是否完全没有影响呢？当然不是，笔者仔细阅读了韩国现存绝大多数汉文小说，发现《金瓶梅》的影响同样存在。

二、《金瓶梅》对韩国汉文小说的影响

《玉仙梦》[4]，十一章，五万余字，作者署名"宕翁"，生平不详。书叙朝鲜万项县有一破落户许巨通，因不满生于海隅偏邦的小国而常发牢骚。一日入智异山休憩，梦中托生于中国钱塘天目山下一钱姓人家，名钱梦玉。梦玉在父母死后到处游历，梦玉在中国建功立业，相继被皇帝招为驸马，又娶另外两位佳人为妾，享尽荣华。晚年乞老回到钱塘，一日在灵隐寺游玩，凭机而坐，忽然一声惊雷，许巨通醒来，发现刚才不过是南柯一梦，因此悟道出家，不知所终。

《玉仙梦》的作者对中国小说非常熟悉，如书中钱梦玉会试时有一道考题是

---

3) 金宰民《〈金瓶梅〉在韩国的流播、研究及影响》，《明清小说研究》2002年4期。
4) 林明德编《韩国汉文小说全集》(台北：中国文化学院出版部，1980) 卷三收录此篇，本文所引即出于此。

"稗说论", 其云: "世之论者, 以稗说不足听, 而吾独以为未也。何者? 圣人没而微言绝, 处士横而稗说出。故好奇之家, 或有无稽之言, 博识之门, 偏多不根之论者, 盖以论淡泊而无味, 杂说奇巧而易晓也。……设为修善之方而必有善果之应, 设为稔恶之迹而必有坫厄之报, 见之者瞿然, 有改过之意, 读之者油然, 有洁行之志。由此观之, 稗官之功, 亦可微哉!" 对小说的作用进行了充分的肯定, 此外还提到了若干小说作品 "陈寿作《志》而忠臣忘躯,《水浒》成传而义士奋身,《西游》之记出而怪鬼戢其妖术,《瓶梅》之书作而悍妇惩其妒心, 演楚汉之义而英雄知历数之有归, 倡《剪灯》之话而荡子知风流之有节。"《瓶梅》即《金瓶梅》, 第二章写梦玉与桂小姐偷欢, 可见《金瓶梅》之影子, 其云:

> 当夜, 两个如胶似漆, 如鱼如水, 千般旖旎, 万种妖娆, 端的描画不得。黑鬒鬒鬓儿, 细弯弯眉儿, 光溜溜眼儿, 香喷喷口儿, 粉莹莹脸儿, 玉纤纤手儿, 花簇簇鞋儿, 远视似花花解语, 近看如玉玉生香。

对桂小姐形貌的刻画, 正如《金瓶梅》第二回写西门庆初次见到潘金莲时的描写:

> 黑鬒鬒赛鸦鸰的鬓儿, 翠弯弯的新月的眉儿, 清泠泠杏子眼儿, 香喷喷樱桃口儿, 直隆隆琼瑶鼻儿, 粉浓浓红艳腮儿, 娇滴滴银盆脸儿, 轻袅袅花朵身儿, 玉纤纤葱枝手儿, 一捻捻杨柳腰儿。[5]

若说《玉仙梦》只是在某些段落受到《金瓶梅》影响, 那《折花奇谈》则从结构、人物描写、语言风格等方面进行模仿。

该书作者不详, 从自序中可知作者号石泉主人, 姓李, 书后题跋又云 "嘉庆十四年乙巳端阳后一日, 石泉主人追书于薰陶坊", 可知大概成书于1809年。林明德《韩

国汉文小说全集》未收该书，而据目前所知，《折花奇谈》现仅有一个抄本存世，藏日本东洋文库，郑良婉《日本东洋文库本古典小说解题》有影印。全书分三回，正文半叶十行，行十八字，两万余字，笔者所见即该本。

书叙壬子年间有李生者，俊雅风流，颇解诗文。家附近有一口石井，朝暮间丫鬟们常来此汲水，其中有一丫鬟名舜梅，十分美貌，虽已嫁人，但李生还是一见倾心，爱上了她。于是找到邻家李老妪，请她撮合，再三恳求之下，老妪终于答应了。在她的帮助下，两人终得一宵之会，彼此情投意合，如鱼得水，正在两情相浓之时，舜梅忽被人唤走，李生只好怅然而归。后来虽有数次相聚之机，但终因种种缘故而作罢。总算好不容易等到再次欢会，哪知从此却成永别，由于事情被舜梅之姨母干鸾得知，两人再难相聚。

故事并不复杂，但却是作者的亲身经历，书的自序说："《折花奇谈》，即余丁年所由阅历者也。叙其事，记其实，不过闲中习览之资，而文不联脉，事多间空，质诸吾友南华子，南华子改叙篇次，又从以润色之。虽吾亲履之事，而其腐心相思、断肠难忘之情，句句活动，字字热结。或有掩卷太息之处，或有心痒眼酸之句，一期二违，二约三失，如鬼弄揄，如天指导。今以后方知色之所媚，人之所易惑也。且序文之勖予者多矣，自今以往，改图革旧，反非入是者，莫非吾友赐也"。这里除了说明自己是满怀深情写下的故事外，还对友人南华子表达了深深的感激。的确，友人不仅帮他改稿润色，还为他写了一篇识语及补序，并在每一回前对该回之内容作了较详细的介绍与评述。在识语中，南华子还着重谈了作品的内容及创作动机：

今此折花之说，即吾友李某之实录。详考一篇旨意，则大略与元稹之遇莺娘恰相仿佛，其曰一期二约三会四遇，竟莫能遂。其曰莺也之自媒与红娘之解馋遥遥相照，又与《金瓶梅》之西门庆遇潘娘太相类似。其曰三件难事，难且又难，曰青铜银佩之说，与王婆之口辩无异。奇哉！千载之下，其下说论事若是近之，其中反有胜焉者。吾友之痛绝莺也，百忙中能扶彝伦之纲纪，梅且伤夫之拙而未之为害，无乃今之人远过于古之人耶！吾友信□人也，自超龀（龅）之岁想像其所以为人也，则虽有泛湖之女，采叶之姝，莫之动也。而今因一闾巷贱婢如此委曲勤勤。

古语云："色不迷人人自迷." 其果人而自迷耶，色而迷人耶？……井边一面，如隔弱水；屋里相见，如梦初惺（醒）。前而倏忽，后而冷落，事始谐于十逢九遇之后。今以后始信天缘之所在，惜乎莫如痛断于未遇之前，然犹幸自绝于一见之后也。

南华子主要谈了两点：其一，《折花奇谈》与中国作品、特别是与《金瓶梅》的关系，并说明了两者有很多的相似之处；其二，对主人公作了道德上的评述：李生是 "百忙中能扶彝伦之纲纪"，而舜梅则是 "未之为害"，并最后庆幸他们能自绝于一见之后。南华子还准确地概括了全书内容及思想上的一些主要特征。《折花奇谈》是韩国汉文小说史上很罕见的描写已婚男女偷情的作品，可以算得上是一部别具风味的 "奸情" 小说，其描写之细腻，人物思想之纯正，又与《金瓶梅》在同与不同之间，下面稍作分析。

《金瓶梅》最大的贡献就在于，它是中国小说史上第一部细腻描写普通人生活的长篇小说，在口语之运用及场景之描写等方面都开创了一代风气。以往的韩国汉文小说都是用标准的文言写成，常常显得文雅有余而生动活泼不足，《折花奇谈》则有意用了一些汉语之口语词汇，如 "生五步作三步"、"生饮了数觥" 等等。其人物之对话也没有以往小说引经据典、骈四俪六的冗赘风格，而是用浅近的文言娓娓道来，明白如话，例如写李生与老妪的一段对话：

> 过数日，老妪复来，动问曰："梅婢之银佩，质在相公，云然乎？" 生曰："然。老妪何由闻之？" 妪曰："梅女有得铜还原之意，故知之矣。" 李生曰："我欲一佩，要媒一见，妪其为我去试一试。"

当然，由于韩国人本不熟悉中国的白话，小说的文字表述难免欠通顺，但这种尝试却难能可贵。对此，南华散人在书后的追叙中也有所言及，他说：

> 稗说盖尚华，非华胜东，人情固然，辄以未闻睹为快。好古非今，乐远厌近，非东之病，乃天下同病。东人著说，必用忧，必曰东无观焉。盖今说东，且今则东无观，今尤何论。然事甚切，至与《西厢》说相表里，虽美且贱，不过衣缕而头蓬，

不施膏, 不染粉, 玩好无见称, 巾裳绝烜, 然所谓工虽巧, 朽不雕, 器不琢也。然意极情笃, 若是可观焉。若身锦头翠, 金缕玉成, 则岂特西子无光, 玉妃失颜, 然则富辞丽文, 必蓰倍于此矣。是故盐梅方调五味, 梗(梗)楠必遇良匠, 马奔长楸, 车顺通衢, 以肤见序俚语, 虽班马亦不过平平, 其若空中气势, 纸上波澜, 得以也。俗且俚, 既详且尽, 吾子文章大且至矣夫。

这一段评论, 其中不少观点相当精彩, 值得注意。首先说明了稗说尚华 (中国) 之原因, 又批评了东人 (韩国人) 言必称东人无足观之态度, 认为既然无足观, 那我们还要论说什么呢？此外, 又把该书与《西厢记》比较, 认为虽然没有华丽之文辞, 但是 "意极情笃", 还是颇有可观之处的, 小说之语言也 "俗且俚, 既详且尽", 十分出色。南华散人这种观点可能是他长期阅读中国白话小说总结出来的, 确有真知灼见。

此外,《折花奇谈》也和《金瓶梅》一样, 在一些细小的地方也描写得很细腻, 如写人物之穿戴, 舜梅 "身着半新不旧之绿绸小衫, 腰系软蓝裙子"; 李生则是 "身飘白葛轻衫, 腰系玉丝绦带, 手执南平连矢之箑, 足穿彩云八角之履"。又如写除夕: "万户之桃符换新, 千家之爆竹除旧, 泥牛击破, 彩燕呈祥"; 写暮春三月之景: "绿柳枝头, 黄莺唤友, 红杏花上, 白蝶纷飞。……上命阁臣诸臣, 赏花玩柳于禁苑, 玉漏初下, 夜巡无禁满城士女, 无不耸喜观瞻。" 写人物相思之情: "忽有婵娟佳人, 琅锵 (踉蹡) 进来, 启丹唇, 吐香语曰:'妾乃卑贱之女, 郎君何奈自恼之甚耶？' 生欢甚喜极, 执手相叹, 乃说破相思情事, 随即解去榴裙, 斜偎鸳枕, 脉脉相看, 有情难尽。生即之戏焉, 一叩不应, 再唤不来, 忽欠身惊觉, 则乃南柯一梦也。" 即便是写两人之性事也十分 "详且尽": "(李生) 因解去裙带, 弄于探戏, 酥胸荡漾不定, 玉肤润滑难试。一进一退, 搏弄得千般万回, 乌云乍歪, 粉脸暂暖, 阳台片刻, 正在顷刻。" 写第二次欢会时云:

> 解衣同抱, 正如鸳鸯戏水, 鸾凤穿花。连理枝头, 别样春色; 同心带上, 一般幽兴。枕边堆一朵息 (乌) 云, 衾中露两尖金莲。誓海盟山, 莺声依依; 羞云怯雨, 燕语频频。杨柳腰脉脉春浓, 樱桃口微微气喘, 星眼朦胧, 酥胸荡漾, 万种妖娆, 千般旖旎, 不可尽述。

《金瓶梅》第四回写西门庆与潘金莲偷情时云：

> 交颈鸳鸯戏水，并头鸾凤穿花。喜孜孜连理枝生，美甘甘同心带结。一个将
> 朱唇紧贴，一个将粉脸斜偎。罗袜高挑，肩膊上露两弯新月；金钗斜坠，枕头边堆
> 一朵乌云。誓海盟山，搏弄得千般旖妮；羞云怯雨，揉搓的万种妖娆。恰恰莺声，
> 不离耳畔；津津甜唾，笑吐舌尖。杨柳腰脉脉春浓，樱桃口微微气喘。星眼朦胧，
> 细细汗流香玉颗；酥胸荡漾，涓涓露滴牡丹心。直饶匹配眷姻谐，真个偷情滋味美。

　　两相比较，可知《折花奇谈》模仿之痕迹十分明显，在道德要求十分严酷之李
朝社会，特别是在文人创作的汉文小说中，此类大胆的性描写十分罕见，这可能也
是该书版本流传较少之原因吧。

　　与《金瓶梅》不同的是，《折花奇谈》中的男女主人公并不是万恶的奸夫淫妇。
舜梅是一个值得同情的可怜女子，书中虽然没有正面写她的丈夫，但通过李姬口中
"那夫乘醉到家，使气狂扬"，以及她自怨自艾所说的"妾赋命奇险，所天无良，名实
夫妇，情实吴越，言必矛盾，动辄訾謷"等语，可知她婚姻的不幸。她也想"弃旧从
新"，还是担心"廉防有守，垣墙有耳"，内心十分矛盾。李生虽然日思夜想要和舜梅
在一起，但当老妪出谋让他勾引舜梅之姨母干莺，并从中用事时，他怒斥道："谋其
侄，又谋其姨，禽兽之所不为也。"因此尽管干莺对他也十分有意，他也坚执不允。
最后，终因干莺的破坏，两人只好无奈地分开，从此再不能相见。

　　《折花奇谈》虽然缺乏《金瓶梅》汪洋恣肆的语言与跌宕起伏的故事情节，但在
各方面模仿《金瓶梅》作出的可喜尝试，在韩国汉文小说史上尤为值得重视。

新发现之汉语俗语·惯用语集《中华正音》

鲜文大学　朴在渊*

一、序论

朝鲜时期使用最为广泛的汉语教材为朝鲜司译院所撰译学书《老乞大》和《朴通事》。该两种教材几经修改，自朝鲜初期至后期沿用数百年。

但近十年，陆续发现多本朝鲜后期流传于民间的抄本汉语会话书，这些民间抄本教材的发现从一个侧面表明，朝鲜时期学习汉语所用教科书并非仅有《老乞大》和《朴通事》。目前为止，共发现朝鲜后期韩语会话书十余种1)，均为手抄本。

* 感谢韩国崇实大学韩国基督教博物馆学艺官韩明根先生以及相关人士为本研究提供的帮助。本论文部分内容曾于2013年7月6日，在日本琉球大学"现代汉语的歴史研究"国际学术大会上初次发表。

1) 近几年发现的朝鲜后期抄本汉语会话书有藏书阁藏《你呢贵姓》、《中华正音》、《骑着一匹》、顺天大学藏《中华正音》、日本濯足文库藏《中华正音》、高丽大学藏《骑着匹》(上下)、日本阿川文库藏《中华正音》、日本小仓文库藏《华音撮要》、《关话略抄》、梨花女子大学藏《汉谈官话》、鲜文大学中韩翻译文献研究所藏《学清》、《中华正音》(华峰文库旧藏)、《华语抄略》、修

　　此次新发现的资料为抄本《中华正音》,现藏于韩国崇实大学韩国基督教博物馆。有关该资料的介绍初见于2005年版《韩国基督教博物馆所藏古文献目录》2)。其后,2010年12月出版的《韩国基督教博物馆所藏韩国学资料解题》中将《中华正音》介绍为汉语学习书籍3),但对其价值和意义等并未作进一步说明。笔者虽透过古文献目录,确认了有关这本《中华正音》的信息,但因资料未被公 图1《中华正音》封面开,一直未能见到原书,直至不久前终获有关方许客,得以仔细阅览这一资料的全部内容。

　　此书虽名为《中华正音》,但其内容和性质却与此前发现的多部抄本《中华正音》大相迳庭。与其说是汉语会话书,更接近于汉语俗语·惯用语集。书中可见的一些特点有助于分析、了解朝鲜后期汉语学习用书的流传背景及当时词汇和文字的使用情况,故具有较高的研究价值。

　　鉴于此,本文将以介绍这本新发现的《中华正音》为主旨,通过分析书中的标记特点和所收录俗语的特点,探讨本书的价值和意义。

缫室藏《汉语》等。详细内容可参考朴在渊·周发祥校注《你呢贵姓·学清》,中韩翻译文献研究所, 2002；朴在渊·金雅瑛《骑着一匹》,中韩翻译文献研究所, 2008；《中华正音》(藏书阁本), 中韩翻译文献研究所, 2009；朴在渊·远藤光晓《关话略抄》,中韩翻译文献研究所, 2010；朴在渊·金瑛《骑着匹·中华正音》,学古房, 2011；朴在渊·朴彻庠·崔晶惠《汉语·华语抄略》,学古房, 2012。论文请参考朴在渊《关于朝鲜后期抄本汉语会话书阿川文库〈中华正音〉》,《中国语文学志》31, 中国语文学会, 2009；《有关朝鲜后期抄本汉语会话书濯足文库〈中华正音〉》,《译学和译学书》第1号, 译学书学会, 2010；《关于朝鲜后期抄本汉语会话书华峰文库〈中华正音〉》,《国语史研究》第11号, 国语史学会, 2010；《关于朝鲜后期抄本汉语会话书小仓文库〈关话略抄〉》,《中国语文论译丛刊》26, 中国语文论译学会, 2010；《关于朝鲜后期抄本汉语会话书〈骑着匹〉中的稀有词语和借词》,《译学和译学书》第三号, 译学书学会, 2012。

2) 崇实大学韩国基督教博物馆学艺课,《韩国基督教博物馆所藏古文献目录》,崇实大学韩国基督教博物馆, 2005, 242页。该目录由1, 基督教；2, 实学；3, 韩国学；4, 近代民族运动；5, 近代学问；6, 其他,共六部分构成。《中华正音》收录于6.其他,被归类为日本相关资料。之所以被归类为日本相关资料, 可能是因为《中华正音》正文中包括"日本谚文"。

3) 参见郑永文解题,《韩国基督教博物馆所藏韩国学资料解题》,崇实大学韩国基督教博物馆, 2010, 246~247页。书中主要对韩语标记方法和咸镜道方言进行了分析。

二、文献形式

此次发现的《中华正音》为手抄本，共一册，现藏于韩国崇实大学韩国基督教博物馆。全书共三十七章，大小为17.2×6.7厘米。

封面所题书名为《中华正音》，封面右侧上方标有"送痘神文"、"日本谚文"、"梳头法"、"八卦"、"河图洛书"、"养狗法"等书中收录内容，相当于目录。

内容可分为两部分。第一部分为第一章至第三十三章，收录汉语常用句和俗语。 第二部分为三十四章至三十七章，收录封面所提及的"送痘神文"、"日本谚文"、"梳头法"、"八卦"、"河图洛书"、"养狗法"等项的具体内容。第二部分内容虽设六个小题目，但每个小题目囊括的内容篇幅较少，约四叶左右。正如〈图2、3〉所示，各项所收录内容都较短小。

根据笔迹和抄写形式判断，两部分应为同一人所写。

本文第一叶右侧下方有"基督教博物馆金良善寄赠本"长房印，可知本书为金良善牧师[4]旧藏本。如〈图4、5〉所示，本书正文每叶10行，包括5行汉语原文以及标于原文右侧的5行韩语注音。每一句有长有短，每一行字数从2字到16字不等。

---

4) 金良善(1907~1970)：牧师，考古学家，号梅山，出生于平安北道义州。毕业于崇实专门学校，平壤长老会神学校。就读于崇实专门学校时曾组织秘密抗日团体"青丘会"，开展抗日运动。同时，对教会史和考古学抱有浓厚的兴趣，开始收集大量的史料及遗物。1948年，在首尔南山设立韩国基督教博物馆，出任馆长。1954年，在崇实大学担任教授，将韩国基督教博物馆移至崇实大学，并将所有藏品捐赠给学校。著作包括《韩国基督教传来史》、《韩国基督教解放十年史》(1956)、《考古学概论》(1958)、《韩国教会史简述》、《韩国基督教史研究》等。

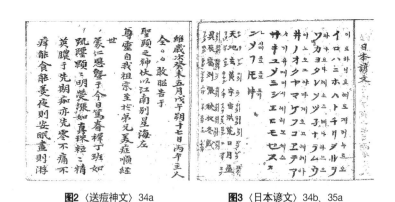

图2 〈送痘神文〉34a   **图3** 〈日本谚文〉34b、35a

　　另外，在原文下方空白处还可见韩语译文，除部分简单易懂的词句外，书中大部分汉语原文均附韩语译文。第一章至第三十章均采用这种抄写形式，即上方写汉语原文和注音，下方写韩语译文。三十一章至三十三章则只有汉语原文，每叶5行，这一部分收录的内容与朝鲜后期汉语会话书《骑着匹》系列其他异本相同。

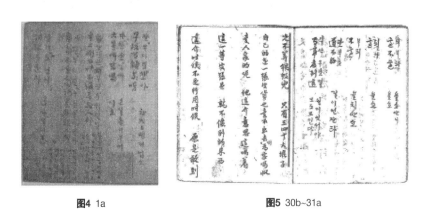

图4 1a   **图5** 30b~31a

【中华正音抄写形式】

　　与《骑着匹》相同的部分为31a至33a(见〈图5〉)，共5叶，字数共300余字。内容为皮制品买卖相关对话。这一部分内容与《骑着匹》系列其他异本完全相同，但在部分用字上有所出入。5)

　　另外，《中华正音》中还可见修改的痕迹。书中内容重复部分标着墨笔所写"×"或"O"符号。韩语译文有误的部分则用墨笔勾销后，在旁边标上了修改后的译文。从各种修改痕迹，不难推测此书应为初写本，而非足本。具体修改部分如下：

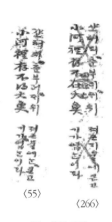

> 55.6) 小河里存不得大鱼 [샨허리춘부더딕위]
> 　　　 져근 물에는 큰 고기가 업는이라
> 266.　小河里存不在大鱼 [샨허리춘부직딕위]
> 　　　 죠근 기울에 큰 고기가 업는이라(×)
> 80.　允给我 [윤긔워] 고르게 노나 쥴라
> 162.　允给我 [윤긔워] 그리 노나 줄나(×)
> 111.　保人不保钱 [밤인부밤쳔]
> 　　　 스람 보는 흐여도 돈 보는 안니흔다
> 289.　没有请教 [무이칭죠] [쳠 몬 맛낫소] 뱀 젹 업소

〈55〉　〈266〉

图6 修改痕迹

　　(55)与(266)重复，(80)与(162)重复，故(266)和(162)被删除。

　　此前发现的多本汉语会话书仅对干支做了简单记录，并未对抄写原委作详细说明。但本书的封面里页有一段抄写者的抄写记录，根据此记录可推测抄写背景

---

5) 原文如下（"/" 符号表示说话人的更替）: 先不筭銀數兒，只有三四十大堆子，自己的連一張皮貨也賣不出去咧，爲甚麼收賣人家的呢？/他這介意思這嗎着。這一等皮張是就不像別的東西，這介時候不是行用時候，原是敢到夏天下[金+瓦]的時候，纔各處皮鋪裡往皮恒家開板咧。所以每年介敢到春天就[ㅈ]行市管包起來，所以他們打着把着永長家皮貨，萬一人家買下咧，敢明介開板的時候，只怕斫他們的鍋，萬一人家胡裡胡杜的渾斫一路鍋，他們惱得裡頭白費錢。不過是這一点意思。若不是那嗎着，連各人頭裡咆吞不下去。如何收買人家的呢？/看起這介來，看不透他那介筭板，我們寔再根不上去。 /他們帽客是這塘往邊們口去帶來的帽包是穩雇穩多少？/那介到不正盡。他們後敢各人不同，先不知其數兒。赶明介都到全，纔的知到多少兒來呀。/阿哥，這鳳凰城大老爺赶起[幾]時萬現[滿限]？/年底些[일]纔爲萬咧，一替三年一定的故規，三年纔爲萬咧。

6) 由笔者添加，对书中首次出现的常用句和俗语按顺序进行了标注，每个数字为一行，共325行。

及抄写时期。其全文如下:

图7 抄写记录

【中华正音抄写记录】

ㄱ ㄴ ㄷ ㄹ ㅁ ㅂ ㅅ ㅇ

癸未四月十三日新成漢吃册

清陣吳大帥長慶下都督迎

接所設始以本所書吏擧行

時得一漢吃册飜謄耳[7]

记录中对抄写背景做了交代。文中有两处"汉吃册",这里的"吃"应为"词"的通假字,故"汉吃册"应指"汉词册"。光绪八年(1882)七月,朝鲜爆发壬午军乱,由吴长庆率领的三千清兵被派谴至朝鲜,驻扎于首尔。其翌年正是

"癸未",即1883年。由此可知,这本《中华正音》应为清兵阵营迎接所所属一朝鲜通事从清兵那里得来一本汉语词汇集,于1883年4月13日抄写而成。

本书标题为《中华正音》,但与其他5本抄本《中华正音》相比,其内容和形式却大相迳庭。本书不是汉语会话书,而是收录汉语常用句和俗语的惯用语集,其性质类似于抄本《华语抄略》和《汉语》的前半部,与《你呢贵姓》中的惯用语和常用句部分亦较为相似。

---

7) 癸未四月十三日,新做成一部汉语词汇集。清兵阵营大帅吴长庆下属都督迎接所设立,本所书吏工作时得来一本汉语词汇集,将其抄写下来。

《中华正音》为当时对汉语教科书的统称, 意为 "标准中国语", 亦称作 "华音" 或 "官话", 这一点从现存多本汉语会话书书名得到确认。如鲜文大学中韩翻译文献研究所藏《华语抄略》封面在书名旁同时标注 "华音", 亦藏于中韩翻译文献研究所的《中华正音》(华峰文库旧藏本), 其封面上则标着 "官话"。

即, 朝鲜后期19世纪、20世纪初收录汉语相关内容的汉语会话书多采用 "中华正音"、"关话"、"华音"、"华语" 等表示汉语之意。崇实大学所藏《中华正音》虽不是以会话体为主的学习用书, 但内容涉及汉语常用句、俗语等, 故亦采用《中华正音》作为其标题。

三、标记特点

1. 文字

本书字体为半草体, 书写流畅, 可见抄写之人笔法相当娴熟。但值得注意的是部分汉字与现代汉语中使用的汉字有所出入。其特点大体上有如下三点:

第一, 与现代汉语中所用汉字不同。如 "教 → 交"、"苦 → 嘘"、"熟 → 孰"、"倒腾 → 到等"、"煳 → 糊"、"饱 → 咆"、"尺 → 堤"、"装 → 藏"、"锚 → 猫"、"咧 → [口+烈]"、"沉 → 陈"、"办 → 辨"、"耽 → 當"、"肿 → 宗"、"性 → 姓"、"派 → 牌"、"难 → 狼"、"慌 → 恒"、"掉 → 彫"、"攀 → [才+攀]"、"见 → 呫"、"缺 → 决"、"们 → [口+門]" 等。具体用例如下:

1. 早沒有領**交**呀 [챤무이링챤아] 한 번도 뷘 젹 업소

47. 爲我吃点**嘘** [위워치텬쿨] 나를 위허여 수고 좀 허여라.

65. 一生兩**孰** [이싱양수]

113. **到等**過來, **到等**過去. [댜둥궈리, 댜둥궈츄] 뒤각굴녀 오고 뒤각굴녀 간다.

138. **糊**那 [후-乙나] 타졋다

144. 酒不醉飯不**咆**. [쥐부쥐판부뾔] 술은 취치 안코 밥은 비브르지 안타

155. 兩**堤藏**不滿 [낭치챵부만] 두 치도 츠지 못허깃다

169. 下**猫** [샤먀] 닷주의다

186. 驗倒**忩**再說 [얀돠려지쉬] 보고 다시 말허자

190. 大不点的成得**陳** [다부뎔디쳥더츤] 죠고마헌 거시 무겁기도 허다

201. 公事公**辨** [궁스궁반]

208. 別**當**悞我的事. [베당우워디쓰] 니 일을 어그러치지 마라

213. **崇**起來 [중칠리] 부엇다

224. 記**姓**不如忘**姓** [지싱부유왕싱]

226. 老爺**牌**的 [냐여퍼디]

231. **狼**爲你呀 [낭위니야] 너를 수고시기다

242. 餓的**恒** [워디항] 몹시、쟝허다

255. 上墨洗不**脫** [상머시부돼] 먹이 무드면 시쳐도 지、안타

251. **攀**着一身過, 敢把皇上拿下馬 [판져이신궈간바황상나쌰마]
    져 일시을 도라보지 안니면 황상이라도 말게 쩌러나리논이라

258. 遇**呫**時候 [우쟌스홀] 잘 만낫다

276. **決**少爲貴呀 [결소위궈아] 동나면 귀흔이라

295. 咱**閅**初回 [자문추휘야] 우리가 초면이요

上述汉字大部分为错字, 但 "辦" 写成 "辨" 的例子在其他抄本汉语会话书中屡见不鲜, 可见是通用字。

第二, 用字和注音有多处受韩语影响。如 "個" 和 "實"。"個" 只有一处写为 "个",

其他14处均用"介"代替, 如"一介"、"那介"、"敢明介"、"赶明介"、"每年介"等。作为朝鲜时期常见现象, 此种用例亦见于《训世评话》和小仓文库所藏《关话略抄》。"實"则写成了"寀"或"寔", 两字均为朝鲜时期常用俗字。

> 188. 一**介**半斤, 一**介**八兩. [이거반진, 이거팔량] 쪽갓다」
>
> 252. 朋友有一千不嫌多, 怨家一**介**多. [평위ㅊ이쳔부션도, 원쟈이거도]」
>   친구는 쳔이라도 마는 거시 안이요 원수는 하나라도 만타」
>
> 287. **介**点**介** [거뎐걸]」
>
> 288. 打**介**節 [다거쳘]」
>
> 132. 貨眞価**寀** [호진가시] 물건이 조흐면 갑시 실흔이라. 」
>
> 317. 我們**寔**再根不上去. 」

第三, 书中部分汉字以俗字代替本字。"炻"的汉语发音为"la[나]", 是"蜡"的俗字, 书中两处用例, 均以"炻"代替"蜡"。小仓文库所藏《关话略抄》中则以训读字"烛"代替"蜡"。[8]

> 183. 換**炻** [환나] 초 박구어라
>
> 187. 剪**炻**花 [쟌나화] 초 길다

2. 音韵

另外, 值得注意的是书中采用多种方法标记儿化音。有些直接在韩语读音中融入儿化音, 有些以"乙"代替, 有些则省略不记。另外, 有些儿化音只见于韩语注音中, 以"乙/ㄹ/을"标出。直接以"儿"标出的例子仅有3处。具体标注方法, 可归纳如下 :

---

8) 白燭一支**燭臺**一介拿來咧 (關話畧抄 10b)

第一, 在字的下方标上"乙"字。

　　6. 貴府那-**乙**[9]那? [귀푸**날**내 어듸 亽오
118. 老家在那-**乙**? [**난쟈나날**] 본향이 어듸니
　90. 話不到那侯-**乙** [호부단늬후-**乙**]

第二, 汉语原文无儿化音, 韩语注音中却以"乙/ㄹ/을"等符号标出。此种情况在书中可见16处, 具体例句如下:

91. 撒手 [사슈-**乙**]
13. 要報圓. [**얀반월**] 나는 도민로 모와 파네
158. 他來又走咧. [타릭 위즈**을**려] 그 亽람이 왓다가 갓다

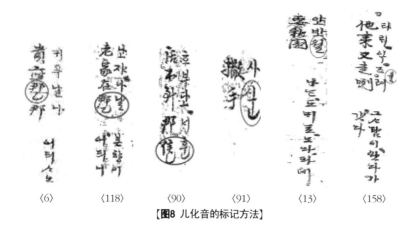

〈6〉　　〈118〉　　〈90〉　　〈91〉　　〈13〉　　〈158〉

【图8 儿化音的标记方法】

第三, 汉语原文和韩语注音不匹配。
　　例如(102)中, 将"散"的读音标为"사", 但"사"为"撒[sa]"的读音。(291) 中将

---

9)　"兒"或"乙"加注于前一个字的下方造成合音字, 为方便标注, 本文中将以"-"符号标注。

"不得騎馬" 的读音标为 "치부더승쿠", 但其实是 "騎不得牲口" 的注音。(293)中的
"留", 其读音被标为 "춘", 但 "춘" 实为 "存[cun]" 的读音, "存" 是东北方言, 表 "停留、
留宿 [住/留]" 之意。此类情况亦见于其他抄本汉语会话书。

　　102. 是財不**散** [스치부사]
　　291. 天道好冷, **不得騎馬**, 坐轍來. [텬단환능, **치부더승쿠**, 죠쳘닐네]
　　　　날이 츠기로 말을 못 타고 수레를 타고 왓슴네
　　292. 你在誰家店**留**那. [니직쉬쟈뎐**춘**냐 늬가 뉘 집 졈에 유허엿슴나

　　第四, 韩语注音中可见部分在汉语原文中看不到的语气词, 例如 "너[呢] /아[呀]
/나[那]" 等。

　　294. 何人騎馬過去 [읙인치마궈쳘**너**] 엇던 스람이 말 타고 지나가네
　　295. 咱[口+門]初回 [자문추휘**야**] 우리가 초면이요
　　297. 對 [뒐**나**] 올쇼

　　第五, 可见部分加入儿化音而形成的合成字。如 "会儿[hur]" 写为 "侯/候-乙
[hour]", 此合成字亦可见于其他抄本汉语会话书。

　　90. 話不到那侯乙 [호부단늬후-乙]
　　245. 坐一候乙 [조이후-乙]

　　第六, 部分字因语音弱化被其他字代替。例如 "底下" 的 "下[xia]" 读音弱化为
"些[xie]", 因此 "底下" 写成了 "底些"。

　　323. 年底些[셜]纔爲萬咧

此外, 书中将 "挖苦" 写为 "臥口", "臥[와]" 是 "挖[wa]" 的韩语取音字。"满限"
则写为 "萬現", 这里的 "萬[만]" 为 "满[man]" 的韩语取音字, "現[xian]" 为 "限" 的汉语
音借字。"矩规" 写为 "故规", "故[gu]" 为 "矩[구]" 的汉语取音字。

234. **臥**口說 [와쿠쉬] 남을 쳐 말ᄒᆞᄂᆞᆫ 것
322-323. 阿哥, 這鳳凰城大老爺赶起時**萬現**?
324-325. 一替三年一定的**故**规, 三年纔爲**萬**咧.

3. 词汇

在用词方面, 主要特点是书中所用词汇与《中华正音》、《骑着一匹》、《你呢贵
姓》等其他抄本汉语会话书所用辞汇极为相近。例如:

17. 上稱**跑一跑**10)多重呀. [샹쳥퍼ㅜ이퍼ㅜ도즁아]
    져울에 다라보와라 얼마 즁이ᄂᆞ 되나
149. **原起**有話說 [원치우화쉬야] 처음에 헌 말 오른이라
291. **天道**好冷, 不得騎馬, 坐轍來. [톈돠환능, 치부더승쿠, 죠철닐네]
    날이 ᄎᆞ기로 말을 못 타고 수레를 타고 왓슴네
317-319. 他們帽客是這塘往邊們口去帶來的帽包是**穡雇穡**多少?

"称跑" 意为 "用秤称量", 相当于现代汉语中的 "过秤", 《华音撮要》以及阿川文
库所藏《中华正音》中也可见其用例。11) 小仓文库所藏《关话略抄》中则写为 "砲
称"。12)

---

10) 是得. 否子小夥計你叫金云景去提我的話, 我幾个海蔘主子, 往我們房子裡**跑稱**來, 告訴他們
別漏一个人罷. (华音撮要 45b) 還在後遠兒呢. 管誰的拉全的, 先給他跑啊. 咱們**跑稱**呢, 叫誰
拿稱纔公道啊? (华音撮要 46b) 這嗎个悖道給你們**跑稱**, 還是照舊兩頭乙叩呢. (华音撮要
52a)
11) 那麼拿大**稱跑**啊, 拿戥子論斤要啊 (阿川文库 中华正音 7a)

　　"原起"为现代汉语中的"原来",抄本汉语会话书当中仅可在藏书阁藏《中华正音》中见其用例。[13]

　　"天道"意指"天气",初见于译学书《译语类解补》。抄本汉语会话书中可见其用例的有《华音启蒙谚解》、阿川文库所藏《中华正音》、小仓文库所藏《关话略抄》等。

　　"穠雇穠[nonggunong]"相当于现代汉语中的"拢共/ 共计/ 总计",收录这一词汇的一段与"骑着匹"系列其他抄本汉语会话书中的内容重复。其他抄本中将其写为"攏古攏"、"攏具攏"、"攏俱攏"等,[14] 均为"拢共"的东北方言。本书中将"攏"写为"穠",而其他抄本中的"古/具/俱"则写为"雇[gu]"。

　　此外,书中还可见下列词汇或常用句。

18. 撒嬌 67. 囑付 78. 好面善 83. 減布 91. 撒手 115. 高壽 121. 三兩天
122. 飯攏飯攏 138. 一百六 151. 亂道 152. 两國貿易 153. 不可交 154. 有浪
161. 江沿上 165. 稀罕 166. 退磨 167. 鐙竿 168. 細絡 170. 風竿 171. 長銹
174. 不說理 185. 讓幇 189. 查收 191. 批八字 194. 替身的賣買 196. 現殺的
199. 放脚 216. 濃血 229. 潤鐵 232. 層一層 233. 貪貪錢 237. 古都買
249. 犯禁的東西 250. 門市貨 254. 勞駕 256. 饒言 278. 大路貨
280. 國王手番 281. 内官 285. 家兄家弟

---

12) 秤是天下公平的公道**砲稱罷** (关话略抄 13b)
13) 坐火輪船來的嗎, 坐夾般船來的嗎? **原起**打着天凉坐火輪船到來咧.(藏书阁 中华正音 2b) 太爺們, 只管放心, 上車罷. 這簡騾子瘦却瘦, 比肥的咳强長. 這簡牲口**原起**急性跑的快. 俗言道: 瘦死李, 駱駝比馬的咳大啊! (藏书阁 中华正音 9b) 關貨是**原起**北邊外裁的, 又出東邊外的. 這两地方一年根子賣的不少, 比高麗蔘恒市咳錢, 一斤三两多銀子, 就調好買呢.(藏书阁 中华正音 25b) 太爺們, 你不大明白. 門上的生意家, **原起**門上有清官文官, 咳有稅官, 混高力人講妥了, 以後按斤頭都有上稅.(藏书阁 中华正音 28b)
14) 他們毛客這車尙往邊門口帶的오난, 帽包是**攏古攏**多小냐?"(藏书阁 骑着一匹 12a)
　　他們帽客這塘往邊門口帶來的帽包是**攏具攏**多少啊너니??"(顺天大学 中华正音 7a)
　　他們帽客這塘往邊門口帶來的帽包是**攏俱攏**多少啊??"(濯足文庫 中华正音 36b)
　　上下家眷**攏具攏**多小呀?"(你呢贵姓 9a) "具[구]" 和 "俱[구]" 为韩语取音字。

(191) "批八字" 意为 "算八字", (229) "潤鐵" 原意为 "熨贴", 但在这里用作 "处理平整" 之意。(237)的 "古都買" 意为 "整个都买下", (250) "門市貨" 意指 "品质上乘的货物", (278) "大路貨" 则指 "热销货物"。

四、俗语

　　本书内容大体可分为两部分, 主要部分是收录300余条常用句和俗语的第一部分。第一部分所收录俗语又可细分为谚语50余条、歇后语4条、口语体成语等。汉语俗语包括谚语、歇后语(引注语)、惯用语等。明清以来, 有很多小说和戏曲、域外汉语会话书流传于世, 这些资料里收录的俗语作为世代传承的语言遗产, 体现了一个国家历史、文化以及民俗风情等特点, 具有重要的研究价值。本书亦收录了各种俗语, 下面将对这些俗语作简单介绍。

1. 谚语

　　书中收录部分未见于其他文献的新俗语, 共19条, 具体如下：

　　 3. 皇上剮刀快, 不斬無罪人那
　 19. 爲打耗子, 傷了玉瓶
　 23. 千里銀子當面錢
　 25. 有十成銀子, 沒有十成錢
　 31. 賣布的不怕扁担量
　 37. 人不死債不爛
52-53. 母行千里兒不愁, 兒行千里母當憂
　 63. 魚見食餌不見鉤

71. 人不正一頭, 不講一契
109. 有錢添城門, 不添陽溝
112. 人行好事, 莫問前程
147. 誰下米誰吃飯
180. 臉面值千金
188. 一介半斤, 一介八兩
224. 記姓不如忘姓
251. [扌+攀]着一身過, 敢把皇上拿下馬
260. 官不守衙門, 客不守店
264. 陰天難看時早晚, 雪深不知路高底

　　上述俗语均未见于《俗语大辞典》。15)俗语中蕴涵丰富的人生智慧和真理, 具有浓厚的教育或讽刺意味, 这些俗语可收录于新的标题项中, 提供更多的俗语用例, 供后人参考。

　　此外, 虽不多, 但可见一些同样收录于朝鲜时代司译院译学书《译语類解补》、《朴通事》、《老乞大》的俗语。

4. 家貧不是貧, 路貧愁殺人16)
108. 大人不見小人過17)
173. 坐吃山空18)

---

15) 参考了温端政主编(1989/2011), 中国俗语大辞典, 上海辞书出版社;辞海版中国俗语大辞典, 上海辞书出版社;翟建波编著(2002), 俗语大词典, 汉语大词典出版社。

16) 家貧不是貧, 路貧愁殺人 (翻译朴通事 上54a) (朴通事谚解上 48b) (朴通事新释谚解 1:52b)

17) "罷麼相公, 饒他麼。大人不見小人過。"(朴通事谚解中 3a) "相公饒了他罷。自古道: '大人不見小人過。'" "相公饶了他罢。自古道: '大人不见小人过。'"(朴通事新释谚解 2:13b) "一箇打使董有錯的否咧, 那个倒咳算甚嗎呢? 算不來回古來。人說: '大人不見小人的過' 啊。不差甚嗎有錯的否咧, 旣往不咎往。眼子有埋怠否咧, 憑客人們怎嗎嘴不敢答應?"(藏书阁 中华正音 12b)

18) 坐喫山空 (译语类解补 琐说 60b) (语录汇编 水浒 17b) "坐喫山空, 立喫地陷。…… 你須計較一個長便。"(京本通俗 错斩崔宁) "坐喫山空, 立喫地陷。"(平妖传 20) "家中日逐盤費不周, 坐喫山空, 不免往楊大郎家中, 問他這半船貨的下落。"(金瓶梅 93) "只是百米多兩銀子, 坐喫山空,

230. 三人同行年少的苦[19]

抄本《你呢贵姓》是朝鲜后期贸易汉语会话书, 收录各种俗语、成语、惯用语。崇实大藏《中华正音》中有部分俗语与《你呢贵姓》中的俗语相同或相近。

20-21. 人過留名, 鴈過留聲[20]

57. 破翎的鸚鵡不如鷄[21]

212. 看事作事[22]

246. 收也憑天, 荒也憑天[23]

111. 保人不保錢[24]

265. 賣魚不出村[25]

148. 財明義不踈[26]

55. 小河里存不得大鱼[27]

俗语有三大特点。第一, 大众性; 第二, 通俗性; 第三, 相对定型性。俗语不能过长, 要简单明了, 且前后语句并非随意组合而成, 而需经过长期使用后约定俗成, 即俗语具有定型性。但俗语结构较灵活, 同样的俗语可有多个变体, 有些还可替换词汇。[28] 书中可见的俗语变异形式具体如下:

也不是長久之計。"(風月亭 8) ☞ 坐吃山崩, 坐食山崩

19) 三人同行少的吃苦: 你三箇裏頭, 着這箇老年的看着罷。自古道, '三人同行少的吃苦.' 我們三箇人去罷。"(老乞大新释谚解 1:42ab) (汉语 修绠室 9a/165) 三人同行小的苦: "你三箇裏頭, 着這老的看着。'三人同行少的吃苦.' 咱們三箇去來。"(翻译老乞大 上33b, 34a) (老乞大谚解 上31a)

20) 人過留名, 鴈過留聲 (你呢贵姓 26a)

21) 破翎鸚鵡不如鷄 (你呢贵姓 29b)

22) 看事作事 (你呢贵姓 25b)

23) 收也憑天, 憑天吃飯 (你呢贵姓 26a)

24) 保人不保錢 (你呢贵姓 28b)

25) 賣魚不出忖 (你呢贵姓 28b)

26) 財明意不踈 (你呢贵姓 28b)

27) 小河裡存不得大鱼 (你呢贵姓 30b)

俗语含义没变, 仅有部分词汇发生变化。

① **交易**不成**仁義**在 (三俠 24) ☞ **買賣**不成**仁義**在 (红旗谱 23) ☞ **7. 買賣**不成**東西**在 (崇实大学 中华正音)

② **路遠**知**馬力**, 日久見人心 (明心宝鉴) ☞ 44-45. 日久見人心, **遠行**知**馬庄** (崇实大学 中華正音)

③ 一命**填**一命 (醒世姻缘 59) ☞ 172. 一命**抵**一命 (崇实大学 中华正音)

④ 張三**吃**酒李四**還錢** (华语抄畧 7b, 8a) ☞ 張三**喫**酒李四**醉** (华撮 日用行语 61b) ☞ 243. 張三**哈**酒李四**醉** (崇实大学 中华正音)

⑤ 一手**交錢**, 一手**交貨** (水浒 21 /石点點头 2 /醒恒 1) ☞ 一手**招錢**, 一手**拿貨** (中华藏书 29a) ☞ 126. 一手**拿錢**, 一手**拿货** (崇实大学 中华正音)

⑥ 秀才不出門, **能**知天下事 (中华 藏书 4b / 吳下谚联 卷二) ☞ 178. 秀才不出門, **廣**知天下事 (华撮 日用行语 63a) (汉语 修缫室 24/2a)

⑦ 雪中送炭**人間少**, 錦上添花**世上多** ☞ 雪中送炭**眞人少**, 錦上添花**世間多** ☞ 錦上添花**的有**, 雪裡送炭**的没有** ☞ 205. 錦上添花**古來有**, 雪裡送炭**半个無** (崇实大学 中华正音)

⑧ **飢**不擇食, 慌不擇路 (华语抄畧 5/1a) ☞ 64. **餓**不擇食, 慌不擇路 (崇实大学 中华正音)

⑨ 羊毛**出**在羊身上 (汉语 修缫室 52/3b) (醒世姻缘 1 /生綃剪 15) ☞ 116. 羊毛**出得**羊身上 (崇实大学 中华正音)

⑩ 身在矮簷下, 不敢不低頭 (华语抄畧 77/3a) ☞ 在人矮簷下, 怎敢不低頭 (水浒 28) ☞ **在他簷**下過, 不敢不低頭 (喻明 20) ☞ 14. **人**在矮橡下, **不敢**不底頭 (崇实大学 中华正音)

⑪ 在家千日好, 出戶一日難 (华语抄畧 190/6a) ☞ 在家千日好, 出**外**一日難 (汉语 修缫室 4a) ☞ 在家千日好, 出**外一時**難 (华撮 日用行语 62b) (中华 藏书 3b) ☞ 在家千日好, 出**外片時難** (隋史遗文 2:70) ☞ 127-128. 在家千日好, 出**外時時難** (崇实大学 中华正音)

⑫ 各人自掃門前雪, 莫管他家屋上霜 (汉语 修缫室 33b) ☞ 各人自掃門前雪, 莫管他家瓦上霜 (禅真 11:5) ☞ 各人自掃門前雪, 休管他家屋上霜 (绿牡 1:179) ☞ 60-62.

28) 温端政, 前言,《中国俗语大辞典》, 1989.

只掃門前雪歸籠, 別管人家瓦上霜 (崇实大学 中华正音)

⑬ 那一箇猫兒不吃腥 (华语抄畧 252/7b) ☞ 那箇猫兒不吃腥 (水浒 12 /合汗衫 3) ☞ 那箇猫兒不吃葷 (初刻 6) ☞ 那箇猫兒不偸食 (警通 37) ☞ 248. 何猫不吃腥 (崇实大学 中华正音)

⑭ 人有當日子灾, 馬有垂繮之病 (骑着匹 六堂 下21a) (中华 藏书 4a) ☞ 68. 人有當日方灾, 馬有繮繩子病 (崇实大学 中华正音)

另外, 部分俗语变短或变长。

① 知人知面不知心, 畫虎畫皮難畫骨 (金瓶 51 /红楼 94 /华撮 日用行语 64b) ☞ 知人知面不知心. (朴通事谚解 下41a /骑着匹 下29a) ☞ 101. 畫虎畫皮難畫骨 (崇实大学 中华正音)

② 蓬生麻中, 不扶而直; 白沙在泥, 與之皆黑 (大戴礼记·曾子制言上) ☞ 蓬生麻中, 不扶而直 (宋·吴开 优古堂诗话 /鸳鸯针 2) ☞ 79. 蓬生麻地, 不得不知 (崇实大学 中华正音)

③ 官不打送禮人, 狗不咬撒屎人 (汉语 修绠室 16a) ☞ 259. 官不打送禮的人 (崇实大学 中华正音)

④ 一塊好羊肉, 如何落在狗口裡 (金瓶 1) 一塊好羊肉, 落在了狗口裡 (天湊巧 曲雲仙) ☞ 66. 一塊羊肉, 落在狗口 (崇实大学 中华正音)

⑤ 官法如爐 (警通 7) ☞ 268. 人心似鐵, 官法如爐 (金瓶 92) ☞ 人情似鐵非爲鐵, 官法如爐卽是爐 (西洋记 47) (崇实大学 中华正音)

⑥ 哄人不過一遭 (你呢贵姓 19b /学清 14b) ☞ 206-207. 哄人不過一遭, 脱生再也不能句 (崇实大学 中华正音)

例①~④中的俗语长度变短, ⑤和⑥俗语长度变长。

有些俗语前半句和后半句顺序被颠倒。

170. 閑時不燒香, 急來抱佛脚 (喩明 10 /华撮 日用行语 61b /汉语 修绠室 2a) ☞ 32-33. 急來扶佛脚, 閑時不燒香. (崇实大学 中华正音)

可见, 俗语的定型性并非绝对, 而是相对的。

2. 歇后语

俗语除谚语, 还包括歇后语。一般而言, 歇后语由 "引子" 和 "注释" 两部分构成。前一部分一般采用生动形象的比喻手法, 像谜面, 后一部分像谜底。与成语、谚语相比, 歇后语的主要特点为大众性、口语性和谐谑性。崇实大所藏《中华正音》中可见如下4条歇后语:

22. 千里送鵝毛 —— 禮輕仁義重
58. 引風吹火 —— 用力不多
84. 管甚麼肯當頭 —— 有一点毛病
179. 一年當差 —— 有多少來吃

歇后语(22)意为 "礼物虽小, 但情意大", (58)意为 "借助风来吹火, 不费力气", (84)则指 "喜欢出风头, 有这毛病", (179) 意指 "当一年的差, 有小利可图"。

3. 口语成语

成语可根据其来源分为书面成语和口语成语。前者可归入俗语中, 但后者则不能。崇实大所藏《中华正音》中亦见口语成语, 具体如下:

15. 一主一客 28. 出門當客 50. 壞事壞弓 51. 不增不費 56. 一宿張灯
65. 一生兩孰[熟] 74. 逕手錢五 75. 度日如年 119. 一姓各呼 124. 先嘗後買
132. 貨眞価寀 137. 穩當爲事 141. 賤賣不賒 150. 連本帶利 175. 原平原對

177. 採[拆]東補西　201. 公事公辨[辦]　218. 徒価不買　228. 從頭到尾
235. 自己不奪　238. 吃哈嫖賭　239. 笑裡藏刀　241. 十錢八吊　244. 將假當眞
271. 翻江覆海　272. 二聘一女　277. 一母所生　290. 家親家蕉

　　书中可见20多个成语, (15)"一主一客"意指"主人和客人之间", (51)"不增不費"意为"不赚也不赔", (65)"一生两孰"则相当于"一回生两回熟", (119)"一姓各呼"则指"即使同姓并非都是一家亲戚", (177)"採東補西"相当于"拆东墙补西墙", "採[cai]"为"拆[chai]"的汉语音借字。但(74)"逻手錢五"、(235)"自己不奪"、(241)"十錢八吊"的意思则不得而知。

五、结语

　　以上对新发现的崇实大韩国基督教博物馆所藏《中华正音》的特点进行了分析。

　　崇实大学所藏《中华正音》(1册, 37章) 是一本汉语词汇集, 由清兵阵营迎接所所属朝鲜通事于1883年4月13日抄写而成。虽名为《中华正音》, 但书中收录了汉语俗语和常用句, 其性质与抄本《华语抄略》和《汉语》前半部分相似, 与藏书阁所藏《你呢贵姓》惯用语和常用句部分亦可见很多类似之处。

　　俗语是汉语词汇的重要组成部分, 具有定型性, 短小的语句中蕴涵丰富的含义, 广泛流行于人们的语言生活中。分析收录于海外近代汉语会话书中的常用句和俗语, 对研究近代汉语使用情况及当时人们的语言生活有极大意义。不仅如此, 通过分析其译文, 还可了解近代韩国语的使用情况, 因此具有较高的研究价值。

试论韩国《汉语会话书》的语料价值
——以《华语教范》和《汉语大成》为例

四川师范大学　陈　颖*

一、研究目的及方法

　　研究清代末年民国初年的北京话，可参考的语言材料除了一批京味小说家的创作，便是各种汉语会话教材。这些汉语教材是近年的研究热点，如张美兰、李无未对朝鲜和日本汉语教科书的研究[1]，张卫东对英国传教士威妥玛所著《语言自迩集》的研究等[2]，构成京味小说、东亚汉语教材、西方汉语教材互相佐证的清末民初北京话语料库。

　　目前国内可见的朝鲜时代汉语教材主要是汪维辉编《朝鲜时代汉语教科书丛刊》[3]和《朝鲜时代汉语教科书丛刊续编》[4]，韩国研究者则以朴在渊、金雅瑛编

---

　* 女，1975年生，四川师范大学文学院副教授，硕士生导师。北京大学中文系博士研究生。电
　　话：18684032721　信箱：scsdcy@163.com

1) 美兰《明治期间日本汉语教科书中的北京话口语词》，《南京师范大学文学院学报》2007年第2
　　期，张美兰《19世纪末北京官话背景下的两部朝鲜汉语教材》，《吉林大学学报》2011年第2期，
　　李无未、杨杏红《清末民初北京官话语气词例释——以日本明治时期北京官话课本为依据》，
　　《汉语学习》2011年第1期。
2) 妥玛 (1886)《语言自迩集》，张卫东译，北京大学出版社2002年。
3) 维辉编《朝鲜时代汉语教科书丛刊》，中华书局2005年。

《汉语会话书》系列为主。《汉语会话书》由韩国学古房出版社2009年出版，将中韩翻译文献研究所所藏的朝鲜时代9种旧活字本汉语会话教材重新排印，包括《汉语独学》(1911)、《汉语指南》(1913)、《华语精选》(1913)、《华语教范》(1915)、《汉语大成》(1918)、《支那语集成》(1921)、《中国语自通》(1929)、《满洲语自通》(1934)、《支那语大海》(1938)。2011年两位学者出版了《汉语会话书续编》，收录了同时代汉语会话教材6种，包括3种抄本《交邻要素》(1906)、《官话问答》(1915-1924)、《官话丛集》(1924)和3种活字本《速修汉语自通》(1915-1922)、《中语大全》(1934)、《内鲜满最速成中国语自通》(1939)。这些语言材料在一定程度上反映了当时的汉语面貌及风俗人情，受到学界重视，以之为据进行研究，如刘性银等5)。

那么这些教材所反映的汉语面貌是否真实可靠，或者说是在多大程度上反映了汉语的实际面貌？本文把《汉语会话书》中的《华语教范》(李起馨著，普昌书馆，以下简称《教范》)和《汉语大成》(李源生编，以文堂，以下简称《大成》)与同时期的京味小说6)和其他汉语教材7)相比，从语言本体研究出发略作探讨。

---

4) 维辉、远藤光晓、朴在渊、竹越孝编《朝鲜时代汉语教科书丛刊续编》，中华书局2011年。

5) 性银、金雅瑛《清末民国时期汉语口语教材中的反复问句研究》，2012年中韩语言文学研究与汉语教学国际学术研讨会论文集。

6) 文所用京味小说语料包括蔡友梅小说（《小额》(1908)、《新侦探》(1913-1919)和21部"新鲜滋味小说" 1919-1921《姑作婆》、《理学周》、《麻花刘》、《裤缎眼》、《刘军门》、《苦鸳鸯》、《铁王三》、《花甲姻缘》、《鬼吹灯》、《赵三黑》、《张文斌》、《搜救孤》、《王遁世》、《小蝎子》、《曹二更》、《董新心》、《五人义》、《鬼社会》、《忠孝全》、《张二奎》、《一壶醋》)，剑胆小说（《何喜珠》(1913)和《劫后再生缘》)，尹箴明小说《讲演聊斋》(1919-1922)，穆儒丐小说《北京》(1923)。

7) 文所用西方汉语教材语料包括高本汉《北京话语音读本》(1918)，威妥玛《寻津录》(1817)，威妥玛《语言自迩集》(1886)《如何学汉语》(1923)。日本汉语教材包括《亚细亚言语集》(1879-1892)、《北京风土编》(1898)、《北京官话谈论新篇》(1898)、《支那语助辞用法》(1902-1921)、《生意筋络》(1903)、《华言问答》(1903-1907)、《华语跬步》(1903-1913)、《官话指南》(1903)、《北京纪闻》(1904)、《燕京妇语》(1906)、《官话北京事情》(1906)、《北京官话虎头蛇尾》(1906-1907)、《今古奇观》(1911)、《搜奇新编》(1916)、《最新官话谈论篇》(1921-1936)、《北京风俗问答》(1923-1939)、《华语萃编》(1933-1940)、《改订官话指南》(1944)、《天时》、《中国语学资料丛刊》等。

二、语料价值

1. 认识汉语特点

两本教材都对汉语的特点有明确的认识。《教范》共九编，分别为 "陪伴用例"、"动词用例"、"前置词用例"、"副词用例"、"形容词用例"、"动词及打消话用例"、"助词用例"、"连续词用例" 和 "应用会话"。从编目上可见，著者认为汉语词类中特别值得重视的是量词、介词、助词等。"陪伴用例" 一节给出136个用例，如 "这一个人" "那副眼镜"。"前置词用例" 分四章讨论 "打、往、从、由" 等介词。"连续词" 包括 "可是、任凭、倘或" 等。"助词" 包括 "是、和、着、许" 等。这些都是汉语和印欧语相比的特点。因为是从意义上分类，也有不够合理之处，如将 "上那儿去" 的 "上" 列为前置词。《大成》分 "单话"、"会话"、"问答"、"长话" 四编，第一编 "单话" 分十课，每课介绍完生词再注释部分常用词，如第三课解释 "罢" 和 "了" 的不同在于时间上是未来还是过去，第四课解释 "么" 是疑问助词，"没" 和 "不" 的区别也是过去或未来。《大成》还注意到了汉语的倒装现象，如第二编第九课例句 "有高大的松树，那儿"。这些都抓住了汉语的特点及实质，对学习者有很大的帮助。

2. 忠实记音

朝鲜时代汉语教材使用谚文给汉字注音，对清末民初语音研究来说是极为宝贵的材料。研究者通过对音整理出当时的语音系统，对语音史研究有所贡献。如《大成》第三编第十二课例句：

顺便我到儿们家里坐坐儿罢。

该句把 "儿们" 的 "儿" 记为워，"坐坐儿" 的 "儿" 记为얼，不同的记音反映了同形

不同质的认识。

外国人记录汉字发音, 首要原则是忠实记录实际读音, 因此在两本教材中, 可以看到和其他语料不同的记音形式。

《教范》中有7处 "多儿钱":

这个脸盆多儿钱？

而在京味小说《小额》中, "多少钱" 共5处, "多儿钱" 却只有2处。

额大奶奶说："是啦, 这个事就仗着您了。用多少钱, 您说吧。"
本家拿这个方子到同仁堂一打, 您猜配一料多儿钱？

这种现象说明汉语教材对汉字实际读法更为敏感, 而本族人因为了解变读的因由, 更倾向于记录本字。

关于北京话第二人称敬称 "您" 的发展过程, 刘云概括为："你老(nǐlǎo) 〉你/您纳 (ni -na) 〉您(nín)"[8]。两本教材中, "你纳"、"您纳" 和 "您哪" 并存。

我若知道, 就早过来看你纳来了。(《大成》)
好说您纳, 咱们回头见罢。(《教范》)
我这有一点儿送行的薄仪, 千万您哪, 别推辞。(《教范》)

而同时期的京味小说中没有 "你纳" "您纳" 写法, 另有 "你哪"、"你老"、"您老"。

范三说："三哥你是恼了兄弟我啦, 嗔着我节下没请你哪, 是与不是？"(《铁王三》)
孙二狗说："我不敢说您哪, 我的哥哥。"(《小蝎子》)

---

8) 云《北京话敬称代词 "您" 考源》,《北京社会科学》2009年第3期。

马队说："少爷<u>你老</u>别下马呀！"(《赵三黑》)

想到其间，三步两步赶到跟前，恭恭敬敬的做了个揖，说："二大妈，<u>您老</u>好哇……"(《聊斋演义》)

可见，教材部分地反映了当时的语音面貌，但记录下的形式很有限。

3. 反映时代语言面貌

在词汇和语法方面，朝鲜时代汉语教材反映了一些时代特有的现象，在京味小说中可以得到印证，也能看到语言的发展进程。

如"闲在"一词，描写闲适的状态。《教范》和《小额》都有用例：

您今儿怎么这么<u>闲在</u>呀？(《教范》)

不能这么<u>闲在</u>吧？(《小额》)

又如众多的"VP不VP"句子反映了当时这一句式在正反选择问句中的主导地位，也印证了"'VPNegVP'式在宋元明清时期因述补结构的发展而变得形式复杂"这一结论[9]，如：

哦，拿来了，这是信票儿，还有明信片儿，您看<u>够用的不够</u>。(《教范》)

<u>赶得上车赶不上</u>？(《教范》)

4. 借鉴日本汉语教材

朝鲜时代汉语教材与日本汉语教材的关系，可以从重文现象看出。如《教范》

---

9) 绍愚、曹广顺主编《近代汉语语法史研究综述》，商务印书馆2005年，第478页。

会话第二十六章与《北京官话谈论新篇》(金国璞、平岩道知合著, 文求堂书店) 第十章部分内容一致。《北京官话谈论新篇》的发行时间是明治三十一年 (1898年) 初版, 直到昭和十五年 (1940年) 第二十五版, 可见此书流传甚广。从重合的部分看,《教范》比《新篇》语句简略并有所改动, 如将对话双方分段表示等。参考两书的发行时间, 应是《教范》参考《新篇》的可能性更大。现将两文对比如下:

> 刚才我下船的时候儿, 脚行给我往下起行李。他说是, 那箱子甚么的海关上总是要打开验的, 怕是夹带私货和犯禁的货。我不明白甚么是私货, 甚么是犯禁的货, 所以要请教的。
>
> 那私货就是没上税的东西, 打算藏在行李里头是不行的。 至于这犯禁的货比私货又利害多了。像甚么洋枪火药弹子, 这些个都是犯禁的, 原是不准商人私买私卖的, 定例是很严的, 像私货叫关上搜出来, 不过加几倍罚银。若是搜出犯禁的货来, 那可了不得了, 不但把货入官, 还要把人治罪的哪。(《教范》)
>
> 刚才我下船的时候儿, 脚行里给我往下起行李, 他说是那箱子甚么的, 海关上总要打开验的, 怕是夹带私货和犯禁的货, 我不明白甚么是私货, 甚么是犯禁的货, 所以要请教的。那私货, 就是应当上税的东西, 打算藏在行李里, 偷漏不上税。至于那犯禁的货, 比私货又利害多了, 像甚么洋鎗、火药、炸弹、焰硝、硫磺、食盐, 这些个都是犯禁的货, 原是不准。商人私买私卖的定例是很严的, 像私货叫海关上搜出来, 不过加几倍罚银子, 若是搜出犯禁的货来, 那可了不得了, 不但把货入官, 还要把人治罪的哪。像新律这么严, 大概也没人敢私带那些个东西罢。您要知道, 天下见利不思害的人很多, 总不能免有那以身试法的人哪。不错的。(《北京官话谈论新篇》)

又如关于邮政事务,《教范》的用词是 "邮便", 明显受到日语影响。

> 借问您哪, 邮便局在那儿？

检日本教材《最新官话谈论篇》(张廷彦、李俊漳合撰, 文求堂, 1921-1936), 时间晚于《教范》, 仍保留有4处 "邮便" 用例, 如:

　　<u>邮便费</u>很贵罢？

但同时期的《大成》用词为"邮政"：

　　那是电报公司。这是<u>邮政</u>局。

京味小说中均使用"邮政"：

　　彼时<u>邮政</u>未设, 全凭马递投送公文, 今天是往下站送文书。(《赵三黑》)

这可能反映了不同的教材编写来源。

三、有损语料价值的部分

1. 校勘问题

　　活字本、抄本和排印本均有不少校勘问题, 或因汉字形近而误, 或因音近而误。有的比较明显, 有的则需细心审视方可发现。《大成》的问题较为集中和突出。

　　1) 音近而误的用例：

　　《大成》第三十一课, 活字本为：

　　教训<u>孙子</u>们是父母应做的事, 养子不教如养驴, <u>养如</u>不教如养猪。

根据活字本注音"孙희""如뉘"("如养猪"的"如"注音우), 排印本更正为：

　　教训<u>孩子</u>们是父母应做的事, 养子不教如养驴, <u>养女</u>不教如养猪。

《大成》第二十二课, 活字本为：

　　人家怎么说浙江<u>西湖子</u>风景好, 还不如自己去一看

根据活字本注音 "子彐", 排印本更正为 :

> 人家怎么说浙江<u>西湖的</u>风景好, 还不如自己去一看

2) 形近而误的用例 :

《大成》第四十课, 活字本为 :

> 他那么行止全是无钱的缘故那就是马行无力皆因瘦人不风法只为贫。

活字本没有断句, 排印本为 :

> 他那么行止全是无钱的缘故, 那就是马行无力, 皆因瘦人不风法只为贫。

这里的 "瘦人不风法" 难以理解。查活字本 "法" 注音为ㅇ바, 书写与 "流" 相近。因 "法" "流" 形近而从他处转录错误, 导致未能识别两句俗语, 又造成断句错误。应为 : 他那么行止全是无钱的缘故, 那就是马行无力皆因瘦, 人不风流只为贫。

3) 一句中形近多误用例 :

《大成》第三十课, 活字本为 :

> 我勸你, 用人如用木, 母以寸朽葉连抱之材。

排印本为 :

> 我勤你, 用人如用木, 母以寸朽叶连抱之材。

活字本将 "毋" 误为 "母우", "棄" 误为 "葉칙", "用人如用木, 毋以寸朽弃连抱之材" 来自《幼学琼林·武职》, 意思是说君主任用人才要像木匠选用木料一样, 不要因为极小的腐朽之处而放弃了栋梁之材。

从注音可见, 排印本又因形近将 "勸" 误为 "勤칟", 全句应为 : 我劝你, 用人如用木, 毋以寸朽弃连抱之材。

4) 断句误而使语言面貌不清

《大成》第四十三课，活字本为：

　　这鹤叨完了，和狼要马钱10)那，狼说我不害你那还不是重报么。

排印本为：

　　这鹤叨完了，和狼要马钱那，狼说我不害你那，还不是重报么？

　　清末民初"那/哪"尚未区分，两处"那"被放在句末，作用相当于语气词"哪"，这样一来，前句"和狼要马钱那"还说得通，后句"我不害你那"不在全句句末而在反问句句中，则于全句语气不协调。若将"那"放在下句句首，则成为承上句的指代词，整句语意更为连贯。活字本随意断句的现象非常普遍，应断不断或不应断而点逗之例比比皆是。因此该句应为：这鹤叨完了，和狼要马钱，那狼说我不害你，那还不是重报么？

2. 选用词语的代表性问题

　　清末民初是对外交流频繁和政治变革的时期，语言上各种现象并存，尚未稳定，因此需要小心鉴别语料所反映的现象是否具有代表性。

　　1) 朝鲜教材中表示少量的"些微"，在西方教材和日本教材中都有用例，但在京味小说中一例皆无，说明这个词可能来源于其他方言，不是北京话里的词，至少，这个词使用并不普遍。

　　　还有些微便宜点儿的没有？(《教范》)

---

10)　末民初，"马钱"指医生的出诊费，京味小说有多处用例。

些微有点儿事奉求。(《大成》)
晌午歪了，太阳影儿都些微的斜了。(《寻津录》)
我刚开的那几年，买卖很不顺当，这几年些微的好点儿了。(《华语跬步》)

2) 同素异序词 "看望" 和 "望看"，《教范》无 "看望"，有6例 "望看"：

昨儿我才听说，实在是少来望看您哪。

查京味小说，两种形式都有，但 "看望" 还有重叠形式，更为口语化。现代汉语保留了 "看望"，而不再使用 "望看"。可见，朝鲜教材没有选用当时更有代表性的口语形式。

孙二狗说："我是到这北边有事，听说大哥遭了事啦，故此前来望看。"(《小蝎子》)
如若已然回来，我去到家中，看望看望他。(《劫后再生缘》)

3) 印章一物，《大成》和《教范》中的用词是 "图书"，没有 "图章" 一词，：

求您当个保人，可以不可以？是当甚么保呢？是当入学的保人。这件事很容易。那么，就请您在这儿用个图书罢。(《教范》)

日本教材和西方教材表示印章，既可用 "图书"，也可用 "图章"：

图书又叫图章，还有说印章，也可以说戳记。(《华语跬步》)
连东西一齐封好，打了图书，就叫人送到信局子里去，嘱咐他就寄到京里去，越快越好。(《语言自迩集》)
您把那两块鸡血图章，拿出来我看看，就手把那个汉玉杠头，也拿出来。(《天时》)

但京味小说中只使用 "图章" 表示印章，"图书" 一词只有 "书籍" 义：

伯雍看这张文约时，添注涂改的地方很多，也没个<u>图章</u>押着。(《北京》)
子英偷观这三间书房，<u>图书</u>四壁，很有几幅名人字画。(《一壶醋》)

这说明朝鲜教材选用的词语缺乏代表性，当然也可能是本文考察的朝鲜教材不够全面所致。

3. 语料的自然度问题

对学习者而言，判断汉语教材的价值如何，最重要的一条标准就是语言材料是否自然，能否通过这部教材学到地道的汉语。因为时代的关系，当代研究者的语感不能作准，若参考同时代其他语料，可以看出这两部教材在语料自然度方面的一些问题。因篇幅所限，本文只略举两例加以说明。

1) 作状语的介词短语和其他状语的顺序问题：
汉语比较句多以介词 "比" 引介比较对象，放在谓词前面作状语，其它否定状语和情态状语通常放在前面，但在《大成》中，以下两例的状语位置引人注意。

猪肉比牛肉<u>不</u>好吃。(《大成》)
小刀子比剪子<u>倒</u>方便。(《大成》)

查其他语料，否定词 "不" 放在比较对象之后的用例不多，且有一定的使用条件，或在反问句中，或和 "还" 连用，是对比焦点。缺乏这些条件而把 "不" 放在比较对象后就显得不自然。
你瞧革命头儿孙中山，演说上他<u>比</u>谁<u>不</u>激烈，名誉<u>比</u>谁得的不大，金钱<u>比</u>谁搂的<u>不</u>多，腿<u>比</u>谁跑的<u>不</u>快？(《董新心》)
王生同石头斗了气，一毛腰掇将起来，冲定乱坟头子一扔，口中喊嚷，说："

好一个女鬼, 你把大家引诱了来, 又装模做样的不见客, 有什么好诗句, 你这们自鸣得意呀, 叫我听着, 比哭韵<u>还不</u>受听⋯⋯"(《聊斋演义》)

其他语料没有一例将情态副词 "倒" 放在比较对象后, 反而是 "倒" 在 "比" 前的用例在各种性质材料中都容易见到。

> 如今好歹总算共和文明时代啦, 卜相两门, <u>倒比</u>从先多啦。(《鬼吹灯》)
> 他的小姨丈<u>倒比</u>他的岁数儿大。(《华语跬步》)
> 看他的模样儿<u>倒比</u>从前越发俏皮似的, 不由得更加爱慕了。(《语言自迩集》)

与此相似, 两部教材的 "把" 字句中其他成分也出现在 "把" 引介对象之后, 这种现象在其他语料中是极难见到的。

> 这么着先知会他, 把他的事情, 也可以吹嘘吹嘘。(《教范》)
> 把茶钟要擦, 碰在桌子上, 破了。(《大成》)

2) 语气词的写法和用法:

清末民初, 语气词 "啊" 根据前一字的尾音而发生音变, 写法上产生了多种形式, "啊" "呀" "哇" "哪" 并存。在京味小说中, "哇" 是很明显的 "啊" 语音条件变体, 即用在前字尾音为u的句子里, 有上百处用例, 如:

> 狗爷说:"嘿, 你瞧这个<u>巧哇</u>, 竟跟姓赵的干上啦。"(《姑作婆》)

日本教材中也有上百处的用例, 主要用于打招呼, 如:

> 二太太<u>好哇</u>?(《燕京妇语》)

但《大成》和《教范》没有使用语气词 "哇" 的用例。调查发现, 京味小说使用语气词"啊"不如朝鲜教材数量多，因为京味小说的"啊"已经分化为各种语音变体形式"呀、哇、哪"等，而朝鲜教材与之相反。可见朝鲜教材在记音方面的敏感性是有限的。

朝鲜教材中，"了"的使用比其他语料普遍，描述句中"很A了"用例较多，但在其他语料中，"很A"后通常不带"了"，或者当"很A"前面有其他成分标明对比焦点时，后面才带上"了"表示回应确认。

> 我的牙<u>很疼了</u>。(《大成》)
> 又听见那个人说"你们别拉我，我的脚踝了<u>很疼</u>，我不是作贼的，我是避难的。"(《改订官话指南》)
> 所以买的主儿是<u>很少了</u>，并且里头还有很大的毛病。(《北京风俗问答》)
> 始而曹立泉真给师娘送钱，虽不平分疆土，总在三成之上，富二太太稳坐着得钱，<u>也就很乐了</u>。(《曹二更》)

又如非疑问义的"忙甚么了"，在日本教材中也常见到，但在京味小说中很少见。

> 您<u>忙甚么了</u>，再坐一坐罢。(《教范》)
> <u>忙甚么了</u>，再坐一坐儿罢。(《华言问答》)

但日本教材和京味小说还有"忙甚么的""忙甚么呀"的用例，朝鲜教材中没有。

> 您<u>忙甚么的</u>，大妹妹您等着晚上再走好不好？(《燕京妇语》)
> 赵华臣说："咳，<u>忙甚么呀</u>，笼共四百银子的事情 (不多，不多)，我还垫不了是怎么着。"(《小额》)

"了"表示完成实现义，不能与未实现义词语搭配，因此下例"要求……了"显得非常不自然。

有个狼嗓子叫骨头噎住了，他辛苦得了不得，<u>要求鸟儿给他叨出来了</u>。(《大成》)

朝鲜教材使用的"太A呀"形式，在其他材料中通常是"太"搭配语气词"了"或"啦"。

天气<u>太热呀</u>。(《教范》)
两样儿都不要，天气<u>太热了</u>。(《语言自迩集》)
还有从一早就热，直热到半夜，可是天气<u>太燥了</u>，必要变天。(《北京风土编》)
曹大娘说："三年日子<u>太长啦</u>！……"(《苦鸳鸯》)

"呢"在疑问句中有追问的语气，需要上下文配合，《大成》第二编会话第五课最末例句"你爱喝汤呢？"，没有任何语境相适配，这样的语料放在教材中会造成误导。

综上所述，朝鲜时代汉语会话教材在一定程度上反映了清末民初的北京话语音、词汇、语法面貌，但与其他语料所反映的北京话面貌有一定差距，特别是和京味小说相比，朝鲜教材的北京话成分不够纯粹，它的语料特征更接近日本汉语教材。

有关民国时期的汉语会话书

延世大学　金铉哲·金雅瑛

一、绪论

　　民国时期我国所出版的汉语会话书都是反映了民国时汉语情况的口语资料。在汉语史上，民国时期是清代"官话"向"国语"转变的过渡期，属于早期的现代汉语阶段。朝鲜时代的历史书《老乞大》、《朴通事》、《华音启蒙》等，一直到现在都是研究近代汉语词汇、语法、音韵等方面的重要资料，其后在日本殖民统治时期出版的汉语会话书，同样也是反映民国时期汉语以及研究早期现代汉语情况的材料与史料。如果将民国时期的汉语会话书与现在的教材进行比较，可以发现初·中级的教材构成是极为相似的，大体上会话素材都是与日常生活联系紧密的的主题，都以问候、年纪、家庭、饮食、来访、衣着、买卖、问路、学习、看病、邮递、交通等内容为中心。与现今出版的自然地反映现代语言、社会、文化的会话教材一样，这些研究资料同样也反映了民国时期汉语的特征和社会文化现象，其出版年代介于1910~1940年之间，也十分适于研究当时词汇使用上的一些细微变化。尤其是它作为体现口语的会话书，对于早期现代汉语口语词汇使用现象的考察来说是十分有利的。下文将介绍一下现存的民国时期韩国出版或手抄的汉语会话书的收藏现状和研究现状，并对词汇的使用情况进行简单的考察。

二、民国时期汉语会话书的收藏现状

1. 旧活字本汉语会话书

据了解, 迄今为止韩国出版的旧活字本汉语会话书共有34本, 根据出版年度的先后顺序, 其作者、发行处、收藏处的情况如下图所示。

序号	书名	作者	出版年度	发行处	收藏处
1	汉语独学	宋宪奭	1911	新旧书林	鲜文大学校 中韩翻译文献研究所
2	汉语指南	柳廷烈	1913	光东书局	延世大学校图书馆,梨花女子大学校图书馆
3	华语精选	高永完	1913	普书舘	修绠室, 国立中央图书馆, 韩国学中央研究院图书馆藏
4	华语教范	李起馨	1915	普昌书舘	鲜文大学校中韩翻译文献研究所, 高丽大学校图书馆, 国立中央图书馆
5	速修汉语自通	宋宪奭	1915	博文书馆	鲜文大学校中韩翻译文献研究所, 国立中央图书馆藏
6	汉语大成	王运甫	1918	以文堂	修绠室
7	官话华语新篇	李起馨	1918	东洋书院	国立中央图书馆藏
8	支那语集成	宋宪奭	1921	林家出版社	诚庵氏, 鲜文大学校中韩翻译文献研究所, 延世大学校图书馆, 高丽大学校图书馆, 岭南大学校图书馆, 全南大学校图书馆, 国立中央图书馆藏
9	初学时文必读	李起馨	1923	中央印刷所书籍出版贩卖部	首尔大学校中央图书馆藏. 高丽大学校图书馆, 韩国教育开发院藏
10	(速修)华语会话集	白松溪	1926	永昌书馆	鲜文大学校中韩翻译文献研究所, 韩国教育开发院
11	华语教科书	传培荫	1927		国立中央图书馆
12	中国语自通	白松溪	1929	永昌书馆	鲜文大学校 中韩翻译文献研究所
13	官话速成篇	柳廷烈	1931	清进书馆	修绠室, 首尔市立大学校图书馆

14	中语大全	李祖宪	1933	汉城图书株式会社	鲜文大学校 中韩翻译文献研究所, 关东大学校图书馆, 国立中央图书馆, 延世大学校图书馆
15	中国语速成讲义录	文世荣	1933	中国语研究会	修绠室
16	(五个月速成)中国语自通		1933	德兴书林	延世大学校图书馆
17	(速修)满州语自通	文世荣	1934	以文堂	鲜文大学校中韩翻译文献研究所, 国立中央图书馆, 建国大学校常虚纪念图书馆, 釜山外国语大学图书馆
18	满洲语速成会话讲义录	李春一	1934	新满蒙社	国立中央图书馆, 高丽大学校图书馆
19	(无师速修)满洲语大王	李春一	1935	新满蒙社	鲜文大学校中韩翻译文献研究所, 国立中央图书馆藏
20	(实用官话)满洲语会话问答集	金东淳	1935	实生活社	国立中央图书馆, 高丽大学校图书馆, 庆北大学校图书馆
21	支那语大海	文世荣	1938	永昌书馆	修绠室, 光云大学校图书馆, 岭南大学校图书馆, 鲜文大学校中韩翻译文献研究所
22	(官话)中国语自通	文世荣	1938	汉城图书株式会社	诚庵氏, 国立中央图书馆藏
23	中国语发音解释	金敬琢	1939	聚英庵	延世大学校图书馆
24	内鲜满最速成中国语自通	金松圭	1939	南昌书馆	修绠室
25	标准支那语会话	李相殷	1939	人文社	高丽大学校图书馆
26	中国语会话全书	张志映	1939	群堂书店	诚庵氏, 修绠室氏, 高丽大学校图书馆
27	中国语(第一辑)	金敬琢	1940	聚英庵	延世大学校图书馆
28	(日鲜满最速成)中国语自通	朴永瑞	1940	新兴书馆	岭南大学校图书馆
29	(最新)华语教科书	李相殷	1940	东光堂书店	岭南大学校图书馆

30	(内鲜满最速成)满洲语自通	金松圭	1944	广韩书林	大邱가톨릭大学校中央图书馆
31	中国语教编	尹炳喜	1948	乙酉文化社	鲜文大学校中韩翻译文献研究所
32	(新编)中国语教本1	尹永春	1948	同和出版社	国立中央图书馆, 高丽大学校图书馆, 蔚山大学校图书馆, 韩国教员大学校图书馆, 梨花女子大学校图书馆
33	(新编)中国语教本2	尹永春	1949	同和出版社	国立中央图书馆
34	(新编)中国语教本3	尹永春	1949	同和出版社	国立中央图书馆, 高丽大学校图书馆

以上的会话书大致可分为两大类, 一类是北京官话会话书, 另一类是山东方言会话书。从书名来看, 如果是北京官话的话, 一般使用 "支那语"、"华语"、"汉语"、"中国语" 等名称, 如果是山东方言则称为 "满洲语"。从下面一部分北京官话会话书的前言可以看到其编写的目的。

(1) 一, 本书为支那语独习而编成。《汉语独学·凡例》
(2) 一, 中国言语有四处方言。一, 官话, 二, 南方话, 三, 满洲话, 四, 岭南话, 而此书特取官话编纂。《汉语指南·凡例》
(3) 一, 京话有二, 一为俗话, 一为官话, 其辞气之不容相混, 犹泾渭之不容并流, 是编分门列类, 令学者视之井井有条理, 因人因地而施之, 可以知所适从也。《华语精选·凡例》
(4) 汉语即支那国语, 支那疆域广大, 各省方言不一, 自国人间用笔谈资通译, 官话四方通用, 各公署及社会无难普及, 故本书全表达编述官话即北京语。《汉语大成·第一篇》
(5) 一, 本书为支那语自初学至中学舞师自习与便宜而编述, 书名称自习完璧支那语集成。《支那语集成·凡例》
(6) 本书为自学研究支那及满洲国标准语之北京官话而编纂。《支那语大海·例言》

通过上述教材 (1)~(6) 所表现出的编纂意图, 可以得知这些资料都是当时可称之为标准语的官话，即北京官话的学习教材。与它们不同，《满洲语自通》(1934) 的《序言》则表明，它是一本为了山东方言系统中的方言学习而编纂的书。

 (7) 本书是<u>为个人研究满洲语而编纂的</u>。当然说到满洲语，<u>它的系统可分为两个部</u>
  <u>分，一是北京官话，一是山东方言</u>，在满洲实际使用的语言严谨地区分为了以
  上两个系统。其中北京方言现在只在一部分阶级中进行使用，而<u>山东方言系</u>
  <u>统则更广泛地通用于整个满洲</u>。但是目前为止出版的相关书籍大部分都以北
  京官话即汉语为标准，它的发音与满洲广泛使用的发音有着众多的不同点。
  所以只学习汉语的话实际上将无法与满洲人进行直接的交际，会出现即使一
  方用满洲语表达了意思，但另一方却无法理解的不便。作者有感于此，<u>为直</u>
  <u>接辅助满洲方言的出现与维持，是以编纂此书</u>。《满自·序言》

  作者在 (7) 中提及了满洲地区中比北京官话更为广泛通用的山东方言系统中方言学习的必要性，并表明这是一本学习山东方言的书。
  这本教材是相当于现在初·中级水平的一本汉语教材，大体上的会话素材都是与日常生活密切相关的主题，都以问候、年纪、家庭、饮食、来访、衣着、买卖、问路、学习、看病、邮寄、交通等内容为中心。与现在出版的会话教材都自然地反映了当下的语言、时代现状一样，这本书也反映了民国时期汉语的特征和社会文化现象。

2. 手抄本汉语会话书

序号	书名	抄写人	抄写年度	发行处	收藏处
1	官话问答 : 附便蒙	未详	1915~1924	未详	国立中央图书馆
2	官话丛集	张子纯	1924	光东书局	鲜文大学校中韩翻译文献研究所

  《官话问答》是国立中央图书馆所收藏的汉语会话书，是总共1册100章的手抄

本。由于在资料中没有记录，所以无法得知作者与准确的抄写年度，但对于抄写的时间还是有一些可以进行推测的部分。首先，在会话内容中，有直接提及只有"民国时期"和1914年到1924年之间才有的官职"道尹"的相关段落。此外还能看到1915年在中国天津创办的报纸"北京益世报"这样的名称，通过这些内容可以推断出，这是在大约1915年以后到1924年之间的民国时期所编写的一本会话书。 这本手抄本大致由《官话问答便蒙》(1a~16b) 和《官话问答》(17a~100b) 两个部分所构成，书的体制是以课为单位而划分的。 每张分为上下两个部分，上端写着口语形式的汉语口语会话文，下端写着与其有相同意义的书面语。 这种以文言文来解说白话文的形式与其他书有着很大的不同。 上端表示口语句子的文字都以着重号来标示了声调，一部分文字和多音字则以尾注的形式，用韩语来标示发音，释义以及展示相关用例。《官话问答·便蒙》由便于初学者学习的39课简短而简单的会话所构成，《官话问答》则共有151课，收录了与日常生活紧密相关的问候、家庭、衣着、教育、交际、演出、饮食、学习、国籍、职业、爱好、节日、委托、住宿、急电等多样的主题内容。

　　《官话丛集》是中韩翻译文献研究所所收藏的手抄本汉语会话书， 共1册88章，虽然一部分有所损毁，但还是较容易得知其抄写的概况。这份资料是对中国大连出版的打田重治郎的 《支那语独习》(1924) 内容中3,4章的抄写，在书的封面上标着"张子纯 抄"字样，序言中写着"甲子孟冬于燕都居勇堂能仁"，可以得知是甲子年即1924年张子纯所抄写的。抄写者为了有助于每章内容的理解而使用了尾注，其中一部分使用了英语和日语。另外，内容中还包含了一些有关日俄战争的简短而肯定性思想的对话， 以及作为日本民间故事而为人广知的，歪曲我国历史而引发争论的，以"太郎征鬼"为题目进行介绍的有关"桃太郎(ももたろう)"的内容。从中也展现出了原著者是日本人的一方面特征。

三、民国时期汉语会话书的国内外研究现况

民国时期对应的是我国的日本殖民统治时期，初次把这个时期内我国出版的汉语会话书资料介绍到学界的是鲜文大中韩翻译文献研究所，"日本殖民统治时期汉语资料丛书"将迄今为止介绍的资料整理如下：

① 宋宪奭著, 全基廷·金雅瑛校注(2007), 『支那语集成』, 鲜文大学校中韩翻译文献研究所.

② 张子纯著, 朴在渊·金雅瑛校注(2007), 『官话丛集』, 鲜文大学校中韩翻译文献研究所.

③ 高永完著, 李厚一·金雅瑛校注(2008), 『华语精选』, 鲜文大学校中韩翻译文献研究所.

④ 李起馨著, 李厚一·金雅瑛校注(2008), 『华语教范』, 鲜文大学校中韩翻译文献研究所.

⑤ 王运甫 著, 朴在渊·金雅瑛 校注(2008), 『汉语大成』,鲜文大学校中韩翻译文献研究所.

⑥ 白松溪著, 朴在渊·金雅瑛校注(2008), 『中国语自通』, 鲜文大学校中韩翻译文献研究所.

⑦ 文世荣著, 朴在渊·金雅瑛校注(2008), 『支那语大海』, 鲜文大学校中韩翻译文献研究所.

⑧ 文世荣著, 李厚一·金雅瑛校注(2008), 『满洲语自通』, 鲜文大学校中韩翻译文献研究所.

⑨ 宋宪奭著, 『汉语独学』,鲜文大学校中韩翻译文献研究所.

⑩ 金松圭著, 朴在渊·金雅瑛校注(2010), 『内鲜满最速成中国语自通』, 鲜文大学校中韩翻译文献研究所.

⑪ 宋宪奭著, 盧顺点・金雅瑛校注(2010), 『速修汉语自通』, 鲜文大学校中
韩翻译文献研究所.

⑫ 작자미상, 朴在渊・金雅瑛校注(2010), 『官话问答』, 鲜文大学校中韩翻译
文献研究所.

⑬ 朴在渊・金雅瑛 编(2009), 『汉语会话书』, 学古房.

⑭ 朴在渊・金雅瑛编(2011), 『汉语会话书续编』, 学古房.

上述资料中⑬是旧活字本形态的汉语会话书①, ③~⑨和柳廷烈 (1913) 的《汉
语指南》[1] 共9本书的综合发行本。⑭是手抄本形态的汉语会话书②, ⑫,《交邻要
素》[2] 等三本书和旧活字本汉语会话书⑩, ⑪,《中语大全》(1934)[3] 等三本书的收录。
①《支那语集成》被介绍后, 学界中涌现了大量对这些资料进行研究的论文。相关
论文包括淑明女子大学、韩国外国语大学、鲜文大学、全南大学的硕士学位论文和
一些小论文。

首先可将迄今为止国内所进行了先行研究根据类别大致分为七大类。

第一, 对一类资料书目的介绍及不同的词类中一部分词汇或句子, 语法特征和
社会文化现象进行考察的论文。

〖 郑善瑛(2008), 『日帝强占期中国语教材『中语大全』의 语彙分析과 社会文
化研究』, 淑明女子大学 大学院 硕士学位论文

〗 李바른이(2011), 『『官话丛集』词性研究』, 全北大学 教育大学院硕士学位
论文

---

1) 柳廷烈 著(1913), 『汉语指南』, 滙东书舘, 诚庵所藏.
2) 『交隣要素』是诚庵所藏的手抄本汉语会话书, 书的封面标有 "朴有淳所有" 字样, 最后一页标
有 '檀纪四二三九年', '光绪三十九年' 等年度, 可推定为是1906年所抄写的.
3) 李祖宪 著(1933), 『中语大全』, 汉城图书株式会社, 鲜文大学校中韩翻译文献研究所所藏.

第二，在1910~1940年我国出版的会话书资料中，选取同一年代中两本以上的书，对其书目及词汇和语法特征，社会文化现象等进行比较分析的论文。

⊙ 金美恩(2008)，『日帝强占期中国语会话教材语彙研究 『自习完璧支那语集成』과『无先生速修中国语自通』을 중심으로』，淑明女子大学教育大学院硕士学位论文

ⓛ 辛允姬(2009)，『日帝末第3次朝鲜教育令期의中国语教材研究-『(北京官语)支那语大海』와『速成自习 标集 支那语教程』，淑明女子大学 大学院 硕士学位论文

ⓒ 金雅瑛(2009)，『910年代旧活字本中国语会话书研究-『汉语独学』，『汉语指南』，『华语精选』，『华语教范』，『汉语大成』의 语彙와 熟语를 中心으로』，鲜文大学大学院 中语中文学系 硕士学位论文

ⓡ 白芝莲(2009)，『日本殖民地时期中国语会话教材 语彙에 나타난 社会文化相 研究-『自习完璧 支那语集成』과『无先生速修 中国语自通』을 中心으로』，淑明女子大学 大学院 硕士学位论文

ⓜ 李周娟(2011)，『1910년대 중국어 회화 교재연구：『速修汉语大成』(1918)과『官话华语新编』(1918)을 중심으로』，淑明女子大学 教育大学院 硕士 学位论文

ⓗ 金信贞(2012)，『1940년대 중국어교재『中国语基础读本』，『(新编)中国语教本』연구：『中语大全(1934)』과의 비교를 中心으로』，淑明女子大学 大学院 硕士学位论文

ⓢ 申美燮(2010)，『日帝强占期末期中国语教材研究』，『东亚人文学』17:461-479. 东亚人文学会

第三，日本殖民统治时期针对在日朝鲜人的汉语教育政策和教材中所反映的以强占期为重点的，对一部分词汇、语法进行考察的论文。

㉠ 南允顺(2009),『1910年代,1920年代中国语教材研究『官话华语教范』(1915),
『无先生速修中国语自通』(1929)을 中心으로』, 淑明女子大学教育大学院
硕士学位论文

㉡ 苏恩希·沈英淑(2009),〈日帝植民地时期中国语会话教材 『改正增补汉语
独学全』에 나타난 日本의 对朝鲜 教育政策 考察〉,『中国文化研究』14:359-
383. 中国文化研究学会[4]

第四, 对国内出版的会话书资料和同时期日本出版的会话书资料的书目进行
比较介绍, 以及对资料中所突出的当时的汉语教育状况, 或对日本统治时期的时代
状况和一部分词汇或语法特征进行考察的论文。

㉠ 辛允姬(2009),『일제말 제3차 조선교육령기의 중국어교재 연구:『(北京官语)
支那语大海』와『速成自习标集 支那语教程』』, 淑明女子大学 教育大学院
硕士学位论文.

㉡ 金旻卿(2010),『『官话丛集』과『支那语独习』비교를 통한1920년대 중국어
교육 연구』, 淑明女子大学 教育大学院 硕士学位论文

㉢ 高荣烂(2013),『1930년대 중국어 회화교재『实用官话满洲语问答会话集』
(1935)과『支那语旅行会话』(1937)연구』, 淑明女子大学 教育大学院硕士学
位论文

第五, 考察汉语会话书音韵标记的论文。 通过比较教材介绍和音韵标记法及
汉语拼音字母的标记, 考察其对应规律, 从而了解汉语音韵教育史的一个层面。

---

4) 申美燮(2010)以『内鲜满最速成中国语自通』(1939)和『最新华语教科书』(1940) 两种资料为主
进行了考察.

㉠ 金泰成(2008),〈『北京官话支那语大海』의 중한대역음 표기에 대하여〉, 韩国 中国言语学会 学术大会 发表文

㉡ 玉昭荣(2009), 『『汉语独学』과『支那语大海』의 中韩译音表记 研究』,韩国 外国语大学 大学院 硕士学位论文

㉢ 赵贤实(2010), 『『(高等官话)华语精选』의 中韩 译音과 현대 표준중국어의 음운 대응규율 연구』, 韩国外国语大学 大学院 硕士学位论文

㉣ 郑京美(2011), 『『满洲语速成会话讲义录』의 音韵标记体系研究』, 淑明女 子大学 教育大学院 硕士学位论文

㉤ 徐美灵(2011),〈일제강점기 중국어 교재의 발음 표기 양상〉,『中国语文学志』 第37号, 中国语文学会

㉥ 徐美灵(2012),〈『支那语』의 중국어 발음 표기 고찰〉,『中国语文学論集』 第75号, 中国语文学研究会

第六, 对日本殖民统治时期出版的我国的汉语会话书的介绍, 及概括其语言学上特征的论文。

㉠ 苏恩希(2009),〈日帝植民地时期汉语会话教材研究〉,『中国文化研究』第15 호, 中国文化研究学会

㉡ 朴在渊·金雅瑛(2010),〈1910~30年代旧活字本中国语会话书小考-新资料9 种을 中心으로〉,『韩中言语文化研究』, 韩国现代中国研究会.

第七, 对在日本殖民统治时期所有的汉语会话书资料中可以发现的词汇特征, 或特定句型进行共时·历时考察的论文。

㉠ 金雅瑛(2011),「民国时期 中国语会话 教材에 보이는 副词 '竟', '净'의 用法 考察」,『中国语文学論集』第69号, 159-176.

ⓛ 劉性銀·金雅瑛(2013),「민국시기 중국어회화 교재에 보이는 긍부정의문문 형식 고찰」,『中国语文学論集』第78号, 167-181.

ⓒ 金雅瑛(2013),「초기 현대중국어 회화 교재 어휘의 어형 특징 고찰」,『中国语文学論集』第82号, 125-154.

ⓔ 金雅瑛(2013),『일제강점기 中国语会话书에 나타난 어휘 연구』,延世大学博士学位论文

如上所示, 现在在我国, 针对韩国及日本出版的汉语会话书作词汇、语法、音韵等语言学特征的考察, 以及对资料所反映的时代现象和汉语教育状况进行考察的论文正在不断地涌现。

接下来, 通过考察中国的先行研究可以发现, 相对于我国的会话书而言, 更多的是以清末民国初期日本出版的汉语会话书为对象而进行的研究。

张美兰·陈思羽(2006)以清末民国初期西方人所编纂的官话教材、日本的教材和韩国的手抄本教材为对象, 对北京口语的主题标记进行类型分类和考察, 并与现代标准汉语的主题构造进行了比较。得出了清末民初北京话中的主题标记虽然在一定程度上得到了发展, 但其语法化程度并不高的结论。

李无未·陈珊珊 (2006) 从日本明治时期[5]会话书的类型, 教学内容和方法, 语言教学的观点出发, 考察了会话书的价值, 认为根据 "会话中心主义" 教学原则构成的官话教材在日本汉语会话教材编纂史上有着重要的位置和影响力。

李无未·邸宏香 (2007) 介绍了明治时期官话语音教材和工具书, 考察了其音阶和标记符号及教学上的内容结构, 对于中国语音史的研究来说是十分有用的资料, 有着重要的价值。

陈明娥·李无未 (2012) 针对日本明治时期10本官话教材中出现的1510个北京话词汇, 将北京话口语的基本面貌和官话教材中的北京话色彩及实用主义的教学

---

5) 日本明治天皇时代的年号, 时间在1867到1912之间.

策略进行了考察。 对北京话词汇面貌的词性类别考察一方面也是对这些词汇的汉语史价值的讨论。

在中国的研究中, 张美兰 (2011) 收集介绍了明清时期欧洲和美国人编纂的汉语会话书, 日本和韩国的汉语会话书等域外官话资料, 对教材的体制、官话词汇、官话语法形式和特点, 及南北地域性官话的不同点进行了研究, 是对明清时期域外官话教材较为全面的一项考察。 但是在词汇特征方面, 它以各资料的口语词汇为对象, 将重点放在其各自的释义上, 并没有考察词汇所具有的历史性发展特征。另外, 研究资料中的《京语会话》盡管是1955以后编纂的书, 但却把它作为朝鲜时代的资料进行选用, 这种错误对研究结果来说也留下了一些遗憾6)。考察了以日本殖民统治时期出版的汉语会话书为对象的先行研究后可以发现, 中国主要是以清末时日本出版的官话会话书为中心进行研究的, 在国内的研究早期阶段, 主要是一些对一两种资料的介绍和一部分语言现象的处理的论文。

四、民国时期汉语会话书的词汇特征

词汇是能最快反应时代变化的一面镜子。本章将对当时汉语教材中所反映的民国时期汉语词汇的特征分为四个部分来进行考察。

---

6) 《京语会话》是国立中央图书馆所收藏的手抄本汉语会话书, 在书的对话内容中可以发现一些体现编写时间的段落。"没有, 当时您不能去, 没有伴儿, 我就回家喇! 正好遇见我一个亲戚, 就是新由南洋大学毕业回来, 正想出洋游历, 搭不着伴儿。" 中有从 "南洋大学" 毕业回来的内容, 实际上这所大学是加坡1955年成立的大学, 从文章内容中的刚毕业来看, 至少也是学校成立2~3年后的事情。最先介绍这个资料的杨晟敏先生推测是1920年代前后的书, 但考虑到上述对话中的内容, 它至少应该是1955年之后编纂的书.

1. 常用词汇的交替

汉语史上, 民国时期是近代汉语向现代汉语发展的重要时期, 其中一部分常用词汇呈现出了现代标准汉语词汇和近代汉语词汇混用的过渡期特征, 举例如下。

'前天/前儿/前儿个/前日', '大前儿/大前儿个/大前天', '昨儿/昨天/昨儿个', '今儿/今天/今儿个/今日', '明儿/明天 /明儿个', '後天 /後儿/後

儿个', '现在/如今/脚下/目下/现今', '早起/早晌/早上', '多咱(多喒/多偺)/多早晚儿/几时/甚麼时候(儿)', '盪', '好生/好好(儿)', '整天家/整天', '狠/很', '竟(净)', '望/向/朝', '喳', '那(哪)', '罢(吧)', '麼/吗' 等

常用词汇的交替现象大致可分为两类。一, 近·现代词汇不区分语法功能或意义上的差异, 可以一起使用并进行单纯的交替, 其中时间名词的过渡期式使用十分引人注目。我们可以看到作为现代标准汉语的 "大前天, 前天, 昨天, 今天, 明天, 后天" 在定型的过程中所形成的所有词汇现象。以下是作为 "今天" 这个意义而使用的 "今儿/今天/今儿个" 的例句。

(1) 今日我们两人是专诚来拜望阁下。오날 우리 두 사람이 젼위ᄒᆞ야 각하 뵈 오
러 왔습니다.
(오늘 우리 두 사람은 특별히 각하를 뵈러 왔습니다.) 『汉语独学』42页]

(2) 今儿天气好。오날은 일긔가 죳소
(오늘은 날씨가 좋습니다.) 『汉语独学』25页]

(3) 今天他来不来? 오날 져는 옵닛가 아니 옵닛가?
(오늘 그는 옵니까 안 옵니까?) 『汉语独学』20页]

(4) 今儿个是三月初十。오늘은 삼 월 초 십 일이오.
(오늘은 3월 초열흘입니다.) 『汉语独学』48页]

"今儿" 主要在元代以后的北方方言中使用, 清末以后 "今天" 的使用变为主流。各会话书都显示了这些词汇混用的一个过渡期现象。在研究资料中出版时间最早

的《汉语独学》(1911) 里, 使用情况是 "今儿(14次)〉今天(3次)〉今日(2次)〉今儿个(1次)", 其中 "今儿" 的使用次数是最多的。但是在20世纪30年代末出版的《支那语大海》(1938) 中, 其使用顺序是 "今天(37次)〉今儿(18 次)〉今儿个(1次)", 统计显示 "今天" 的使用频率是非常高的。这反映了在现代标准语中主要使用的 "今天" 逐渐占据优势的趋势, 其他常用时间名词 "昨儿/昨天/昨儿个", "明儿/明天/明儿个" 也具有着相似的情况。

二, 与现代标准汉语比较时, 具有句法·语义特征上的差异而进行交替的情况。举几个例子, "几时 /多喒(多咱, 多偺) /多早晚儿 /甚麽时候(儿)" 这些询问时间的疑问代词和句子, 在现代标准汉语中都可以用 "什么时候 (儿)" 来表示, 考察各资料的例句可以发现, 这个时期会区分视点限定性的差异而进行使用[7]。

"恭喜" 在现代主要用作表 "祝贺" 义的动词, 但在这个时期所指称的祝贺的事情通常是 "结婚" 或 "任职"[8]。在研究资料中这两种意义都有体现, 举例如下。

(5) <u>恭喜</u>在那儿? 营业은 어듸서 ᄒ시오?
    (어디서 일하십니까?) [『汉语独学』14页]

(6) "贱姓是方。<u>恭喜</u>在那儿?" "我在仁川做买卖。" 내 성은 방가입니다. 어디서 소일하십니까? 나는 인천서 장사합니다.
    (제 성은 방 씨입니다. 어디서 일하십니까? / 저는 인천에서 장사합니다.) [『支那语大海』49页]

(7) 在那衙门<u>恭喜</u>? 당신 언의 衙門에 벼슬ᄒ심잇가?
    (어느 관아에서 벼슬하십니까?) [『华语教范』66页]

(8) 兄台<u>恭喜</u>咯, 说放章京, 拣选上了。형님 감축ᄒ옵니다 장경이 되셔서 쏩히 셧다ᄒ는구려.
    (형님 축하드립니다. 章京이 되어 뽑히셨다구요.) [『支那语集成』303页]

---

7) 对几时/多喒(多咱,多偺)/多早晚儿/甚麽时候(儿)' 的详细考察在3.2.2.1中展开.
8) 『汉语独学』的(附录 索引)中解释为"营业".

例句 (5~7) 中的 "恭喜" 分别被翻译为 '영업', '소일하-', '벼슬ᄒ-', 这些例子中的 "恭喜" 全部都是 "任职" 的意思, 而在现在 "恭喜" 并没有这样的意义。例句 (8) 则与现代汉语一样都用作 "祝贺" 义。

"盪" 与现代标准汉语中表示动作往返的动量词 "趟" 一样被作为动量词而进行使用, 在各会话书中一般只能看到 "盪" 而看不到 "趟" 的使用, 举例如下。

(9) 我去了三盪。 나는 세 번 갓셧소.
   (나는 세 번 갔었습니다.) [『汉语独学』71页]
(10) 早哪, 我去过两三盪了。 나난 벌셔 두세 번 갓다 왓습니다.
   (나는 벌써 두세 차례 다녀왔습니다.) [『中国语自通』45页]
(11) 那麽, 我先把这个单子拿回去, 回头再来一盪罢。 그러면 나는 우선 이발기를 가지고 갓다가 나중에 한 번 더 오겠습니다.
   (그러면 저는 먼저 이 명세표를 가지고 갔다고 나중에 다시 한 번 더 오겠습니다.) [『支那语大海』140页]

根据《汉语大词典》, 现在表示 "次" 义的 "趟" 最早见于《西游记》等明代资料。 "盪" 和 "趟" 是作为相同的词汇来进行解释和使用的, 下面是《西游记》、《儿女英雄传》等明清时期的文献资料中所收录的一些使用例句。

(12) 打一回, 吹一盪, 朗言齐语开经藏。 (한 차례 치고 부르니 맑고 정제된 소리가 경장을 연다.) [『西游记』第九十六回]
(13) 今日晌午我在悦来店, 出去走那一盪就是为此。
   (오늘 점심에 나는 悦来店에 있어. 그곳에 가는 건 바로 이 때문이야.) [『儿女英雄传』第九回]

除了 "趟·盪" 这两种标记之外, 根据《朝鲜后期韩语会话书词典》, 我国资料中朝鲜后期的易学书和日本收藏的手抄本汉语会话书中还有其他的标记。易学书《华音启蒙谚解》(1883) 和濯足文库收藏的手抄本汉语会话书《中华正音》9)等书中,

有用 "塘" 来进行标记的用例, 阿川文库收藏的手抄本汉语会话书《中华正音》10)等书中, 还有用 "车尚" 来标记的用例。

(14) 沿地云游数十遭, 到处閒行百餘趟。
(땅을 따라 구름이 여러 차례 움직이고 여기저기 발걸음을 옮긴다.)
[『西游记』第二二回]

(15) 我这塘是没有甚麼大事, 所以少带几个人来咧。 닉 이번의ᄂ 무슴 큰일이 업셔 이러므로 몃 사름을 적게 다려 왓노라
(내 이번에는 별 큰일이 없어서 몇 사람을 덜 데려 왔다.) [『华音启蒙谚解·上』16b]

(16) 上塘贩去的杂货是, 都发得洔阳还在那裡堆着。 웃문의 사간 잡물건은 다 심양으로 실녀셔 도로 거긔 덤여 두고
(지난번에 사간 물건은 모두 심양으로 보내 거기에 쌓아 두었다.) [濯足『中华正音』16a]

(17) 那个东西原是我们大老爷使用的, 这车尚若不拿去咧, 回去管保有大难子." 그 물건이 원간 우리 사도게셔 쓸 거신데 이 문에 만일 가져가디 안으면 도라가 명코 큰 어려우미 잇갓다
(그 물건은 원래 우리 어르신께서 쓸 것인데 이번에 가져가지 않으면 돌아가서 반드시 크게 곤란해질 것이다.) [阿川『中华正音』1a]

从上述文献资料的标记形态可以得出如下结论。现在的 '趟' 从近代到现在汉语初期, 经历了使用发音相似的 '盪、塘、车尚' 等不同标记的变化过程, 最后固定为 '趟'。

副词 '竟' 在现在标准汉语中有着与 '意外'、'结果'、'终于' 相同的意思11)。但除

<hr>

9) 是日本驹澤大学濯足文库收藏的手抄本贸易汉语会话书。在朝鲜后期的手抄本贸易汉语会话书中以《中华正音》为题的书十分的多, 这本会话书是顺天大收藏本《中华正音》, 藏书阁收藏的《骑着一匹》中部分内容的收录, 在结构上标有韩语翻译和注音, 作者不详。参考朴在渊 (2010) .
10) 是日本东京大学阿川文库收藏的手抄本贸易汉语会话书, 手抄时间推测为1883年。参考朴在渊 (2009) .

此之外在各种资料中也多用为同 '净/只' 一样的范围副词。具体例句如下:

(18) 他們沒說數兒, 竟是叫他從豊。그의들이 슈효는 말를 아니ᄒ고厚ᄒ게만 ᄒ
라 합듸다.
(그들이 수효는 말하지 않고 후하게만 달라고 하더군요.) [『漢語指南』167頁]

(19) 你這個人竟是打聽, 小兒原是在戶部。당신이란 스룸은 다만 뭇기만 ᄒ는
구려. 내 자식은 원리 호부에 잇습니다.
(당신이란 사람은 묻기만 하시네요. 내 자식은 원래 호부에 있습니다.) [『支
那語集成』243頁]

(20) 這麼熱天氣竟在家裡, 受不得了。이러ᄒ게 더운 날 집안에 안즈니 못 견 듸
겟소.
(이렇게 더운 날에 집에만 있으니 못 견디겠습니다.) [『漢語獨學』76頁]

(21) 哼, 您竟在家裏, 那知花園的春光, 您要看甚麼花罷? 응, 당신은 집에만 드러
잇셔셔 엇지 花園의 春光을 알겟소? 당신 무슨 곳 보시료?
(홍, 당신은 집에만 있는데 어떻게 화원의 봄빛을 알겠습니까? 당신이 무 슨
꽃을 보려 하겠습니까?) [『華語教範』76頁]

(22) 您招股份, 是竟招貴國人哪, 是還招外國人呢? (주주는 본국 사람만 모집하
십니까 아니면 외국인도 모집하십니까?) [『華語精選』205頁]

(23) 我爸爸很想您的, 天天兒竟販望您來哪。아버지는 매우 둘째아버지를 생각
하시고 날마다 오시기만 바라시지요.
(아버지는 당신을 그리워하시고 매일 당신이 오시기만 바라고 있어요.) [『支
那語大海』197頁]

上述例句 (18~19) 表现了与 '是' 搭配使用从而限制动作范围。(20~23)表现了
单独使用 '竟' 从而限制动作范围。此外, 像副词 '只' 也直接用在对象前面限制其数
字。有如下两个例句:

---

11) 参考金鉉哲外(2004)。

(24) 别竟你一个人说, 也得让他说。다만 너 혼쟈 말 마시고 쏘흔 남도 말 좀 흐게 흐오.(당신만 혼자 말하지 말고 그도 말하게 하시오.) [『华语精选』105页]

(25) 竟你收的是我们不行啊 . 总得有我们收的人家, 才行了。
(당신이 받은 것만으로는 안 됩니다. 우리도 당신에게 받았다는 증표가 있어야 합니다.) [『华语精选』223页]

　　像 '竟' 的语法功能也可说是体现了现代标准汉语中所没有的过度形态。在文字使用中也呈现交替形态。程度副词 '很', 也曾写成 '狠'。'很' 经历了 '哏〉狠〉很' 的过程最后固定为 '很'。宋·金时期, 曾有 '狠毒' 的意思, 之后

　　变成了表示程度很强的程度副词。从研究资料来看, 只有在1910年的会话里才能找到 '狠' 与程度副词 '很' 的用法相同的实例。具体例句如下:

(26) 狠好, 偺们一块儿走。미우 죳소. 우리 흔가지로 갑시다.
(매우 좋소. 우리 함께 갑시다.) [『汉语独学』33页]

(27) 虽然下狠大的雨, 他也上衙门去。비록 大雨가 와도 그는 衙门에 감니다.
(비록 비가 많이 오더라도 그는 관아에 갑니다.) [『汉语指南』17页]

(28) 兔死狐悲, 物伤其类了。我听见那个话, 熬夜不能睡觉, 心裡狠不受用了。토기가 죽으미 여호가 울문 그 동유를 슬퍼흠이라. 내 그 말을 듯고 밤싀도록 잠을 못자고 ㅁ음에 편치 못흐오.
(토끼가 죽으니 여우가 우는 것은 같은 부류를 슬퍼하는 것이라. 내가 그 말을 듣고 밤새 못 자고 마음이 편치 못하오.) [『华语精选』172页]

　　比较《汉语独学》第1版(1911)和第3版(1916)可以看出, 实例(28)在第1版中写成了 '狠' 而在第2版中修改成乐 '很'。这即体现了词汇的变化。

　　部分语气助词呈现近代汉语的形态或混用近现代标记。现代标准汉语中使用于建议, 劝导, 同意, 推测等之后的请愿语气助词 '吧' 曾写成 '罢' 字, 其用法与现在的 '吧' 字相同。在汉语会话中语气助词 '罢' 的用法分为四种。

　　第一, 表现提案和决定(第一人称代词作主语)。例句如下:

(29) 我告诉你罢。我笇是过来的人了, 当初我在二十岁的时候儿, 真比你现在 闹的还利害。 닉가 자녀게 말홈세. 나는 다 지나 본 사롬일세. 当初 닉가 二十餘岁쯤 된 쎄에는 자네 지금 써드는딕 比호면 더 심호다 ㅎ깃네.
(내가 당신에게 말하지. 나는 산전수전 다 겪어 본 사람일세. 내가 스무 살 즈음에는 당신보다 정말 더 시끄러웠지.) 『汉语指南』315页]

(30) [儞+心]别布了, 我自己取罢。당신 죠ㅎ시지 마르십시오. 내가 먹겟십이다.
(권하지 마세요. 제가 스스로 먹겠습니다.) 『华语教范』132页]

第二, 表示命令 (第二人称作主语)。例句如下:

(31) 天不早了, 你快起来罢。늦엿소. 얼는 이러나시오.(늦었습니다. 어서 일어나세요.) 『汉语独学』50页]

(32) 那麼你快回去罢。그러면 네 속히 가거라.(그럼 당신 빨리 돌아가세요.) 『华语精选』95页]

第三, 表示推测。例句如下:

(33) 这儿的年底下和贵国的年底下差多了罢? 이곳 岁末과 귀국 岁末과는 미우 다르지오?(이곳의 연말과 귀국의 연말은 많이 다르지요?) 『汉语独学』40页]

(34) 儞必有去处罢? 당신 필시 가신 데가 잇게지오?(당신은 필시 가신 곳이 있겠지요?) 『华语教范』20页]

第四, 表示假设。例句如下:

(35) 去不去罢, 你快定规。갈지 안 갈지 속히 졍ㅎ시오.(갈지 안 갈지 당신이 빨리 정하세요.) 『支那语集成』108页]

'罢' 从清朝末期开始有假设的意思, 这时与 '要' 等有假设意思的词搭配使用。但在现代 '吧' 字单独也有假设的意思。在汉语会话中也有像(35)一样单独使用 '罢'

表示假设的实例。在现代标准汉语中 '罢' 用作和 '罢休/罢了' 有相同意思的动词。在《自学汉语》中就有两处其运用实例。

疑问语气助词 '麼' 字和 '吗' 字都曾被使用。'麼' 是在宋朝以后最常见的, 清朝中期以后 '嘛' 字的使用频率开始攀高。从各种会话书中可以看到两种语气助词的使用变化。在1910~20年代的资料中没有找到疑问语气助词 '吗' 的使用, 只使用 '麼' 字。在20世纪30年代的资料中也经常使用 '麼' 字, 但 '吗' 字的使用量也不少。这体现了随着时间的变化标记形态也在变化。具体例句如下:

(36) 您爱吃烟<u>麼</u>? 로형 담비 잡숩기 질기심닛가?(당신은 담배를 즐겨 피십니까?) [『汉语独学』8页]
(37) 他是中国人<u>麼</u>? 저이는 지나 사람인가요?(그는 중국인입니까?) [『支那语大海』16页]
(38) 连饭钱都算上了<u>吗</u>? 밥값까지도 다 세음에 들었소?(밥값까지도 다 계산하였습니까?) [『支那语大海』136页]
(39) 这是日本澡堂子<u>吗</u>? 이것은 일본 목욕탕인가요?(이것은 일본 목욕탕인가요?) [『支那语大海』161页]

2. 北京方言词汇的反映

在民国时期北京官话为通用语言。虽然北京官话是现代标准汉语的根基, 但在现代标准汉语规范化过程中并没有吸纳部分正宗的北京方言。这一时期的汉语会话书中的词汇自然而然的继承了近代汉语, 是现代汉语初级阶段。从这一点考虑, 这是没有对北方方言和北京话进行加工处理的重要资料, 也表现了当时中国词汇结构的特点。现代标准汉语中没有用到的部分方言可按词类分为以下几种。

① 名词

春景天(봄, 春天) /夏景天(여름, 夏天) /清早(새벽녘, 清晨) /早起(아침, 早

上)/晌午(정오,中午)/黑下(저녁,晚上)/会子(잠시,会儿)/末末了儿(마지막,最後) /爷们(남자, 男人) /娘儿们(여자, 女人) /晌饭(점심밥, 午饭) /胰子(비누,肥皂)/长虫·长虫(뱀, 蛇) /刷牙散(치약, 牙膏) /鸡[雞]子(닭, 鸡) /小鸡子(연계, 笋鸡) /鸡[雞]子儿·小鸡子儿(계란, 鸡蛋) /日头(태양, 太阳)/波稜盖儿(무릎, 膝盖) /咂咂儿(유방, 乳房) /细高挑儿(늘씬한 사람, 身材修长的人)/屁股蛋儿(엉덩이,屁股)/脚丫巴儿(발가락,脚指头)/老鸹(까마귀, 乌鸟) /小绺(소매치기, 扒手) /耗子(쥐, 老鼠) 等

② 代词

你纳·您纳(당신,您) /他纳(그분, 他) /自各儿(자기, 自己) /自个儿(자기, 自己) /各人(각자·자기, 各自·自己) /各自各儿(각자, 各自) /几儿(며칠, 几日) /多儿(얼마, 多少) 等

③ 量词

会子(잠시, 会儿), 管(자루, 支)

④ 动词

定规(결정하다, 决定) /觉着(생각하다, 自我感觉·认为) /当是(생각하다, 以为·认为) /该班儿(당직하다, 值班) /了手(끝내다, 结束) /布(권하다, 向客人敬菜) 等

⑤ 形容词

腌臜(더럽다, 肮脏) /齐截(완비하다, 齐全) /乏(싱겁다·약하다, 没力量·不起作用) /口沈(짜다, 口重) /忙忙叨叨(바쁘다, 忽忙的样子) 等

⑥ 副词

忒·觕(매우,挺)/横竖(아무튼,反正)/敢情·敢自(원래·당연히,原来·当然)/所(완전히·전혀,完全·绝然)/趁(趂)早儿(일찌감치,及早)/冷不防·抽冷子(별안간, 突然) /左不过(어쨌든, 左右·反正·只不过) 等

⑦ 介词

解·起(- 부터, 从) 等

⑧ 其他

一扑纳心儿(전심전력하다, 전심치지) 等

先观察一下上面罗列的词汇中部分有特点的词汇。首先,人称代词 '你纳(哪) / 您纳(哪)/他纳/怹' 是与现代汉语中 '您', '他' 相同的人称代词。在北京方言中 '您/他/怹 + 纳(哪)' 是表示尊称的第2人称, 第3人称[12]。到现在为止世人所知道的 '你纳' 的使用实例有《庸言知旨》(1802序,1819刊)。最早使用 '您' 的文献是Wade, Thomas Francis的《语言自迩集》(1867), 与 '你纳' 共同使用[13]。他的解释为 '你纳' 是比 '您' 更普遍的尊称, 是第2人称, 是 '你老人家' 的简称, 即, 是 '老人家' 的缩略语。研究资料《支那语集成》对 '纳' 做了如下的解释[14]。

(40) 你纳骑的不是我们这儿的马麽? 로형의 타신 것이 우리 이곳의 말이 아니오 닛가 (纳는 词之馀声이니 意味는 无喜)(당신이 타신 것은 우리 말이 아닙니까? (纳는 단어의 馀音으로 의미는 없음)) [170页]

上述例句 (40) 称 '纳是单词的余音, 没有意义', '纳' 是记录音的字。'纳' 是在现代标准汉语中见不到的独特的词素。每本会话书里除了使用 '你/您'、'纳' 以外, 也有将第二人称代词与 '纳' 以及第三人称代词与 '纳' 一起使用的情况[15]。

(41) 您纳贵姓? 뉘[뉘] 딕이시오?(당신은 성이 어떻게 되십니까?) 『汉语独学』8 页]

---

12) 参考太田辰夫(1995:248-249).

13) 参考内田庆市(2010:195).

14) "Nin, more commonly pronounced ni-na, which, again, is short for ni lao jen-chia; politely, you my elder; you, Sir, or Madam"(『语言自迩集』Key, 53页) 再次引用自 内田庆市(2010).

15) 『语言自迩集』第二版里对 '他纳' 以及 't'a na, like ni-na, a respectful form; pronounced 的解释中可将 '纳' 看作为 'a respectful form(존칭형 형태소)'. 引用自(『语言自迩集』第二版, 217쪽) 内田庆市(2010).

(42) <u>你纳</u>往那儿去来着? 로형은 어듸 갓다ㄱ 오시오?(당신은 어듸 갔다 오십니까?) [『汉语大成』103页]

(43) 谢谢<u>您纳</u>, 托福都还好。 고맙습니다. 덕택으로 다 잘 있습니다.(고맙습니다. 덕분에 모두 잘 있습니다.) [『支那语大海』54页]

(44) 那很好了, <u>他纳</u>那儿是甚麼字号? 그 미우 됴소. 그분 거긔가 이 무슨 字号요?(그럼 좋습니다. 그분이 계신 곳은 상호가 무엇입니까?) [『华语教范』177页]

(45) 承问, <u>您哪</u>好? 고마옵십이다. 平安흠 잇가?(고맙습니다. 당신은요?) [『华语教范』135页]

(46) 辛苦<u>你哪</u>。 老兄을 슈고식킴니다그려.(당신을 수고스럽게 하네요.) [『汉语指南』279页]

(41~43)是结合 '你/您' 和 '纳' 的例子, (45~46)是结合 '你/您' 和 '哪' 用作第2人称代词的例子。例句(44)中第3人称代词 '他纳', 只在《华语教范》中使用过1次。从上面的例子可以得知 '纳/哪' 是用在人称代词后面表示尊敬的意思。但可以相互置换使用, 这也说明与字的本意或原有的语法功能无关。就如例句(40)的解释是单纯为了标记发音的借音字。

北京方言中的 '各人' 是表示 '自己' 的人称代词[16), 这时 '各' 的声调是阳平, 也就是读成二声[17)。《华语精选》中有2处 '各人' 的实例。也有 '各自' 的意思。

(47) <u>各人</u>干各人的就结了, 何必管人家的事呢? 제각기 져홀 것 ᄒᆞ면 곳 그만 이지, 엇지 반드시 남의 집일을 상관ᄒᆞ리요?
(각자 자기 것을 하면 그만이지 어찌 남의 일에 간섭합니까?) [『華語精選』112頁]

(48) 那是我<u>各人</u>买的, 你不要赖我罢, 实在委屈得很。 (그것은 제가 산 것입니다. 생사람 잡지 마세요. 정말 억울합니다.) [『华语精选』236页]

---

16) 参考许宝华·宫田一郎(1999:2149).
17) 参考许宝华·宫田一郎(1999:2149).

上述用例可以看出, 例句(47)中使用的就是 '各自' 的含义.译文中也将 '各人' 的
释义翻译为 '제각기'. 例句(48)中在第一人称代词 '我' 的后面使用 '各人' 对自己进
行指称. 下列例句中的 '自各儿' 也都表示 '自己'、'各自' 这两种含义。

(49) 那一天, 他们都聚在一块儿, 说一说谈一谈, 自各儿夸张自己的本事。 어느
    날 그것들이 한 곳에 모혀 談話ᄒᆫᄃᆡ 제각기 自己 지죠를 자랑ᄒᆞᆷ니다.(어느
    날 그들이 한데 모여 말하는데 각자 자기 재주를 자랑합니다.) [『汉语指南』
    262页]

(50) 这不用您去请我, 我自各儿就来了。 (당신께서 저를 부르러 오실 필요 없지
    요. 제 스스로 왔습니다.) [『华语精选』250页]

'自各儿' 在词典中的意思是和 '自个儿' 一样的北京方言[18], 然而在《汉语指南》
实例(49)中被解释为 '各自'. 例句(50)和 '我' 搭配使用有强调 '自己' 的意思。
    另外, '多儿'、'几儿' 是直接写成儿化音音变的情况。儿化是在北京话中最具有
代表性的特点。具体例句如下：

(51) 每月多少学费? 每月 얼마 学费오?(매월 학비는 얼마입니까?) [『华语教范』
    71页]

(52) 来回多儿钱? 리왕에ᄂᆞᆫ 얼마ᄂ 되오?(왕복에 얼마입니까?) [『华语精选』90页]

单独使用 '多少' 时没有音的变化维持原型即可, 但像 '多少钱', '多少号', '多少
人' 等表达是由三个词素的组成的, 有把其中 '少' 的音变成了 '少r' 的形态[19]。在会
话书中记录成与发音相同的 '多儿', 只用在名词前。'几儿' 也是儿化音, 是几号的意
思。具体例子如下。

---

18) 参考宋孝才(1987:845).

19) 参考周一民(1998:189), 远藤光晓(2001:133-135), 彭宗平(2005:114-115).

(53) 今儿是<u>几儿</u>了？오늘은 몟칠이오?(오늘은 며칠입니까?) [『汉语独学』48页]

(54) 你到这儿<u>几儿</u>了？로형은 여기 언제 오셧쇼?(당신은 여기 언제 오셨습니까?)
　　　[『中国语自通』28页]

(55) 今天<u>几儿</u>了？오늘은 며칠인가요?(오늘은 며칠입니까?) [『支那语大海』9页]

量词 '会子' 是和 '会儿' 意思相同的北京方言。在20世纪10年代与 '会儿' 一起使用，之后会话书中就没有被用作量词的实例了。具体例子如下。

(56) 我来了一<u>会子</u>了。내 온 지가 흔동안 되엿소.(나는 온 지 좀 되었습니다.)
　　　[『华语精选』94页]

(57) 昏过去好一<u>会子</u>，才甦醒过来了。깜으리첫다가 을마 만에 겨우 씌여낫습니
　　　다.(한동안 기절했다가 겨우 깨어났습니다.) [『汉语大成』41页]

根据《现代汉语词典》的解释动词 '定规' 用作名词，意思是 '一定的规矩/成规'，在方言中有 '一定' 的意思。但研究资料中都用作动词。具体例句如下：

(58) 我昨天和他<u>定规</u>今儿见。늬가 어제 그와 약조흥기를 오날 보기로 흥얏습 니
　　　다.(나는 어제 그와 오늘 만나기로 정했습니다.) [『汉语指南』104页]

(59) 昨儿个我和他<u>定规</u>，今儿晌午在这儿见，他也快来了，我先和你闲谈闲谈。
　　　어제 내 그로 더부러 오늘 낮제 여긔셔 만ᄂᆞ기로 작정히쓰니 제 쟝 챳 올지
　　　라. 우리 먼쳐 한담이ᄂᆞ 합시다.(어제 나는 그와 오늘 낮에 여기에서 만나기
　　　로 정했습니다. 그가 곧 올 것입니다. 우리 먼저 이야기나 합시다.) [『华语精
　　　选』114页]

(60) 去不去罢，你快<u>定规</u>。갈지 안 갈지 속히 정흥시오.(갈지 안 갈지 빨리 정하세
　　　요.) [『支那语集成』108页]

(61) 那件事为甚麽还不能<u>定规</u>呢？저 일은 웨 아직 작정되지 않았나요? (저 일은
　　　왜 아직 정하지 못했나요?) [『支那语大海』147页]

根据《汉语方言大辞典》'规定' 是东北 · 北京 · 翼鲁 · 胶辽官话，是有 '商定'、

'决定' 意思的动词[20]。但在(58~61)中都只用作动词。此外, 在东北·北京·江淮·西南官话等方言中 '规定' 也用作副词, 意思为 '一定', 像这种情况在各种会话书中使用的是和现代标准汉语一样的 '一定'[21]。

单音节动词 '布' 有吃饭时给客人夹菜的意思, 是北京方言。用于此意思的词汇例句只有1处[22]。

(62) 您别<u>布</u>了, 我自己取罢。당신 劝ᄒ시지 마르십시오. 내가 먹겟십이다.
  (권하지 마세요. 제가 스스로 먹겠습니다.) [『华语教范』132页]

'忒·齁' 是北方方言中特有的表示强烈程度的程度副词。

(63) 你太把我看得<u>忒</u>小器, 又没人心了。네 너무 나를 적게 보며 인심도 업는 것으로 아ᄂ도다.(당신은 나를 너무 쩨쩨하고 매정한 사람으로 아시는군요.)
  [『华语精选』124页]

(64) 因为他盐搁多了, <u>齁</u>咸的。저 사람이 소금을 많이 넣어 너무 짭니다.(저 사람이 소금을 많이 넣어 너무 짭니다.) [『华语精选』220页]

(65) <u>齁</u>醎了吃不得。너무 짜면 먹지 못ᄒ이다.(너무 짜면 먹지 못합니다.) [『华语教范』25页]

上述例句(63) '忒' 是与 '太' 意思相同, 从 '太' 字发音演变而来或从 '特' 发展而来的副词, 在《华语精选》中有一个实例。

---

20) 参考许宝华·宫田一郎(1999:3681).

21) 他<u>一定</u>来。저는 꼭 오지오.(『汉语独学』104页) 无论甚麼人, 学问大, <u>一定</u>是爵位尊贵。无论何人ᄒ고 学问이 셥부ᄒ면 一定코 爵位가 尊贵ᄒ지오.(『汉语指南』97页) ᄒ노라.(『华语精选』119页) <u>一定</u>有甚麼毛病。필연 무슨 흠절이 잇는게요.(『华语教范』22页) 这个话不但为牲口说的, 就是人若有过度的贪心麼, <u>一定</u>有这样的事情了。이러ᄒ 탐심이 잇스면 일덩코 이러ᄒ 일이 잇습니다.(『汉语大成』147页) 我想您<u>一定</u>是讚成的罢.당신은 꼭 찬성하실 줄로 압니다. (『支那语大海』150页).

22) 参考宋孝才(1987:66).

副词中的 '所' 也是现代标准汉语里没有的北京方言特有的用法. 意思与 '觉然/完全' 相同, 在《华语教范》中有其实例. 具体例句如下:

(66) 现在早晚儿<u>所</u>凉起来了. 지금은 아츰 저녁이 미우 선션호오.(지금은 아침저녁이 매우 선선해졌습니다.) [『汉语独学』35页]

(67) 我<u>所</u>没出外去. 난 과시 어듸 나가지 안엇소.(나는 전혀 나가지 않았습니다.) [『华语教范』20页]

(68) 这人我<u>所</u>不记得, 是个作甚麽买卖的? 이 스람은 내가 긔억지 못호겟다 이 무슨 장수를 호든 이냐?(이 사람은 내가 전혀 기억을 못합니다. 무슨 장사를 하는 사람입니까?) [『支那语集成』198页]

在实例的翻译中 '所' 在(66)中与 '又', (67)中与 '果是', (68)中与 '完全' 对译, 用作副词。

介词 '起/解' 用在时间或地点等行为的起点前, 意思是 "开始". 周一民(1998)认为, 北京话中表示起点的1音节介词有 '由/打/从/且', 但其中 '且' 是比较正宗的介词, '起/解' 是从 '且' 演变来的. 从 '起' 的原本的意思 '开始' 可以推测出其词源, '解' 与其意思相同的介词北方方言 '搁' 语音相对应. 从下面的例句当中可以看出这两个介词都是表示时间或地点的宾语。

(69) 我<u>起</u>家裡来的. 나는 집으로붓터 옵니다.(나는 집에서 왔습니다.) [『汉语指南』70页]

(70) 錶<u>起</u>昨天不上弦了. 시계는 어졔부터 틱엽을 아니 트럿소.(시계는 어제부터 태엽을 감지 않았습니다.) [『汉语大成』5页]

(71) 您这是<u>解</u>舖子裏来麽? 로형 젼으로셔 오심닛가?(당신은 가게에서 오십니까?) [『汉语独学』58页]

(72) 我打筭今天就趕紧的挪过去, 为得是到那儿给房钱的时候, <u>解</u>月头起好筭. (내가 오늘 서둘러 옮기려고 하는 것은 그곳에 가서 방세를 낼 때, 월초부터 계산하면 계산하기 편하기 때문입니다.) [『华语精选』261页]

作为介词的 '解' 只在20世纪10年代的会话书中出现过, 在20世纪20年代的资料里不再有其实例. '起' 也如此. 这可以看出在会话书中使用极其正宗的北京方言的频率越来越少.

'一扑纳心儿' 是意思为 '诚心诚意' 的北京方言, 在文章中用作副词.

(73) 不論甚麼差使, 一撲納心兒的辨, 勇往向前行了去, 必定是在高等兒上, 有不陞的道理麼。
무슨 스무든지 일심으로 쳐리ᄒ야 용맹스럽게 압흐로 나아가면 꼭 고등 우에 잇스리니 승급 안될 리치가 잇겟소
(무슨 일이든지 최선을 다하고 용감하게 앞으로 나아가면 반드시 높은 곳에 오를 것이니, 승진하지 않을 이유가 있겠습니까.)[『支那語集成』307頁]

(74) 就該一撲納心兒的學, 像是這麼樣兒的充數兒, 沽虛名, 多噲是個了手啊?
곳 맛당이 셩심으로 비울 것인딩 이 모양갓치 슈나 치우고 허명만 사면 은졔나 손을 쎄이잔 말이냐?
(최선을 다해 공부해야지, 이렇게 수만 채우고 이름만 거짓으로 사면 언 제 끝나겠습니까?) [『支那語集成』318頁]

此外, 带有北京方言特色的 '儿化' 词汇也不少, 具体例句如下:

时候儿, 数儿, 哥儿, 渐渐儿, 地方儿, 风丝儿, 道儿, 步儿, 门儿, 滋味儿, 方儿, 四家儿, 身儿, 价儿, 砍肩儿, 时样儿, 常常儿, 本儿, 轴儿, 单张儿, 价吗儿, 球儿, 天天儿, 工夫儿, 小钱儿, 条儿, 阵风儿, 单间儿, 媳妇儿, 学伴儿, 快快儿, 等等儿, 名片儿, 洋火儿, 说儿, 婶儿, 牙籤儿, 水菓儿, 铜子儿, 两下儿, 钟阴凉儿, 月芽儿, 星星儿, 冰凌儿, 山岭儿, 山涧儿, 抄道儿, 绕道儿, 中间儿, 傍边儿, 隔壁儿, 拐湾儿, 嘎拉儿, 眼球儿, 眼脂儿, 鬓角儿, 鼻孔儿, 鼻梁儿, 嘴唇儿, 牙花儿, 脚掌儿, 缺唇儿 等

3. 其他方言词汇的流入

官话和现代标准汉语都是以政治，经济，文化中心地北京地区及北方地区的词汇为基础。但是在汉语会话书中也能看到很多其他地区的方言词汇。具体例句如下[23]：

头泥(头垢，粤语)，学堂(学校，吴语·闽语)，土(尘埃,东北·冀鲁·胶辽·中原·兰银·江淮官话，晋语)，荷兰水(汽水，吴语)，牙花(牙垢，中原官话)，晌午错(下午，东北·冀鲁·中原官话)，秋景天(秋天，冀鲁官话·晋语)，冬景天(冬天，晋语)，这们(这麼，东北·江淮·西南官话)，那们(那麼,江淮·西南官话)，吃烟(抽烟，江淮·西南官话,徽语，赢语，湘语)，赶明儿个(明天·以後，东北·冀鲁官话)，刷牙子(牙刷，吴语·赣语·客话) 等

上面列举的词汇中有 '头泥'，'学堂'，'荷兰水'，'吃烟'，'刷牙子' 等离北方或北京较远的南方地区的方言。具体例句如下：

> (75) 您爱吃烟麼? 로형 담비 잡숩기 질기심닛가?(당신은 담배를 즐겨 피십니까?) [『汉语独学』8页]
>
> (76) 他不是很爱吃烟麼? 제가 미우 아편을 잘 먹지 안트냐?(그는 아편을 즐겨 피지 않습니까?) [『支那语集成』212页]

在上述例子中把 '吃烟' 翻译成 '吃烟' 和 '吃鸦片'，也就是说这一词有 '吸烟' 和 '吸鸦片' 两个意思。以上词汇体现了其他地方方言流入官话并被使用。这使官话词汇结构更为丰富。

---

23) 根据『汉语方言大词典』中的分类。

4. 吸收新文化词汇

　　新文化流入和近代化是给现代汉语带来了巨大影响的转折点。19世纪汉语受近代化影响产生很多外来语和新词。19世纪末到20世纪初新词的形成变得越来越复杂, 随着中日建交不断扩大汉语开始受日本新词的影响。各种资料当中也有反映了这一变化的词汇。以下分类列举24):

① 交通交通, 汽车, 电气车/电车, 火轮船, 商船, 趸船, 铁路, 火轮车/火车, 火车站, 候车房(候车室), 脚踏车/自行车, 火车头, 机脚车(摩托车), 公共汽车, 飞行机(飞机), 飞艇, 飞站(机场), 站夫(车站的服务员), 站长 等

② 社会文化设施和组织病院/医院, 养育院, 讲书堂(礼拜堂), 红十字会, 洗衣铺(洗衣店), 珈琲馆, 卖票处/售票处, 洋行, 赛珍会/博览会, 钱铺/银行, 自来水, 世界, 军事, 图书馆, 邮政局 等

③ 日常用品名片, 寒暑表, 火油(煤油), 洋灯, 煤气灯, 自来火/洋火(火柴, 打火机), 刷牙子(牙刷), 刷牙散 (牙膏), 领带, 法兰绒, 白衬衣(衬衫), 电灯/电气灯, 洋衣裳(西装), 洋货舖, 公共电话, 照像片儿(照片/像片), 墨镜, 洋钱, 信票(邮票), 钢笔/自来水笔 等

④ 食品面包, 珈琲/咖啡, 麦酒/皮酒/卑酒(啤酒), 荷兰水/汽水, 黄油, 奶饼(乳酪), 乾饼(饼乾), 莜麦面(燕麦粉), 灰司克(威士忌), 三便酒 等

⑤ 运动及娱乐杓球(高尔夫球), 篮球, 替换跑(接力赛跑), 马拉松赛, 赛船, 赛马, 桶球儿(台球), 扑克牌, 柯达(照相机) 等

⑥ 电子通信及媒体电报, 电报局, 电报纸, 电费, 电话/独律风, 放送人(广播员), 无线电话, 天线, 收音机, 电杆, 报纸 等

　　19世纪后期与国外的交流越来越活跃, 随之产生许多受新文化影响的新词。上

---

24)　括号中的词语为现代汉语标准词汇语义, 用于解释现今已不常或不使用的词汇.

述词汇是通过中国固有新词, 音译词, 翻译借用词, 日语借形词等各种形式形成的[25]。固有新词有 '火轮船, 火轮车/火车, 脚踏车/自行车, 面包, 寒暑表' 等。日语借形词 '电话' 的来源如下。开始普遍使用的是借用英语发音的音译词 '得力风', 之后日本有了 '电话' 一词开始普及并快速代替了之前的音译词。在《汉语指南》中也能看到 '独律风[得力风]'。1980年成立的 '柯达(Kodak)' 是制造胶卷, 相机等产品的美国公司,《支那语大海》将其解释为 '手拿照相机', 之后这一词变固有新词有 '火轮船, 火轮车/火车, 脚踏车/自行车, 面包, 寒暑表' 等。日语借形词 '电话' 的来源如下。开始普遍使用的是借用英语发音的音译词 '得力风', 之后日本有了 '电话' 一词开始普及并快速代替了之前的音译词。在《汉语指南》中也能看到 '独律风[得力风]'。1980年成立的 '柯达(Kodak)' 是制造胶卷, 相机等产品的美国公司,《支那语大海》将其解释为 '手拿照相机', 之后这一词变成了产品名称照相机的固有名词。'自来风, 电车, 电报, 电报局, 电报纸, 报纸' 属于翻译借用词[26]。此外, 也有很多词汇变成了方言, 其中吴语·赣语·客话使用 '刷牙子', 吴语使用 '荷兰水'。此外, 还有在使用过程中被其他词汇替换或被淘汰的词汇。例如, '机脚车, 机站, 站夫, 信票' 等。

五、结语

本文对迄今为止国内出版的民国初期汉语会话书进行了分析。总结上述论旨如下。

第一, 民国时期韩国的汉语会话书大致可分为旧活字本会话书和手抄本会话书两种。在旧活字本会话书中以北京官话为主, 但也有《满洲语自通》等少数山东方言会话书。手抄本到现在为止有两种, 其中一种是手抄日本的汉语会话书。鲜文

---

25) '차형어'是一种同时采用外语的用法及形态的语言。参考马西尼([1993]2005:206)。
26) 参考 马西尼 ([1993]2005:248-315).

大学中韩翻译文献研究所最先用 '日本帝国统治时期汉语资料丛书' 介绍了这方面的资料。最近国内外开始研究与中文学，教育相关的内容。

　　第二，对汉语会话书中的词汇特点进行了简单的分析。民国时期是汉语史到近现代汉语的过渡发展时期，有常用词汇交换现象。其中 '今天/明天/昨天' 等时间名词与现代标准汉语没有语法区别，呈现单纯的交换现象。此外，'什么时候'，'竟'，'恭喜'，'罢' 等在现代汉语也使用，但这些词在这一时期和现在有着不同的语法功能或意思特征。

　　第三，民国时期是把北京官话视为普通话的时期。标榜北京官话是普通话的汉语教材中有很多现代标准汉语不用的正宗北京方言。呈现了初期现代汉语词汇结构形态的一面。还有很多地方方言词汇。其中有 '头泥'，'学堂'，'荷兰水'，'吃烟'，'刷牙子' 等距离北京较远的南方方言词汇。这表示当时通用语的词汇兼容度很广。

　　第四，有很多体现了正处于近代化时期特点的新词。有随着新文化的流入产生并使用到现在的词汇，也有随着时代的变迁被淘汰或被其他词汇替代的词汇。也有部分词汇留在地方方言中。

从李家源看朝鲜半岛的乐府观

温州大学　王小盾

一、缘　起

　　"乐府" 是一个多义的历史概念和文学概念。作为历史概念, 它原指宫廷音乐机构, 以及其中的音乐文学活动 ; 作为文学概念, 它既指乐府歌唱所形成的文体, 又引申指一般意义上的歌辞。当原生乐府演变为拟乐府之后, "乐府" 还指按乐府诗形式创作的诗歌, 亦即在题材、题目、创作方法等方面模仿乐府旧辞的诗歌。

　　"乐府" 是一个不断发展的概念。关于 "乐府" 一词的经典表述见于《汉书·礼乐志》, 云 :"武帝定郊祀之礼……立乐府, 采诗夜诵, 有赵、代、秦、楚之讴。"[1] 这段话表明 : 在汉代人看来, "乐府" 是指服务于宫廷仪式活动的礼乐机构。汉武帝通过这一机构开展了制度化的礼乐活动和服务于礼乐的采诗制乐活动, 所以史称 "武帝立乐府"。[2] 同样, 由于采诗制乐是乐府的主要职能, 所以人们还以 "乐府" 一名指称在宫廷乐署中演唱的歌辞。这样就产生了文学角度的 "乐府" 概念, 引申出两个义项 : 其一指通过乐府歌唱而形成的诗体, 包括历代文人对这种诗体的拟作 ; 其二指一般意义上的歌辞。遍照金刚《文镜秘府论·论文意》说 :"乐府者, 选其清调合律

---

1)《汉书》卷二二《礼乐志》, 中华书局, 1959年, 第1045页。
2) 参见王小盾《〈文心雕龙·乐府〉三论》, 载《文学遗产》2010年第3期。

唱，入管弦，所奏即入之乐府聚至。如《塘上行》、《怨诗行》、《长歌行》、《短歌行》之类是也。"[3] 这里的 "乐府"，既指汉魏六朝的宫廷音乐机构，又指在这种音乐机关中演唱的歌辞。赵麟《因话录》卷三说："李贺作乐府，多属意花草蜂蝶之间。"[4] 这里的 "乐府"，偏指仿效汉魏六朝乐府歌辞之体裁、风格、内容的作品。另外，唐代诗人谢偃有《乐府新歌应教》诗，刘言史有《乐府杂词三首》。这些诗题中的 "乐府"，是歌辞的别名。

由于诗歌风尚的变化，宋代以前主要有两种乐府诗文体。一种是汉魏六朝的乐府歌辞体。其诗句形式多样，但主要采用一种无严格格律、近于五七言古体诗的体裁。其中音节格律较富变化、篇幅较长的诗体，被称作 "歌行"。另一种是隋代以来流行的声诗体和曲子辞体。声诗是被乐工采入歌唱的文人诗，其体多为七言四句；曲子辞是为配合燕乐曲子而作的歌辞，其体多为长短句。从魏晋开始，诗人习惯采用前一种文体，同时也注意沿用乐府旧题以写时事。到唐代，除声诗体和曲子辞体以外，诗人还喜欢自制新题来反映现实生活，称 "新乐府辞"。而燕乐曲子辞则在宋以后独立为 "词"

以上是中国宋以前 "乐府" 的简况。从中可知，"乐府" 概念涉及制度、机构、音乐、文体等方面，其实有很复杂的内涵。现在的问题是：如果我们再把视野放大，不是在中国的范围内看，而是在汉文化区的范围内看，那么，我们会看到一个怎样的 "乐府" 呢？换句话说，当 "乐府" 这个复杂的中国事物向周边传播，它会变成什么模样呢？——是会作为文体而流传，还是会结合制度、机构、音乐要素而流传呢？以外国语为母语的人们又会怎样认识它、接受它呢？这些问题，是富于趣味和学术意义的。

本文打算围绕一部较具代表性的著作来讨论上述问题。这就是李家源的《韩国汉文学史》[5]。李家源（1917—2000）字惢渊，号渊民，是韩国著名儒学大师李滉

---

3)《文镜秘府论汇校汇考》，中华书局（北京，下同），2006年，页1350。卢盛江认为：此句前半应为 "乐府者，选其清调，合律吕，入管弦，所奏即入之乐府，聚至诗官。" 同上本，第1351页。
4)《唐国史补、因话录》，上海古籍出版社，1979年，第85页。

(退溪, 1501-1570) 的十四世孙。他毕生致力于汉文学研究与创作, 著有《韩国汉文学思潮研究》、《韩文学研究》等书一百多种, 其中汉文文集则有《渊渊夜思斋文稿》(1967)、《玉溜山庄诗话》(1972)、《渊民之文》(1973)、《通故堂集》(1979)、《贞盦文存》(1985)、《春香歌》(1979)、《天涯知集》(未刊) 等七种。所以人们把他看作韩国的国学泰斗。而《韩国汉文学史》则是李家源的代表作, 是最富盛名的韩国汉文学史著作。

《韩国汉文学史》有很多成就, 特别值得指出的是: 它是一部重视文体发展的著作。我们知道, 汉文学是以讲究文体为特点的。由于文体是文学功能的标志, 而习得文体规范又是一项技术性很强的活动, 所以在整个东亚地区, 使用汉文字的古代文人都有明确的文体意识。只可惜到20世纪以后, 由于西方文学观念的冲击, 这种情况从根本上被改变了。其中有一个突出表现是: 我们所看到的汉文学史, 一般以作家、作品为单元, 而不是以文体为单元。这一情况自然可以追溯到 "文学史" 学科的建立过程: 它来自西方; 由于西方学术不甚注意韵文辨体, 所以, 东方各国学者的文学史的写作, 也接受了这一影响。

但令人欣喜的是, 在李家源的《韩国汉文学史》中, 我们却看到了既重年代又重文体的情况。比如其书前五章设立了以下小节:

> 第一章,《邃古时代之汉文学》: "俗曲"、"汉体诗歌"、"散文产生与神话系小说";
> 第二章,《北方反抗意识》: "俗曲"、"汉体诗歌";
> 第三、四章,《南方浪漫思潮》: "乡歌"、"乡曲"、"唐体诗歌"、"说话系小说";
> 第五章,《南北思潮合流》: "乡歌"、"唐体诗歌"、"说话系小说"。

另外, 从第六章开始, 该书对乐府、辞赋二体作了逐章讨论, 分别题为 "乐府之成立"(高丽初期)、"辞赋之出现"、"乐府之发展"(高丽后期); 而从第八章 (李朝初期) 开始, 又连续五章介绍了 "辞赋"、"乐府"。这就是说, 即使对于韵文文学, 作者也分出了俗曲、乡歌、乡曲、辞赋、乐府、诗歌等六体。

---

5)《韩国汉文学史》, 李家源著, 赵季、刘畅译, 凤凰出版社, 2012年。

　　以上情况，使《韩国汉文学史》成为甚具意义的研究对象。首先值得研究的是：作者为什么会有这种严于辨体的意识？或者说，作者的文学史观为何不同于其他汉文学史家？其次值得研究的是：作者的"乐府"观有什么特点？它如何反映了朝鲜半岛的"乐府"观？或者说，韩国学者如何接受和改变了"乐府"等中国的文体观念？前一个问题比较好回答，因为李家源是一位饱学的传统学者，他的辨体意识明显同他的汉文学创作实践有关；可以说，他的辨体意识缘于他所浸润的韩国古代文学传统。但后一个问题则比较复杂，需要从以下几方面详加讨论。

二、《韩国汉文学史》中的乐府观

　　在《韩国汉文学史》中，李家源对"乐府"一词作了三次理论表述。

　　其一，在第三章（古新罗），他提出："乐府系乐曲与乡歌应视作不同系别"(页36[6])。他的意思是，乡曲是乐府系乐曲，而乡歌则不是。其间差别在于：乡歌是用当地土语传唱的民歌，汉字所记并非它的原貌；乡曲则是宫廷歌曲，有伴奏，亦即有稳定的曲体和歌辞。也就是说，"乡歌为口头传唱，乐器伴奏可有可无；而乡曲则乃定有乐器伴奏之词曲"(页37)。按照这一理论，"乐府系乐曲"的代表是《三国史记》卷三二《乐》志所记载的新罗俗乐曲——包括儒理王时的《会乐》、《辛热乐》，脱解王时的《突阿乐》等，共18曲。这说明，在李家源看来，乐府的实质是宫廷乐，特别是宫廷俗乐。

　　正是出于这一认识，李家源把新罗第二相王山岳所作的《玄鹤》，以及宫廷乐师玉宝高、贵金、于勒、尼文、法知、阶古、万德等人所作的《新调》、《飘风》、《加耶》、《河临》、《嫩竹》等曲，也判为乐府系歌曲 (页37-40)。这些歌曲都是宫廷歌曲，

产自本土，属俗乐曲。

其二，在《韩国汉文学史》第六章 (高丽初期)，他指出：“古朝鲜、高句丽之俗曲，及罗、济之乡歌，均为韩国乐府以前之乐府。然若严格分辨，其是否明确具备乐府本义，乃一问题。‘乐府’之名首见于《汉书·礼乐志》。汉武帝刘彻 (前156-前87) 确定郊祀之礼，设‘乐府’之官署，命李延年为协律都尉以采集协律之诗歌而制成乐府，故此后乐府即指协律之诗歌。事实上，韩国至高丽时方才设立乐府，而高丽之乐府可分俗乐、唐乐、雅乐等三种。”(页101) 这段话表明，李家源的“乐府”观念是来自《汉书》的。和《汉书》一样，他把宫廷音乐机构及其所制“协律之诗歌”看作“乐府”。他并且按照《汉书》所谓“武帝立乐府”之说，分别“乐府”为两种：一是未明确具备乐府本义的“乐府”，即古朝鲜、高句丽、新罗、百济的宫廷俗乐曲；二是已具备乐府本义的“乐府”，即高丽宫廷所掌的种种乐曲辞，包括雅乐曲辞、唐乐曲辞和俗乐曲辞。从《高丽史·乐志》[7]看，这样的乐府曲辞有以下几项：

(1) 雅乐曲辞：雅乐乐章和太庙乐章，主要有《正安之曲》、《太定之曲》等39曲。另外有睿宗十一年 (1116) 至恭愍王二十年 (1371) 所撰乐章。

(2) “唐乐”曲：队舞曲有《献仙桃》等5支队舞，含二十多曲；曲破有《惜奴娇》，1曲；“令”“慢”诸曲有《万年欢》(慢) 等，42曲。

(3) 俗乐曲：高丽俗乐曲有《动动》等31曲，高丽所传三国俗乐曲有新罗6曲、百济5曲、高勾丽3曲。

在这许多乐曲中，李家源特别看重俗乐曲，《韩国文学史》在高丽乐府部分即着重介绍了俗乐31曲。这表明了他的一个看法：真正的“乐府”须“具备乐府本义”，亦即形成了采诗制乐的制度；因此，最典型的“乐府”是宫廷乐署所采集的俗乐曲。

---

7)《高丽史》卷七〇、卷七一。有韩国延世大学东方学研究所影印本，景仁文化社，1961年；又有亚细亚文化社影印本，1990年。二本页码相同。

其三, 在《韩国汉文学史》第七章 (高丽后期), 李家源论述了乐府的发展, 认为这种发展有两大表现: 第一是文人投入俗乐曲辞的创作, 比如李齐贤创作了《别曲》和9篇《小乐府》, 安轴仿《翰林别曲》创作了《关东别曲》八章、《竹溪别曲》五章; 第二是文人开始了词的创作。所以他说: "高丽后期乐府, '俗乐'、'词' 两类均包含在内。因为 '词' 发展到这个时期, 足可理直气壮地占有一席之地。" 在这里, 李家源提出了一个新的 "乐府" 概念, 亦即在文体上或主题上, 按三国乐府、高丽乐府创作的准歌辞。这些作品未必付之歌唱, 但在作者心目中是歌辞之体, 符合乐工之曲的本色。以下三段话可以作为旁证:

> 李齐贤《益斋乱稿》卷四: "昨见郭翀龙, 言: '及庵欲和小乐府, 以其事一而语重, 故未也。' 仆谓: '刘宾客作《竹枝歌》, 皆夔峡间男女相悦之辞。东坡则用二妃、屈子、怀王、项羽事缀为长歌。夫岂袭前人乎? 及庵取别曲之感于意者翻为新词, 可也。' 作二篇挑之。"[8]
>
> 徐居正《东人诗话》卷上: "乐府句句字字皆协音律, 古之能诗者尚难之。陈后山、杨诚斋皆以谓: '苏子瞻乐词虽工, 要非本色语。' 况不及东坡者乎? 吾东方语音与中国不同, 李相国、李大谏、猊山、牧隐皆以雄文大手, 未尝措手。唯益斋备述众体, 法度森严。先生北学中原, 师友渊源, 必有所得者。近世学者不学音律, 先作乐府, 欲为东坡所不能, 其为诚斋、后山之罪人, 明矣。"[9]
>
> 申光洙《石北文集》卷一〇《关西乐府序》: "东国无乐府。西京题咏, 唯牧隐与李相国混外, 近世三渊金翁作亦佳, 然皆律体也。郑知常《官船》一绝, 始得乐府音调, 为千年绝唱, 足与盛唐方驾。"[10]

这三段话皆为《韩国汉文学史》所引 (页155、156、109), 乃李家源 "乐府" 观的

---

8) 李齐贤《益斋乱稿》,《影印标点韩国文集丛刊》(下称《韩国文集丛刊》), 景仁文化社, 1990年7月初版, 1996年12月再版, 第2册第537页。

9) 徐居正《东人诗话》, 赵钟业编《修正增补韩国诗话丛编》(下称《韩国诗话丛编》), 太学社, 1996年, 第1册第440-441页。

10) 申光洙《石北集》卷一〇,《韩国文集丛刊》, 第231册第398页。

依据。第一段说到闵思平 (1294-1359,别 号及庵) 拟与郭翀龙唱和 "小乐府" 事。在这里，作为 "夔峡间男女相悦之辞" 的《竹枝歌》被看作 "小乐府"。第二段 "乐府" 是 "词" 的代名。这种指代习惯虽然出自宋人，却也符合高丽以来的传统——高丽乐中的 "唐乐" 辞体实即宋代词体。第三段 "乐府" 则是古诗音调的代名。这种指代习惯也来自中国，即把 "乐府" 理解为汉魏六朝乐府民歌之诗体，故云 "东国无乐府"。不过，自从高丽人郑知常（？—<u>1135年</u>) 创作了《官船》"雨歇长堤草色多" 一诗之后，揄扬者、仿效者都很多[11]，"乐府" 便成为一种新诗体的名称。这种诗体四句成篇，有别于近体律诗，而接近于朝鲜半岛三国以来的俗曲辞。

正是根据这种拟歌辞的标准，李家源把《龙飞御天歌》和成侃《宫词》等朝鲜时期的作品判为 "乐府"(页218-219)。这是符合朝鲜文人的一般看法的：郑麟趾曾说，《龙飞御天歌》是一篇 "继《雅》《颂》之遗音，被之管弦"[12]的作品。李瀷认为它合于古歌之腔调："此因皇风乐腔节叶歌，歌即四言诗也，却与古合也。"[13] 至于成侃 (和仲)《宫词》，许筠则说它是模拟 "唐乐府体" 的典型："东诗无效古者，独成和仲拟颜、陶、鲍三诗深得其法，诸小绝句得唐乐府体，赖得此君，殊免寥寂。"[14] 由此可见，在重视乐府诗的音乐性这一点上，李家源和朝鲜学者甚有共识。

同样，李家源把按俗曲题目所作之辞也看做 "乐府"。他在第七章讨论 "辞赋之出现" 时，对 "乐府" 和 "辞" 作了分别。尽管这两者都是歌辞的流变，但他说："使用乐府词之题目者，兹不列入。"(页143) 他的意思是：辞与乐府之分界，主要不看是否采用楚辞 "兮" 字体，而看是否不用俗曲旧题。这一看法也是符合高丽、朝鲜作家之习惯的。比如李齐贤 (1288-1367)《小乐府》，其作品主要译写自高丽俗曲，即采用本土乐府的素材；金宗直 (1431－1492)《东都乐府》，辞为《会苏曲》、《忧息曲》、《鹅

---

11) 申钦《象村稿》卷五二引郑知常此诗后评曰："一世争传，至今推为绝唱。"《韩国文集丛刊》，第72册第341页。

12)《龙飞御天歌序》,《龙飞御天歌》，大提阁1973年影印韩国古典丛书本，卷首。

13) 李瀷著，安鼎福编《星湖僿说类选》卷四下《治道门三·国朝乐章》，明文堂，1982年7月，第332页。

14) 许筠《惺叟诗话》,《韩国诗话丛编》，第2册第217页。

述岭》等七首，也采用三国俗曲的旧题。

总之，《韩国汉文学史》的乐府观是围绕三国以来的宫廷俗乐曲而展开的。被他确认的"乐府"文学主要有二：一是同宫廷乐曲相关联的"协律之诗歌"；二是依宫廷乐曲之文体和主题所制之辞，较多见的是《竹枝》体和长短句词体。如果把这两种"乐府"观换成中国观念，那么可以说，朝鲜半岛人的"乐府"观，主体上是围绕原生乐府建立起来的。

三、李家源乐府观的主要来源

从民族传统的角度看，李家源的乐府观可以追溯到高丽时代和朝鲜时代早期。这时的"乐府"主要有两个涵义：其一是史学角度的"乐府"，指"乐"之"府"，亦即宫中的掌乐机构；其二是文学角度的"乐府"，指宫廷乐署所掌的乐章，进而指模拟这种乐章而制作的作品。后者由两类作品组成：一是译写新罗、高丽俗曲歌辞的绝句体小诗，二是同唐乐曲、俗乐曲相联系的其它文体。

史学涵义的"乐府"未见于《三国遗事》、《三国史记》等书，而最早见于《高丽史》。在《高丽史》中有如下表述：

《高丽史·地理志》："松林县……有五冠山。世传孝子文忠居是山下。乐府有《五冠山》曲。"

《高丽史·李混传》："诗文清便，长短句若干篇行于世。尝贬宁海，得海浮查，制为舞鼓，至今传于乐府。"

《高丽史·蔡洪哲传》："为人精巧，于文章技艺皆尽其能，尤好释教。……时邀永嘉君权溥以下国老八人为耆英会，制《紫霞洞》新曲。今乐府有谱。"

《高丽史·柳濯传》："倭寇万德社，杀掠而去。濯以轻骑追捕，悉还其俘。终濯在镇，寇不复犯。自制《长生浦》等曲，传乐府。"[15]

这几个事件的年代大致可考。李混曾于忠烈王五年 (1307) 以贺正使身份出使元朝[16]，归国时受诬陷而贬官。制舞鼓一事，应该发生在此时，即1308年或稍后。蔡洪哲历官忠烈王、忠宣王、忠肃王三朝，卒于忠惠王后元年 (1340)。柳濯则是恭愍王朝的将领，所作《长生浦》在恭愍王初年 (1351年或稍后) 列为高丽俗乐。这几件事都发生在公元14世纪前60年，相当于李齐贤 (1288—1367) 生活的年代。除此之外，在《高丽史·乐志》中另有一处关于"乐府"的记录，即唐乐《倾杯乐》词斤所云"会乐府两籍神仙，梨园四部弦管"云云。值得注意的是：这篇《倾杯乐》词出自宋代词人柳永，乃是在政和四年 (1114) 因宋徽宗赐乐而传入高丽[17]，是《高丽史》关于"乐府"的最早记录。词中所谓"乐府"，其涵义同样是指宫廷掌乐机构。因此可以推断，《高丽史》的"乐府"观念，是因高丽"唐乐"的输入而建立起来的。

以上记录中所谓"至今传于乐府"云云，意思是说舞鼓之乐和《紫霞洞》等曲一直流传到修纂《高丽史》之时，即朝鲜世宗时期。它意味着一个过程，说明以"乐府"指乐署不仅是作为当事人的高丽人的观念，　而且是作为记录者的朝鲜人的观念。正因为这样，在《朝鲜王朝实录》中，我们同样看到了"乐府"作为乐署的提法，如：

> 太宗十一年 (1411) 闰十二月辛巳，"上曰：'图谶非帝王之事。若不废，则但序于乐府耳，不宜首进。'…… '以河仑《觐天庭》为第一曲，《受宝箓》则削之乐府。'"
>
> 世宗十三年 (1431) 十月丁酉："惯习都监启：《元兴曲》及《安东紫青调》，请于乐歌复用。……二曲虽皆载诸乐府，然废而不用久矣。"
>
> 世宗十四年 (1432) 三月乙亥："御经筵。谓参赞官权孟孙曰：'……《梦金尺》、《受明命》，太祖、太宗乐章也，今皆不列于乐府。《梦金尺》、《受宝箓》，太宗尝以为梦中之事、图谶之说，不宜歌颂，河仑固请，只以《受宝箓》序于乐府，《梦金尺》则未尝登歌。……'上曰：'若以《荷皇恩》为不可废，则《受明命》当序于乐

---

15)《高丽史》卷五六、卷一〇八、卷一一一，中册第255页上、下册第374页上、第376页上、第426页上。

16) 高丽史》卷三二，上册第667页下。

17) 参见王小盾：《〈高丽史·乐志〉"唐乐"的文化性格及其唐代渊源》，载《域外汉籍研究》第1辑，北京：中华书局2005年5月。

府也。今乐府改《圣泽》为《海瑞》者, 盖指近日所得青琅玕也。细碎之事,岂宜登
于乐府？……'"

　　端宗元年(1453)六月戊申："庚午年, 乐学提调朴㙹上言曰：'乐府之乐, 有祭
享乐, 有宴享乐。'"

　　世祖六年 (1460) 十一月癸未："御制乐府曰：'蕞尔阻声教, 岂能逃一怒？……'。"[18]

　　这些记录中的 "乐府", 主要涵义是指宫廷乐署, 例如所谓 "载诸乐府"、"乐府之
乐"；同时也引申而指宫廷乐署所掌的乐歌, 例如 "序于乐府"、"御制乐府"。这实际
上表现了 "乐府" 的两种涵义的转换。后一涵义, 也就是文学角度的 "乐府"。

　　在朝鲜半岛, 文学角度的 "乐府" 概念最早见于李齐贤 (益斋) 的《小乐府》。
这批作品共九首, 皆七言四句体, 大都是对高丽语歌曲的译写。它所用的 "小乐府"
一名, 来自宋代文人的习惯说法, 即把六朝时期流行的绝句形式的乐府诗体以及唐
代的《竹枝》体 (皆为七言四句) 看作 "小乐府"[19]。这一习惯通过李齐贤影响了朝
鲜文人[20], 比如申纬 (1769-1845)《小乐府》40首, 以七言四句诗体翻译时调；又如
申光洙 (1712-1775)《关西乐府》(又名《关西伯四时行乐词》) 108首, 也用七言四句体
诗歌吟咏当地的地理、风俗和历史。事实上, 在朝鲜朝几百年间, 以下三个文学要
素一直被理解为 "乐府" 文体的标志： (一) 七言四句体； (二) 对歌辞的模拟；
(三) 用汉字译写民歌。尽管以模拟汉魏六朝乐府旧题为 "乐府" 的观念也传入朝鲜,

---

18) 《太宗实录》卷二二,《世宗实录》卷五四、卷五五,《端宗实录》卷六,《世祖实录》卷二二。前三
　　条又见《朝鲜王朝实录音乐记事资料集》第1册第210页, 第2册第129至130页, 第2册第166页。
19) 参见《池北偶谈》卷一五 "小乐府" 条。李齐贤《小乐府》见《益斋乱稿》卷四,《韩国文集丛
　　刊》第2册第536-537页。
20) 申纬《警修堂全稿·北禅院续稿三》载《小乐府四十首并序》云："高丽李益斋先生, 采曲爲七
　　绝, 命之曰小乐府。……通录余山中湖上往来所得者若干首, 亦以小乐府为题。"《韩国文集丛
　　刊》, 第291册第380页。李裕元《嘉梧稿略·小乐府》后云："余昨夏作海东乐府百首, 原於益斋
　　先生小乐府法。今秋雨里, 见养研山房俗乐府, 仿以制之。" 同书《诗余二十六调五十四阕》 又
　　讨论 "词" 和 "小乐府" 之关系云："诗余者, 古乐府之流别, 而后世歌曲之滥觞也, 始于清平调。
　　中州人著作, 平仄声字分而唇齿协之, 盖中州乐以音登, 弦长短促。我东全以言语咏之, 或音
　　或释, 混沦无适。所以东国小乐府只举其概也。"《韩国文集丛刊》第315册第29页、第34页。

但大部分朝鲜诗人的实践是建立在同李齐贤相关的这三条理解之上的。

李家源的乐府观说明，朝鲜半岛的乐府文学传统，是通过李齐贤的创作而得以奠定的。所以，《韩国汉文学史》不仅把三国至高丽的宫廷乐章和俗曲歌辞看作"乐府"，而且把类似于李齐贤《小乐府》的一系列作品看作"乐府"。结合此书所认定的"乐府"作品来看，朝鲜人在判别"乐府"时使用了以下四条标准：

（一）以"乐府"指宫廷音乐机构及其所制的"协律之诗歌"。因此，被李家源列为"乐府"的歌辞有：《时用乡乐谱》所载《风入松》等歌词（页219）；李恒福（1556-1618年）所作的《铁岭宿云词》。前者即《笙歌寥亮》，平调曲；后者则"以时调广为流行"；"此歌播都下，宫人皆习唱"（页275）。

（二）认为典型的乐府辞体为七言四句体，即《宫词》体、《竹枝词》体。因此，以下作品被视为"乐府"：(1) 成侃所作的《宫词》。《韩国汉文学史》页220评曰："名为《宫词》，实为乐府体。"(2) 申光洙《关西乐府》。又名《关西伯四时行乐词》，108首（页394-396），宫词体。(3) 赵秀三《外夷竹枝词》122首、《高丽宫词》22首。后者自称"拟《竹枝》调作"（页398）。(4) 申佐模《仿关西乐府》（页399）。(5) 李学逵《金官竹枝词》30首（页401）。(6) 金鑢《黄城俚曲》204首（页401-402）。(7) 朴珪寿《凤韶余响》100首（页405）。(8) 尹达善《广寒楼乐府》108首（页406）。(9) 李裕元《海东乐府》100首（页407）。按尹达善自称"依《香娘歌》一作小曲百八迭，名之曰《广寒楼乐府》"；李裕元《海东乐府》则多用《碓乐》、《郑瓜亭》、《真勺》等俗曲旧题。

（三）在文体上或主题上，仿三国乐府、高丽乐府所作之辞（包括长短句词），被认为是乐府辞；换言之，凡采用三国、高丽俗曲之旧题、本事的作品便被判为"乐府"。其中有金宗直《东都乐府》（页220）、金万重《西浦乐府》。《韩国汉文学史》说：《西浦乐府》"乃高丽（俗曲）《三藏》、《蛇龙》二歌之演述"（页361）。另外的乐府作品有：李学逵《岭南乐府》，68首，多用俗曲俗事和旧题（页400）；李瀷《星湖乐府》，共111首，大多采用俗曲旧题（页392）；李瀷《黄叶飞词》，自称"略依《草堂诗余》词句成一篇"，并说"盖我邦有乐歌自新罗世，而朝廷乡党之乐都循俚谚，未有一人作韵语被诸弦歌，亦夷俗之陋也"（页393）——总之是为"被诸弦歌"而作的。

（四）本土歌辞的汉文译写被认作"乐府"，其中主要是时调和其它流行歌辞的汉译。例如李恒福《解愁丝词》，"乃李恒福将当时流行之歌译成汉文"(页277)；又南九万《铁岭宿云词》，乃是对李恒福《铁岭宿云词》等"十一首古时调之汉译"(页361)；又金春泽《将进酒辞》，即"汉译之郑澈《将进酒辞》"。另外判属"乐府"的有：南有容《新词三阕》，乃其"翻译之三篇时调"(页393)；洪良浩《青丘短曲》26首，"大体为时调之汉译"(页397)；申纬《小乐府》40首，"均为时调之汉译"(页399)；李裕元《小乐府》45首，"大体为汉译时调之作"，七绝体，自称"原于益斋先生《小乐府》法"(页408-409)。

下文还要谈到：重视本土歌辞的汉译，是这种乐府观的重要特点。

四、李家源乐府观的特点和本质

前文说到："乐府"是一个产自中国的历史概念和文学概念。它既指宫廷音乐机构及其中的采诗制乐活动，也指通过乐府歌唱而形成的诗体，包括历代文人对这种诗体的拟作，以及一般意义上的歌辞。从宋代人所编的《乐府诗集》看，"乐府"主要有三种诗体：一是汉魏六朝的乐府歌辞体，二是隋唐五代的声诗体和曲子辞体，三是自制新题而咏时事的"新乐府辞"。

前文又说到："乐府"一词是在李齐贤时代 (14世纪) 流行于朝鲜半岛的。这时候，以上乐府观念都已传入。有人从音乐角度接受它，又有人从文学角度接受它，于是形成以下三种乐府观：第一种立足于作为乐署的"乐府"观念，重视"乐府"之本义，重视文学作品同"音"(本民族歌曲) 的关联；第二种立足于作为文体的"乐府"观念，注意模仿汉唐乐府诗的诗题和写作方法；第三种则是前二者的折衷，即重视乐府文体同乡土文化的结合，因而重视作品同"事"的关联。从李齐贤到朝鲜史臣，其所禀持的其实只是第一种乐府观。如上所说，这也是李家源乐府观的主要来源。

　　不过，在进入朝鲜朝以后，第二种乐府观就逐渐流行于朝鲜半岛了。成倪
(1439-1504)《虚白堂集》是一明显例证：文集中收录了一批拟汉魏六朝乐府诗题和
诗体的作品，包括《金铜仙人辞汉歌》等 "歌体" 诗9首，《野田黄雀行》等 "行体" 诗
14首，《大堤曲》等 "曲体" 诗10首，《陇头吟》等 "吟体" 诗5首，《鸳鸯篇》等 "篇体"
诗7首，《箜篌引》等 "引体" 诗5首，《湘妃怨》等 "怨体" 诗8首。除此之外有 "词体"、
"谣体"、"叹体"，还有37首 "乐府杂体"。[21] 成倪是《乐学轨范》的作者，有很好的音乐
素养；以上作品不仅未涉及音乐，相反比中国作家还刻意辨体。这便反映了一种纯
文学的追求，亦即掌握中国乐府诗体的追求。这种追求在当时是有理论表现的。比
如许筠 (1569-1618年) 称李达所作《采莲曲》、《襄阳曲》等 "调和, 格亮, 彩绚俱均,
真盛唐能品"。[22] 这便是从模□中国乐府诗题、诗体的角度立论的。又如李晬光
(1563-1628年)《芝峰类说》引李东阳语云 "李太白才调虽高, 题与义多仍其旧" 云云,
并评论说："余谓此言是, 但其所自为拟古乐府诸篇, 虽或有警句, 未免俳优强作之
态, 决非本色。"[23] 这段话也表现了对乐府文体及其 "本色" 的关注。

　　以上两段话出现在16世纪、17世纪之交。这正是朝鲜文人的乐府文学创作进
入高潮的时期。从其代表人物申钦 (1566-1628)、沈光世 (1577-1624年) 的作品与言
论看，其时创作繁荣还促成了乐府观的分化。申钦在 "补乐歌"、"汉郊祀歌"、"汉铙
歌"、"古乐府" 等名义之下，写作了近两百首乐府诗，其《乐府体四十九首序》云：

　　　　盖乐府者, 古人用之于郊祀, 用之于军旅。……顾其昉也, 不唯音, 唯其事也。
流之远也, 则有其音而无其事；虽无其事, 音自可贵。拟而肖之者, 昔人譬之新
丰, 贵其音也。余窃不自揆, 仿而为之, 间杂耳目所睹记, 附以为篇。非谓音与事
备, 抑伤世之一端云尔。[24]

21)《虚白堂集·风雅录》,《韩国文集丛刊》, 第14册第387-408页。
22) 赵锺业《韩国诗话丛编》, 汉城太学社, 1996年, 第677页。
23) 南晚星校译《芝峰类说》, 汉城乙酉文化社, 1994年, 第634页。
24) 申钦《象村稿》卷三,《韩国文集丛刊》, 第71册第320页。

他的意思是，"乐府"有两个本质属性：一为"事"，二为"音"。追溯其始，真正的本色是由"事"代表的。后来乐府发展为词曲文学，重视了"音"，却遗忘了"事"，亦即有"贵其音"的倾向。为反其正道，申钦重新创制乐府诗若干首，目的是"音与事备"，能"伤世"。这说明，申钦原是从第二种乐府观出发的，因为他采用了拟乐府旧题的写作方式；但他却催生了第三种乐府观——他的"不唯音唯其事"的理论，事实上成了第三种乐府观的基石。

沈光世的《海东乐府》便是第三种乐府观的典型。沈氏所作乐府诗44首，以朝鲜半岛三国以来的历史故事为素材，既不采用中国乐府诗的旧题，也不采用朝鲜半岛历代俗曲的旧题——明显以"事"为宗旨。他在《海东乐府》序文中说，其创作有两个出发点：一是为了弘扬"东国之书"；二是受明朝诗人李东阳的启发，要从东史中选择可以"赞咏鉴戒"者，"作为歌诗"，"以教儿辈"。25) 这两个出发点也都是"事"。结果，沈光世达到了上述目的，在朝鲜文学史上造成了一个"海东乐府"现象。在他之后，林昌泽 (1680-1721年)、李匡师 (1705-1777年)、李学逵 (1770-1834年) 等人都作有《海东乐府》。从评论资料看，林昌泽的特点是"乐府之篇，则文与事称，往往有上追汉魏之气"26)；李匡师的特点是"仿李西涯乐府之体"27)；李学逵写作乐府诗的目的则是补史："上自罗代，下至丽季，凡为事属岭表，人系岭乡，则随遇命题，逐题成章。"28) 由此看来，第三种乐府观是在模仿李东阳 (西涯)《拟古乐府》一百首的过程中形成的。根据李东阳自己的说法，这种乐府诗的特点是咏史事而寓鉴戒："间取史册所载，忠臣义士，幽人贞妇，奇踪异事，触之目而感之乎心……或因人命题，或缘事立义"29)。1844年，赵显范作《江南乐府》151首，其自序也重复了同样的意思，云：

---

25) 成倪、申钦、沈光世等人的乐府诗均载《汉文乐府词资料集》，汉城启明文化社，1988年版第一卷。沈光世《海东乐府并序》又见《休翁集》卷三，《韩国文集丛刊》，第84册第348页。

26) 金泽荣《林昌泽》，载《重编韩代崧阳耆旧传》卷一，韩国学文献研究所编《金泽荣全集》，亚细亚文化社，1978年，第5册第558页。

27) 丁若镛《跋海东乐府》，载《与犹堂全书》第一集卷一四，《韩国文集丛刊》，第281册第307页。

28) 李学逵《岭南乐府序》，载《洛下生集》第六册，《韩国文集丛刊》，第290册301页；又载《汉文乐府词资料集》，第四卷第132页。

　　　　凡前之所闻，后之所见者，有一言一行之可以赞咏劝戒者，则不较古今与显
　　微，一依《海东乐府》体，分别题目，作为歌诗。[30]

　　这就是说，《海东乐府》体是一种自创新题、通过咏史怀古来论说大义的乐府
诗体。它改变了汉唐以来咏史诗多用近体、讽世诗多用乐府的习惯，在朝鲜朝产生
了持续的影响。

　　从以上背景来看《韩国汉文学史》，其乐府观的特点就很明显了。这特点就
是：在尊重文学史之约定俗成的基础上，重视乐府同本民族音乐的联系。换言之，
作为一部系统的文学史著作，它对上述三种乐府观都有反映——在关于朝鲜朝的
四章中均设有"乐府"一节，并以最后两章介绍了第二种、第三种乐府观的相关作
品。但在论述比重上，它明显偏重第一种乐府观。书中关于高丽乐府文学的两章分
别以"乐府之成立"、"乐府之发展"为题目，这两个题目也意味着：作者推重高丽乐
府，认为高丽乐府既代表了乐府的典型形态，又代表了乐府的成熟形态。事实上，
此书关于乐府定义的理论探讨，也只针对第一种乐府。

　　李家源为什么会有这种文学史倾向呢？值得思考。从《渊渊夜思斋文稿》等文
集中可以看到一个特别情况，即：李家源并不参预后两种乐府诗的创作，所作诗篇
从来不拟乐府旧题，他的文集甚至很少提到"乐府"二字；但他却以极大热情投入
了《春香歌》的写作。《贞盦文存》所载《春香歌自序》记录了此事的缘由：在用本
土"正音"文字书写的古典小说中，李家源最爱读《春香传》。他曾在诸本中遴选最
善之本加以注释，征引中朝古籍395种，刊行于1957年。后来他又发表了8篇关于
《春香传》的研究论文。到1975年，他发愿"将此《春香传》一书，做出来大河长篇诗
一篇"。费时三年多，这篇长达4760句、33320字的《春香歌》终克完成，于1979年由
汉城国民书馆刊行。李家源感叹道："窃觊夫晚华柳振汉之一七五四年甲戌作《春

29）李东阳《拟古乐府引》，载《李东阳集》，长沙岳麓书社，1984年，第1页。
30）赵显范《江南乐府序》，载《江南乐府》，顺天邑志刊行会1940年石版本，卷首；又载《汉文乐府
　　词资料集》，第四卷，第363页。

香歌》，为七言四百句；桐山尹达善之一八五二年壬子作《广寒楼乐府》，为一百八选，七言四百三十二句。则较诸二家之作，其规模之鸿庞，不待同日而语矣。"[31] 这表现了他对《春香歌》的看重。至于他之所以要把柳振汉所作《春香歌》、尹达善所作《广寒楼乐府》拿来比较，则因为二者都是七言体长篇。不过在他看来，二者的文体性质并不一样：1754年，柳振汉在全罗道看到了艺人表演的pansori，受其启发而创作了《春香歌》；这篇作品并非pansori的译作。《广寒楼乐府》与此不同，乃是一篇亦译亦创之诗，情节角色全依《香娘歌》之旧。所以《韩国汉文学史》未把柳振汉列为乐府诗人，却在该书最末一篇《乐府》中介绍了尹达善的《广寒楼乐府》，并引用了"要令"、"官僮唱"、"李生唱"、"香娘唱"、"总论"等章节（页406-407）。不妨说，在作者心目中，像《春香歌》、《广寒楼乐府》这样的作品才是韩国乐府的代表。

那么，李家源为什么会醉心于《春香歌》的创作呢？这正在于他的民族文化情结。在《韩国汉文学史》一书中，李家源曾经强调汉文字同民族文化的关联："在本国文字创造之前，皆以汉文字进行书写，故未曾不视汉文字为本国文字"(页1)；同时也强调民族文学同汉文学的差异："□然□文□摘用中□文□之形□与体裁，但其□非全然中□文□之附庸，而是有□本民族自主之□特□貌与□性，未□不令人□起□新之□"(□4)。所以他推崇金昌□"□固□唐，亦不必似唐"之□，以及朴趾源"若乃效法于中□，□体于□唐，□吾徒□其法益高而意□卑，体益似而言益伪"之□（□4-5）。他的文□主□，□到底，便是要用□字□抒□本民族的□特文□。《春香歌》正是这种文学的代表——既用汉字书写，又富于"本民族自主之□特□貌与□性"。

《春香歌》的民族特色，很大程度上来源于《春香□》。在《春香□》那里，民族的□貌与□性已然具□。□管《春香□》在故事□构、人物□型等方面和元明文□作品《西□》、《玉堂春》、《杜十娘》等相似，但它□是一部富有朝□民族特色的小□。它大量□用民□□、民□歌□和警句；它把男女主人公（李□□和成春香）分□定位□班□族和□妓之女；它□力刻划了春香□洁、□的民族□性；它□了李□科

---

31)《贞盦文存》，汉城友一出版社，1985年，第49-51页。此书收录李家源62岁至68岁的作品。

□及第，以御史身份□治□人、救出春香的情□；它把流行于朝□半□南部的烈女
□、伸冤传说、御史□ 的元素融入作品，构思出一个大□　局；它通□ 一切，描□
了18至19世□的朝□ 俗和各□ 生活……正是这些特异之处，造就了李家源的"最
爱"。以至于他的"乐府"概念，也有明显的感情色彩。

五、结语

综上所述，"乐府"这一概念是在12世纪初传入朝鲜半岛的。它首先代表一种对
于历史的理解，被高丽前期的宫廷乐师或历史学家记录下来，用于指称宫廷的掌乐
机构和其中的乐章歌辞；然后代表一种汉文学的方式，　被高丽后期文人用来书写
本土民歌。作有《别曲》和9篇《小乐府》的李齐贤（1288-1367）是朝鲜半岛乐府文
学的先驱。

李齐贤奠定了朝鲜半岛乐府文学的传统。在他之后，朝鲜半岛乐府文学的主
要方式，就是用七言四句汉文歌辞体来译写本土歌谣。不过到15世纪以后，又有两
种乐府观先后加入进来：一是代表典雅文学的乐府观，也就是用"乐府"指称模仿
汉唐乐府诗诗题和文体的作品；二是代表文化本位的乐府观，　也就是倡导自创新
题，用七言四句诗来书写本国历史、以寓鉴戒。这两种乐府观反映了朝鲜作家对中
国乐府观的多元选择——既有偏重文学创作技巧的选择，　也有偏重文化表达的选
择；不过，大多数人所做的是后一种选择。这和李齐贤的乐府观在精神上其实是一
致的。这说明，朝鲜半岛汉文学是重视文化表达的文学；朝鲜半岛作家接受中国
"乐府"的基本态度是精神上自主、技术上仿效的态度。

作为文学史家，李家源对上述乐府观作了准确而富于创意的表达。首先，他借
用"乐府"概念对朝鲜半岛音乐文学——乡曲、乐歌等——作了分类展示。由此表
明，"乐府"是个有价值的文学概念，这一概念代表了通行于各民族的艺术现象。其

次, 他对乐府文学作了阶段划分, 把高丽时代的 "俗乐"、"词" 和 "协律之诗歌" 推举为乐府的典型。 这样一来, 他便肯定了朝鲜半岛乐府文学的传统, 即同风谣采集、教坊歌唱相联系的文学创作传统。 再次, 他一方面介绍了朝鲜作家在 "乐府" 名义下的各种制作, 包括拟中国乐府诗的作品; 另一方面又强调了 "乐府" 所具备的音乐属性和文化属性, 于是赋予朝鲜半岛乐府文学史以某种理论意义。 这意义就是: 通过乐府文学可以实现朝鲜半岛作家的文学理想——实现汉文书写同民族精神的结合, 亦即高度的文字文明和本土文化的结合。

李家源这种重视民族情感的乐府观, 是朝鲜半岛乐府观的集中表现。 它意味着, "乐府" 不只是一个文体概念, 而且包含价值评判的成份。 所以, 尽管在朝鲜半岛汉文学史上出现了 "重音"、"重文"、"重事" 等三种乐府文学; 但文学史理论所肯定的, 认为可以作为朝鲜半岛几千年乐府史之核心的, 却只是符合乐府精神的 "重音" 作品。 这种作品最初产自历代乐署, 是 "协律之诗歌"。 它们以三国以来的俗曲为成长的基础, 因而有两大形式特点: 一是采用七言四句体或《竹枝词》体; 二是植根于本土, 注重对本土歌辞作汉文译写。 这种作品之所以被推重, 是因为它们效法于中□而又超越中□, 足以□立于民族文□之林。 如果说李家源所创作的五千行长诗《春香歌》, 是对朝鲜半岛乐府观的具体展示; 那么, 朝鲜半岛作家们的独立意识, 则是他们建立文学观的潜在动机。

2. 汉籍与日本

典范与传统：惠洪与中日禅林的
"潇湘八景"书写

四川大学　周　锴

内容提要：本文旨在讨论"潇湘八景"诗在中日禅林里的书写情况。首先探究了惠洪的"有声画"(诗) 与宋迪"无声句"(画) 之间的经典对话，然后指出惠洪的"潇湘八景"诗的典范性为中日禅林所共同认可，其书写范式为日本五山禅僧所仿效。由此考察统计五山禅林"潇湘八景"诗的创作规模，并分析其书写传统的形成。最后探讨"潇湘八景"诗入禅的文化背景，其诗的禅意化与"文字禅"观念的流行同步，其书写传统可视为"文字禅"影响下中日文学艺术交流的一个绝佳象征。

关键词：潇湘八景　宋迪　惠洪　中日禅林　五山诗僧　文字禅

一、引言

目前，学术界关于宋代"潇湘八景"现象的研究已取得极为丰硕的成果，其中尤以堀川贵司、衣若芬、内山精也等人的论著最为突出，或涉及潇湘图之起源，或分析八景图之意蕴，或揭示潇湘八景的诗画关系，或探讨八景的文化现象和域外传播，其视野之开阔，资料之翔实，分析之精到，见解之深刻，均令人称道[1]。若就 "潇湘八景" 之课题而言，似乎已无更多的探讨余地。然而笔者发现，如果抛开士大夫文艺传统，而单从中日禅林诗歌的书写典范和传统切入，"潇湘八景" 现象仍可有充分的诠释空间。其中至少有这样三个问题值得探讨：其一，以 "潇湘八景" 为题材的禅林书写究竟起源于何时，有没有一个大家公认的写作典范？其二，这种题材的的诗在中日禅林里的书写情况究竟如何，有多大规模，是否形成一种书写传统？其三，这种典范的认同和传统的建立，究竟体现了中日禅林的一种什么文化现象，与禅学的走向是否相关？以下仅申愚见，就教于方家。

二、典范对话："无声句" 与 "有声画"

所谓 "潇湘八景" 现象，其实包含两个向度，一个是绘画的向度，即一切以 "潇湘八景" 为题材的绘画作品。另一个是诗歌的向度，即一切题咏《潇湘八景图》之题画诗，以及以 "潇湘八景" 命名的写景诗。

众所周知，《潇湘八景图》的始创者是北宋中后期画家宋迪，宋英宗治平年间（1064—1067）曾任湖南转运司判官，《八景图》当作于任职湖南之后。沈括（1031—1095）的《梦溪笔谈》最早提到宋迪的这组画作：

1）川貴司：《瀟湘八景—詩歌と絵画に見る日本化の様相》，临川书店2002年。 衣若芬：《阅读风景：苏轼与 "潇湘八景图" 的兴起》《王静芝、王初庆等着《千古风流：东坡逝世九百年纪念学术研讨会》，台北：洪业事业有限公司2001年，页689—717）；《漂流与回归：宋代题 "潇湘" 山水画之抒情底蕴》《中国文哲研究集刊》第21期，2002年9月，页1—42）；《玉涧〈潇湘八景图〉东渡日本之前 "三教弟子" 印考》《美术史研究集刊》第二十四期，2008年，页147—174）；《朝鲜安平大君李瑢及 "匪懈堂潇湘八景诗卷" 析论》《域外汉籍研究集刊》第一辑，2005年，页113—139）。内山精也：《宋代八景现象考》《传媒与真相——苏轼及其周围士大夫的文学》，上海古籍出版社2005年，页430—462）。诸公论著甚多，不胜枚举。

度支员外郎宋迪工画, 尤善为平远山水。其得意者, 有 "平沙落雁"、"远浦归帆"、"山市晴岚"、"江天暮雪"、"洞庭秋月"、"潇湘夜雨"、"烟寺晚钟"、"渔村落照", 谓之 "八景", 好事者多传之。(《梦溪笔谈》卷十七)

《梦溪笔谈》在元祐三年 (1088) 以后陆续写成, 所以宋迪的《八景图》应该是宋神宗熙宁、元丰年间 (1068—1085) 的作品。尽管有典籍记载五代的黄筌 (903—965)、李成 (919—967) 等早于宋迪的《潇湘八景图》存在, 但据学者考证, 其资料的可靠性值得怀疑2)。总而言之, 宋迪首创《潇湘八景图》, 已为学界所公认, 毋庸赘述。

在诗歌方面, 现存最早题咏《潇湘八景图》的是惠洪 (1071—1128) 作于宋哲宗元符二年 (1099) 的一组诗3), 题为《宋迪作八境绝妙, 人谓之无声句, 演上人戏余曰："道人能作有声画乎？" 因为之各赋一首》(《石门文字禅》卷八)。诗题中出现两个文艺学术语："无声句" 和 "有声画"。"无声句" 是指图画, 即所谓 "无声诗", 最早见于黄庭坚 (1045—1105) 诗文："李侯有句不肯吐, 淡墨写出无声诗。"(《山谷诗集注》卷九《次韵子瞻子由题憩寂图二首》其一) "既不能诗成无色之画, 画出无声之诗。" (《豫章黄先生文集》卷十四《写真自赞六首》其一) "无声句" 大约是时人的习称, 所以惠洪称 "人谓之" 云云。而 "有声画" 则指诗歌, 除了这组诗的诗题外, 《石门文字禅》中另有《同超然无尘饭柏林寺分题得柏字》"欲收有声画, 绝景为摹刻"(卷一), 《华光仁老作墨梅甚妙为赋此》"东坡戏作有声画, 竹外一枝斜更好"(卷一), 《次韵天锡提举》"戏为有声画, 画此笑时兴"(卷四)。"有声画" 的概念无论是演上人还是惠洪提出来的, 总之其身份都是禅僧, 并首见于惠洪诗文集。

惠洪《潇湘八景图》的诗题告诉我们, 宋迪以其 "潇湘八景" 的 "无声 (诗) 句" 为时人所称道, 而惠洪自己则应演上人之邀写下了八首 "有声画"。值得注意的是, 正如诗题所显示的那样, 宋迪 "作八境绝妙" 的 "无声句", 是 "潇湘八景" 绘画向度的典范, 惠洪 "为之各赋一首", 似乎隐然欲以绝妙的 "有声画" 与宋迪对话, 并试图

2) 参见内山精也《宋代八景现象考》, 页434。
3) 参见周裕锴《宋僧惠洪行履著述编年总案》第二卷, 高等教育出版社2010年, 页45—46。

在"潇湘八景"的诗歌向度方面为世人作出示范。虽然，惠洪的组诗是在与演上人的戏谑对话后完成的，但其对后世禅林同题诗歌的影响，却远远超出了戏谑所应有的效果。

　　内山精也指出："惠洪不仅是现存'潇湘八景'诗最早期的作者，同时他也是在《潇湘八景图》与宋迪密不可分这种认识的基础上进行题咏的。"4) 所言甚当。在这里我们要补充的是，惠洪诗与宋迪画不仅密不可分，不仅分别是"潇湘八景"诗与画的最早期的作者，而且也分别是"潇湘"题材的诗歌向度与绘画向度为后人推崇仿效的两个典范，其影响延及宋元明清乃至域外。诚如日本五山诗僧义堂周信(1325—1388) 所言："八景云者，蜀之万川也，楚桃源也，潇湘也，而悉托文人以显。……独潇湘，则歌咏图画者极多，若僧史寂音，画工宋度支，是最显于世者也。"(《五山文学全集》第二卷《空华集》卷十三《大慈八景诗歌集叙》，页1710)5) 更如彦龙周兴 (1458—1491) 所说："潇湘八景者，滥觞于宋复古之绘，浸烂于垂须佛之诗。"(《五山文学新集》第四卷《半陶文集》卷三《题便面》，页1104)6)

　　宋迪《潇湘八景图》历代仿效者甚多，其典范性已为学界所公认7)，然而惠洪诗的典范性却罕有学者论及。关于宋代及域外"潇湘八景"诗的流行，学者往往关注苏轼 (1037—1101)《宋复古画潇湘晚景图三首》、《虔州八境图八首》所起的重要作

---

4) 《宋代八景现象考》，页435。

5) "僧史寂音"指惠洪，自号寂音，曾修僧史，作《禅林僧宝传》，《石门文字禅》卷二十四有《寂音自序》。"宋度支"指宋迪，曾官度支员外郎，故称。按：为行文方便，《五山文学全集》下文简称《全集》。

6) "垂须佛"三字见于《石门文字禅》卷九《初过海自号甘露灭》"海上垂须佛，军中有髪僧"之句，本非惠洪自号，但日本禅僧好以此称惠洪，竟成其别号。按：《五山文学新集》下文简称《新集》。

7) 内山精也《宋代八景现象考》指出："宋迪之后，以'潇湘八景图'为画题骤然普及，许多画家对此进行了实际创作。现存的系列组画，是南宋初期的画院画家王洪 (美国普林斯顿大学所藏)、宋末元初的画僧牧溪 (日本文化厅、根津美术馆、出光美术馆等所藏) 以及玉涧 (日本正木美术馆藏) 等仅有的几种作品。"(《传媒与真相——苏轼及其周围士大夫的文学》，上海古籍出版社2005年，页444)

用8)，不过，更明显的事实是，苏轼诗中并没有出现 "潇湘八景" 中的任何一个名目，只是到了惠洪那里，才正式出现与《梦溪笔谈》记载吻合的八个诗题，才建立了 "潇湘八景" 诗固定的书写模式。

《石门文字禅》中共有两组 "潇湘八景" 诗，其一就是前举《宋迪作八境绝妙》那组，八首内容分别如下：

平沙落雁
湖容秋色磨青铜，夕阳沙白光蒙蒙。翩翩欲下更呕轧，一十五五依芦丛。西兴未归愁欲老，日暮无云天似扫。一声风笛忽惊飞，羲之书空作行草。

远浦归帆
东风忽作羊角转，坐看波面纤罗卷。日脚明边白鸟横，江势吞空客帆远。倚栏心绪风丝乱，苍茫初见疑凫雁。渐觉危樯隐映来，此时增损凭诗眼

山市晴岚
宿雨初收山气重，炊烟日影林光动。蚕市渐休人已稀，市桥官柳金丝弄。隔溪谁家花满畦，滑唇黄鸟春风啼。酒旗漠漠望可见，知在柘冈村路西。

江天暮雪
泼墨云浓归鸟灭，魂清忽作江天雪。一川秀发浩零乱，万树无声寒妥帖。孤舟卧听打窗扉，起看宵晴月正晖。忽惊尽卷青山去，更觉重携春色归。

洞庭秋月
橘香浦浦青黄出，维舟日暮柴荆侧。涌波好月如佳人，矜夸似弄婵娟色。夜深河汉正无云，风高掠水白纷纷。五更何处吹画角，披衣起看低金盆。

潇湘夜雨
岳麓轩窗方在目，云生忽收图画轴。软风为作白头波，倒帆断岸渔村宿。灯火荻丛营夜炊，波心应作出鱼儿。绝怜清境平生事，蓬漏孤吟晓不知。

烟寺晚钟
十年车马黄尘路，岁晚客心纷万绪。猛省一声何处钟，寺在烟村最深处。隔

8) 如衣若芬《阅读风景：苏轼与 "潇湘八景图" 的兴起》(见前揭注1)；《苏轼对高丽 "潇湘八景" 诗之影响——以李奎报〈虔州八景诗〉为例》(《宋代文学研究丛刊》第10期，高雄丽文文化事业公司2004年，页205—229)。

溪修竹露人家，扁舟欲唤无人渡。紫藤瘦倚背西风，归僧自入烟萝去。
　　渔村落照
　　碧苇萧萧风淅沥，村巷沙光泼残日。隔篱炊黍香浮浮，对门登网银戢戢。剌
舟渐近桃花店，破鼻香来觉醇酽。举篮就侬博一醉，卧看江山红绿眩。

　　这八首诗题的文字和先后顺序，与《梦溪笔谈》的记载丝毫不差。八首均为七
言古诗，音节抑扬顿挫，描写细致生动，富有想象力，使静态的图画充满了动感，并
增加了呕轧的雁叫、风中的笛声、滑唇黄鸟的啼鸣、五更的画角、船篷下的孤吟、
淅沥的风声等音响，还有画题原有的烟寺钟声，充分调动了"有声画"的长处。另一
组的总诗题就叫《潇湘八景》(《石门文字禅》卷十五)，作年未详，但可断定写于为演
上人作"有声画"之后。其诗题和内容如下：

　　山市晴岚
　　朝霞散绮仗天容，无际山岚分外浓。风土萧条人迹静，林蹊花木自鲜秾。
　　洞庭秋色
　　秋霁湖平彻底清，沧浪隐映曜光轮。寒光炯炯为谁好，倚岸凭栏兴最清。
　　江天暮雪
　　长空暝色黯阴云，六出飘花堕水滨。万境沉沉天籁息，溪翁忍冻独垂纶。
　　潇湘夜雨
　　岳麓薆檐苍莽中，萧萧江雨打船篷。一声长笛人何去，蒻笠蓑衣宿苇丛。
　　渔村落照
　　目断青帘在水湄，临风漠漠映斜晖。渔郎笑傲芦花里，乘兴回家何处归。
　　远浦归帆
　　水国烟光映夕晖，谁家彷佛片帆归。翩翩鸥鹭西风急，凝盼沧洲眼力微。
　　烟寺晚钟
　　轻烟罩暮上黄昏，殷殷疏钟度远村。略彴横溪人迹静，幡竿缥缈插山根。
　　平沙落雁
　　寂寞蒹葭乱晚风，江波敛滟浸秋空。横斜倦翼归何处，一点渔灯杳霭中。

这组诗采用七言绝句形式，八首的先后顺序与《梦溪笔谈》记载不同。由于整组诗没有出现过诸如“宋迪”或“图画”之类的字样，因此我们难以断定这到底是题画诗还是写景诗。无论如何，惠洪的两组诗，确立了“潇湘八景”诗无论是作为题画还是写景的基本模式。

与苏轼不同之处在于，惠洪对《潇湘八景图》所描绘的对象异常熟悉，有直接的生活经验和感知。苏轼一生足迹从未到过湖南，而惠洪一生则多次往返或寓居湖南，在湘江边先后度过约十年时光。他第一次游湖南是在元祐八年（1093），早于作《宋迪作八境绝妙》组诗六年。换言之，惠洪写作这两组诗之时，其身份是“潇湘八景”的曾经亲临者或现时在场者。日本五山僧也认识到这一点，如东沼周曮（1390—1462）指出：“觉范维舟宿碧湘，曾游入梦暮云长。”（《新集》第三卷《流水集》卷三《次韵房州见寄鹿苑堂头和尚》，页356—357）这意味着日本禅僧注意到惠洪（字觉范）在长沙碧湘门外舟中的经历，并将他与潇湘联系起来。

三、垂须佛后又言诗：“潇湘八景”书写典范的认同

还需要注意的是，惠洪不仅是“潇湘八景”诗的首创者、亲临者、在场者，而且是这个写作传统中的第一个禅僧。正因如此，他被中日禅林共同视为“潇湘八景”诗的当然代表和创作典范。至少在禅僧的眼里，“潇湘八景”诗的“起点”是惠洪而非苏轼。南宋居简禅师（1164—1246）《题潇湘八景》曰：

> 少时诵寂音尊者“潇湘八景”诗，诗虽未必尽八景佳处，然可想而知其似也。忽展横幅于飞来浓翠间，咏少陵所谓“湖南清绝地”，便觉精爽飞越。（释居简《北磵集》卷七）

按居简的描述, 他自己是通过诵读惠洪之诗来想象 "潇湘八景" 的佳处的。明末清初百痴行元禅师 (1611—1664)《题扇中芦雁》一文亦曰:

> 觉范题宋迪平沙落雁图云: "湖容秋色磨青铜, 夕阳沙白光蒙蒙。翩翩欲下更呕轧, 一十五五依芦丛。西兴未归愁欲老, 日暮无云天似扫。一声风笛忽惊飞, 羲之书空作行草。" 诚所谓有声画, 可与宋迪无声句比隆者也。今观此扇中画雁, 或飞或宿, 出没于长芦浅渚间, 生意真机, 勃勃欲动, 画乎诗乎, 有声无声, 吾不得而名之矣。商飙披拂, 正当斯时, 汝宜默诵大悲神咒以呵护之, 不然, 恐逐队成群泼天飞过去也。(清元说、超宜等编《百痴禅师语录》卷二十六)

百痴禅师显然也是通过阅读惠洪的 "有声画" 来想象宋迪 "无声句" 的, 并且在观画之时力图用 "无声" 画面的生动形象来印证 "有声" 诗语描写的真实性。同时, 他还在欣赏诗画时有意识地提到 "默诵大悲神咒以呵护之" 的佛事行为, 并暗用了禅宗的一段公案[9]。关于 "潇湘八景" 与禅林书写的关系, 后文将进一步论及, 兹不赘述。

惠洪 "潇湘八景" 诗的典范意义在日本五山诗僧那里更得到一致公认。惟肖得岩 (1360—1437) 在《平沙落雁图叙》中指出:

> 若潇湘八景之图, 按《湘山野录》, 云出于宋复古氏。然坡集唯称复古 "潇湘晚景" 而已, 不件系其八, 可怪也。及寂音《石门集》, 八篇具焉, 称之无声句, 妙绝可想见矣。其首 "平沙雁落" 也。明僧德廉模兹一景以示予, 索之题辞。(《新集》第二卷《惟肖得岩集·东海璚华集》卷三, 页796)

所言《湘山野录》, 应是《梦溪笔谈》, 当为日本禅林传抄汉籍时张冠李戴, 不过

---

9)《碧岩录》卷六第五十三则: "马大师与百丈行次, 见野鸭子飞过。大师云: '是什么?'丈云: '野鸭子。' 大师云: '什么处去也?' 丈云: '飞过去也。' 大师遂扭百丈鼻头, 丈作忍痛声。大师云: '何曾飞去?'"

这误记本身则可能与《湘山野录》作者文莹的僧人身份有关。叙中不认可苏轼与 "潇湘八景" 之关系，而称惠洪《石门文字禅》"八篇具焉"，这可能也因惠洪的禅僧身份。此外，宋迪《潇湘八景图》的模仿者德廉，其身份也是僧人。总之，惟肖得岩在此叙中隐然勾勒出从八景图的记录者、八景诗的首创者到八景图的模拟者以及八景图的题辞者这一僧人书写传统。这种关于 "潇湘八景" 现象的叙述，与当今学界建构的士大夫文人诗画的传统颇有差异。

正如惟肖得岩《平沙落雁图叙》所述明僧德廉 "模兹一景" 的情况那样，在中日绘画史上，《潇湘八景图》的仿作者不少是僧人，著名的如智永、法常、若芬等[10]。至于 "潇湘八景" 诗歌向度的禅林书写，则大多以惠洪诗为模仿的范本。彦龙周兴曾在《潇湘八景并渔樵对问图》中这样描述五山禅林八景诗的创作盛况：

> 夫八境之诗，长篇短篇，出于垂须佛之手，自尔拟而作者，如蚿之有余。(《五山文学新集》第四卷《彦龙周兴集·半陶文集》卷三，页1137)

这里 "八境" 二字出自惠洪 "宋迪作八境绝妙" 之语，"长篇短篇" 指惠洪七言古诗和七言绝句两组 "八景" 诗。"蚿" 为百足虫，"如蚿之有余" 极言其多，语本黄庭坚诗 "有余不足夔怜蚿"[11]。彦龙周兴认为，自从惠洪诗问世以后，"拟而作者" 多如蚿足。这可从惟肖得岩的诗集中得到旁证，其一诗题曰："湘江暮雨之篇，乃仲方笔而称之，巨福秀江上坐所索也。相字从水，拟寂音八景之作，可谓雅训矣。仲干裒之，命余着语，拒焉不允，辄用玉翁韵书其侧，特觉秽形而已，一莞。"(《新集》第二卷《东海璚华集》绝句，页986) 惟肖得岩提到的仲方圆伊之诗，便是模拟惠洪八景之作。所谓 "湘江暮雨"，当是 "潇湘夜雨" 之别称。得岩因自己拟作而不够 "雅训"，所以 "特觉秽形"。

事实上，当五山诗僧在书写 "潇湘八景" 系列的诗歌时，往往会不由自主地想到

---

10)《补续高僧传》卷二十三载智永作《潇湘夜雨图》，牧溪法常、玉涧若芬《潇湘八景图》今存日本。
11) 见于《山谷诗集注》卷十一《寺斋睡起二首》之一。

惠洪的经典作品,并将自己所见到的图画与惠洪的描写相对照。如东沼周曮《江天暮雪》诗曰:"南州昔有佛垂须,胸次能堆万斛珠。吐作潇湘暮天雪,至今梅竹白模糊。"(《新集》第三卷《东沼周曮集·流水集》卷三,页343) 希世灵彦 (1404—1489)《题潇湘八景图诗》曰:"问道潇湘天下奇,我知八景不同时。如今并入画图里,便是江南觉范诗。"(《新集》第二卷《希世灵彦集·村庵稿》上,页290) 横川景三 (1429—1493)《潇湘八幅图》曰:"一景为稀况八之,垂须佛后又言诗。画图初觉潇湘好,秋月斜悬夜雨时。"(《新集》第一卷《横川景三集·补庵京华前集》,页223) 景徐周麟 (1440—1518) 关于 "八景" 的题咏,更多地与惠洪联系起来,如《八景图》诗曰:"谁驱八景画中收,最爱洞庭湖上秋。身未南游心到此,月清夜放惠洪舟。"(《全集》第四卷景徐周麟《翰林葫芦集》卷三,页129) 观看绘画的同时吟诵诗歌,由此身未到潇湘而心已至洞庭,阅读风景而想象游览。又如《潇湘夜雨》诗曰:"八景闻名觉范诗,画师三昧墨淋漓。悄然坐我潇湘下,白日青天夜雨时。"(同上《翰林葫芦集》卷四,页183) "悄然坐我潇湘下" 的艺术幻觉效果,既产生于画师的水墨三昧,又何尝不是惠洪诗勾起的想象。

甚至在那些不提惠洪之名的 "八景" 诗中,我们仍能感受到惠洪的影子,如景徐周麟的《湖上八景》诗 "一景新添有声画,袖中携去琵琶湖" 之句 (《全集》第四卷《翰林葫芦集》卷四,页185),其 "有声画" 三字显然出自前举惠洪之诗。又如心田清播 (1375—1447))《潇湘八景图》诗 "秋来聊报雁奴道,湘水南涯着个僧" 之句 (《新集》别卷一《听雨外集》,页691),则很容易使人联想起惠洪常津津乐道的 "个中着我添图画" 的妙观逸想[12]。

---

[12]《石门文字禅》卷十六《舟行书所见》:"个中着我添图画,便是华亭落照湾。" 参见周锴《风景即诗与观者入画——关于宋人对待自然、 艺术与自我之关系的讨论》(《文学遗产》 2008年第1期,页66—72。

四、潇湘想象：五山"八景"诗创作规模及传统的形成

当我们全面查阅五山文学的文献资料之时，会发现一个相当引人注目的现象，即有集传世的五山诗僧超过半数或多或少留下有关"潇湘八景"的诗作。不可否认，已有中日学者注意到《潇湘八景图》对日本绘画的重要影响及其文化意义，不过，关于"八景"诗在日本流行的情况，学界尚无相对准确的统计和考察。

笔者逐页翻检《五山文学全集》和《五山文学新集》中有关"潇湘八景"的诗作，制成以下两个统计表：

表一：《五山文学全集》"潇湘八景"诗一览表

卷次	作者	诗文集	诗题	数量	页码	备注
第一卷	清拙正澄	禅居集	潇湘八景	8	460 461	
第二卷	中岩圆月	东海一沤集一	潇湘八景	1	891	五言古诗，实为四首五绝，亦见于新集第四卷
第二卷	义堂周信	空华集六	洞庭秋月图	1	1503	五律
第二卷	绝海中津	蕉坚集	题江天暮雪图	1	1932	
第三卷	鄂隐慧奯	南游稿	潇湘夜雨	1	2653	
第三卷	岐阳方秀	不二遗稿中	题渔村夕照	1	2954	
第四卷	景徐周麟	翰林葫芦集三	八景图	1	129	月清夜放惠洪舟
第四卷	景徐周麟	翰林葫芦集三	江天暮雪	1	145	
第四卷	景徐周麟	翰林葫芦集三	潇湘夜雨	1	154	
第四卷	景徐周麟	翰林葫芦集四	山市晴岚	1	183	
第四卷	景徐周麟	翰林葫芦集四	远寺晚钟	1	183	
第四卷	景徐周麟	翰林葫芦集四	渔村夕照	1	183	
第四卷	景徐周麟	翰林葫芦集四	潇湘夜雨	1	183	八景闻名觉范诗
第四卷	景徐周麟	翰林葫芦集四	洞庭秋月、平沙落雁	1	183	
第四卷	景徐周麟	翰林葫芦集四	远浦归帆、江天暮雪	1	183	

第四卷	景徐周麟	翰林葫芦集四	江天暮雪	1	184	尽驱明白八篇景
第四卷	景徐周麟	翰林葫芦集四	江天暮雪	1	186	
第四卷	景徐周麟	翰林葫芦集四	渔村夕照	1	189	
第四卷	景徐周麟	翰林葫芦集四	平沙落雁	1	223	
第四卷	景徐周麟	翰林葫芦集五	远寺晚钟	1	259	
第四卷	景徐周麟	翰林葫芦集五	渔村夕照	1	259	
第四卷	景徐周麟	翰林葫芦集五	山市晴岚	1	259	
第四卷	景徐周麟	翰林葫芦集五	潇湘夜雨	1	259	
第四卷	景徐周麟	翰林葫芦集五	远浦归帆	1	259	
第四卷	景徐周麟	翰林葫芦集五	洞庭秋月	1	259	
第四卷	景徐周麟	翰林葫芦集五	江天暮雪	1	260	
第四卷	景徐周麟	翰林葫芦集五	平沙落雁	1	260	

表二：《五山文学新集》"潇湘八景"诗一览表

卷次	作者	诗文集	诗题	数量	页码	备注
第一卷	横川景三	补庵京华前集	潇湘八幅图	1	223	垂须佛后又言诗
第一卷	横川景三	补庵京华续集	潇湘夜雨	1	445	
第一卷	横川景三	补庵京华续集	潇湘八景图	1	453	
第一卷	横川景三	补庵京华别集	洞庭秋月	1	535	
第一卷	横川景三	补庵京华别集	潇湘八景	8	593 594	七、六、五、四言绝句各2首
第一卷	横川景三	补庵京华新集	诗补潇湘八景	1	652	原有秋月、夕照、落雁、归帆
第一卷	横川景三	补庵京华新集	八景同帧图	1	699	
第一卷	横川景三	补庵京华外集上	烟寺晚钟轴	1	764	
第二卷	希世灵彦	村庵稿上	江天暮雪图	1	230	
第二卷	希世灵彦	村庵稿上	奉和一条相公题潇湘夜雨图	1	247	
第二卷	希世灵彦	村庵稿上	题潇湘八景图	1	290	便是江南觉范诗
第二卷	希世灵彦	村庵稿中	远浦饭帆图	1	331	

第二卷	惟肖得岩	东海璚华集三	平沙落雁图叙	1	796	寂音石门集
第二卷	惟肖得岩	东海琼华集	平沙落雁图	1	887	
第二卷	惟肖得岩	东海璚华集	平沙落雁	1	986	
第二卷	惟肖得岩	东海璚华集	湘江暮雨	1	986	拟寂音八景之作
第二卷	惟肖得岩	东海璚华集	题江天暮雪图	1	1027	
第三卷	天境灵致	无规矩坤	潇湘八景	8	112 113	
第三卷	东沼周曤	流水集三	江天暮雪	1	343	
第三卷	东沼周曤	流水集三	洞庭秋月	1	343	
第三卷	东沼周曤	流水集三	江天暮雪	1	343	南州昔有佛垂须
第三卷	东沼周曤	流水集三	潇湘夜雨	1	343	
第三卷	东沼周曤	流水集三	远浦归帆	1	343	
第三卷	东沼周曤	流水集三	平沙落雁	1	343	
第三卷	东沼周曤	流水集三	扇面八景	1	396	
第三卷	东沼周曤	流水集三	扇面潇湘八景	1	406	五绝
第三卷	邵庵全雍	建长寺龙源庵所藏诗集四一桂老人诗	扇面洞庭秋月	1	648	
第三卷	雪村友梅	宝觉真空禅师录（坤）	潇湘八景	8	813 814	
第三卷	雪村友梅	宝觉真空禅师录（坤）	远浦归帆 渔村夕照	1	814	
第三卷	雪村友梅	宝觉真空禅师录（坤）	烟寺晚钟 山市晴岚	1	814	
第三卷	雪村友梅	宝觉真空禅师录（坤）	潇湘夜雨 洞庭秋月	1	814	
第三卷	雪村友梅	宝觉真空禅师录（坤）	平沙落雁 江天暮雪	1	814	
第四卷	正宗龙统	秃尾铁笤帚	扇面八景	1	117	
第四卷	中岩圆月	东海一沤集一	潇湘八景	4	365	四首五绝写八景
第四卷	中岩圆月	一沤余滴	潇湘八景	4	588	四首五绝写八景，与一沤集同
第四卷	彦龙周兴	半陶文集二	八景尾拟潇湘八景	1	946	

第五卷	兰坡景茝	雪樵独唱集绝句之一	潇湘夜雨图	1	49	
第五卷	兰坡景茝	雪樵独唱集绝句之二	烟寺晚钟	1	67	
第五卷	兰坡景茝	雪樵独唱集绝句之二	题潇湘八景图	1	68	
第五卷	瑞溪周凤	卧云稿	渔村夕照洞庭秋月同帧	1	538	
第五卷	瑞溪周凤	卧云稿	远浦归帆	1	547	
第五卷	瑞溪周凤	卧云稿	山市晴岚	1	550	
第五卷	瑞溪周凤	卧云稿	潇湘夜雨	1	551	
第五卷	瑞溪周凤	卧云稿	远浦归帆图	1	552	
第五卷	瑞溪周凤	卧云稿	烟寺晚钟图	1	553	
第五卷	瑞溪周凤	卧云稿	江天暮雪	1	558	
第五卷	瑞溪周凤	卧云稿	渔村夕照	1	560	
第五卷	瑞溪周凤	卧云稿	潇湘夜雨	1	562	
第五卷	瑞溪周凤	卧云稿	平沙落雁图	1	566	
第五卷	瑞溪周凤	卧云稿	平沙落雁图相府障	1	567	
第五卷	瑞溪周凤	卧云稿	远寺晚钟	1	578	
第五卷	天隐龙泽	默云稿	烟寺晚钟	1	1173	
第五卷	天隐龙泽	默云稿	潇湘夜雨	1	1173	
第五卷	天隐龙泽	默云稿	山市晴岚	1	1173	
第五卷	天隐龙泽	默云稿	渔村夕照	1	1173	
第五卷	天隐龙泽	默云稿	远浦归帆	1	1174	
第五卷	天隐龙泽	默云稿	洞庭秋月	1	1174	
第五卷	天隐龙泽	默云稿	平沙落雁	1	1174	
第五卷	天隐龙泽	默云稿	烟寺晚钟	1	1174	
第五卷	天隐龙泽	默云稿	江天暮雪	1	1174	
第六卷	秋涧道泉	秋涧泉和尚语录下	潇湘八景	8	103 104	
第六卷	南江宗沅	渔庵小稿	渔村夕照	1	165	
第六卷	南江宗沅	南江宗沅作品拾遗	平沙落雁	1	245	

第六卷	万里集九	梅花无尽藏二	便面八景	1	707	
第六卷	万里集九	梅花无尽藏二	便面八景	1	709	
别卷一	江西龙派	积翠诗稿	洞庭秋月	1	249	
别卷一	江西龙派	积翠诗稿	烟寺晚钟	1	290	
别卷一	江西龙派	积翠诗稿	题张德廉平沙落雁图	1	306	
别卷一	江西龙派	积翠诗稿	平沙落雁图	1	312	
别卷一	江西龙派	积翠诗稿	平沙落雁	1	313	
别卷一	乾峰士县	乾峰和尚语录四	潇湘八景图	8	548 549	
别卷一	心田清播	听雨外集	烟寺晚钟	1	681	
别卷一	心田清播	听雨外集	潇湘夜雨图	1	690	
别卷一	心田清播	听雨外集	潇湘八景图	1	692	
别卷一	心田清播	听雨外集	平沙落雁图	1	697	
别卷一	远江释等连	诗轴集成	潇湘八景赞·潇湘夜雨一	1	1019	
别卷一	宝渚释一庆	诗轴集成	山市晴岚二	1	1019	
别卷一	西崦遗老周藤	诗轴集成	渔村夕照三	1	1019	
别卷一	泉南龙惺	诗轴集成	远浦归帆四	1	1019	
别卷一	渭北澄昕	诗轴集成	烟寺晚钟五	1	1019	
别卷一	箕山释祖默	诗轴集成	洞庭秋月六	1	1020	
别卷一	泉南周凤	诗轴集成	平沙落雁七	1	1020	见卧云稿
别卷一	江左周曛	诗轴集成	江天暮雪八	1	1020	见流水集三
别卷二	驴雪鹰灂	驴雪稿	夜雨	1	180	
别卷二	驴雪鹰灂	驴雪稿	秋月	1	180	
别卷二	驴雪鹰灂	驴雪稿	晚钟	1	181	
别卷二	驴雪鹰灂	驴雪稿	皈帆	1	181	
别卷二	驴雪鹰灂	驴雪稿	暮雪	1	181	
别卷二	驴雪鹰灂	驴雪稿	夕照	1	181	
别卷二	驴雪鹰灂	驴雪稿	落雁	1	181	
别卷二	驴雪鹰灂	驴雪稿	晴岚	1	181	
别卷二	驴雪鹰灂	驴雪稿	山市	1	188	

别卷二	驴雪鹰灞	驴雪稿	晚钟	1	188	
别卷二	驴雪鹰灞	驴雪稿	夕照	1	188	
别卷二	驴雪鹰灞	驴雪稿	皈帆	1	189	
别卷二	驴雪鹰灞	驴雪稿	秋月	1	189	
别卷二	驴雪鹰灞	驴雪稿	暮雪	1	189	
别卷二	驴雪鹰灞	驴雪稿	落雁	1	189	
别卷二	驴雪鹰灞	驴雪稿	夜雨	1	190	
别卷二	驴雪鹰灞	驴雪稿	八景扇面	1	227	
别卷二	天祥一麟	天祥和尚录坤	山市晴岚	1	368	

统计以上两张表，可得到有这样几组数据：（一）去其重复，"潇湘八景"诗作者共有33人。（二）去其重复，"潇湘八景"诗共168首。（二）以"八景"（含潇湘八景、扇面八景、便面八景、八幅等）为题的诗共有24例。（三）以"潇湘八景"为题、每组八首的组诗共7例。（四）以"八景"为题而每题下只一首诗的共15例，此类诗多半因为所题画"八景同帧"。（五）每二景为一首诗的共11例，含以"潇湘八景"为题的4首五绝（每二景为一首），多因其画"二景同帧"。（六）从体裁来看，五言绝句7首，五言律诗1首，六言绝句2首，四言诗2首，其余全为七言绝句，共156首，占总数的92.8%。（七）除去八景、二景同帧诗之外，单景诗题数量多寡依次为"平沙落雁"16首，"潇湘夜雨（湘江暮雨）"15首，"江天暮雪"13首，"烟（远）寺晚钟"12首，"洞庭秋月"、"渔村夕照"各9首，"远浦归（皈）帆"8首，"山市晴岚"7首。（八）单个作家中以景徐周麟"八景"诗数量第一，共20首。

根据统计结果，我们可得到这样几个结论：其一，写作"潇湘八景"诗的五山诗僧人数众多，覆盖面广，包括禅宗临济宗各派系，且相互间有明显的师承关系。其二，五山的"潇湘八景"诗绝大多数为七言绝句，这意味着，虽然五山诗僧熟悉惠洪那组以"有声画"与"无声句"对话的七言古诗，但他们选择仿效的却是七言绝句的组诗。这与南宋以来禅林诗偈以七言绝句为主的书写风气是一致的[13]。其三，在

---

13) 如《江湖风月集》、《无象照公梦游天台石桥颂轴》两部诗歌总集所收全为七绝，《中兴禅林风

《全集》和《新集》之外，应当还有一定数量 "潇湘八景" 诗的存在，鉴于未完备的统计已有如此惊人数量，我们可以断定 "八景" 诗已成为五山文学的一个重要书写传统。

五、文字禅："潇湘八景" 入禅的文化背景

"潇湘八景" 书写传统是宋元文化向日本输送移植的结果。惠洪两组 "八景" 诗是此传统的起点，而宋元一些著名禅师的 "八景" 书写则进一步使之成为禅林的惯用题材。南宋橘洲宝昙（1129—1197）有《题寿居仁远浦归帆》[14]，北礀居简（1163—1246）有《老仙平沙落雁》[15]，希叟绍昙（？—1297）有《和曹泰寓省元潇湘八景（卜算子）》八首[16]，元初玉涧若芬有《潇湘八景图》并八诗传世[17]。宝昙、居简与惠洪，在五山诗僧那里常常被相提并论，作为文学僧的典范得到推崇，其作品理当为日僧熟悉。至于若芬的 "八景" 诗画对日本的影响，更有实体的文化遗产可作旁证。

但为何这样一个普通的绘画或写景题材能扩展为中日禅林普遍的书写传统呢？其中原因固然多样，但窃以为有两点值得注意：

第一点，"潇湘八景" 的题材在中日双方都出现一种禅意化的倾向。在中国宋元明清各朝，"八景" 的名目成为新的禅宗话头，用于上堂说法或诗偈写作。南宋释智昭《人天眼目》卷六新增 "禅林方语"，其四字方语中竟依次列 "洞庭秋月"、"江天暮

月集》收七绝80首，五绝20首。参见朱刚、陈珏《宋代禅僧诗辑考》附录，复旦大学出版社2012年，页688—735。

14) 释宝昙《题寿居仁远浦归帆》："筑室江南欲尽头，故将沙尾系行舟。如何落日苍茫外，一幅西风去不收。"《全宋诗》第53册，页33177。

15) 释居简《老仙平沙落雁》："楚天如纸字横斜，纸阔行疏对落霞。传得夜来沙上影，不传书信伴梅花。"《全宋诗》第43册，页27128。

16) 释法澄等编《希叟绍昙禅师广录》卷七。

17) 参见前揭衣若芬《玉涧〈潇湘八景图〉东渡日本之前 "三教弟子" 印考》，页161—162。

雪"、"烟寺晚钟"、"山市晴岚"、"平沙落雁"、"渔村夕照"、"远浦归帆"、"潇湘夜雨"。更有趣的是,"潇湘八景"的八个题目,是《人天眼目》禅林方语中收录的仅有的绘画画题。换言之,在宋代传世的众多画卷和题画诗中,仅有"潇湘八景"的题目成为禅林新增的话头。在后来的禅籍中,可发现一些以此新增方语说禅的例子,如报恩从伦 (1223—1281)《林泉老人评唱投子义青和尚颂古空谷集》卷二第二十三则曰:"红蓼滩头,白苹影里,虽避却潇湘夜雨,还蹉过烟寺疏钟。"又如《雪岩祖钦禅师语录》卷一载祖钦(?—1287)《住湘西道林禅寺语录》:"竹篱茅舍江村外,远浦归帆挂夕阳。"《五灯全书》卷八十七《南岳丹霞香林真禅师》:"上堂,挥拂子曰:'潇湘夜雨。'复以拂子打圆相曰:'洞庭秋月。'"《祖庭钳鎚录》卷下:"通容曰:'大慧说亦说得是,近礼解亦解得亲,但平沙落雁一句,作么生道?'"《撄宁静禅师语录》卷四《二十三祖鹤勒那尊者颂》:"洞庭秋月,山市晴岚,平沙落雁,远浦归帆。万里天边飞一鹤,别峰无地立玄谈。"这些纳入禅宗话语系统的词语,显然比其它绘画题目更易得到中日禅僧的青睐。

将这些禅宗话语带到日本的首推元代清拙正澄 (1274—1339),这位东渡日本整顿禅林的大师,在其《潇湘八景》组诗中,几乎对这八个新增"禅林方语"逐一进行阐释:

　　　　潇湘夜雨
玉龙洒润楚云寒,衡水泫波漏未残。若具摩醯顶门眼,暗中一点不相瞒。
　　　　洞庭秋月
天连八百里平湖,灏气清寒魂魄孤。谁向君山高处望,苍龙吞却夜明珠。
　　　　烟寺晚钟
夕霭溟蒙梵宇深,高楼清杵震鲸音。声边耳畔闲来望,唤尽时人万古心。
　　　　远浦归帆
楚楫吴樯次第回,高低云影近人来。自家认取波罗岸,更借天风阵阵催。
　　　　江天暮雪
云笼暝色苦寒侵,洒玉飘琼水面沉。冻得虚空赤骨律,岸头何止没腰深。

山市晴岚
野店村桥贸易多，暖烘宿雾接云萝。饱柴饱米宁论价，觌面拈来付与他。
渔村夕照
野径腥风起暮尘，小舟无数集江滨。家家晒网斜阳里，知是谁家得锦鳞。
平沙雁落
水退汀洲岸碛斜，群鸿初下乱如麻。白苹红蓼孤湾外，一阵横飞避钓艖。
（《五山文学全集》第一卷《禅居集》）

八首诗中不少词语可在佛典禅籍中找到出处：(1) 摩酰顶门眼——《福州雪峰东山和尚语录》上堂云："大启毗卢楼阁门，亚竖摩酰顶门眼。"(2) 暗中一点不相瞒——《石田法薰禅师语录》卷二元日上堂云："大雪满长安，春来特地寒。新年头佛法，一点不相瞒。"(3) 苍龙吞却夜明珠——《大慧普觉禅师语录》卷八示众："海神失却夜明珠，擘破弥卢穿七窍。"(4) 鲸音——《祖庭事苑》卷四《雪窦祖英下》释曰："鲸本无声，因鲸跃而蒲牢鸣，故曰鲸音。"(5) 声边耳畔——《楞严经》卷三："钟鼓音声前后相续，于意云何？此等为是声来耳边，耳往声处？"(6) 自家认取——《圆悟佛果禅师语录》卷二上堂："证取自家境界。" 又卷十小参："何不自家究取？"(7) 波罗岸——《古尊宿语录》卷四十二《宝峰云庵真净禅师住洞山语录》："证大寂灭，到波罗岸，出生死辙。"(8) 虚空赤骨律——《圆悟佛果禅师语录》卷五上堂云："寸丝不挂，犹有赤骨律在；万里无片云处，犹有青天在。"(9) 觌面拈来——《禅宗颂古联珠通集》卷八 "南阳无缝塔" 高峰原妙颂："国师塔样最尖新，觌面拈来不露文。"(10) 锦鳞——《禅宗颂古联珠通集》卷十七秀州华亭船子德诚禅师曰："钓尽江波，锦鳞始遇。" 枯木法成颂："一叶轻舟泛海隅，金钩钓得锦鳞麤。"(11) 白苹红蓼——《慈受怀深禅师广录》卷一上堂云："白苹红蓼岸边秋，短桨轻帆与自由。要会到家一句子，长江依旧水东流。" 这些有禅籍出处的词语，往往是禅宗内部约定俗成的有独特意义的宗门行话[18]。

---

18) 参见周裕锴《禅宗语言》下编第二章第四节 "行话"，浙江人民出版社1999年，页270—278。

清拙正澄开创的以"潇湘八景"说禅的传统，在后来的五山诗僧那里或多或少地保留下来，如景徐周麟的《江天暮雪》诗，就对画面展开了禅意的联想：

山店掩扉船覆蓬，漫天吹雪暮江风。尽驱明白八篇景[19]，卷入玄沙三幅中。
（《全集》第四卷《翰林葫芦集》卷四，页184）

这首诗在对白雪皑皑的图画的观照中，把惠洪（号明白庵）的"潇湘八景"诗（特指"江天暮雪"）与玄沙师备禅师（835—908）的一段公案联系起来，白色的画面犹如玄沙的白纸三幅，充满了意味深长的禅意[20]。从前面所举惠洪的两组"潇湘八景"诗来看，似乎本身并无多少禅学的内涵，但由于惠洪的僧人身份及其以"文字禅"命名的诗文集，很容易让禅林的读者生出"诗中有禅"的联想。

第二点，"潇湘八景"的禅意化倾向，与宋元及日本五山禅林的"文字禅"观念分不开。尽管在禅宗传法谱系上，惠洪因没有法嗣传承而在南宋禅林里逐渐被边缘化，然而他的过人才华和创作实绩却得到不少禅僧公开或私下的羡慕，并步其后尘，其中著名的有竹庵士珪、橘洲宝昙、北礀居简等。而惠洪的"文字禅"之说也暗地得到南宋一些禅师的支持辩护，如瞎堂慧远（1103—1176）在《答陈郎中》书中指出："然文字禅，不可不学。他日参究己事未明，只于教乘中作个知解宗徒、义学沙门，有何不可？"（《瞎堂慧远禅师广录》卷三）

在五山禅林后期，"文字禅"更成为一种流行的风尚，不少禅僧不仅对其内涵表示宽容和理解，甚而进一步公开推崇和提倡。兹举数例如下：

主宾分位荫凉话，文字说禅甘露诗。（《新集》第一卷横川景三《小补东游

---

19) "明白"是惠洪自号，《石门文字禅》卷二十有《明白庵铭》。
20) 宋释道原《景德传灯录》卷十八《福州玄沙师备禅师》："师一日遣僧送书上雪峯和尚。雪峯开缄，唯白纸三幅，问僧：'会么？'曰：'不会。'雪峯曰：'不见道，君子千里同风。'其僧回，举似于师。师曰：'遮老和尚蹉过也不知。'"宋释法应集、元释普会续集《禅宗颂古联珠通集》卷三十一有"玄沙白纸三幅"公案并宋元禅僧颂古十二首。

集》，《次韵益之见寄文叔诗》，页82)

某，佩祖师印，说文字禅，雪连燕山，大明国里行脚；云近凤阙，奉天殿前赐衣。(同上《补庵京华前集》，《笑云西堂住相国同门疏》，页222)

文字说禅，学东鲁得西来意；行藏知命，习南郭勒北山移。(同上《补庵京华后集》，《继章住建仁江湖》，页390)

元有天隐，说文字禅，秉书记笔，皆州之异产也。(《新集》第四卷彦龙周兴《半陶文集》卷三《景筠字说》，页1066)

栖芳一代活宗师，至文字禅，则波澜浩渺，后生岂可窥涯涘乎？(同上《秦英字说》，页1111)

昔祖翁得先正觉之道，充然为足，而后游中华，学文字禅，规模全室，而借润竹庵等诸老。(同上《跋旭岑呆藏主诗卷》，页1118)

千光、惠日、大觉、正觉尔来唱文字禅者，盖横岳一派之于东海，海之一滴也。(同上《与人绝交书》，页1150)

定惠东堂大和尚：说文字禅而端居一室，佥曰文哉从周。(《新集》第五卷天隐龙泽《翠竹真如集》卷一《诸谢》，页702)

仅从上引数据就可看出，有文字禅倾向的禅僧不在少数。而 "文字禅" 三字也变成了对禅僧的赞美词汇。

在五山诗僧眼里，中华之禅文化是通过文字而传到日本的，习禅不可脱离诗文的修习。诚如万里集九 (1428—？) 所说："诗熟则文必熟，文熟则禅必熟，莫为易也，莫为难也。"(《新集》第六卷《梅花无尽藏》卷六《答仲华丈六扁诗序》，页915) 诗文的修习与禅的修习是同步的。而这种观念也来自惠洪《石门文字禅》春花之喻的启发，横川景三如此申说："禅文诗如春在花，儒释道似水归海。"21) (《新集》第一卷《补庵京华前集》，《天隐住真如江湖疏》，页290) 按照佛教华严法界观来看，春是真

---

21) "如春在花" 之喻屡见于《石门文字禅》，如卷三《送朱泮英随从事公西上》："气如春在花。" 卷十五《读法华五首》其三："叶叶花花总是春。" 卷十九《灵源清禅师赞五首》其四："如春在花，如意在琴。" 卷二十五《题准禅师语录》："如春在花木，而不知其所从来。" 明释真可《石门文字禅序》曰："禅如春也，文字则花也。春在于花，全花是春；花在于春，全春是花。而曰禅与文字有二乎哉！"

如，花是事相，春为全体，花为分身，因此，参禅、赋诗、作文，无非是佛事的不同表现而已，原本为一。

如果说宋元时期的诗僧在禅门里常遭到轻蔑的话，那么在日本五山时期，作诗已成为深受禅门高僧喜好的传统，诗僧亦为禅门所推重。正如卧云山人瑞溪周凤(1391—1473) 所说："文章已一小技，诗又于此尚为末，何况于道乎！然则诗实吾徒不可学者乎？故以清凉觉范为诗僧，有识所恨也。但近古高僧，皆有诗集，后生相承而学之耳。……且论诗论禅，岂有二哉！至于参句参意，惟一也。若不舍文章末事，而得吾道本色，则可谓大全焉。"(《新集》第一卷《横川景三集·小补集》卷首序，页3) 应该说，这种诗禅一体的观念在五山文学中占据主导地位，而惠洪就是五山诗僧心目中 "参诗如参禅" 的杰出典范。

当然，在五山诗僧看来，不光是论诗如论禅，而且论画亦如论禅。景徐周麟在《题画》诗中指出："古人论画似论禅，教外别传王辋川。咫尺淡浓山既雨，天公水墨夕阳边。"(《全集》第四卷《翰林葫芦集》卷四，页198) 正是这种诗、画、禅相通的观念，使得一个本属文人画范畴的 "潇湘八景"，堂而皇之成为禅林文学的重要主题之一。　彦龙周兴曾赞叹："觉范出江之南，而赋湘江八景，称之天下之英。"(《半陶文集》卷三《千江字说》，页1066) 而横川景三则称誉："觉范著《文字禅》，实为天下英物。"(《新集》第一卷《薔薇集》，《天英住相国道旧》，页851) 这意味着惠洪所赋《潇湘八景》，在五山诗僧评价体系里，几乎就是 "文字禅" 的当然代表。

从某种意义上说，由惠洪开创并由中日禅林继承发扬的 "潇湘八景" 诗书写传统，可以被看作 "文字禅" 影响下中日文化交流特别是文学艺术交流的一个绝佳象征。

日本汉诗语言——江户时代的资料

千叶大学 市川桃子

一、日本汉诗概观

据说汉字是在公元四世纪左右传入日本的。随着遣隋使、遣唐使的派遣，日中两国之间的交流开始频繁，在公元七世纪后半叶日本出现了汉诗创作。

日本最早的汉诗集《怀风藻》完成于天平胜宝三年(751)。根据该诗集序文记载，一共收录了六十四名作者、一百二十首作品。总体上来看，以学习南北朝诗风的作品为多。

进入平安时代(794 - 1185/1192左右)，嵯峨天皇敕令编撰诗集，先后完成了《凌云集》弘仁五年(814)、《文华秀丽集》弘仁九年(818)。其后，淳和天皇敕令编撰了《经国集》天长四年(827)。以上合称敕撰三集。后来又陆续出现了岛田忠臣《田氏家集》(843)、菅原道真《菅家文草》(900)等个人诗集，以及《本朝丽藻》(1010左右)、《本朝无题诗》(1163左右)等编撰的诗集。

日本的战国时代(1493或1467 - 1573)，出现了以镰仓和京都等五山的僧侣为中心，进行汉诗创作的流派，被称为五山文学。他们积极接受李白、杜甫以及宋诗的影响，作品多为一些反映佛教思想的偈、颂。

到了江户时代(1603 - 1868)，日本出现了儒学者，汉诗越来越繁荣昌盛。这个时代可以大致分如下三个时期。

第一时期(1603 - 1687)，五山文学的影响尚未消除，宋代诗人苏轼、黄庭坚以及《三体诗》深受人们喜爱。日本近代汉文学创始者藤原惺窝，把《瀛奎律髓》、《联珠诗格》分别作为律诗、绝句的参考书加以大力推荐。藤原惺窝的门生中，石川丈山、林罗山、松永尺五、那波活所等四人才华出众，被称藤门四天王。后来，林罗山自立门户。

第二时期(1688 - 1780)，木下顺庵的门下，新井白石、室鸠巢、祇园南海等俊秀辈出，汉诗水平得到提高。这个时期，宋诗影响降低，唐诗和明诗受到青睐。荻生徂徕响应明代古文辞派主张，倡导模仿盛唐诗。服部南郭校订刊行了《唐诗选》，该书其后在日本广为流行。

第三时期(1781 - 1868)，宋诗大流行时期。诗人数量巨增，创作水准提高，诗的内容也从模仿中国古诗脱离出来，已经能够自由地描述个人的感情了。

幕府末期至明治初期是一个变化激烈的时代，许多胸怀远大政治抱负或者被卷入政治斗争的人们，用汉诗寄托自己的心情。梁川星岩、广濑旭庄、大沼沈山等人相继创立诗社，经常作诗应酬，研磨技巧。

二、杉浦梅潭的汉诗

本章例举一位诗人，对其作品进行具体考察。

杉浦梅潭，文政9年1月9日(1826年2月15日)生，明治33年 (1900) 5月30日卒。名胜静、诚，幼名正一郎，号梅潭。官至 "从五位下兵库头"。文久2年 (1862) 任 "洋书调所头取"，同年8月24日被起用为 "目付"，9月13日被选为 "目付笔头"。元治元年 (1864) 遭罢免。庆应2年 (1866) 复出，官任 "箱馆奉行"。庆应3年 (1867) 9月兼任 "勘定奉行"。庆应4年 (1868) 闰4月27日，把箱馆奉行所移交给箱馆裁判所总督清水谷公考。6月回到江户。12月任"骏府藩公仪人"。明治2年 (1869) 供职外务省，任"开拓使权判官"。明治5年 (1872) 升任"开拓使判官"。明治10年 (1877) 1月29日辞去官职。

杉浦梅潭曾师从大沼沈山学习汉诗。他的著作有《梅潭诗钞(誊写本)》5册，成书于明治30年 (1897) 左右，收录诗作2370余首。《梅潭诗钞(活字印刷本)》二卷，成书于明治35年 (1902)，收录诗作590余首。

梅潭身为一名江户幕府和明治政府的官员，主要活跃于外交领域，原来并非学者、诗人，辞官以后作为晚年个人兴趣而写作汉诗。这种情况在那个时代比较普遍，他算是当时知识阶层人物群像的缩影。

首先看梅潭的闲适诗。

春寒花较迟
天阴黯澹暮钟撞，秪合閒愁借酒降。料峭奇寒如北海，薨腾一醉倚东窗。

未曾林下连藜榻，要待花期酌玉缸。昨夜分明孤馆梦，橹枝截水渡春江。接下来看他的咏史诗。

过本能寺有感
将军塚上暮云收，老树风寒萧寺秋。十岁养狼身竟噬，一朝失鹿事全休。
惜哉残酷招奇祸，恨杀骄矜误大谋。来吊偏兴今昔感，蝉川声咽水空流。

上面这首诗写的是关于日本历史名将织田信长之死。织田信长意欲平息战国乱世，完成统一霸业。但是受到同伴谋反，丧命于本能寺。

还有吟咏中国古代传说故事的咏史诗，用乐府体而作。

锺馗嫁妹图
夜漠漠，天迷迷，老枭叫破妖云低。山头月落天为黑，阴风吹火秋惨凄。

傲傲者何成一队，挝鼓吹箫羊车载。双轮转出薜荔牆，明眸皓齿锺家妹。

翠鬟斜欹碧玉簪，娇羞掩面如不禁。南苑暮雨牡丹湿，芳池秋水红玉沈。

终南进士绿袍客，眼如点漆髯如戟。林莽徐步白马骄，马前猛兽皆辟易。

吁嗟乎!汝不能啖宫掖妖，酩酊归卧空逍遥。

终南路如蜀山险、堪见翠华影摇摇。

另外悼念友人去世之作也有不少。

哭吉田竹里

游戏名场诗酒中，读骚痛饮古贤风。九重云阙魂何在，一去尘寰事竟空。

白露如人泣残蕙，青灯无语冷鸣虫。社称晚翠凋零甚，八月之间哭二翁。

(三月深江帆崖逝。)

可见，杉浦梅潭创作面很广泛，对平常的风景、历史事迹、人生大事等等都有涉及。特别需要强调的是，他这个人并非职业诗人、杰出人物或言行怪僻之人，而是个一般的知识分子。换言之，当时的知识阶层在日常生活中都吟咏汉诗。

三、依田学海写给杉浦梅潭的书信

下面，我们来看一看杉浦梅潭的子孙保存的，依田学海写给杉浦梅潭的书信。

依田学海 (1834年1月3日 - 1909年12月27日)，初以百川为字，后以此为本名。学海是雅号。明治5年(1872)到东京出任东京会议所的书记官。1881年任文部省的权少书记官，从事音乐调查以及汉文教科书的编辑工作。1885年53岁时从文部省退休。官至正六位。退休后致力于创作和文艺评论。

　　书信中能够确定年份的被整理、抄录在论文《学海双鱼》(宫崎修多著《成城国文论集　第二二辑》1994年刊载)。该论文中所收录的一共有八十二封书信。

　　这八十二封书信按照文体来分类，日文书信有十三封、汉文日文混用的书信有八封、汉文书信有六十一封。也就是说，汉文书信数量超过了全体的四分之三。而且，这些并非正式文书，都是一些邀请赏花之类极其一般的日常书信。

　　由此可见，当时的知识阶层在日常生活中使用汉文，已经达到了宛如使用日文一样的熟练程度。

　　让我们来看几封书信的内容。

　　① 日文的书信。(明治21年8月7日)

　　昨六日横川へ十時着。これより道あしく大に難儀いたし、坂本駅より山路に入る。幽邃奇境筆紙つくしかたし。一時半につく。大抵日光の如くにして岩石尤もそれより奇なり。塩原に似て渓流近く石亦大に妙なり。遊仙峡といふ所は老樹陰々として大石天に摩し、渓流雪を砕きその間に落來り、路は渓上にあり、この峡を出てゝ金洞瀑あり。さまてに大ならねとも佳麗の泉なり。処々に別館の地あり。榜字をかくく。(略) この郵書看終りたらは美狭古に命して杉浦梅潭先生に送るへし。7日。きのふ両日とも冷気秋の如し。単衣にては寒を覚ゆ。

　　② 日文汉文混用的书信。(明治30年9月20日)

　　過日は参上御邪魔候。そのゝち久世伯御返書拝見被仰付。同伯之御懇情不堪感謝候。しかしなから老先生の功徳ト感銘仕候。黄翁挽詞出来致候。御刪正之上御序も候はゝ松坂へ御廻し被下度奉願候。先は早々。

百川九月二十日
梅潭先生侍史

③ 汉文的书信。(明治21年4月4日)

在本月十日前後。僕每歲花時来此幾日。然以塵事坌集。不得暫住。嗚呼。人事真不可知矣。今朝早起至木母寺。遠望樹上藹如紅霧。蓋花將発而未発。此妙境非久住物不能解也。明五午前。辱賜来訪。同賞此何如。延頸而待之。

梅潭先生座下　　　　　　戊子四月四日　　　　　　依田百川謹上

第①封书信所用的是当时一般日本人常用的普通文体，就算不是知识分子，一般人应该都能够读得懂书信的内容。虽然它与现代日语文体有较大不同，但是现在的日本人来读的话也完全能够理解其内容。然而，不懂日语的中国人光看书信中的那些汉字，无法理解全文的意思。

第②封是日文汉文混用的文体，对于当时的日本人来说应该是很难理解的。对于不懂日语的中国人来说，很多地方也看不明白。

第③封对于当时知识阶层来说容易读懂，但是一般的老百姓几乎就看不懂了。现在的日本人如果没有学过汉文或汉语，很多地方也是看不明白的。然而对于现在的中国人来说，如果具备一定的书面语阅读能力，应该能够理解其大致的意思吧。

四、结束语 – 江戸汉诗的意义

日本的通用语是日语，虽存在方言上的不便，基本上意思的疏通传达是通过日语来实现。江户时代至明治时期也是如此。而进行汉诗创作、使用汉文书写，则仅限于知识阶层。虽说江户时代识字率已经很高，一般民众都具备日文读写能力。但是，汉文的读写能力却大都不曾具备。

中国的通用语是汉语，虽存在方言上的不便，基本上意思的疏通传达是通过汉语来实现。清代也是如此。而进行汉诗创作、使用汉文书写，则仅限于知识阶层。

一般民众大都不具备汉文的读写能力。

　　然而，中国的知识阶层和日本的知识阶层，通过吟咏汉诗、书写汉文，却可以实现意思疏通，互相理解。不仅是日常生活中的信息交换，而且能够在高度的思想、深刻的感情领域达到互相理解。

　　《大河内文书》(大河内辉声著·平凡社·东洋文库)是一部记载明治时期来到日本的黄遵宪等中国知识分子与日本文化人士的笔谈集。中国人不会说日语，日本人听不懂汉语，但是他们可以用笔在纸面上进行畅谈。几个人在茶馆里围坐在一起笔谈欢笑。据说，当时的情景让茶馆伙计大为惊讶。

　　从这部笔谈集中我们可以确切知道，江户时代至明治时期，日本和中国的文人们之间拥有一种共通语。

　　也就是说，江户时代至明治时期，说日语的日本人与说汉语的中国人之中有一部分人，通过汉文实现了跨国之间的语言交流，形成了一种共通的文化。

　　这种情况如下表所示。

日本と中国	知識階級 （漢文による交流）
日本	中国
（日本語に よる交流）	（中国語に よる交流）

　　那个时代存在一种现在已经消失了的，在当时发挥着巨大作用的社会语言。

日本江户时代冈元凤《毛诗品物图考》的传播

成都市图书馆　肖娇娇

　　《诗经》名物学是《诗经》研究中影响广泛的一个分支。从孔子所谓"多识于鸟兽草木之名"到陆玑作《毛诗草木鸟兽虫鱼疏》,"诗经名物学"便成为诗经研究中独立的一脉,并在后来的《诗经》研究中,得到了很好的继承和发展。其著述不少:其中有专释名物者如六朝人《毛诗草虫经》、宋人杨泰之《诗名物编》、元人杨璲《诗经名物类考》,又有结合图谱作以考证者如《毛诗图谱》、《毛诗草木图》,遗憾的是以上诸书均已亡佚。而明清时期,又有了吴雨《毛诗鸟兽草木考》、冯复京《六家诗名物疏》、毛晋《陆氏诗疏广要》、丁晏《毛诗草木鸟兽虫鱼疏校正》、多隆阿《毛诗多识》等。正是在明清《诗经》名物学的影响下,江户时代的日本《诗经》研究也掀起了一阵"名物学"的高潮,张晓敏博士统计,日本现存《诗经》名物学著作还有三十多种,而王晓平先生《日本诗经学史》中也举出了江户时期具有代表性的《诗经》"名物研究"的著述9种。尤其引人注意的是冈元凤所著《毛诗品物图考》,就是扬之水先生曾提到"(《诗经》名物学)图文并茂的两部名著"之一,并高度评价说"这两本书可以说是这一类题目中总结性著作了"。[1] 日本学者青木正儿先生谈到《诗经》

名物学在日本的发展，认为此书更甚于清人徐鼎之作，他说：

> 这类著作在日本反倒有好书，如安永年间 (1772-1781) 渊在宽的《陆氏草木
> 鸟兽虫鱼疏图解》五卷，天明年间 (1781-1789) 冈元凤的《毛诗品物图考》七卷，
> 比起徐鼎之书来，绘图精密，更富实感。2)

一、《毛诗品物图考》的成书

　　《毛诗品物图考》，日本冈元凤著，橘国雄绘图。冈元凤生平，角田九华《续近世丛书》中记载："冈元凤，字公翼，号鲁庵，又号白洲，名元凤，大阪人。……嗜好物产学。著《毛诗品物图考》"3)，橘国雄的生平，却无从考证了，但从图画绘制的逼真来看，橘氏应是一位颇有功底的画师。

　　冈元凤写作此书，是在日本江户时代末期，正是中国乾嘉学派兴盛时期。乾嘉学派注重考据、实证的理念也东传日本。18世纪中期，日本国内兴起一股诗经"名物学"研究的高潮。王晓平先生统计的此时期具有代表性的诗经名物学著作达9种4)，而张晓敏的博士论文《日本江户时代〈诗经〉学研究》统计，日本国现存《诗经》名物学著作有三十多种，其中有代表性的则有11种之多5)。冈氏的著作也就是深受稻若水的影响，他的友人浪速木孔为该书作的跋文说：

---

1) 扬之水，《诗经名物新证》，天津教育出版社，2007年，第3页。
2) [日]青木正儿 (著)，范建民 (译)，《名物学序说》，《中华名物考 (外一种)》，中华书局，2005年，第16页。
3) 转引自张晓敏，《日本江户时代〈诗经〉学研究》，山西大学，2013年博士论文，第169页。
4) 参王晓平，《日本诗经学史》，学苑出版社，2009年，第135—137页。
5) 张晓敏，《日本江户时代诗经学研究》，山西大学，2013年博士论文，第160页。

吾日本尝有稻若水先生者，自唱多识之学，始有《小识》之撰，其徒相续有撰
述，未见其图画其形状者也。友人冈公翼有慨于兹，说诗之暇，遍索五方，亲详名
物，使画人橘国雄写其图状，系以辨说，装为三策。[6]

冈氏正是感慨于稻若水和他的学生们的著作，名物而无图画，于是考证《诗经》
名物而写此书。

《毛诗品物图考》成书时间，韩国南基守、高载祺二位先生认为是1779年[7]，但
是未见他们关于成书时间的论证。不过书中多次引用稻若水的《诗经小识》和松冈
恕庵、江村如圭关于《诗经》名物学的著作，可知该书成书应该是在他们的著作之
后；其次，在解说"言刈其楚"中的"楚"时，冈元凤曾说"享保中，来汉种"[8]，享保乃
日本中御门天皇、樱町天皇的年号 (1716~1735)，据此推测，此书可能成于这个时段
之后；而冈氏此书还引用过日本学者平贺源内的《物类品骘》。在卷七·鱼部中，解
说"鼍鼓逢逢"中的"鼍"时，说：

《物类品骘》鼍龙，蛮产迦阿异埋模，形如守宫、蛤蚧，有四足，头尾皆麟甲，
三尖尾，长半身，在咬嚼吧、暹罗洋中害人。[9]

日本学者平贺源内1762年在江户汤岛举办过物产会，并开始著作《物类品骘》，
到1763年完成。据此推测，冈氏《毛诗品物图考》的成书可推至1763年之后；而书
前有西播那波师曾为此书作的序，注明时间为"天明四年甲辰冬十月五日"[10]，书
后浪速木孔跋文注明时间是"天明甲辰年孟冬之吉"[11]。天明则是日本光格天皇的

---

6) 浪速木孔，《跋毛诗品物图考》，《毛诗品物图考》，上海扫叶山房，宣统二年，第1页。
7) 南守基、高载祺，《〈毛诗品物图考〉所见草本植物考》，《诗经研究丛刊》，2004年，第1期，第215
页。
8) 冈元凤，《毛诗品物图考》，上海扫叶山房，宣统二年，卷三·木部，第1页。
9) 冈元凤，《毛诗品物图考》，上海扫叶山房，宣统二年，卷七·鱼部，第7页。
10) 西播那波师曾，《毛诗品物图考序》，《毛诗品物图考》，宣统二年，上海扫叶山房，第2页。
11) 浪速木孔，《跋毛诗品物图考》，《毛诗品物图考》，宣统二年，上海扫叶山房，第2页。

年号, 甲辰年就是天明四年 (1784)。综合以上的推断, 此书可能成于1763~1784年之
间。王晓平先生在《日本〈诗经〉学史》中也提到该书 : "此书是天明四年, 即清乾隆
49年 (1784) 在日本刊行。"[12] 但是日本现存《毛诗品物图考》则是天明五年 (1785)
平安书屋、浪花五东堂的刻本, 刊行时间是天明五年[13], 国内北京大学图书馆也藏
有相同刻本。看来, 王先生关于《毛诗品物图考》刊行时间的看法是值得商榷的。

二、《毛诗品物图考》的著述体例

中国对于《诗经》中草木鸟兽虫鱼的训诂, 传统多宗《毛传》, 再结合他书予以
佐证。当中国《诗经》名物学东传日本, 日本也受此影响, 也多以《毛诗》为旨归,
但他们也注重学习宋学 "义理"。如渊在宽的《陆氏草木鸟兽虫鱼疏图解》, 又如井
冈冽的《毛诗名物质疑》等著作。《毛诗品物图考》在著述中, 若《毛传》有解, 则先
引《毛传》的解说, 其次引朱熹《集传》的解说, 后结合陆玑《毛诗草木鸟兽虫鱼疏》
等毛诗名物学著作、其他本草学著作等给予考证, 最后再下按语。如 :

> 言刈其蒌 "《传》: 蒌, 草中之翘翘, 然《集传》: 蒌, 蒌蒿也。叶似艾, 青白色,
> 长数寸, 生水泽中。〇《集传》依陆疏数寸下当补入 '高丈余' 三字。"[14]
> 于以采蘋 "《传》蘋, 大萍也。《集传》水上浮萍也, 江东人谓之藻。〇毛氏与
> 《尔雅》: '萍, 萍其大者蘋', 其说相合。朱《传》误以小萍为大萍, 说者不一, 罗愿
> 谓 : '四叶菜为蘋', 李时珍亦和之 : '萍, 浮生水上者四叶菜, 托根水底, 非萍之属'。
> 陈藏器云 : '蘋, 叶圆阔寸许, 叶下有一点, 如水沫, 一名芣菜'。"[15]

12) 王晓平, 《日本诗经学史》, 学苑出版社, 2009年, 第135页。
13) 参, 张晓敏《日本江户时代〈诗经〉学研究》, 山西大学, 2013年博士论文。
14) 冈元凤, 《毛诗品物图考》, 上海扫叶山房, 宣统二年, 卷一·草部, 第3页。
15) 冈元凤, 《毛诗品物图考》, 上海扫叶山房, 宣统二年, 卷一·草部, 第4页。

绿竹猗猗 《传》：绿竹，王刍也。竹，萹竹也。《集传》绿色也，淇上多竹，汉世犹然，所谓淇园之竹是也。○绿竹之解，《集传》为胜，但毛氏旧说不可不存焉。[16]

整部《毛诗品物图考》皆是按照此体例纂辑，"○"之后，全是冈氏所下按语，作者结合他书或辩证毛传之误、朱熹《集传》之误，从而得出符合日本实际情况的结论。而为了更加形象生动的展示所考的名物，作者还专门请画师橘国雄为其绘图。整部书所绘之图多达310幅，并且图画形象生动，见其画便知其物形貌特征。显然，冈氏是想通过这类辩证让读者更加明确《诗经》名物所指，这又和本书最初设定的接受者有关系，专意针对初学者的，有利于"中国经典知识本土化的尝试" [17]，也更利于《诗经》在日本的传播。为了实现这样的意图，冈元风的《毛诗名物图考》还表现出独自的解读特点。

一，记录日本读音，给《诗经》名物加上日语读音。据笔者统计，全文之中冈氏此类音译多达37个，参列下表。

---

16) 冈元凤，《毛诗品物图考》，上海扫叶山房，宣统二年，卷一·草部，第10页。
17) 张晓敏，《日本江户时代〈诗经〉学研究》，山西大学，2013年博士论文，第169页。

《〈诗经〉名物日语读法音译对照表》

诗经出处	中国名	日本国读音
于以采蘩,《集传》"白蒿也"	白蒿	葛华刺发发哥
言采其虻,《传》"虻, 贝母也。"	贝母	捌紫由栗
浸彼苞蓍	蓍草	白哥罗貌
下莞下覃	莞	紫忽貌
堇荼如饴	堇	思蜜列
蔽芾甘棠。冈氏"棠梨, 野梨也。"	棠梨	谷利莫逷, 革他柰施
椅桐梓漆	椅	异异己里
	梓	挨革迷革施华
	楸	己索索杰
隰有杻	杻 (女贞)	年事密貌地, 的刺紫跛己, 挨和己
常棣之华	常棣 (棣李)	常棣——尼黄索忽赖, 郁—尼黄乌眉
黄鸟于飞	黄鸟	紫寓密
维鸠居之	鸠	也埋法秃、对异圆法秃
	青鹪	也埋法秃
	鸽	异圆法秃
流离之子, 有鸮萃止	鸮 (鹏)	福古鲁
	鸱	摇它各
鸿则离之	鸿	肥施古乙
鳲鸠在桑	鳲鸠	紫紫秃利
		秃施摇利谷衣 (非也)
	戴胜	戴菊
翩翩者雕	雕	秃施摇立谷衣
弁彼鸒斯	鸒	石磨矢耶乌革落思 (引用稻若水言)
羔羊之皮	羔、羊 (绵羊)	索异那哥里
螽斯羽, 诜诜兮	螽 (蚣蝑)	吉里吉里斯
趯趯阜螽	阜螽	法他法他
螓首蛾眉	螓	遏几设密
蟋蟀在堂	蟋蟀	古名: 吉里吉里斯
鲂鱼赪尾	鲂	旧说: 埋捺葛子和; 松冈氏: 屋施吉乌和
鱼丽于罶, 鲿鲨	鲨	施耶什 (引用稻若水言)
鱼丽于罶, 鲂鳢	鳢	恚紫眠乌奈己

作者这样记录，将《诗经》中名物加上日语读音，显然便于日本读者的接受。

二, 考察、交代名物来源。《诗经》中的动植物, 本源于中国大地、山河, 得于诗人的观察和采入诗歌, 当然不可能与日本山川物产完全一样, 自然有的不为日本本土所有。冈氏便以《诗经》为媒介, 在考释《诗经》名物时, 一并谈到它们在日本的传播。参见下表。

出处	物名	传入时间与方式	来源与分布
言刈其楚	楚	享保中, 种	中国, 今多有之
投我木瓜	木瓜	享保中, 种	中国, 官园
鸳鸯于飞	鸳鸯	海舶	中国
鱼丽于罶, 鲂鳢	鳢	近世, 舶载而来	中国
山有榛	榛子		朝鲜

从以上的考察来看, 我们知道,《诗经》所载名物有的从中国传入日本的, 有的从朝鲜传入, 有的为日本本土所有。传入的时间和方式也不同, 有的至日本享保(1716~1735) 年间, 有的则是近世传入日本, 有的是通过海上船舶带入日本的, 而有的植物则有可能是移栽到日本的。对于日本本土的动植物, 冈氏便介绍了它们在日本国的分布情况, 如蒌产日本则有 "蒌蒿, 和谓之沼蒿, 又名伊吹艾, 江州伊吹山多生"[18], 因为多生长在江州的伊吹山上, 所以又名伊吹艾草。又如蘩, "或以出佐渡州白艾为蘩。按蘩, 蘩衍易生之草, 因以得名, 白艾在他州难茂生, 为不实当", 他人言出产于佐渡州的白艾为蘩, 而冈氏却批判了白艾在其余诸州难于茂生的不实言论, 显然, 冈氏以为蘩是容易生长之草, 在日本国诸州皆可生长。说到棠梨, 则是 "山中处处有之"[19]。说到栗, 则指出日本国丹波地区出产的为上品, "倭中栗, 丹波出者为佳, 大如鸡蛋, 味美"[20], 不仅个头大, 且味道更加鲜美。如雀, 则分布在西海

---

18) 冈元凤,《毛诗品物图考》, 上海扫叶山房, 宣统二年, 卷一·草部, 第3页。
19) 冈元凤,《毛诗品物图考》, 上海扫叶山房, 宣统二年, 卷三·木部, 第2页。
20) 冈元凤,《毛诗品物图考》, 上海扫叶山房, 宣统二年, 卷三·木部, 第6页。

诸州上，"西海诸州多有之"21)。而黄鸟在日本国则较少见，因而冈氏才会有如下所说 "吾国黄鸟希见，南海山中有之"22)。而有的物品似乎不见于日本国，如，"蟘"，冈氏认为 "倭中未闻有此物"。

三，释疑辨误。首先，对前人的研究，指出其中不足之处，包括《毛传》和《集传》的不足。

言刈其楚　《集传》依《陆疏》数寸下当补入 "高丈余" 三字。23)

于以采蘩　白艾在他州难茂生，为不实当。24)

焉得谖草　《集传》因谖草以及合欢，不以合欢解谖草，合欢树名，"谖" 又作 "萱"。25)

中谷有蓷　当作萑，孔疏引《尔雅》注误，萑作《集传》亦讹耳，郭注本作萑，《雅》亦同。26)

对于日本本国的研究，冈氏也有所辨。比如：

隰有杻　按陆玑云："杻，枝叶茂好。二月中，业疏，华如楝而细，蕊正白，正名曰万岁。" 既取名于亿万，此即女贞，木实如鼠屎者，此方云年事密貌地，一云的刺紫跋已。《大和本草》："檍" 为 "挨和已"，《辨解》为总名，共非。27)

其柽其椐　《陆疏》：今灵寿是也。《汉书》孔光年老，赐灵寿杖。师古注：木似竹有枝节，自然合杖制，不须削治。此方未详何物，《辨解》以呼山绣毯者充之，恐非其类。28)

---

21) 冈元凤，《毛诗品物图考》，上海扫叶山房，宣统二年，卷四·鸟部，第2页。
22) 冈元凤，《毛诗品物图考》，上海扫叶山房，宣统二年，卷四·鸟部，第1页。
23) 冈元凤，《毛诗品物图考》，上海扫叶山房，宣统二年，卷一·草部，第3页
24) 冈元凤，《毛诗品物图考》，上海扫叶山房，宣统二年，卷一·草部，第3页
25) 冈元凤，《毛诗品物图考》，上海扫叶山房，宣统二年，卷一·草部，第12页。
26) 冈元凤，《毛诗品物图考》，上海扫叶山房，宣统二年，卷一·草部，第13页。
27) 冈元凤，《毛诗品物图考》，上海扫叶山房，宣统二年，卷三·木部，第13页。
28) 冈元凤，《毛诗品物图考》，上海扫叶山房，宣统二年，卷三·木部，第22页。

　　有猫有虎　《尔雅》：虎，窃毛谓之猫，《疏》：窃，浅也。虎之浅毛者，别名貔
猫，《辨解》为家狸，非是。[29]

　　冈氏不仅认为贝原益轩的《大和本草》关于"檍"的解说，是错误的，而且认为
江村如圭的《诗经名物辨解》的解说，一并有误。对于证据不足的问题，则以存疑的
态度。比如：

　　邛有旨鹝　《集传》：小草，杂色如绶。稻氏云"貌地事立"，未知然否。[30]

　　鱼丽于罶，鲿鲨　稻氏云："伊贺州荒木川有鱼形似燕，青色，能飞跃，名'施
耶十'，土人食之，疑此鲿鱼也。"此说未详，姑录备考。[31]

　　鲂鱼赪尾　松冈氏云：鲂是"屋施吉鸟和"，生近江湖中，扁身细鳞，大仅三四
寸。吾国河中无鲂，如"屋施吉鸟和"，未见其大者。[32]

　　冈氏对稻若水和松冈恕庵的解说，在没有充分考证的情况下，则存疑，以待来
世。

三、《毛诗品物图考》在中国的传播

　　在日本《诗经》名物学著作之中，冈元凤的《毛诗品物图考》曾传到中国，一度
相当流行，还得到很高的评价。光绪丙戌年（1886）上海积山书局就首次刻印发行。

---

29)　冈元凤，《毛诗品物图考》，上海扫叶山房，宣统二年，卷五·兽部，第11页。
30)　冈元凤，《毛诗品物图考》，上海扫叶山房，宣统二年，卷一·草部，第21页。
31)　冈元凤，《毛诗品物图考》，上海扫叶山房，宣统二年，卷七·鱼部，第4页。
32)　冈元凤，《毛诗品物图考》，上海扫叶山房，宣统二年，卷七·鱼部，第1页。

付梓前，时为翰林院编修的戴兆春为其作序，评价说：

> 综见见闻闻之类，极形形色色之奇，罔不搜采备至，诚有《尔雅》所不及载，《山经》所不详者。[33]

戴氏评说此书的名物图考，有《尔雅》和《山海经》所不及者，应该说是有一定的价值。又由于图文并茂的特点，当时便成为比较流行的读物。鲁迅先生曾在《阿长与〈山海经〉》中提到过此书：

> 此后我就更其搜集绘图的书，于是有了石印的《尔雅图》和《毛诗品物图考》。[34]

从长妈妈买回带图的《山海经》后，鲁迅先生便着意搜集此类带图的书籍。而此文日期是"3月10日"，前一篇文章《鼠·猫·狗》的落款日期是"1926年2月21日"，由此推断，本文大概也写于1926年。文中提到说长妈妈"辞了这人世大概也三十三年了罢"，后退时间是1893年，那么，鲁迅搜集的本子应该在此之前。既说石印本《毛诗品物图考》，或者就是光绪丙戌年（1886）上海积山书局的刻本。此书后来又不断印行，宣统二年上海扫叶山房有过重印，1985年北京中国书店以上海积山书局本重版印行，2002年山东画报出版社又出版了王承略博士据宣统二年版本的点校解说本。本文采用的底本也就是成都图书馆所藏的宣统二年石印本。这些都可以见出冈元凤的《毛诗品物图考》在中国传播的影响。

---

33) 戴兆春，《毛诗品物图考序》，《毛诗品物图考》，宣统二年，第2页。
34) 鲁迅，《阿长与〈山海经〉》，《鲁迅全集·朝花夕拾》，第2卷，人民文学出版社，1973年，第359页。

山川早水《巴蜀》试探

四川师范大学　房　锐

　　1905年至1906年，四川高等学堂日本教习山川早水对巴蜀地区进行考察，并撰写了二十余万字的游记。1909年，此游记以《巴蜀》为书名，由日本东京成文馆出版。2005年，《巴蜀》一书又以《巴蜀旧影——一百年前一个日本人眼中的巴蜀风情》为名，由四川人民出版社出版。此后，山川早水及其游记进入国内学者的研究视野，并取得了一些研究成果。笔者在研读相关文献资料的基础上，对山川早水《巴蜀》一书进行探讨。

　　山川早水在《巴蜀序》中写道：

　　　　此乃余之四川游记。于四川一省禹域以名区特绝，前人颇有记述。余亦效颦作此篇，虽区区兔园，不足言册，然读者赖之可窥见一斑。此种文章往往失于单调，老手且如此，何况余辈。成书题曰《巴蜀》。[1]

　　"兔园" 即《兔园册》，唐宋时期私塾教授学童的课本，后指内容浅陋的书籍。山川早水称《巴蜀》一书 "区区兔园，不足言册"，乃自谦之语。山川早水在游记中，以

---

1)　山川早水著，李密、李春德、李杰译《巴蜀旧影——一百年前一个日本人眼中的巴蜀风情》，四川人民出版社，2005年版，第19页。

纪实的形式, 对巴蜀的地理形势、名胜古迹、物产民俗、风土人情、经济贸易、民生状态等作了比较详细的记载, 内容十分丰富。配合相关的记载, 书中还配有150多幅珍贵的照片。这些文字及照片成为研究清末民初巴蜀历史文化的重要文献。

山川早水曾任四川高等学堂教习,《巴蜀》一书中的主要内容是他在实地考察的基础上撰写而成, 他在游记中旁征博引, 提及的中国古代典籍多达数十种, 其记载具有珍贵的史料价值。

山川早水在《成都旅居地·四川省》中写道:

> 四川省, 位于大清帝国的西南部。北接青海、甘肃、陕西, 东邻湖南、湖北, 南接贵州、云南, 西邻西藏, 面积约五十六万六千平方公里, 人口约六千七百余万, 是十八省中第一大省。气候适宜, 土地肥沃, 加之大江、大河遍及全省, 禾谷丰登, 地下资源也极为丰富, 古来号称天府之国。而且四周高山峻岭环绕, 北有凤岭剑阁, 东有赤甲巫山, 实可称天下之绝险。外难攻, 内易守。公孙氏、刘氏相继于此称帝, 并非无因。今天的英、德、法等诸强, 尚未停止蚕食。我们实际也明白其中的道理。[2)]

此则对四川省的相关情况进行介绍, 作者特意提及外国列强对四川的蚕食, 而"我们实际也明白其中的道理"句, 耐人寻味。

《峨眉山游记·由成都府至嘉定府》记载:

> 这一天我见一艘英国炮艇停泊于码头之上方, 是乘夏时之涨水, 由重庆逆航而来的。重庆至嘉定之航路, 与重庆至宜昌相比, 危险少, 水量多姑且不说, 就嘉定而言, 几乎可称之为扬子江之源流, 当然也就可以是扬子江之上游了。然而能携带武器驾临之积极政策, 何其壮且何其烈哉!回顾我日本又如何?竟未能往重庆派遣一艘军舰……国力之不及亦遗憾之事。[3)]

---

2) 山川早水著, 李密、李春德、李杰译《巴蜀旧影——百年前一个日本人眼中的巴蜀风情》, 四川人民出版社, 2005年版, 第64页。

3) 山川早水著, 李密、李春德、李杰译《巴蜀旧影——百年前一个日本人眼中的巴蜀风情》, 四

《出蜀·由嘉定府至重庆府》记载：

> 下午二时，离开城下，往下走约一个小时，见一炮舰逆航而来，船夫怕船受其
> 影响而摇晃，向岸边靠拢，等待军舰过去。舰渐驶近，看旗帜便知，就是那个英国
> 炮舰。我等皆立船头，举手高挥日本国旗欢迎，他们，也就是舰员们出来立于舰舷
> 挥手相应。不一会儿来到与我船并行的位置，他们一齐举帽挥巾呼号，我也应之。
> 只要能看到双方的影子，皆相望告别。多少感慨，对还没有亲临此境的人都难以
> 言喻。……
> 可以碰泊的军舰是适合于峡中航行特制之小炮舰，英国三艘，法国只有一
> 艘。法舰一般停泊在重庆，而英国军舰夏季涨水时常游弋于嘉定重庆间。早就听
> 说，我日本也有一舰可以回航之议定，但是至今尚未见实现。[4]

这些记载反映了晚清末年英国、法国军舰在长江上游停泊的事实，作者目睹
英国炮艇时的心态及其对日本未往重庆派遣军舰的遗憾之情，流露于字里行间。
这些史料从侧面展示了甲午之战后部分日本知识阶层的狂傲心态及其勃勃野心，
极具认识价值。

山川早水《巴蜀》中的记载有助于我们认识保路运动爆发前夕巴蜀地区的社
会状况。

山川早水在《成都旅居地·成都的市区》中提到满城，并称：

> 当汉人起义时，未曾听说这些满兵去平定过。我在成都曾多次在城里有趣
> 地旁观过。他们在城的一角即西较场（较场乃练兵场，在华阳县的东北角，汉兵
> 的练兵场在东较场），进行新兵和老兵的混合练兵，或者在将军衙门旁边的空地
> 上做短弓的练习。当然，练也好，不练也好，起不了什么作用。但是有时挥动一下

川人民出版社，2005年版，第189-190页。

4) 山川早水著，李密、李春德、李杰译《巴蜀旧影——百年前一个日本人眼中的巴蜀风情》，四
   川人民出版社，2005年版，第238页，第249页。

戈戟似乎舒服一点。这些满族人虽然也有在城里各地经商的, 但只不过是饮食店
或规模极小的杂货店。其他人住在像我国的士族宅邸一样的胡同内, 悠闲地度过
漫长的岁月。[5]

这则关于成都满城八旗兵操练及其生活状况的史料值得注意。
山川早水在《成都旅居地·蜀人的气质》中称:

> 革命思想虽然不能说完全没有, 但是尚未听到有作为首倡天下者。广东、湖
> 南等地方无论怎样骚动, 似乎尚未特别引起蜀人之波动。蜀之富饶使他们满足于
> 他们现有的生活。蜀人的智慧告诉他们, 提倡达不到目的之革命, 或者附和之,
> 皆不为当务之急。哥老会在日本人当中是作为小说之事来传播的, 可是在本国却
> 不怎么传播, 官民皆置之不理, 其信徒虽然在四川也是散居成都以及各个地方,
> 但都是一些乌合之众。至于有什么野心, 在思想界中亦无所谓轻重可言。[6]

由于见闻有限, 山川早水对于蜀地哥老会活动的情况缺乏了解, 但这则史料对
于我们认识社会大变革前夕蜀人对革命的态度仍不无裨益。
山川早水在《成都旅居地·川汉铁路》中详细记载了四川筹备修建川汉铁路的
事宜:

> 目前四川大致有三件大事:发展教育、扩充军备、修筑汉口成都间的铁路
> 即川汉铁路。前两项所谓扩充与发展, 就是在原有的基础上再发展、扩充一下就
> 行了。但是, 铁路则属全新设计。特别是其线路的中央部横有一大难关, 即三峡
> 山脉, 其困难暂且不提, 但巨额经费无法预测。若不管这些, 虽然也不会辜负想贯
> 彻初衷的中国人的干劲与修筑万里长城的祖先所遗留下来的血统。但是, 在今后

5) 山川早水著, 李密、李春德、李杰译《巴蜀旧影——一百年前一个日本人眼中的巴蜀风情》, 四
川人民出版社, 2005年版, 第67-68页。
6) 山川早水著, 李密、李春德、李杰译《巴蜀旧影——一百年前一个日本人眼中的巴蜀风情》, 四
川人民出版社, 2005年版, 第93-94页。

五年十年的短时间内恐怕难以完成。路线预定是，从湖北省开始，以汉口为起点
到宜昌，再由宜昌到四川省万县，沿着扬子江到重庆，再沿江至叙州府，顺着岷江
经嘉定府到成都。号称全长约八百英里，但一般认为实际有一千英里以上。其经
费尚未明确地透露出来。但根据谣传，将花费约一亿万两，而且有待湖北、四川
两省合办。现在实收股银多少还不清楚。然而明治三十九年 (1906年) 春，《成都
日报》所报道只不过五六十万两。四川省作为集资的一种方法就是发行彩票。另
外，在重庆设立铜元局。听说该局的预算，就一般铜元 (一钱铜币) 而言，纯利润
为两文 (即两厘)，计划每年可收纯利润四百万两。由于没有工程师，器械运输途
中船的沉没等，经此挫折，我去重庆时，该局还没有开办的迹象。

　　明治三十九年 (1906年) 春，四川省新建了铁道学堂。来自日本的工学士桔、
原、百濑三人应聘作为教习。估计当时学生有百余人。然而，据说因学生无普通
学识的素养，不能直接教授铁路专业的技术。三人必须先讲授一般知识，与作为
重点的铁路事业无直接关系。 似乎川人的目的是让这个学堂培养的学生担任诸
般的经营者。

　　有关该铁路四川一方的实权者就是那位高等学堂的校长胡峻。 该人于明治
三十八年 (1905年) 末至翌年带有某种重要任务，奔波于日本与美国之间。但是
我在蜀中并没有看到有具体的结果。

　　关于川汉铁路，就我所知仅此而已，号称中国铁路中难题的川汉铁路也成了
梦幻之说。虽然有了头绪，但的确由于经费的巨大，加之工程之至难。今后待何
年可开通，就连当局者也未可卜知。[7]

　　山川早水在《出蜀·由嘉定府至重庆府》中也提及川汉铁路，并称："重庆之地，
只要三峡不改造，只要川汉铁路不开通，我相信，日本商人乃至外国商人之事业进
步甚难。"[8] 他在《出蜀·由嘉定府至重庆府》中记载：

---

7) 山川早水著，李密、李春德、李杰译《巴蜀旧影——百年前一个日本人眼中的巴蜀风情》，四
　　川人民出版社，2005年版，第113-114页。

8) 山川早水著，李密、李春德、李杰译《巴蜀旧影——百年前一个日本人眼中的巴蜀风情》，四
　　川人民出版社，2005年版，第246页。

　　铜元局在重庆上游的对岸, 是以补助川汉铁路之资金为目的, 四川省设立的
铜币铸造所 (我没有问及设立年月及建筑经费等)。在其落成时派遣职员去上海,
购买铸造机器。然而被派遣之职员先购入机械的上半部顺利地逆流而上, 运至
重庆, 放在局内。又去上海购机械的下半部, 又由水路托运, 顺利地渡过三峡之
险。但是船行至重庆之下游唐家沱时, 分载机器的数只大船全部沉没。因此, 只
有第一次搬运来的前半部, 根本不成其器。再欲订购后半部, 又不知该补什么部
分。沉没以后, 直到我经过重庆时止, 事业处于中止状态, 只有雄伟的建筑物耸立
于江岸。不知其后之结局如何。然而可以想象, 铁路计划不可能顺利进行, 此局
也依然如同虚设。[9]

　　山川早水在《巴蜀》一书中多次提及川汉铁路, 这些记载及评论与《成都旅居
地》之《成都的教育》、《省内的地方教育》、《成都的报纸杂志》、《成都军征巴塘》等
条, 从不同的方面展现了清朝覆亡前夕蜀地社会生活发生的一系列变化, 展现了一
幅幅历史场景, 具有珍贵的史料价值与认识价值。

　　山川早水在《巴蜀》中不断提及蜀中的名胜古迹, 如《出蜀·由嘉定府至重庆
府》提到嘉定府的乐山大佛:

　　　　下到码头, 开船, 顺流而下, 进入佛头滩, 就是那个有名的凌云山腰上之大佛
　　像前。滩险, 船不可靠近山脚下, 因此, 要在隔约五十多米远的地方看佛像。其高
　　大虽然不能用数字表达, 但是从仰望高壁之顶端直到水边, 古人称之为天下佛像
　　之极大者, 也不觉得夸张。[10]

　　山川早水在《城外史迹·少陵草堂》中记载:

　　　　正殿是少陵祠, 门楣题 "骚坛鼎峙" 四字, 内祀三像, 杜子美像身居中央, 其

---

9) 山川早水著, 李密、李春德、李杰译《巴蜀旧影——一百年前一个日本人眼中的巴蜀风情》, 四
　川人民出版社, 2005年版, 第251页。
10) 山川早水著, 李密、李春德、李杰译《巴蜀旧影——一百年前一个日本人眼中的巴蜀风情》, 四
　川人民出版社, 2005年版, 第236页。

右为陆务观，左为黄鲁直。三像皆高三尺余。陆氏属嘉庆十七年（1812年）所配祀。大概黄氏也与之同时。像前各立一方神位牌，题曰："唐检校尚书工部员外郎赐绯鱼袋杜公神位，宋秘书监宝章阁待制渭南陆公神位，宋涪州别驾监鄂州税签书宁国军判官知舒州吏部员外郎黄公神位。"

　　祠三面以树丛竹篁围绕，厢庑曲折，砌庭回槛，皆具有高雅风格。中央之庭中植有木犀、木莲等名树。其下排列有花卉兰竹，其亭榭取名叫看云亭也好，叫余清轩也好，叫慰忠祠也好，叫招魂亭也好，叫听籁阁也好，叫俯青山房也好，总之都是供游人休息之用。客一到祠就有人沏茶，茶碗上全刻有杜公祠三个字。廊间有一方禹碑，模仿岣嵝碑建造。少陵祠后面有原明代成化十七年（1481年）所立的草堂八景诗碑，字已毁坏无法辨认。《华阳县志》载其诗曰："兰若招提古梵安，草堂相近枕江干。百花潭净浮烟雨，万竹房开历岁寒。戚苑石桥应博济，祇林泉井未尝乱。~~森森绿柳森森柏~~，道侧庄前总耐看。"作者不详。
　　据说，薛涛也曾在浣花溪上住过。历史上只有记载，没有传其事迹。少陵草堂，平常寂静，少有人访。但每年正月初七，当所谓人日时，二里长（日本里数）的田间小路上参拜者络绎不绝，草堂突然呈现出一派热闹景象。[11]

"少陵祠"即工部祠。文中称："陆氏属嘉庆十七年（1812年）所配祀。大概黄氏也与之同时。"按，光绪十年（1884），以黄庭坚配祀杜甫，山川早水的推测有误。山川早水所见门楣所题"骚坛鼎峙"四字，今为"工部祠"三字。文中称："少陵祠后面有原明代成化十七年（1481年）所立的草堂八景诗碑，字已毁坏无法辨认。"今遍寻草堂，此诗碑已无迹可寻。文中称："廊间有一方禹碑，模仿岣嵝碑建造。"按，山川早水在《城外史迹·汉昭烈庙、丞相祠堂》中称："蜀中巨碑共有三座，即绵竹之岳飞书某碑，以及禹碑和此碑（笔者注：指"三绝碑"）。其中此碑最大。"[12]他在《成都旅居地·蜀中的古碑》中也提到杜工祠之禹碑。[13]今原址已不见此碑[14]。山川早水的

11）山川早水著，李密、李春德、李杰译《巴蜀旧影——百年前一个日本人眼中的巴蜀风情》，四川人民出版社，2005年版，第144页，第146页。
12）山川早水著，李密、李春德、李杰译《巴蜀旧影——百年前一个日本人眼中的巴蜀风情》，四川人民出版社，2005年版，第128页。

相关记载, 对后人了解成都杜甫草堂的文物及沿革极有帮助。又, 文中提到成都人日游草堂的习俗也值得注意。15)

山川早水在《城外史迹·司马相如之故居》中认为:

　　司马相如的故居,《太平寰宇记》说, 益州之西四里。《明一统志》说, 府城之西南五里。《一统志》只说成都县之西南, 没说里数。虽然诸志说法不一, 但位其城西, 无可置疑。今西门外西南约一清里左右, 有个名叫抚琴台的地方, 据说是相如的旧居, 即他与文君饮酒之处, 实际上只是田间一个小土岗。16)

山川早水所说的 "抚琴台", 乃五代前蜀皇帝王建之永陵。冯汉骥在《相如琴台与王建永陵》中指出 : "大概自明末以后, 唐宋时所指之琴台, 或已夷为平地, 永陵之石幢与石人石马, 亦不复存。但琴台相传既久, 好事者遂指附近永陵为琴台矣。"17) 山川早水的说法, 实际上反映了人们普遍的看法。《巴蜀编后语》称其为 "笔误"18), 是不够妥当的。

毋庸讳言, 山川早水的游记存在着失误之处, 但这些失误仍具有一定的价值。如《由湖北省宜昌府至四川省万县》记载, 山川早水应夔州知府方旭之邀, 赴知府衙门 :

---

13) 山川早水著, 李密、李春德、李杰译《巴蜀旧影——一百年前一个日本人眼中的巴蜀风情》, 四川人民出版社, 2005年版, 第98页。

14) 2014年4月16日, 笔者带文学院中国古代文学、 中国古典文献学专业2013级研究生考察草堂, 在《杜甫研究学刊》编辑李霞锋老师的指引下, 在大雅堂背后僻静之处, 找到扑倒在地的此碑。拂去碑上的落叶, 看着露出真容的 "禹碑", 叹息良久。李老师称 : 刚发现此碑, 困惑不已, 今日你持书而来, 方知是 "禹碑"。辨识碑上的小字, 感叹时光之流失, 内心难以平静。

15) 房锐《清人与成都杜甫草堂——以王培荀〈听雨楼随笔〉所录轶事及诗作为重点)》,《中华文化论坛》, 2012年第6期。

16) 山川早水著, 李密、李春德、李杰译《巴蜀旧影——一百年前一个日本人眼中的巴蜀风情》, 四川人民出版社, 2005年版, 第146页。

17)《冯汉骥考古学论文集》, 文物出版社, 1985年版, 第82页。

18) 山川早水著, 李密、李春德、李杰译《巴蜀旧影——一百年前一个日本人眼中的巴蜀风情》, 四川人民出版社, 2005年版, 第267页。

　　我这次是第一次参观中国的衙门。其职员的配置，建筑的情况，暂且不记。到衙门时首先令人吃惊的是正门上挂着一大匾额，白底黑字，大意是官吏所受之俸禄乃尔等人民之膏血。其句为四字句，一共只有三句，今其具体文句已忘记。此乃历代之习俗，还是满洲政府笼络汉族之手段？总之，见此可以卜算其官权之不振。[19]

　　此条所记匾额所题写的内容应为"尔俸尔禄，民膏民脂。下民易虐，上天难欺"四句，出自宋太宗《戒石铭》，而《戒石铭》又采自后蜀后主孟昶《官箴》。山川早水所谓"其句为四字句，一共只有三句"，显然是误记。由于山川早水对此匾额所题写内容的来历不甚了解，故其"此乃历代之习俗，还是满洲政府笼络汉族之手段？总之，见此可以卜算其官权之不振"的推测及推断是不妥的。尽管如此，此条记载仍具有珍贵的文献价值，由此记载，可知直至清末，《戒石铭》对吏治文化仍具有一定的影响。

　　山川早水在《巴蜀例言》中称："记载事项涉及方面极多，尽量尽力为之，但因见识浅薄，加之旅居日数短暂，志之十尚不能补偿其一，读者未责其不备，实属万幸。""余手头所收照片全部插入之，让读者多看些亦好。"[20] 蓝勇在《巴蜀中译本序言》中写道：

　　　　游记中不时录入相关的名胜诗词，如在奉节处录入从晋到明代的诗三十多首，在成都处录入唐宋元明诗四十多首，在蜀道处录入唐至清诗四十多首。录入当时四川彭县高小日本教习秩父固太郎关于新都、新繁、灌县、郫县、彭县的记载；又如"参考群书，再加有二三本邦人之实地考察"写出了成都至广元的行程记载。在峨眉山处录入元代日本人雪村《峨眉集》中关于巴蜀风情的记载近万字。书中还转载了秩父固太郎对自流井行程的记载。[21]

---

19) 山川早水著，李密、李春德、李杰译《巴蜀旧影——百年前一个日本人眼中的巴蜀风情》，四川人民出版社，2005年版，第49页。
20) 山川早水著，李密、李春德、李杰译《巴蜀旧影——百年前一个日本人眼中的巴蜀风情》，四川人民出版社，2005年版，第20页。

令人遗憾的是,《巴蜀旧影——一百年前一个日本人眼中的巴蜀风情》出版时,山川早水在游记中有意识收录的诗文及其转载的相关内容, 却被大量删削。

编者在《编后语》中说:

> 作者在 "入蜀" 部分说, 鱼腹八阵图是 "孔明跟随先主伐吴, 防守江路时, 安营布阵留下的古迹"。孔明是反对伐吴的, 并负责留守成都。因此, 我们删去了 "跟随先主伐吴" 等字。[22]

编者径直删除原文, 是极为不妥的。

又,《编后语》称:"作者说杜甫 '下峡出中原时溺于江中, 显然是将李白的事移到了杜甫身上。'(已删) "

应该指出, 虽然山川早水对中国历史文化比较熟悉, 但人非全才, 其游记中出现一些失误是可以理解的。而一些 "失误" 也算不上什么失误。编者所作的删削工作, 无疑影响了整部游记的完整性。

杜公祠所建的禹碑。

---

21) 山川早水著, 李密、李春德、李杰译《巴蜀旧影——一百年前一个日本人眼中的巴蜀风情》, 四川人民出版社, 2005年版, 第11页。

22) 山川早水著, 李密、李春德、李杰译《巴蜀旧影——一百年前一个日本人眼中的巴蜀风情》, 四川人民出版社, 2005年版, 第267页。

3. 汉籍与越南

越南诗人蔡顺及《吕塘遗稿诗集》考论*

西南交通大学　刘玉珺

摘要：蔡顺是越南汉诗史上最重要的诗人之一，他的《吕塘遗稿诗集》亦是现今流传不多的黎朝汉语诗歌别集。《吕塘遗稿诗集》在体裁上具有独尊近体、专重七律的特点，同时这也是黎朝诗歌创作的共同特点，反映了科举制度对越南汉语文学创作的影响，并从一个侧面展现了越南汉诗主要功能的功利性和应用性。蔡顺的诗歌以摹唐为重，取法诸家，体现出较为鲜明的唐风情韵，虽有所创新，却未能形成独特的艺术个性和越南本土的民族特色。他诗中屡屡出现的雁、雪等越南所无的意象，可以引发我们对中越比较诗学作更深入的思考。

关键词：黎朝　蔡顺　吕塘遗稿诗集　七律　唐诗

越南古代汉语诗歌是在中国古典诗学传统影响下发展起来的，它对于中国文学研究的意义已是众所周知。在目前蓬勃发展的越南汉文学研究之中，越南汉诗也是研究论文发表得较多的一个领域。然而，自从1962年黄轶球先生在《学术研究》上发表了《越南汉诗的渊源、发展与成就》一文以来，在过去的四十年中，除了极少数几篇论文对邓陈琨的汉文长诗《征妇吟》作过个案研究以外，绝大多数大陆

* 本文为四川省哲学社会科学重点基地李白文化研究中心项目"盛唐诗歌在越南的影响与传播"(LB10—19)、中央高校基本科研业务费专项资金科技创新项目"唐诗在越南的传播与影响"(2682013CX080) 的阶段成果。

学者的研究成果，都集中在对越南汉诗作全景式的概述、综论，缺乏以传统的中国诗学研究方法和手段作较为细致的个案研究，尤其是以别集为基础的作家作品研究，几乎就是一片空白，这势必影响到越南汉诗史与中越比较诗学研究的真正深入。有鉴于此，本文选择越南汉诗"发扬"期的代表人物——黎朝著名诗人蔡顺的诗歌创作为研究对象，以期加深对越南汉诗体裁、艺术水平、题材内容等多方面的认识，更进一步探析越南汉诗对中国诗学传统的继承及相互关系。

一、蔡顺的生平与著述

蔡顺，字义和，号吕塘，北宁省超类县柳林人。武樆等人所编的《鼎锲大越登科录》记载蔡顺于洪德六年 (1475) 登进士科，赐第三甲同进士出身，又云其"三十五岁中仕"。[1] 关于蔡顺登科的时间，各类书籍所载一致，但《大越历代进士科实录》记载他中第的年龄为二十五岁。[2] 目前越南所存的各类登科录传抄本数量较多，又无其他相关资料可相印证，暂时无法判断孰是孰非。若以虚岁来论，则蔡顺的生年为1441年，或1451年。《全越诗录》蔡顺小传记载他的仕宦经历云："历仕馆阁二十余年，道德文章，为一时所宗。出为海阳参政，卒。"[3] 据此可知，蔡顺的卒年至少应在1496年以后。

生活于黎末和西山时代的吴时任(1746-1803)在《星槎纪行》序中云："我越以文献立国，诗胎于李，盛于陈，大发扬于皇黎洪德间。一部《全越诗》，古体不让汉晋，近体不让唐宋元明，戛玉敲金，真可称诗国。就中求其机杼大段，可称诗家蔡吕塘、白云庵诸公，此外茫乎渺矣。"[4] 这段评论勾勒出了越南汉诗发生发展的各个阶段，

---

1)　(越) 武樆等编《鼎锲大越历朝登科录》卷一，越南国家图书馆所藏R.114号抄本。

2)　(越) 黎朝儒臣《大越历代进士科实录》，越南河内汉喃研究院所藏A.2040号抄本。

3)　(越) 黎贵惇编《全越诗录》卷十三，越南河内汉喃研究院所藏A.1262/4号抄本。

并将越南汉诗抬升至与中国古典诗歌并驾齐驱的文学地位，但吴时任论及心目中真正的越南诗家，却只点出了蔡顺和白云居士阮秉谦之名，足见这二人在越南汉诗史上的文学地位。尤其是蔡顺生活在吴氏所谓的越南汉诗发扬期——黎朝洪德(1470-1497) 年间，更是越南汉诗发展史上的代表性人物。

黎朝是越南封建社会的鼎盛时期，科举制度的大力推行，确立了儒学作为官方正统思想的地位，汉语文学作为主流文学的地位也得到了进一步的加强。这一时期具有深厚汉文化修养的学者文人辈出，汉文学得到了极大的发展。对此，潘辉注曾云："迨夫有黎之兴，斯文日盛，三百余载，制作备详，文宪甲于中州，典章垂于一代。其间明君良佐之撰议，硕儒名士之撰述，精神所寓，蔚尔风声。"5) 在黎朝的统治者中，又以黎圣宗对儒学和汉文化最为推崇。他将黎朝科举从原来的六年一举或五年一科，改为三年一试，这反映了当时社会对于经史诗赋兼通的越南儒士的迫切需求与重视。黎圣宗本人也是一位创作成果丰硕、造诣颇深的优秀诗人，其诗 "英气雄遂，词意飘洒"。6) 关于他的文学活动、文化观念，《大越史记全书》多有记载，如洪德二十六年 (1495) 冬十二月：

> 作《御制琼苑九歌》，上以丑寅二载百谷丰登，协于歌咏，以纪其瑞。并《君道》、《臣节》、《君明臣良》、《遥想英贤》、《奇器》，并《书草戏成文》，因号《琼苑九歌诗集》。命东阁大学士申仁忠、杜润、东阁校书吴纶、吴焕、翰林院侍读掌院事阮冲惎、翰林院侍读参掌院事刘兴孝、翰林院侍读范光弼、阮德训、武昒、吴忱、翰林院待制吴文景、范智谦、刘舒彦、翰林院校理阮仁被、阮孙蔑、吴权、阮宝珪、裴溥、杨直源、周晥、翰林院检封范谨直、阮益逊、杜纯恕、范柔惠、刘暉、谭慎徽、范道富等奉和赓其韵。7)

---

4) (越) 潘辉益《裕庵吟录》所附，越南河内汉喃研究院所藏A.603号抄本。
5) (越) 潘辉注《历朝宪章类志》卷四十二《文籍志》，越南教育文化部1974年翻译版附影印原文，第2a页。
6) (越) 潘辉注《历朝宪章类志》卷四十三《文籍志》，第44a页。
7) (越) 吴士连等《大越史记全书》本纪卷十三，越南内阁官板正和十八年 (1667) 重印本。

这场规模浩大的君臣唱和，就是越南汉诗史上著名的"骚坛会"。《仓山诗话》亦曰："黎圣宗洪德二十六年，上为《琼苑九歌》，制诗及序，自为骚坛元帅。东阁大学士申仁忠，杜润为副元帅，东阁校书吴纶……凡二十八人，赓和其韵，号骚坛二十八宿。"8) 关于骚坛二十八宿的成员，《科榜标奇》、《人物志》等书的记载不尽相同。《大越史记全书》与《仓山诗话》均没有提及蔡顺之名，然《全越诗录》蔡顺小传却云："顺久在清贵，笃好吟咏。圣宗称其擅名诗场，特赐号'骚坛副元帅'。"9) 即便是蔡顺不在骚坛二十八宿之列，这些记录也真实的反映了蔡顺所处时代的文学风气，及其在这样的历史文化背景下，他所获得的声名。

蔡顺的诗名并不仅仅只是盛于洪德年间，后人更是通过虚构的方式，托他之口来谈诗、论诗。阮屿《传奇漫录》是越南的第一部传奇小说，成书于16世纪20、30年代，其中的《金华诗话记》讲述了士子毛子编途经金华，夜间听到符教授夫妇的幽魂评论诗歌的故事。其结尾写到：

> 子编不知所谓，从傍趋出，直前罗拜，且询以诗法。公即出怀中一卷，纸约百张，授之曰："归而求之有余师，不必别寻他集也！"俄而，樽罍告罄，相揖为别。公既出门，子编亦睡着。及红日东出，揽衣急起，则身卧草而尚寒，露沾衣而欲湿，郊原莽漠，惟东西两冢在焉。开卷观之，皆白纸空张，只有"《吕塘诗集》"四字，淋漓醉墨，花晕未干，方悟公即吕塘蔡先生，而其处即符教授及夫人墓也。遂亲之吕塘，访求遗稿，则虫侵蠹啮，存者不能什九，乃远近咨访，极力编辑，片言只字，采摭无遗。故自黎朝启运，言诗者无虑百余家，然惟蔡集盛行，大抵皆毛子编之力。10)

这段文字虽是小说杜撰之词，它所反映的蔡顺诗名之盛、蔡集的编辑过程，以

8) （越）阮绵审《仓山诗话》，越南河内汉喃研究院所藏VHv.105号抄本，与《世说新语补》合抄。下文均同，不再出注。

9) （越）黎贵惇编《全越诗录》卷十三，越南河内汉喃研究院所藏A.1262/4号抄本。

10) （越）阮屿《传奇漫录》卷四，陈庆浩、王三庆主编《越南汉文小说丛刊》第一辑第四册，台湾学生书局1987年版，第445页。

及整个黎朝诗歌作品的遗存状况，却有一定的现实依据。

　　据《全越诗录》、《摘艳集》、《大越史记全书》、《越峤书》等书的著录和记载，黎朝从太祖到中兴前有名可考的诗人至少在130人以上，曾有黎圣宗《春云诗集》、阮荐《抑斋集》、李子晋《拙庵文集》、阮梦荀《菊坡集》、陈侃《复轩集》、尹衡《云瓢集》、阮天锡《仙山集》、黎少颖《节斋集》、程清《竹溪诗集》、阮直《樗寮集》与《娱闲集》、黎鏱《乐苑余闲》、王师霸《岩溪诗集》、阮保《珠溪集》、蔡顺《吕塘遗稿诗集》、武琼《素琴集》、阮旭《鸠苔集》、冯硕《忘鞋集》、阮夏蕙《梅妆集》、邓鸣谦《越鉴咏史诗集》、谭慎徽《默斋诗集》、武幹《松轩诗集》、杜絪《咏史集》、黎襄翼《光天清暇集》等别集行世。现流传有绪的仅《抑斋集》、《吕塘遗稿诗集》、《鸠苔集》数种而已，由此可见《吕塘遗稿诗集》对于研究越南黎朝汉文学的重要性，《金华诗话记》所云"故自黎朝启运，言者无虑百余家，然惟蔡集盛行"，并非无稽之谈。

　　《全越诗录》蔡顺小传记录其别集由"门人礼部左侍郎杜正谟与其子恪收集为《吕塘遗稿》四卷，正谟序之"，[11] 而今所存的《吕塘遗稿诗集》未见有杜正谟之序，仅有其子恪敦作于洪顺二年（1510）庚午仲秋的序言，序言云蔡顺：

　　　　尤长于诗，平生所作多以千数，然无意著述，故其诗罕见全稿。予幼不好学，不能收集，及长，而父已弃世。伤父生有名于时，殁无闻于后。乃搜寻散落，或得之篋笥之所藏集，或得之门人之所记诵，随次誊写编为一集，盖十得其一二，以其非全稿，故曰遗稿。其间传写口诵舛谬颇多，未敢订正，姑备其实所得，俟有志君子考正而编集之，以行于世，是亦恪先人之幸而恪之志也。[12]

　　《金华诗话记》说毛子编访求蔡顺遗稿，"存者不能什九"，此序表明蔡顺生前诗作多达千数首，而其门人杜正谟和其子蔡恪敦所编仅为十之一二，可见两书所说相吻合。

---

11)（越）黎贵惇编《全越诗录》卷十三，越南河内汉喃研究院所藏A.1262/4号抄本。
12)（越）蔡顺《吕塘遗稿诗集》，越南河内汉喃研究院所藏VHv.1459号刊本。

《吕塘遗稿诗集》现有刊本和多种抄本，据越南国家图书馆所藏的《吕塘遗稿诗集》R.318号抄本，此集收诗264首。[13] 需要特别指出的是，《吕塘遗稿诗集》中的《雁阵》、《秋闺》、《春暮》、《夏景》、《秋景》、《冬》诸诗又见于阮秉谦的《白云庵诗集》。[14] 可断定这些作品为蔡顺所作，而非阮秉谦之诗。其一，从成书时间来看，《吕塘遗稿诗集》成书于洪顺二年(1510)，《白云庵诗集》则由阮朝嘉隆年间海阳镇守、恩光侯陈公宪(？—1816)所编辑，《吕塘遗稿诗集》的成书时间要早于《白云庵诗集》约三百年，前书不可能混入后书之作，并且《吕塘遗稿诗集》成书之时，阮秉谦年仅十九岁。其二，除蔡顺的作品外，《白云庵诗集》还混有多首他人的诗作。例如《鹊诗》为唐代诗人韩偓所作，见载于《全唐》卷六百八十一；《春花诗》、《春寒诗》为阮秉谦门人所作等等。从这个角度而言，《吕塘遗稿诗集》的编辑质量也要高于《白云庵诗集》。其三，从集中同类作品的相互关联来看。以《雁阵》一诗为例，此诗在蔡集中的前二首分别为《雁声》、《雁影》，显然与《雁阵》同为咏雁的系列之作。此诗在阮集中亦被编排于一组咏鸟诗中，包括《凤凰诗》、《鹤诗》、《雁诗》、《燕诗》等，《雁阵》一诗既与《雁诗》在内容上相重，也不同其他几首将某类鸟作为一个整体来题咏。其四，与其他文献记载相互印证。《雁阵》、《夏景》二诗又被《皇越诗选》收录，作者均题作蔡顺。

二、《吕塘遗稿诗集》的体裁特点

《吕塘遗稿诗集》所收的264首诗歌有七言律诗166首、七言绝句78首、五言律诗18首、七言排律2首。《全越诗录》卷十三收录有蔡顺的近体诗175首,[15] 其中有五

---

13) 下文所引的蔡顺诗歌，均出自此抄本。

14) (越) 阮秉谦《白云庵诗集》，越南国家图书馆所藏海学堂刻本，编号R.2017。

15) 越南河内汉喃研究院所藏A.132/2号抄本，A.1262号抄本目录列有蔡顺175首诗歌，正文缺如。

律《春晓》、《春暮》、《春色》、《秋萤》、《抱腹岩》、五绝《闷江即事》、《龙眼果》、七绝《卜式》、《冯道》9首为《吕塘遗稿诗集》失收。黄德良《摘艳诗集》收录蔡顺七言绝句14首,[16] 有《桃花》、《莉花》、《题伏波庙》、《卜式》、《冯道》5首为《吕塘遗稿诗集》失收。裴辉璧《皇越诗选》收录蔡顺诗歌25首,包括五绝2首、五律2首、七绝5首、七律16首,其中五绝《黄江即事》和《闷江》、五律《抱腹岩》、七绝《读史至冯道感成》4首为《吕塘遗稿诗集》失收,《读史至冯道感成》即是《全越诗录》和《摘艳诗集》中的《冯道》,《闷江》即是《全越诗录》中的《闷江即事》。去其重复,上述共计蔡顺诗歌277首。《吕塘遗稿诗集》所收只是蔡顺生前所作诗歌的一小部分,从数量与流传下来的概率而论, 却清晰的反映出蔡诗在体裁上的鲜明特点:第一,所作全部为近体格律诗,七律是最主要的创作体裁;二是七言格律诗的比重远远高于五言格律诗。

形成上述特点的原因何在?带着这个疑问,我们将蔡顺诗歌与《皇越诗选》所收的黎朝诗歌,按体裁分类对比,列表如下:

项 目		七律	七绝	五律	五绝	七排	七古	五古	杂言
蔡顺 现存 诗歌	数量	166	83	23	3	2	0	0	0
	%	59.9%	30.0%	8.3%	1.0%	0.72%	0	0	0
	合计%	100%					0		
皇越 诗选 (黎朝)	数量	271	87	24	27	1	4	9	1
	%	63.9%	20.5%	5.66%	6.37%	0.24%	0.94%	2.1%	0.24%
	合计%	96.7%					3.3%		

《皇越诗选》是由阮朝裴辉璧所编选的一部收录越南李、陈、黎 (包括后黎) 三朝汉诗的总集,并以黎朝的作品为主,共选录黎朝124位诗人的424首诗歌,能反映出黎朝诗歌创作的总体状况。 从上表中不难发现, 蔡顺诗歌在体裁上的特点也存

---

16) (越) 黄德良编《摘艳诗集》,越南河内汉喃研究院所藏VHv.2573号抄本。

在于黎朝诗人的总体创作中，五七言格律诗的比重达到了95%以上，古诗及杂言诗却鲜有人涉及。换而言之，重视近体格律诗，尤其是七言律诗的创作，是整个黎朝汉诗创作的共同时代特点。

在黎朝之前的李陈时期，流传至今的作品数量不多。从《皇越诗选》所收的李陈诗歌来看，陈朝诗歌也多为近体格律诗，亦以七律数量为最，七绝次之。关于越南古典汉诗对中国诗歌的继承与模仿，越南学者张政说："越南人在创作汉诗时完全模仿中国诗歌，严格遵守中国诗歌的韵律格调，不加改变，照样加工。模仿的主要形式是古风、唐律，另外还有楚词和乐府……后来，越南人一旦创作汉字诗就必选唐律。这样唐律也就成了越南古代文学创作的主要形式。"[17] 所谓的"唐律"即是在唐代定型、成熟的近体格律诗。虽然近体格律诗成熟后，一直就是中国古典诗歌创作的主流，可无论是从数量上看，还是以质量而言，古体诗仍然是中国古典诗歌非常重要的组成部分。越南汉诗在模仿中国诗歌的过程中，却逐渐形成了独尊近体、专重七律的局面。笔者以为，越南科举制度的实施，特别是进士科的推行，是造成这种创作局面的重要因素。

越南建立独立封建王朝后，模仿中国继续开科取士。李仁宗太宁四年(1075)二月，"诏选明经博学，及试儒学三场"[18] 这是越南独立自主以后首次正式开科。李朝有文献记载的开科取士一共是七次，[19] 却没有关于试法的详细记载。陈朝试太学生和进士科则仿照中国，以四书五经、古文、诗赋为考试内容。例如，陈英宗兴隆十二年 (1304) 三月试天下士人，"其试法：先以《医国篇》、《穆天子传》暗写汰冗；次则经疑、经义并诗，题(即古诗五言长篇)用'王度宽猛'，诗律用'才难、射雉'，赋题用'帝德好生洽于民心'，八韵体；三场制、诏、表；四场对策"。[20] 黎贵惇《见闻小录》

---

17) (越) 张政《我们的祖先如何运用中国的各种诗体》，载《文学杂志》1977年第2期。

18) (越) 吴士连等《大越史记全书》本纪卷三。

19) 详见陈文《科举在越南的移植与本土化——越南后黎朝科举制度研究》，暨南大学专门史博士学位论文，2006年，第34页。

20) (越) 吴士连等《大越史记全书》本纪卷六。

对于这次科考第二场诗歌的考试内容明确指出：考一首古诗， 诗题为 《王度宽猛》；考两首七言律诗，一首题为《才难》，一首题为《射雉》。[21] 显然，已经将七言律诗正式作为科举考试中的一项。到了陈朝后期，进士科试法规定越来越细致、完备。陈顺宗光泰九年(1369)四月规定进士科考试内容是：

> 　用四场文体，罢暗写古文法。第一场，用本经义一篇，有破题接语，小讲原题，大讲缴结，五百字以上。第二场用诗一篇，用唐律，赋一篇，用古体，或骚或选，亦五百字以上。第三场，诏一篇，用汉体；制一篇、表一篇，用唐体四六。第四场，策一篇，用经史世务中出题，一千字以上。以前年乡试，次年会试，中者御试策一篇，定其第。[22]

在此科中，古体诗已经从考试中剔除，"唐律" 作为考试重要内容的地位得到了巩固。此后的黎朝进士科考试内容多与此相同，只是场次有所调整而已，如黎圣宗光顺三年 (1462) ：

> 　乡试法，先暗写汰冗，一科自第一场《四书》经义共五道；第二场制诏表，用古体四六；第三场诗用唐律，赋用古体，骚选同，三百字以上；第四场策一道，经史时务中出题，限一千字。[23]

与陈朝顺宗光泰时期相比，仅仅只是将制诏表提到第二场考而已，但唐律依然是试诗赋所规定的体裁。有黎一代是越南进士科考试的繁荣期，其中以黎圣宗时期最盛，这一时期所实行的试法——"洪德试法"，及其所规定、提倡的文体——"洪德文体"，均被后世所沿袭推崇。试看洪德六年 (1475) 蔡顺科考时的试法、试体：

---

21) (越) 黎贵惇《见闻小录》卷二，越南河内汉喃院所藏A.32号抄本。
22) (越) 吴士连等《大越史记全书》本纪卷八。
23) (越) 吴士连等《大越史记全书》本纪卷十二。

　　是科，试法第一场《四书》，《论》三题，《孟》四题，《中庸》一题，总八题，士
人自择四题作文，不可缺。《五经》每经各三题，独《春秋》二题。第二场诗赋各
一，诗用唐律，赋用李白。第三场诏制表各一。第四场策问，其策题则以经史同异
之旨，将帅韬钤之蕴为问。24)

　　洪德年间定下来的"诗用唐律，赋用李白"成为了黎朝进士科试诗赋的常式。
越南陈黎时期的科举制度分别模仿自元明。黎朝的进士科试法从内容到形式，
与中国明代科举都大同小异，25) 二者最大的不同在于黎朝多了第三场诗赋的考试，
这是对唐宋诗赋取士的沿袭。除了正科进士科以外，黎朝科举还包括试东阁、宏词
科等制科，其中试东阁的试法"题用唐律诗一首，五言排律一首(或三十韵，或二十
五韵)，记论各一，或歌判各一"。26) 可见试东阁主要考察考生的在文学创作方面的
能力，而近体格律诗仍然是这类选拔考试的基础文体之一。
　　科举取士是越南普通民众跻身于社会上层最重要的渠道。据《历朝宪章类志》
统计，黎朝自大宝三年(1442)壬戌科至昭统元年(1787)丁未科，共开进士科90科，取
进士1732名，而整个黎代共开科99科，取进士1757名。27) 制度化的科考使儒家经典
与汉文诗赋成为了越南士人必须熟练掌握的内容，在科举制度下诞生的、具有深
厚汉文学修养的越南知识分子也成为了越南文学创作最重要的群体。在生平可考
的黎朝诗人之中，除了帝王和皇室成员以外，绝大多数都经历过科举考试的洗礼，
因此，作为应试文体的"唐律"必然会成为包括蔡顺在内的黎朝诗人最主要的创作
文体。
　　目前关于越南科考试法的文献记录，尽管只有少数详细记载了考试所规定的
唐律必须用七言律诗，越南诗人在应试的过程中逐渐形成了以七律为重的创作格
局，却是不争的事实。范廷琥《雨中随笔》云："若论举子场屋之诗，则自前黎以上，

24) (越) 吴士连等《大越史记全书》本纪卷十三。
25) 参见陈文《科举在越南的移植与本土化——越南后黎朝科举制度研究》，第66页。
26) (越) 潘辉注《历朝宪章类志》卷二十六《科目志》，越南河内汉喃研究院所藏A.50/3号抄本。
27) (越) 潘辉注《历朝宪章类志》卷二十八《科目志》，越南河内汉喃研究院所藏A.50/3号抄本。

虽不能并驾古人，然其命题之意，亦有能仿佛之者。中兴之诗，专用七言律，有破题入题，上状下状，上论下论，上结下结等句，关韵专押用入题句，局促拘阂，从古未闻。"[28] 若无强制规定，而是诗人在创作实践中的主动选择，那么黎中兴举子之诗专用七言律，绝非是在一朝一夕之间突然出现的，应当有一个长期激发的过程。蔡顺生活的年代距离黎中兴不过三十年左右，所以，我们至少可以根据《吕塘遗稿诗集》的实际状况将黎朝汉诗以七律为重这一创作格局的形成期上溯至蔡顺中第的洪德年间。

至于七绝占据蔡顺诗歌及黎朝汉诗数量次席，其原因有两点：首先，这必然有七言律诗创作的刺激；其次，我以为沈祖棻先生分析唐代七言绝句发达的原因，也适用于此。她提出两点：其一，七言绝句是唐代最流行的乐府歌辞，即以七言绝句入乐具有普通性；其二，七绝既能弥补古诗文字的建筑之美和语言的声音之美的欠缺，又不必束缚在律诗严格的创作规律下，兼顾古体的自由和律体的和谐之美。这不仅构成了它入乐时盛行的条件，也构成了它脱离音乐以后依然盛行的条件。[29] 由于战争、气候等原因，现存的越南汉籍以19至20世纪的近世典籍居多，很少能看到黎朝七言绝句入乐的直接记录，但从目前流传下来的越南音乐文学作品来看，汉文七言绝句往往更容易被改编或喃译成具有越南本土特色的入乐曲辞——"演歌"，并且得到集中的整理和辑校。[30] 在越南传统的曲艺表演陶娘歌中，以七言绝句所改编的经典唱辞也较为常见。

---

28) (越) 范廷琥《雨中随笔》卷下《诗体》，陈庆浩、郑阿财、陈义主编《越南汉文小说丛刊》第二辑第五册，台湾学生书局1992年版，第101页。

29) 详见沈祖棻《唐人七绝诗浅释》引言，中华书局2008年版，第23—25页。

30) 参见刘玉珺《越南汉喃古籍的文献学研究》，中华书局2007年版，第398—403页。

三、蔡顺诗歌的唐代诗学渊源

　　《吕塘遗稿诗集》所收录的作品，从题材上看，以山水田园、述怀言志之作为主，当然其中也不乏酬唱赠答之诗。全集有山水田园诗98首、咏史诗58首、送别诗30首、闺怨感怀诗45首、咏物诗33首，这些均是中国古典诗歌最常见的题材。蔡顺诗歌在题材上与中国古典诗歌所保持着的高度一致性，一则说明他在情感生活、审美趣味、生活态度、人生理想、价值取向等方面与中国文人具有相近的一面；二则亦表明蔡顺在诗歌创作上深受中国诗学传统的影响。

　　阮朝潘辉注评价《吕塘遗稿诗集》曰："诗多清雅可喜，有晚唐风。"[31] 蔡顺诗歌的语言的确清新文雅，虽被视之为有晚唐之风，取法却不局限于晚唐之作，一些山水田园诗亦颇有盛唐风致。正如其门人杜正谟所说："其格律则备诸家之体云。"[32] 蔡诗在艺术手法的使用、诗境的构造和意象的选取上，都表现出了非常鲜明的唐风情韵。

　　首先，唐诗所确立的、被后世所称道的各类艺术手法和写作技巧，在蔡顺诗歌中都有体现。此例繁多，限于篇幅，我们仅以律诗技巧最出色的杜诗作对比和论述的中心。

　　从语言艺术来说，唐诗有不少通过倒装、错综、歇后等手法形成的诗句，它们打破了正常的语序，通过别解与岐义以达到一种陌生化的奇特效果。杜甫《秋兴》中的"香稻啄余鹦鹉粒，碧梧栖老凤凰枝"是最被人津津乐道的名句。蔡顺的"碧梧风扫阶前叶，金菊霜堆院后花"(《秋景》)亦有异曲同工之妙。此联诗正常的语序应该为"风扫阶前碧梧叶，霜堆院后金菊花"，若是如此诗句则显得平淡无奇，颠到语序后，诗歌意象的空间感得到了延展，诗意也变得更加曲折、回旋。又如《风》："凉思

31)（越）潘辉注《历朝宪章类志》卷四十二《文籍志》，越南教育文化部1974年翻译版附影印原文，第49a页。
32)（越）黎贵惇编《全越诗录》卷十三，越南河内汉喃研究院所藏A.1262/4号抄本。

傍花红弄影，寒声到竹翠低枝"，正常的语序应为"凉思傍花弄红影，寒声到竹低翠枝"，蔡顺把色彩词"红"、"翠"提前，不仅给人以鲜明的视觉效果，如此一来形容词"红"、"翠"又可理解为使动用法，即"使影红"、"使枝翠"，而动词"弄"、"低"则可作形容词解，极大的增强了诗歌语言的伸缩性和灵活性，诗歌的内在意蕴也更为丰富。

地名由于缺乏具体可感的形象性，很难成为诗歌的核心意象，唐代诗人却巧妙的利用了某些地名所兼具的色彩因素，以唤起读者强烈的视觉感受，有的还独具匠心的以地名构成对仗。如杜甫《送韩十四江东觐省》云："黄牛峡静滩声转，白马江寒树影稀"，既有鲜明的视觉对比，又有工整平衡之美。蔡顺深谙此妙，亦写有"萋萋野外黄牛渚，蔼蔼沙边白鹭汀"(《草》)、"绿浦波生鸥浩荡，红楼帘卷燕参差"(《春风》)等句，黄牛渚、白鹭汀、绿浦、红楼本是无色之物，都因字面上的色彩之义而形成了颜色借对。

刘勰《文心雕龙·神思》云："登山则情满于山，观海则意溢于海。"[33] 这里说的是作为情感与外物交流的"移情"，这种艺术手法在唐诗中表现得最为丰富，《吕塘遗稿诗集》的律诗对此多有继承。例如《陈桥驿》"野草已墟周社稷，江花犹哭宋君臣"、《伤春》"雨暗云埋芳草渡，莺愁燕惨落花村"，因诗人感叹宋朝兴亡之伤情而流泪哭泣的江花、因诗人伤春悲切而发愁变惨的莺儿、燕儿，让人不由得联想起杜甫的"感时花溅泪，恨别鸟惊心"(《春望》)，中国诗歌中己喜物喜、己悲物悲的物我同一，在越南汉诗中亦有如此相似的表现。

其次，化唐诗之意境、意象入己诗，表现出相类似的美学风格。

蔡顺的写景诗最能体现他闲雅清新的诗风，如《江村即事》云："嫩潮半落晓风微，个个沙鸥向背飞。江上天归何处所，寒烟冷雨一蓑衣。"前两句是对实景的描摹，三、四句却寄寓了诗人清高孤傲的寂寞情怀。在寒烟迷蒙、冷雨飘洒的浩渺江边，唯见一披着蓑衣的孤独身影。诗中这个独绝于世的人物形象，深得柳宗元《江雪》"孤舟蓑笠翁，独钓寒江雪"的清寂超然之美。又如《饯同年阮检讨归金华》颔

---

33) (梁) 刘勰著、范文澜注《文心雕龙注》卷六 ，人民文学出版社1958年版，第493-494页。

联："故山千里青人眼, 芳草三春碧马蹄", 把将离愁别绪融入景物描写, 达到情景交融, 是唐代送别诗最为常见的写作手法, 这两句诗则采用以乐景写哀情的对比反差的方式, 用春光的明媚来反衬、化解离别的愁绪。"青"、"碧"二字是诗眼, 将表示颜色的名词活用为动词, 使静态的山和草拟人化, 从而具有了人的主动意识。诗中的意境和写法显然受到了唐人送别名句——刘禹锡《送李判官之润州行营》"江春不肯留归客, 草色青青送马蹄"的影响。

再次, 摹学唐诗七律名作之格调, 追次其韵。

唐人崔颢《黄鹤楼》云："昔人已乘黄鹤去, 此地空余黄鹤楼。黄鹤一去不复返, 白云千载空悠悠。晴川历历汉阳树, 芳草萋萋鹦鹉洲。日暮乡关何处是？烟波江上使人愁。"此诗被严羽《沧浪诗话》推为唐人七律第一。据《苕溪渔隐丛话》、《唐诗纪事》等书记载, 李白非常欣赏此诗, 欲拟之较胜负, 于是乃作《登金陵凤凰台》。[34] 其诗云："凤凰台上凤凰游, 凤去台空江自流。吴宫花草埋幽径, 晋代衣冠成古丘。三山半落青天外, 一水中分白鹭洲。总为浮云能蔽日, 长安不见使人愁。"崔、李二诗工力悉敌, 格律气势不分高下, 语言自然流畅, 意到其间, 天然成韵, 都堪称登临吊古之佳作。蔡顺亦有意摹学二诗, 作有《登平乘楼》：

> 中原回首此登楼, 无限风尘满眼秋。官阙百年荆棘恨, 江山一旦古今愁。
> 清谈误国空谁名卜, 白饬兴家亦自谋。都付神州悲叹外, 浮云流水两悠悠。

这是一首咏史诗, 诗中典故出自《世说新语·轻诋》：

> 桓公入洛, 过淮泗, 践北境, 与诸僚属登平乘楼, 眺瞩中原, 慨然曰："遂使神州陆沉, 百年丘墟, 王夷甫诸人, 不得不任其责。"[35]

---

34) (宋) 胡仔纂集, 廖德明校点《苕溪渔隐丛话前集》卷五, 人民文学出版社1962年版, 第30页。
35) (南朝宋) 刘义庆撰, 徐震堮校笺《世说新语校笺》卷下, 中华书局1984年版, 第446—447页。

桓公、王夷甫分别为东晋桓温和西晋王衍。公元306年，司马越毒死晋惠帝，扶植司马炽为帝，当时朝政由司马越与清谈派首领王衍共同把持，结果政权却被北方匈奴刘渊推翻。永和十二年 (365)，东晋明帝派桓温第二次北伐，收复了洛阳，桓温登上平乘楼，心生感慨：由于王衍等人清谈误国，昔日繁华的洛阳如今变成了一片废墟。从我们所掌握的史料来看，蔡顺并没有游历或出使中国的记录，所以《登平乘楼》一诗与崔、李二作最大的不同在于，它是诗人虚拟的登临怀古之作。全诗刻意模仿的痕迹较重，展现的并不是诗人自己的真情实感，而是代古人桓温而发，或者说主要表达的是一种历史情感和评论，并非个人情志。全诗在诗律上不仅追次崔、李二诗之韵，而且也采取了首联切题，颈、颔二联描写实景、怀古感发，尾联以景结情的结构方式。从总体来看，《登平乘楼》一诗，无论是音节的流转、情感的收合、诗势的韵致，还是诗与史相交融的灵动，都无法与崔、李二诗相比肩，但其有意学而习之的意图却是显而易见的。

蔡顺在学习、继承唐诗的表现技巧时，也不只是流于简单的机械模仿，从而失去了自己的艺术创造。他的一些诗歌仍然有自己的创新之处。如《春风》的颔联"已驱一世归春色，还放千门出酒旗"，这联诗具有与唐代诗人杜牧《江南春》"千里莺啼绿映红，水村山郭酒旗风"相似的意境，却将人的行为动作"驱"和"放"赋予春风，较之杜牧诗，此诗描绘的春景更显鲜活、生动。又如《钟声》颔、颈两联："风笛惊飞千古梦，霜空振荡九秋条。姑苏城外愁多少，长乐宫中思寂寥。"霜空、姑苏城两个意象显然取于唐代诗人张继的《枫桥夜泊》，加之同样以万籁俱静的夜晚作为背景，全诗的意境亦呈现出泊舟枫桥般的清幽寂远之美。而《枫桥夜泊》抒发的仅仅只是一己之旅怀，蔡诗却多了一份穿越时空的历史感，所呈现的审美意蕴亦显得更为深长延绵。

蔡顺甚至将唐诗原句直接植入自己的诗作中，却赋予之新的内涵。例如《渔笛》一诗：

浮世功名绝意求，只凭一笛伴孤舟。白苹江上数声晓，红蓼滩前三弄秋。

离浦雁回明月塞，怀乡人倚夕阳楼。不知兴尽归何处，山自青青水自流。

这首诗中的笛、孤舟、雁、明月、夕阳、青山、流水等都是中国古典诗歌中最常见的意象。其中颈联本自晚唐赵嘏《长安秋望》"残星几点雁横塞，长笛一声人倚楼"、韦庄《咸阳怀古》"城边人倚夕阳楼，城上云凝万古愁"的句意和诗境，结句则完全照搬晚唐唐彦谦《金陵怀古》的尾句。赵嘏的原诗抒发的是羁旅思归之情，韦庄和唐彦谦抒发的都是怀古之幽思，感叹历史的变迁，而蔡诗虽然未脱前人之清冷意境，但是诗人将弃绝功名之意、离别之情、怀乡之感依次抒发，三者又相互交织融合为一个有机的整体。特别是结句"山自青青水自流"，唐彦谦原是感叹历史的更替就像山青水流一样是不可改变的客观规律，而蔡诗尾联上句不着痕迹的用了王子猷雪夜访友人戴安道"乘兴而来，兴尽而返"的典故，再以此句诗作下句，使全诗别添了一份超然物外的淡逸之境，并表现出了诗人随遇而安、乐在山水林泉的志趣和情操。应当说《渔笛》所传达的情感和内涵比《长安秋望》、《咸阳怀古》、《金陵怀古》三诗都要丰富，正如裴基甫《明都诗汇自序》所云："范公古山、蔡公吕塘，体赡而思深也。"[36]

四、结语与馀论

无论是从创作实况，还是从身前身后所赢得的诗名来看，蔡顺都无愧于位列越南汉诗史上最重要的诗人中。这位生活在越南封建社会鼎盛时期的诗人，他的诗歌创作具有很强的代表性。他与绝大多数越南诗人一样，通过以推行汉文化为实质的科举考试进入仕途，他的创作则体现了越南黎朝诗人独尊近体、专重七律的

---

36) （越）吴世荣《沛阳诗集》所附，越南汉喃研究院所藏VHv.142号抄本。

特点。近体格律诗作为越南科举考试基本文体的重要地位的确立，是促使这个特点形成的重要因素，这也表明越南汉诗的功能有别于中国古典诗歌抒情言志的主要功能，而具有相当的功利性和应用性。与此相呼应的是，中国不甚关注的使节文学，在越南格外受到重视，这体现的却并非是文学的流行，而是外交技术的流行。[37]《仓山诗话》的一段记录可以帮助我们理解越南汉诗生存发展的社会环境："国朝使部之燕京，正使一，甲乙副使各一。或六部馆院正在需人，虽例在廷举，以重专对，而未免有时备员。有某预选，闻清帝例索诗贺万寿节，先向亲朋求借拟，都下传以为笑。"越南汉语诗歌跟中国诗歌相比，其性质发生了转变，在某种意义上它的主要功能并不在于审美和赏玩，而在于专对。

不过，这种转变并不妨碍越南诗人对诗歌艺术技巧的不懈追求。从蔡顺的诗歌创作来看，中国近体格律诗所使用的主要艺术手段和技巧都曾被越南诗人所吸收。从总体而言，蔡顺的诗歌以摹唐为重，取法颇广，诗中处处可见唐音之格调。尽管蔡顺的一些优秀诗篇也有自己的创新之处，并形成了闲雅清新的诗风，但他的创作缺乏鲜明的艺术特征和越南本土的民族特色，更遑论以独特的艺术个性去引领同时代的创作，或引发后人的追摹，因而他对唐人的学习，在一定程度上体现为一种创作的程式化倾向。

从中越比较诗学的角度而言，《吕塘遗稿诗集》也可以启发我们作更深入的思考。例如，诗集中经常出现雪和雁的意象。阮绵审《仓山诗话》曾云："雁与雪，我南所绝无。人以为诗中善字，多好用之，不知虚言终亦奚取。"此外，蔡顺诗歌中还有五湖、长安、中原、塞北、江南、扬州、姑苏、潇湘、桃源等地理类的中国意象，这些意象在中越诗歌中的内涵有何异同？它们的大量使用，与文学创作源于生活的准则相悖，却又体现了越南诗人怎样的一种创作心理？造成越南诗人热衷于这类"虚言"的根本原因是什么？限于篇幅，这些问题我们将另撰文探讨。

---

37) 详见刘玉珺《越南汉喃古籍的文献学研究》，中华书局2007年版，第337—349页。

越北汉文化田野调查及其与越南汉籍关系刍议

前言：我与域外汉籍研究的渊源

  20年前 (1993年)，当时我作为国内第一个自己培养的明清小说研究博士 (1986年中国社会科学院文学所首届招收明清小说博士生)，在中国艺术院红楼梦研究所从事中国明清小说研究。那时正值中国改革开放初期，常有日本、韩国、法国以及欧美汉学家到中国社会科学院文学所与中国艺术研究院进行访问交流。 1993年夏中国社会科学院文学所在北京举办 "中国第四届古典小说研究国际会议"，法国国家科学中心 (CNRS) 研究员陈庆浩在大会上介绍了他于1987年在韩国访书期间，于汉城大学奎章阁发现了中国晚明拟话本小说集《型世言》一书。《型世言》是继《三言》《二拍》之后的一部重要的白话短篇小说集，也是晚明拟话本与清初拟话本之间的一个重要链环，该书在中国亡佚。陈庆浩教授于1993年分别在江苏古籍出版社影印出版，在中华书局排印出版，这无疑是中国话本小说研究领域中的一件大事。因为这个原因， 社会科学院文学所古代文学研究室与陈庆浩先生委托我在官方文艺研究最高级别的《中国文艺报》上撰文报道这一发现的意义，同时彰显中国古典小说在东亚国家的传播。我写了题为《三言二拍一型—— '型世言' 的发现与研究》一文，发表于《中国文艺报》1993年9年25日。这一报道与研究型的文章发表之后，很快在中国古典小说领域兴起了对《型世言》的研究热潮。在一些大学学报、文史刊物中相继出现了众多有关《型世言》及其与明代白话小说比较研究的论著，也有诸多硕士论文撰写，推动了国内对话本小说的研究。这是一例中国古典小说在东亚传播的典型例证。

后来我应邀去了法国巴黎"国家科学研究中心"参与东方文学研究计划，调查中国古典小说在法国的传播，因而了解不少中国汉籍在法国的状况以及法国汉学领域的研究大概。后来因个人兴趣拓展到有关中国青铜器中国文物传入法国及欧洲，以及诸如社会学人类学等西方近代学科领域，因此对于东亚汉籍的涉猎再无时间和精力。2008年9月我回国来到四川师范大学巴蜀文化研究中心从事研究工作，重点集中在有关古代西南地区的区域文明及其与东南亚南亚国家的文明联系。鉴于这个原因，因此对历史上的越北交趾及安南时代与中国皇朝关系开始有了较多的关注，因为越北当时是中国的南方郡。

接触越南汉籍与国内有关出版物有关。大约两年前，我收到法国陈庆浩教授委托上海古籍出版社寄赠一套在该社出版的"域外汉文小说大系"中的"越南汉文小说集成"20本。这是陈庆浩教授多年在越南搜集的越南人用中国文言文书写的文字资料及其与上海师大中国同行合作整理标点的成果。我早已知道这套丛书的编辑大要，此前在台湾已出版过部分内容。这套书令我对越南汉文小说有了较多了解，丛书内容基本上是19世纪末越南学者用文言文所撰写的越南的历史与文化，显然受到中国官修史书与文言记传作品的影响。

越北汉文化田野考察原委。由于自己近年所从事的关于中国西南地区"南方丝绸之路"与境外国家的文明联系与交流，以及另一个有关法国人19世纪末-20世纪初从越北红河上溯进入中国云南，对中国西南地区进行各种考察的研究课题的需要，去年年底寒假期间我安排时间去了越南北部进行田野考察，特意考察了河内的一些历史遗迹与博物馆，从实例中了解认识了汉文化对于越南文化的影响，深感汉文化在越南历史及其现代生活中的影响仍然存在。因此也就想到趁这次"东亚汉籍的传播与研究国际会议"的机会，把自己对于越北汉文化田野调查的一些收获与感悟，与相关的越南汉籍小说相联系，贡献给到会同仁，以期引起对越南汉籍小说的关注。

一、河内文庙(Le Temple de Littérature)"进士坊"暨越南汉籍《南天忠义实录》之关联

河内文庙系一位于河内文庙街的文庙古建筑群，河内最重要的古迹之一。文庙坐北朝南，占地26000多平方米。

河内文庙在当地的法文翻译是 Le Temple de Littérature，直译中文应名"文学庙"。若按河内文庙实际是越南历史上的国子监这样的功能而论，里面立了"进士坊"，因此名为"Le Temple de Lettré 更合适。"Lettré"意即"有学问的、有文学修养的、文人"之意，考进士的本来都是读书有学问的人。但法文用Le Temple de Littérature "文学庙"，是否与越南历史上的考试与中国唐朝开科举考进士一样，重视参加进士考试学子的文学才能，考试内容与文学关系密切之故？

河内文庙充分呈现了越南历史上的科举考试制度儒家文化（照片显示）：

文庙大门、进士碑，碑铭题辞，"万世师表"匾额，"孔子与儒士"造像等。

河内文庙是中国式庭院建筑，结构令人几有"小故宫"之感。进门后内有天光井，东西两侧为"进士坊"，分列82块进士碑，各41块，上有龙凤花草浮雕，碑上有对联，雕工精细。据载河内文庙是国家国子监，竖立进士碑始于1484年黎圣宗朝（大越 后黎朝(1428—1787年)。总共进行了110次进士考试，因战争等原因，目前留存84道进士题名碑。国家在每次进士考试时竖立一进士碑，碑上铭刻有科举考试的时间、碑文的撰写者、书写者、雕刻者以及考取的进士名录，此已表明皇朝对科举制度的重视与身为进士的尊荣："金榜石碑，千秋永存。"

往里进去是一庭院，为文庙的大拜堂，正中高悬一块写有"万世师表"泥金匾

额, 注明 "康熙御书"。再往里是金碧辉煌的正殿, 内设孔子供桌, 两侧奉祀中越两国先儒, 正殿的柱子上都书有有对联。

越南汉籍《南天忠义实录》与河内文庙进士碑的联系。河内文庙作为国家的国子监, 所立进士碑是越南历史上自黎朝以来科举制度的集中反映。越南科举考试制度与进士的荣光及其人格价值在越南汉籍《南天忠义实录》有所反映 (见《越南汉文小说集成》第18册)。《南天忠义实录》分《南天忠义前集》与《南天忠义后集》, 后集中第四篇《黎朝造士登科录》专载黎朝进士 (造士) "裕宗保泰五年至显宗景兴四十六年共拾玖科前后六十二年登科总一百九十九员, 本书文学性并不强, 然所载越南诸代名臣事迹, 实可宝贵"(《越南汉文小说集成》第18册), P.5, 胡大浚、杨晓蔼《提要》)。

该集中另有《前黎节义事略》篇, 《昭通元年录后黎忠臣》篇, 以及《黎末节义祠》篇, 显然与黎朝亡国史实有重要联系。上述篇名中所贯 "节义"、"忠臣" 显然昭示了所录登科进士的人格价值与 "君臣" 之间的关系。"节义"、"忠臣" 是儒家文化的核心价值之一, 以 "节义" 为篇名所记进士即是为国捐躯, 保持个人名节的士大夫小传。我们联系河内文庙进士碑对于进士的重视, 对于进士的 "节义" 与作为皇朝的 "忠臣" 会有更深刻的理解。

进士属于国家栋梁, 担负的使命重大。竖立进士碑使其具有崇高的荣誉感, 担当国家管理重任亦令其有了使命感。官员应该对国家忠诚, 对使命忠心; 当国家遇到危难时, 为国死节, 因此个人人格的 "义" 与对国家的 "忠" 就成为必然。国家如同一座大厦, 需要有栋梁支撑, 进士就是国家的栋梁之才, 承平时代担当建设国家的重任, 危难时期为国死节。如此, 我们就可以理解越南历史上国家为什么会如此重视进士。

越南汉籍《南天忠义后集》中的《前黎节义事略》篇、《昭通元年录后黎忠臣》篇, 以及《黎末节义祠》篇等就是河内文庙进士碑上所刻录的进士的文字记录, 进士人格的 "义" 与对国家的 "忠" 成为一种民族精神影响后世。越南汉籍《越南汉文小说集成》中还有《松竹莲梅四友》(第5册), 《科榜标奇》(18册), 《历代名臣事状》(11

册) 等有关士人与进士及名臣的记载。越南虽然脱离中国独立建国，但经由科举取士制度所形成的民族的价值观与民族文化已经形成，具有深厚的儒家文化价值观取向。越南科举制度直至1919年才结束，无疑对铸就民族文化传统与民族精神有重要而直接的影响。

二、河内当代公墓反映出与汉文化的异同

河内公墓文化田野考察所见 (照片) 与中国大陆目前公墓所见比较：

相同：墓碑，刻录名字生辰照片，有祭祀物

相异：没有孝子孝女子辈孙辈名录，因此没有出现"三世同堂"的家族观念。

越南汉籍中有关"孝"的作品较少见。"孝"是从家庭教育开始，中国汉文化中的"孝"普及家庭。联系越南汉籍中对民间的神祇信仰与民间风俗的作品较多，有关"孝"的儒家教化作品较少，是否越南精英阶层进士因科举制度及国家使命吸收儒家文化中的"义"与"忠"的价值，"孝"并没提升到人格价值的层面？同时也或许有越南19世纪晚期沦为法国殖民地，当代公墓有否受了西方文化的一些影响，在立碑纪念方面更体现了个体价值？

三、河内国家美术馆绘画中所呈现的越南妇女与汉文化的关联

河内国家美术馆当代绘画考察中所见越南妇女在生产中之重要地位 (多帧照片展示)：

绘画中诸多有关越南妇女在60-70年代的生活与妇女集体劳作的情形，这种妇

女题材在中西当代绘画题材中都显得有些独特。

河内国家美术馆妇女绘画题材与汉文化的关联。中国汉文化有"男耕女织"、"相夫教子"、"男主外女主内"的文化传统,使得妇女在经济生活与家庭生活中都居于重要的位置。因此在历史上,汉文化传统中的妇女担当了重要的角色。

本文所引用的越南汉籍《越南汉文小说集成》中有《大南行义列女传》(第13册)妇女人物志多篇。其中记载"行义"妇女13则,"列女"12则。该书年代系绍治末年以前(1847年),其中"列女"篇多载士人妇女在丈夫卫国捐躯之后,独自守节守义,赢得尊重。典型的如《阮氏语》,阮系国家功臣之妻,逢国乱世,其丈夫弃家卫国,阮氏"杜门守志,教育子女"。不接受他人求婚的诱惑,坚守不改嫁,独立支撑家庭。这种汉籍所载历史上越南妇女的忠贞、坚强能干、独立持家,与中国汉文化传统中的妇女相类似。故越南当代绘画中的妇女生活题材,与越南汉籍中的"列女"题材中所载妇女的精神风貌相通,亦可表明与中国儒家文化中的"妇德"教育对越南妇女的影响之间有着联系。

结　语

本文系临时受命撰写。联系笔者近期对越北汉文化田野考察的闻见感悟与国内近年出版的越南汉籍煌煌巨著《越南汉文小说集成》,对东亚文化圈中的越南在历史上与当代所受汉文化的影响与呈现作一粗浅的研究,涉及汉文化的传播与接受。文献与实地田野考察结合研究,是20世纪初年中国学者学术研究开拓的新的研究方法,与西方考古学科的兴起及其被引进中国,以及中西方学术研究相互影响的促进关系密切。在东亚汉籍的搜集与传播中,域外学者与国内学者已经做了很多资料搜集和整理的工作,为我们的研究创造了充分的条件,比如本文所涉及的《越南汉文小说集成》。因此重视在国内已经出版的有关东亚国家的汉籍,并利用东亚汉籍研究中国汉文化的传播与接受方式， 并在有关研究中重视汉文化的传播与接受对于该国该民族的民族性格的影响, 以及在当代社会生活中的呈现, 愚以为或许是我们在东亚汉籍的传播与研究中应该重视的问题。

4. 其他

李商隐《燕台诗四首》异文研究[*]

吉林大学　沈文凡·于悦

凡同一书的不同版本，或不同的书记载同一事物而字句互异，包括通假字和异体字，都是异文。"李商隐传世诗集版本众多，版本异文大量存在，致使异文产生的原因也比较复杂，本文仅就李商隐《燕台诗四首》中出现的几类异文进行分析。

一、讹字异文

诗歌在流传过程中，由于字形、字音相近而使后人无意识错讹而产生的异文，以及由于后人不明诗义有意识错改而产生的异文，统称为讹字异文。

---

[*]　基金项目：中央高校基本科研业务费专项资金资助 (2013ZZ028)；；吉林大学研究生创新研究计划项目 (20111004)。吉林大学研究生核心课程建设项目 (20102231)

作者简介：沈文凡，吉林大学文学院教授，文学博士，博士生导师，中国语言文学系主任。研究方向：中国古代文学，中日韩越古代文学比较研究；于悦，吉林大学文学院硕士研究生，研究方向：魏晋隋唐五代文学。

1. 形讹

形讹是指由于字形相近而产生的异文。

1) 衡天——衝天

蒋本、戊签、影宋抄、钱本作"衡", 汲古阁本、姜本、悟抄、席本、朱本、冯本作"衝",《全唐诗》作"衝", 一作"衡"。[1]

"《考工记玉人注》:'衡, 古文横, 假借字也.' 按:衡、横每互用, 而《诗》云:'衡从其畝.' 衡通 '横', 字义当同此也." [1] "衡", 横, 横亘;横贯.《大戴礼记·曾子制言中》:'天下无道, 循道而行, 衡塗而债.'"[2]

"衝天"、"衡天"、"横天"在《全唐诗》中出现情况如下:

	次数	例证
衝天	48	陶翰《赠房侍御》:"君其振羽翮, 岁晏将衝天." 黄巢《不第后赋菊》:"衝天香阵透长安, 满城尽带黄金甲." 白居易《喜刘苏州恩赐金紫遥想贺宴以诗庆之》:"鱼佩葺鳞光照地, 鹊衔瑞带势衝天."
衡天	1	李商隐《燕台诗四首》:"月浪衡天天宇湿, 凉蟾落尽疏星入."
横天	24	徐安贞《闻邻家理筝》:"北斗横天夜欲阑, 愁人倚月思无端." 李白《君子有所思行》:"渭水银河清, 横天流不息." 李世民《赋得含峰云》:"横天结阵影, 逐吹起罗文."

---

1) 文参校书目有明崇祯十二年毛氏汲古阁刊《唐人八家诗·李义山集》, 以下简称汲古阁本;四部丛刊影印明嘉靖二十九年毗陵蒋孝刻《中唐人集十二家·李商隐诗集》, 以下简称蒋本;明姜道生刻《唐三家集·李商隐诗集》, 以下简称姜本;明文征明悟言堂抄本《李商隐诗集》, 以下简称悟抄;明胡震亨辑、 清康熙二十四年刊《唐音统签·戊签·李商隐诗集》, 以下简称戊签;清影宋抄本《李商隐诗集》, 以下简称影宋抄;清康熙四十一年席启字刊《唐诗百名家全集·李商隐诗集》, 以下简称席本;清蒋荠影印钱谦益写校本《李商隐诗集》, 以下简称钱本;清朱鹤龄《李义山诗集笺注》, 以下简称朱本;清冯浩《玉谿生诗集笺注》, 以下简称冯本;清彭定求等编《全唐诗》, 以下简称《全唐诗》。

2) 竹风.汉语大词典[Z].上海:汉语大词典出版社, 1994.

　　此处作"衝","衝天"与"落尽"成为一对极有力量的反义词，更能描绘出希望和失望两种情绪产生的共时性，加大由此而带来的心理落差。但根据"衝天"在《全唐诗》中出现的情况来看，大多为描写气势或气焰冲天，是由地面冲向天空，若说"月浪衝天"则不合文意。

　　据刘学锴先生考订，此诗当作于大和九年李商隐二十四岁时，已离令狐楚幕，此年春李商隐参加科举考试不第，又值初娶丧偶。"周珽曰：'寄意深远，情意怆然。'"[1]诗中是否有本事寄托尚不可考，但流露出的某种自伤不遇飘零莫偶的惆怅之情无疑。但李商隐在写作《燕台》诗时还很年轻，对他生平打击很大的事件都还没有发生，写作风格也还没有形成。《燕台诗四首》中流露出明显的对李贺诗歌的模仿痕迹，何焯曰："四首实绝奇之作，何减昌谷？"程梦星曰："其格调取法于长吉。"张采田曰："始知长吉一派，真不易及，非具玉谿生之才，唐人能学长吉者首推玉谿。"[1]让人难免猜想此诗或是为追忆这位英年早逝的天才诗人而作，因而李商隐对于诗歌的遣词造句必定苦心经营。

　　"月浪衡天"是谓月光皎洁似浪，横布于天。"徐曰：'衡'字是月光如水而不流，故曰'衡'。朱曰：'月曰金波，故言浪。'"[1]"月浪衡天天宇湿"写出了秋月的澄澈静谧，天际恍如被如水的月光浸湿一般，连接下句"凉蟾落尽疏星入"，都是为描写此清风朗月给人内心带来的寂寥空阔之感做铺垫，"衝"字过于强劲，与诗境背道而驰，此处作"衡"，与诗中烘托秋夜静美的氛围更相合。

　　"衡"与"横"通假，又由于"衡"与"衝"形近而致异。影宋抄本无改动痕迹，最接近北宋刊刻《李商隐诗集》三卷本善本，蒋本于现存李商隐诗集中刊刻年代最早，钱氏藏有北宋刊刻原本，经过比对各本编校而成，戊签也据他本及唐宋其他总集作过校改，以此四本为依据，当以"衡"为是。3)

3）据刘学锴先生考据，《旧唐书·经籍志》及《文苑传·李商隐传》均缺载李商隐诗集，《新唐书·艺文志》著录《玉谿生诗》三卷，至宋已不传。宋代刻本李商隐诗集系由北宋人陆续搜求编次刊刻而成，原刻今均不存，根据比堪，现存李商隐诗集来源于四种宋本：一、王尧臣《崇文总目》著录《李义山诗》三卷。朱本、《全唐诗》以此为祖本，此系统之本有他本均无之异文。二、

2) 蜀魂——蜀魄

戊签作"魄",汲古阁本、蒋本、姜本、悟抄、影宋抄、席本、钱本、朱本、冯本作"魂",《全唐诗》作"魂",一作"魄"。

"魂"本义灵魂,古人想象的能离开人体而存在的精神。《左传·昭公七年》:"人生始化为魄,既生魄,阳曰魂。""魄"本义阴神,迷信的人指依附于人的身体而存在的精神。《礼·祭义》:"魄也者,鬼之盛也。"

"蜀魂",《蜀都赋》:"鸟生杜宇之魄"。《辞海》:鸟名。指杜鹃。相传蜀主名杜宇,号望帝,死化为鹃。春月昼夜悲鸣,蜀人闻之,曰:"我望帝魂也。"故称。蜀魄,犹蜀魂。"蜀魂"和"蜀魄"在《全唐诗》中出现的情况如下:

	次数	例证
蜀魂	4	吴融《岐下闻子规》:"剑阁西南远凤台,蜀魂何事此飞来。" 李中《暮春吟怀寄姚端先辈》:"庄梦断时灯欲烬,蜀魂啼处酒初醒。" 齐己《送人自蜀回南游》:"蜀魂巴狄悲残夜,越鸟燕鸿叫夕阳。"
蜀魄	17	韩偓《净兴寺杜鹃一枝繁艳无比》:"蜀魄未归长滴血,只应偏滴此从多。" 韦庄《题李斯传》:"蜀魄湘魂万古悲,未悲秦相死秦时。" 张乔《将离江上作》:"寂寥闻蜀魄,清绝怨湘弦。"

《宋史·艺文志》著录《李商隐诗集》三卷。以此为祖本的现存李商隐诗集有:(1)影宋抄,自《宋史·艺文志》著录后,明杨士奇《文渊阁书目》、叶盛《菉竹堂书目》均著录为《李商隐诗》四册(目录一册,卷上、中、下各一册),清代尚存原刻,今存者惟清影宋抄本。此本为宋仁宗时刻本,避宋讳十分严格,虽有刻误或明显影抄之误,但无妄改痕迹,属最接近北宋《李商隐诗集》三卷本原刻之善本。(2)席本,校勘较精,改正了原刻的一些明显错误,亦有与诸本不同而意改者。(3)钱本,参校诸本而成,但主要依据《李商隐诗集》三卷本改定,从他本者甚少。三、尤袤《遂初堂书目》著录《李义山集》。现存李商隐诗集仅汲古阁本以此为祖本,此本正文明显误字及阙文均一仍其旧,仅于校语中标一作某,翻刻时力求保持宋代原刻。此本初刻时间最早,异文亦富校勘价值,系翻刻北宋真宗朝之刻本,然则《李义山集》三卷之刻编年代实更早于《李商隐诗集》三卷,具体时间当在真宗咸平、景德之后,即大中祥符至乾兴年间。四、陈振孙《直斋书录解题》著录《李义山集》三卷。以此为祖本的李商隐诗集为明代分体刊本系统,包括:(1)蒋本,现存刻本中,此本刊刻年代最早。(2)姜本,有他本均无之异文,多为姜本字误,校勘价值不大。(3)戊签,有胡震亨据他本及唐宋其他总集所作校改,有的虽无版本依据,但处理颇为得当。(4)悟抄,误字极多,是现存李商隐诗集各本中最劣者。

依据古籍、辞书记载，及"蜀魂"、"蜀魄"在《全唐诗》中出现的情况来看，二者在任何情况下都可以通用。此典故多次出现于李商隐诗歌中，如《井泥》："蜀主有遗魄"、《锦瑟》："望帝春心托杜鹃"。东晋常璩《华阳国志》载："七国称王，杜宇称帝，号曰望帝。……会有水灾，其相开明决玉垒山以除水害，帝遂委以政事，法尧舜禅授之义，遂禅位于开明，帝升西山隐焉。时适二月子鹃鸟鸣，故蜀人悲子鹃鸟鸣也。"唐顾况《子规》曰："杜宇冤亡积有时，年年啼血动人悲。若教恨魄皆能化，何树何山着子规。""蜀魄"是一个失去了国家的、内心充满痛苦和寂寞的灵魂，暮春之时，哀啼不止。"《李商隐诗歌集解》按：'蜀魂'二句即以关切口吻遥问曰：尔今流滞异乡，如泣血啼红之蜀魂，寂寞中有无女伴相慰？"[1]作者苦苦追寻而不得，与"蜀魂"有了一种的心灵上的契合，此处作"蜀魂"、"蜀魄"皆可。但"在同一篇内目部，为了使语言增加变化或是为了达到某种修辞效果，言语表达者常常变换使用不同的言语形式，来表达意思基本相同的事实范畴"[2]，《燕台诗四首·夏》中已有"愿得天牢锁冤魄"句，作者变文以避免重复，此处作"蜀魂"可能性更大。明清刊刻的大多版本均作"蜀魂"，仅戊签作"魄，"当误录或改动致异，当以"蜀魂"为是。

"蜀魂"与"蜀魄"，是一对较为特殊的讹字异文，既是由于字形相近而致异，也因个人习惯或某一特定历史时期对事物的特定称谓而致异，在李商隐诗歌中，因个人习惯或某一特定历史时期对事物的特定称谓而致异的现象普遍存在，如：

① 皇——王
《赠别前刘五经映三十四韵》："何由羞五霸？直自呰三皇。""皇"，席本作"王"。
《寄太原卢司空三十韵》："公乎来入相，王欲驾云亭。""王"，冯本作"皇"。
《越燕二首》："去应逢阿母，来莫害皇孙。""皇"，朱本作"王"。
《玄微先生》："树栽嗤汉帝，板桥笑秦皇。""皇"，朱本作"王"。

② 魔——鬼
《戊辰会静中出贻同志二十韵》："金铃摄群魔，绛节何兟兟！""魔"，悟抄作"鬼"。

③ 袍——衾

《闺情》："春窗一觉风流梦，却是同袍不得知。""袍"，戊签作"衾"。

④ 儿——男

《哭遂州萧侍郎二十四韵》："有女悲初寡，无儿泣过门。""儿"，蒋本、姜本、钱本、悟抄、席本、朱本作"男"。

《杨本胜说于长安见小男阿衮》一诗诗题中"男"，国家图书馆藏元刊本《瀛奎律髓》作"儿"。

此类异文多是由于异文双方多种义位中的一种或几种相同而产生。如"王——皇"，"皇"在夏、商、周三代是天子称号，战国时期列国国君皆称"王"，秦汉以来"王"是皇帝对亲属臣属的最高封爵，后又引申出首领、尊贵等义。"皇"的本义是大，后出现多个义位，如指天、天神；指君主、帝王；对封建王朝或先代的尊称等。《庄子·天运》："夫三王五帝之治天下不同，其系声名一也"。陆德明注：三王，本作三皇。《尚书大传》卷三："王之不极"。《汉书·五行志上》引作"皇之不极"。由此可见，"王"或古时通"皇"，在唐代仍继续沿用，或"皇"与"王"众多义位中的某个或多个义位相同，因个人习惯或特定历史时期的称谓习惯而致异。

又如"男——儿"，"男"有男子，男性的人；特指能从事劳动的青壮年男子；儿子；儿子对父母的自称等义位。"儿"有婴孩；特指男孩；儿女对父母的自称；对少年男子的称呼等义位。如《哭遂州萧侍郎二十四韵》中"无儿泣过门"句的意思是说萧浣去世时无子，"儿"或"男"中都有相关义位可安此句义理。

这类异文具有相当重要的价值，应把文字放到特定的历史时期加以考据，而不应单纯的将异文双方看作是一种或几种义位相同的同义词来对待，此类异文值得做更深入的研究。

3) 渊旋——洄旋

戊签、冯本作"洄"，汲古阁本、蒋本、姜本、悟抄、影宋抄、席本、钱本、朱本、

《全唐诗》作"渊"。

"渊",《说文·水部》:"回水也。从水象形。乌玄切。""渊"本义为打漩涡的水。《管子·度地》:"水出地而不流,命曰渊水。"《易·干》:"或跃在渊。""洄",《说文·水部》:"溯洄也。从水从回。户灰切。""洄"本义逆流而上。《尔雅·释水》:"逆流而上曰泝洄。"《诗·秦风·蒹葭》:"溯洄从之,道阻且长。"。

"渊旋"与"洄旋"在《全唐诗》中没有其他例证。"洄"字与"渊"字在《全唐诗》中的出现情况如下:

	次数	例证
渊	89	元结《欸乃曲》:"下泷船似入深渊,上泷船似欲升天。" 皮日休《奉和鲁望四明山九题·潺湲洞》"阴宫何处渊,到此洞潺湲。" 刘损《愤惋诗三首》:"宝钗分股合无缘,鱼在深渊日在天。"
洄	51	孟浩然《经七里滩》:"叠障数百里,沿洄非一趣。" 李白《当涂赵炎少府粉图山水歌》:"洞庭潇湘意渺绵,三江七泽情洄沿。" 刘希夷《相和歌辞·江南曲八首》:"洄溯经千里,烟波接两乡。"

"渊"字除去30处取陶渊明之义,在《全唐诗》中大多为"深潭"之意。"洄"字有30次都是与"沿"搭配出现,有14次是与"溯"搭配出现。"沿洄',逆流而上为洄,顺流而下为沿。'溯洄',逆着弯曲的水道,也指弯曲的水流。"4)从唐代诗人在创作中的用字习惯来看,"渊"和"洄"都没有普遍承担"回旋的流水"之意。另唐宋时期避讳严格,"渊"字异文的出现是否与避唐高祖李渊讳有关暂难考。

"朱注作'渊旋',冯注作'洄旋',后者较为习见易解,故从冯注作'洄旋'。"[3]叶嘉莹所谓的"洄旋'较为习见易解"乃是说"回旋","回旋"在《全唐诗》中出现18次,均为"盘旋,转动"之意。而"洄旋"并不习见。"'渊',戊签作'洄'。冯注本作'洄',曰:'一作渊 误。'按:《说文·水部》:'渊,回水也。'作'渊旋'不误。"[1]"洄旋,亦作洄漩。水流回旋,盘旋。唐李商隐《燕台诗·夏》'绫扇唤风阊阖天,轻帷翠幕波洄旋。'

---

4) 复华.古代汉语词典[Z].北京:商务印书馆,2012.

洄, 一本作 '渊'."5)《李商隐诗歌集解》与《汉语大词典》均录但未处理此处异文。

"绫扇唤风阊阖天, 轻帷翠幕波洄旋", "道源注：'帷幕风动, 如旋波之有文.'" [1]
精美的扇子呼唤来自天上的风, 高风之清远, 吹动帷幕如水波之回旋。"轻" 字可以
让人感受到水波的流动荡漾之美, "翠" 可以让人感受到水波的清透纯洁之质, 作
"渊" 或 "洄" 并不影响诗歌本意。张采田曰："绫扇' 四句, 皆状其人冷落之态", [1]作
"渊" 似更有凄清深邃之感, 更能烘托出下一句 "蜀魂寂寞有伴末" 的心境, "洄旋" 似
少些情感色彩。明清刊刻的大多版本作 "渊", 戊签与蒋本、姜本、悟抄本为同一祖
本, 但胡氏所做改动较大, 冯本校笺原以朱本为基础, 二本似改动而致异, 按诗歌文
势义理及版本情况, 此处应以 "渊" 为是。

2. 音讹

音讹是指由于字音相同或相近而产生的异文。

天翻——天宽

汲古阁本、朱本、《全唐诗》作 "翻", 蒋本、姜本、悟抄、戊签、影宋抄、席本、
钱本、冯本作 "宽"。

"宽" 字本义房屋宽敞。《后汉书·刘般传》："府寺宽敞。"《诗·卫风》："宽兮绰兮。"
后引申出广阔, 面积大的意思, 与 "狭" 相对, 张祜《送韦整尉长沙》："云水洞庭宽。""翻"
字本义鸟飞。张衡《西京赋》："众鸟翩翩。" 王维《辋川闲居》："青菰临水映, 白鸟向上
翻。" 后引申出翻转, 翻腾之意, 李白《姑熟十咏》"波翻晓霞影。"

"天宽"、"天翻" 在《全唐诗》中出现的情况如下：

---

5) 竹风.汉语大词典[Z].上海：汉语大词典出版社, 1994.

	次数	例证
天宽	2	顾非熊《月夜登王屋仙坛》："月临峰顶坛, 气爽觉天宽。" 王建《惜欢》："狂来欺酒浅, 愁尽觉天宽。"
天翻	4	刘商《胡笳十八拍·第六拍》："天翻地覆谁得知, 如今正南看北斗。" 贯休《山居诗二十四首》"从他人说从他笑, 地覆天翻也只宁。"

《全唐诗》中两处出现 "天宽", 均为广阔、面积大之义。四处出现 "天翻", 均取引申义 "翻转, 翻腾", 用来形容人生无常, 世事难料。

"愁将铁网胃珊瑚, 海阔天翻迷处所", 是作者对 "娇魂" 无止境的追寻及追寻无果后的迷惘。据《新唐书·西域传·拂菻传》记载："拂菻, 古大秦也……海中有珊瑚洲, 海人乘大舶, 堕铁网水底, 珊瑚初生盘石上, 白如菌, 一岁而黄, 三岁赤, 枝格交错, 高三四尺, 铁发其根, 系网舶上, 绞而出之, 失时不取即腐。' 姚培谦《笺注》引本章云："珊瑚生海底盘石上, 海人先作铁网沉水底, 贯中而生, 绞网出之。"。[1]李商隐《碧城》也有诗句："玉轮顾兔初生魄, 铁网珊瑚未有枝。"《李商隐诗歌集解》按："此喻入海升天, 殷勤寻觅。" [1] "铁网胃珊瑚" 典故的运用, 更突出了所寻目标的珍贵和难寻程度。

孟浩然《送辛大不及》曰："江上空徘徊, 天边迷处所。" 钱谦益曰："'愁将' 二句, 不知从何处求之方可得。" 田兰芳曰："以上总寻不得光景。" 《李商隐诗歌集解》按："梦醒愁怀更觉难堪, 直欲以铁网胃珊瑚, 觅娇魂于海底, 然海阔天翻, 终迷处所。" [1] 此句极似《离骚》："上穷碧落下黄泉。" 缪钺曰："李义山盖灵心善感, 一往情深, 而不能自遣者。方诸曩哲, 极似屈原。" [4]此处作 "海阔天宽" 有包举的作用, 预设空间被拉大后, "愁" 字所承担的内容显得更加有分量。此处作 "天翻", 可使人想见海上汹涌澎湃之势, 突出诗人内心的急躁和不安, 并且描绘出了追寻的力量与动感态。根据唐人用字习惯此处当作 "宽", 据版本异文指向, 朱本、《全唐诗》为一祖本, 汲古阁本所依祖本的初刻年代最早, 孰为作者原意, 实难定。

现代诠释学认为 "理解的本质如果是指向 '原意' 的, 那么这个 '原意' 将终究会因时间的流逝而磨损, 最终化为无 ; 如果理解是 '生产' 意义的, 那么一切语言、文字流传物将会在这个 '生产' 过程中变得越来越丰富、充足。" [5] 如果异文研究的宗旨在于恢复诗歌原貌, 那有些异文终将会因文献的缺失、时间的久远而不可考, 如果异文研究旨在探寻释义的多种可能, 那么将会随着不断的重新阐释而具有新的意义。中国古典诗歌追求得意忘言, 众多诗论家也认为 "蕴藉" 是优秀诗歌不可或缺的品质, 此处译文尚难考, 但扩展了读者对诗歌潜在意蕴的挖掘, 加深了读者对诗歌内容的整体性把握。在异文研究的过程中, 既要尊重原作之真, 也要兼顾词章之美, 注重对作品含义的挖掘和阐释, 赋予作品新的价值。

3. 不明诗义而讹

1) 桃鬟——桃枝

蒋本、悟抄作 "枝", 汲古阁本、姜本、戊签、影宋抄、席本、钱本、朱本、冯本、《全唐诗》作 "鬟"。

"鬟" 乃古代妇女梳的环形发髻。杜甫《月夜》："香雾云鬟湿, 清辉玉臂寒。" 杜牧《阿房宫赋》："诗绿云扰扰, 梳晓鬟也。""高鬟", 《辞海》："高起的环形发髻。亦指梳高鬟的女人。""桃鬟"、"高鬟" 在《全唐诗》中均只此一例。

"风光冉冉东西陌, 几日娇魂寻不得", 张采田曰："(春) 首二句总冒, 为四篇主意。" 姚培谦曰："(春) 首四句, 言意中之人不见。"暖霭" 四句, 言幸得见之。" 张采田曰："暖霭' 二句, 记初见时态。" [1] 深情苦寻之中, 作者或是回忆, 或是想象："暖霭辉迟桃树西, 高鬟立共桃鬟齐", 烟霭迷濛的暖暖日光在烂漫的桃树上慢慢轻移, 在这一片柔和的景色之西, 似乎有一位端庄高贵的女子, 云鬟雾鬓, 人与桃花相映。"何焯曰："桃鬟, 以桃胶约鬓髻也。' 朱彝尊曰："似值其人'。" [1] 作者将一朵朵深红浅红的桃花, 想象成是女子的鬓髻, 人面桃花, 花亦如人。"桃花繁茂如云鬟, 故曰 '桃鬟'。此追忆初遇其人于桃树下情景, 高髻云鬟, 与繁花相映, 意近 '去年今日此门中, 人面桃花相映红。'" [1] "桃之夭夭, 灼灼其华", 若作 "桃枝", 则韵味全无, 既不能感受到满树桃花盛开的生气，也不能感受到女子的含睇一笑的风致。蒋本、姜本、戊签、悟抄为同一祖本，姜本、戊签与他本同，似蒋氏、文氏不明"桃鬟"一词词义，改动致异。"桃鬟"为是。

此处为典型的改动型异文。文学作品在流传过程中，典故异文被非典故异文代替，深奥难懂的字词被平白易懂的字词代替，后人习惯用自己熟悉的词代替不熟悉的词，这是一种文化发展过程中的减负意识。

2) 倭堕——委堕——矮堕

钱本、姜本、冯本作"倭"，汲古阁本、蒋本、悟抄、戊签、影宋抄、席本、朱本、作"委"，《全唐诗》作"矮"。

"倭堕"、"委堕"、"矮堕"在《全唐诗》中出现情况如下：

	次数	举例
倭堕	3	许景先《折柳篇》："宝钗新梳倭堕髻，锦带交垂连理襦。" 司空曙《长林令卫象饧丝结歌》："雪发羞垂倭堕鬟，绣囊畏并茱萸结。" 温庭筠《南歌子》："倭堕低梳髻，连娟细扫眉。"
委堕	1	温庭筠《春愁曲》："锦迭空床委堕红，飔飔扫尾双金凤。"
矮堕	2	李商隐《燕台四首·冬》："破鬟矮堕凌朝寒，白玉燕钗黄金蝉。" 李商隐《深树见一颗樱桃尚在》："矮堕绿云髻，欹危红玉簪。"

"倭堕"，指"倭堕髻"，《辞海》："亦作'倭髻'，古代妇女的一种发式，发髻向额前俯偃。"《广韵》："他果切，音垛。倭堕，髻也。"《全唐诗》中"倭堕"出现3次，均是用以形容女子貌美。"倭堕"与"破鬟"不合，当系误字。

有一种发式叫"堕髻"，是"堕马髻"的简称，发髻侧在一边。李商隐《深树见一颗樱桃尚在》："矮堕绿云髻"处有异文，"矮"，朱本作"倭"。朱鹤龄注："《古今注》：'堕马髻，今无复作者。倭堕髻，一云堕马之余形也。'古乐府：'头上倭堕髻'。"冯浩

注："《广韵》：'矮，乌蟹切，短貌。堕，他果切。倭堕，鬓也，小儿剪发为鬓。倭，乌果切。'按：'矮'字与'倭'字，或可通用。"《李商隐诗歌集解》按：倭（矮）堕鬓，一种发鬓向额前俯偃之发式。[1]宋代诗人文同有诗《起夜来》"玲珑转条脱，缥缈梳矮堕。"可见，"矮堕"与"倭堕"可能为同一发式，可能为两种不同的发式，但与"破鬓"搭配均不合。

"委堕"一词并不常见，清末民初时，广州民间流传着一首《竹枝词》："鬓盘委堕鬓如云，窄袖蛮靴衬布裙。妆束工趋时世样，女儿还喜演英文。"词中"委堕"也应指一种发式。温庭筠《春愁曲》："锦迭空床委堕红，飓飓扫尾双金凤"处也有异文，"堕"，《全唐诗》一作"坠"。若做"坠"，即指锦被一端坠在床下。若作"堕"，即指发鬓，"双金凤"即指钗上的双金凤步摇。

由此可见，此处无论作"倭堕"、"矮堕"、"委堕"均指发式，不能与"破鬓"搭配。"委惰"是疲倦的意思，《楚辞·严忌〈哀时命〉》："欿愁悴而委惰兮，老冉冉而逮之。"王逸注："委惰，懈倦也。""堕"通"惰"，是懈怠、懒散的意思，《韩非子·显学》："侈而堕者贫，而力而俭者富。"司空图《休休亭》："而又少而堕，长而率，老而迂，是三者皆非救时之用，又宜休也。"《燕台诗四首》为古体，并不要求严格的诗律，因此"破鬓委堕"可有另外一种解释，"委堕"取疲倦、懈怠之意，即"破鬓"与"委堕"不是并列的关系，"委堕"用以形容"破鬓"。

《燕台诗四首》在"哀感缠绵中流露出对生活中美好事物之无限流连，故虽极悲惋，而不颓废。"[1]"破鬓矮堕凌朝寒，白玉燕钗黄金蝉"是谓发鬓之残破不胜朝日之寒冷，但虔诚之心却仍如玉钗金蝉，这是对"余心所善，九死未悔"这种执着信念的形象表达。此句与"衣带无情有宽窄，春烟自碧秋烟白"句异曲同工，徐德泓曰："夫衣带无情之物，尚有宽有窄；烟霜似有情者，而竟自碧自白，不识人意乎？则此坚结不可磨灭之恨，已无可控告矣。"杜庭珠曰："寄托深远，与离骚之赋美人、恨蹇修者同一寄兴。"[1]作者始终在希望中热切的追寻，又在追寻中屡屡失望，如春去秋来，周而复始。"破鬓委堕凌朝寒"形象的描绘出追寻后失落的状态。用"破"来形容"鬓"，而不是"残"、"乱"、"落"等词语，是用更强烈的字眼表现了这种宿命般的追寻所产生的绝望之感。"委"也有"下垂、坠落"的含义，刘义庆《世说新语》："正直李梳头，发委藉地。"另"委"通"萎"，有枯萎、衰败的意思，此处用"委"更有情感上的色彩，更能从心灵层面上传达出失落寂寞的情绪。另明清刊刻的大多版本作"委"，"委"为是。

　　"不同版本的文字差异，究其成因，不外 '误' 与 '改' 两宗。所谓 '误'，自是无意识的疏漏；所谓 '改'，倒常是有意识的求 '善'。"[6]尽管有意识所求之 "善" 未必常如人意，但由有意识错改所产生的异文确比无意识错讹而产生的异文所提供的语料价值更为丰富，这不仅传达着后人在阅读诗歌过程中理解上的多义性，也表明了有些流传至今的优秀诗歌，本身就是历代作家共同创作的结果。在处理异文时，难处不在 "迥别"，而在 "微殊"，以何字入诗，以字的何种义项入诗，会给对诗歌的解读带来情感上的巨大波动，这正是异文的价值所在。

二、倒文异文

　　倒文指古书文句在传抄、刻印中颠倒误置的字。
　　舞罢——罢舞
　　蒋本、悟抄、席本作 "罢舞"，汲古阁本、姜本、戊签、影宋抄、钱本、朱本、冯本、《全唐诗》作 "舞罢"。
　　此处异文显为误录。《燕台诗四首》尤以《冬》首写的最荒凉、最绝望，春日的冉冉风光一去不返，替之而来的是 "断"、"死"、"破" 等字眼。此诗通过回环往复的抒情结构来表现缠绵悱恻的内心世界，总是给人一种绝处逢生柳暗花明之感，在诗歌结尾处更是用 "腰支在"、"白玉燕钗黄金钗" 字样来表达自己百转千回后矢志不渝的态度。"舞罢" 和 "罢舞" 是主动和被动的两种状态。若主动 "罢舞"，万般无奈之情何在，高贵圣洁之理想还能坚持否？

叶嘉莹评此四字曰："'空城舞罢'四字之口吻，大似舞者纵然未罢之时，亦不过舞者向空城而已，如此则舞罢是第一层可哀，城空是第二层可哀，未罢之前的舞向空城是第三层可哀。而义山却于此重重的幻灭之后偏偏写了'腰支在'三个字，纵使赏爱无人，纵使生机都尽，惟舞者的一段腰支，是抵死难销的。" [3] "楚管蛮弦愁一概，空城舞罢腰支在"，是谓哀愁永在，情意难消，道出了所有有情人的极恨深悲。明清所刊刻的大多版本作"舞罢"，蒋本、悟抄、席本系误录，当以"舞罢"为是。

倒文异文大量存在于《全唐诗》，只李商隐诗歌中就近二十例，如：

① 虚乘——乘虚
《东下三旬苦于风土马上戏作》："天池辽阔谁相待，日日乘虚九万风。""虚乘"，蒋本、悟抄、戊签、影宋抄作"乘虚"。

② 杰俊——俊杰
《寄太原卢司空三十韵》："从来师杰俊，可以换丹青。""杰俊"，朱本作"俊杰"。

③ 缘屏——屏缘
《饮席戏赠同舍》："兰回旧蕊屏缘绿，椒缀新香和壁泥。""屏缘"，姜本、悟抄、朱本、钱本作"缘屏"。

④ 炉烟——烟炉
《忆匡一师》："炉烟消尽寒灯晦，童了开门雪满松。""炉烟"，蒋本、悟抄、席本作"烟炉"。

此类异文作为一种特殊类型大量存在于古书中，多是由于误刊而致，一般从韵律、平仄、对偶、句法句式及字句含义等角度可以加以辨别，不再赘述。

三、通假字异文

通假字异文是指在已有本字的情况下，作者利用汉字间的音义关系，出现临时替代本字的现象。严格意义上的通假字必须具有共时性，不包括古今字，也不包括假借字。

留影——流影

汲古阁本、蒋本、姜本、悟抄、戊签、影宋抄、席本、钱本、朱本、冯本作"流"，《全唐诗》作"留"。

"留"，通"流"，流动，移动。马王堆汉墓帛书《十六经·本伐》："是以方行不留。"今本《淮南子·主术训》作："方行而不流"。《晏子春秋·谏上五》："晏子请左右与可令歌舞足以留思虞者退之，辟拂三千，谢于下陈。"吴则虞集释："'留'者，'流'之同音假借。《考工记》'寒奠体则张而不流'，注'流，移也。'此云'足以留思虑者'，即移情易虑之谓。"6)

《汉语大词典》收录"流滞"一词，解释为：留滞；停留。流，通"留"。《韩诗外传》卷三："万物群来，无有流滞，以相通移。"许维遹集释："'流'与'留'古通。7)

"留影"、"流影"在《全唐诗》中出现情况如下：

	次数	例证
流影	11	李白《王昭君二首》："汉家秦地月，流影照明妃。" 权德舆《秋闺月》："此夜不堪肠断绝，愿随流影到辽东。" 韦应物《拟古诗十二首》："可嗟青楼月，流影君帷中。"
留影	9	刘沧《题吴宫苑》："残春碧树自留影，半夜子规何处声。" 窦常《谒诸葛武侯庙》："人同过隙无留影，石在穷沙尚启行。"

6) 竹风.汉语大词典[Z].上海：汉语大词典出版社，1994.
7) 竹风.汉语大词典[Z].上海：汉语大词典出版社，1994.

"留"和"流"不仅是历代积淀的通假字，并且在唐代诗歌中也继续通用，如：

①钱起《题玉山村叟屋壁》："涉趣皆流目，将归羡在林。""流"，《全唐诗》一作"留"。

②王贞白《出自蓟北门行》："沙河留不定，青草冻难青。""留"，《全唐诗》一作"流"。

③王维　《奉和圣制幸玉真公主山庄因题石壁十韵之作应制》："庭养冲天鹤，溪流上汉差。""流"，《全唐诗》一作"留"。

④李白《紫藤树》："密叶隐歌鸟，香风留美人。"《李白全集校注汇释集评》校记：流，萧本、玉本、郭本、严评俱作流。刘本注云：留，旧作流。[7]

⑤李白《见野草中有曰白头翁者》："微芳似相诮，留恨向东风。"《李白全集校注汇释集评》校记：流，萧本、玉本、郭本、刘本、全唐诗本、王本俱作留。[7]

"桂宫流影"是谓月光流泻之光影，故曰"光难取"，"钱曰：'月色不可把取'。"[1]"流影"使月光增添了动态之美，与"青帷翠幕波渊旋"异曲同工，又"流"可以形容水，与下首诗歌首句的"月浪衡天"呼应，使得"月浪"也有一种活泼之美。又除《全唐诗》外，他本均作"流"，"流"显为本字。

先秦经典在后代广为流传，经典中的通假字也在后代继续沿用，并成为范式。这类通假字"并非单纯意义上的别字，而是指几个字不仅读音相同或相近，而且在字形上有一定的社会约定性。"[2] 例如敦煌写本里"交"字通用作"教"，"歌"字通用作"哥"等。这类通假字具有相当重要的语料价值，不仅可以了解古人在特定历史时期的用字习惯，也可以宏观的考证汉字的变迁。

要之，李商隐诗歌自古难懂，《燕台诗四首》其之，或曰寄托，或曰艳情，或曰闺怨，或曰作诗之法，莫衷一是。《燕台诗四首》异文折射出李商隐诗歌异文存在的普遍状况，将诗中异文作为切入点，通过文本细读的方式可再次领略李商隐诗歌的美感，更深层次的挖掘李商隐幽微杳渺的内心世界。

《永乐大典》辑《世说新语》考辨举隅

四川师范大学 钟仕伦

一、《永乐大典》辑录《世说新语》的数量

今《永乐大典》共辑录《世说新语》(以下简称 "大典本") 142则, 其中第139 (《排调》42) "桓豹奴是王丹阳外甥" 则 (卷七七五六) 与第7则 (卷二九四九)、第112 (《品藻》28) "王右军少时" 则 (卷一一〇六三) 与第51则 (卷一一〇六三)、第48 (《品藻》25) "世论温太真是过江第二流之高者" 则 (卷一一〇六三) 与第136则 (二〇三〇八) 重出, 实际辑录为139则。在这139则中, 除第133则 "杨综为大将军曹爽主簿, 爽将诛, 及解印绶将出, 综止之曰 : '公扶主握权, 舍此以至东市乎.' 不从, 有司奏综导爽反。宣王曰 : '各为其主也.' 宥之, 以为尚书郎"(卷一四六〇八) 外, 全部见于今天通行的《世说新语》。

同时,《永乐大典》又辑录刘义庆《世说》两则和《世说》12则。据范子烨《〈永乐大典〉残卷中的〈世说新语〉佚文》考证, 刘义庆《世说》中的两则为《世说新语》佚文。大典本中的第132则和《世说》中的第2则、第9则、第11则、第12则非《世说新语》文。[1] 此外,《世说》中的其余八则, 除第1则、第3则、第4则、第6则、第8则分别

---

1) 子烨《〈永乐大典〉残卷中的〈世说新语〉佚文》, 中华书局《文史》杂志, 2003 年第2 期。

见于今之《世说新语·赏誉》、《假谲》、《品藻》、《自新》和《贤媛》篇外，余下第5则、第7则、第10 则、均不见于今之《世说新语》，疑为佚文。

据此，今存《永乐大典》共辑录包括以"刘义庆《世说》"和"《世说》"标名在内的《世说新语》共149则，超过今本《世说新语》的13%。这149则与今本《世说新语》间有文字上的出入，且有的有批注语，有的没有批注语（参见本文第三部分"大典本《世说新语》辨正"）。也正是这种差别，为我们了解大典本的版本来源提供了一个线索。

二、《永乐大典》辑录《世说新语》的版本

由于今存《永乐大典》为劫后余灰，我们无法得知大典本《世说新语》所据到底是元至元二十四年 (1287) 刘应登刻本，还是宋绍兴八年 (1138) 广川董棻据晏殊校定本所刻，或者是陆游刊本。但馆臣认为是陆游刊本，《四库全书总目》卷一四〇子部小说家类有"《世说新语》三卷"的记载，并注："内府藏本"。汪藻《叙録》也载有三卷本。馆臣认为，自《新唐书·艺文志》所载以来，刘义庆的八卷本《世说》和刘孝标续成的十卷本"皆不传，惟陈振孙《书录解题》作三卷与今本合。其每卷析为上下，则世传陆游所刊本已然，盖即旧本"。[2] 据翁方纲《复初斋诗注》，四库所修之书的来源有三处："凡内府秘书，发出到院为一处；院中旧藏永乐大典，内有摘抄成卷，汇编成部者为一处；各省采进民间藏书为一处。"[3] "内府藏本"疑即源于明文渊阁藏本。明杨士奇《文渊阁书目》宿字号有"《世说新语》三册"的记载。王先谦说："明内府书传者绝少，此云三册，当即三卷本也。"[4]《文渊阁书目》为明英宗正

---

2) 〔清〕永瑢等撰：《四库全书总目》，中华书局，1965年6月第1版，第1182页。
3) 孙殿起：《琉璃厂小记》，上海世纪出版股份有限公司 上海书店出版社，2011年12月第1版，第25页。

统六年 (1441) 六月杨士奇等奉诏编撰。从杨士奇等人编撰的《文渊阁书目》和四库馆臣对其评价看, 明文渊阁所藏典籍为 "一代秘书", 《世说新语》自当归入其中而受到朝廷的重视。

《永乐大典》的修纂, 开始于明成祖永乐元年 (1403) 七月间, 定稿于永乐五年 (1407), 永乐六年 (1408) 冬清钞完毕。《永乐大典》修纂时 "启用了皇家图书馆文渊阁的全部藏书"5), 原藏于文渊阁的《世说新语》三卷本似在此时被编纂入《永乐大典》。但杨士奇等承诏编录《文渊阁书目》, "不能考订撰次, 勒为成书, 而徒草率以塞责", 且潦草粗疏, 例不著作者或刊刻者姓名与版本来源及时间。6)所以我们今天已很难确定大典本《世说新语》的版本和刊刻者了, 只能凭一点线索予以推断。

从本文后面的 "辨正" 可以看出, 有 "批注语" 的大典本《世说新语》集中在《永乐大典》卷一一六〇三《藻 事韵二》中, 全部为《世说新语·品藻》篇的内容, 而无批注语的却分散辑录在《永乐大典》的各卷。此其一。

其二, 第139则 (《排调》42) "桓豹奴是王丹阳外甥, 形似其舅, 桓甚讳之。宣武云:‘不恒相似, 时似耳。恒似是形, 时似是神。’ 桓逾不说。"(卷七七五六) 与第7则 (卷二九四九) 重出, 仅 "桓豹奴是王丹阳外甥" 句作 "桓豹奴是丹阳外甥", 缺 "王" 字; 第112则 (《品藻》28) "王右军少时, 丞相云:‘逸少何缘, 复减万安?’"(卷一一六〇三) 与第51则 (卷一一六〇三) 重出, 但第51则有 "刘绥邪批谓更胜尔" 八字; 第48则 (《品藻》25) "世论温太真是过江第二流之高者。时名辈共说人物, 第一将尽之间, 温常失色。恐不及己。批:‘常有如此人, 无人如此写。’" 与第136则重出, 但后者无 "恐不及己批常有如此人无人如此写" 十五字。

此重出之因可能有两个。一个是大典本《世说新语》原本即有重复。杨勇认为, "《世说》编次颇多重复, 称号又不一律, 鲁迅所谓成于众手, 其言可信"。7)因书成于

---

4) 〔清〕王先谦:《世说新语考证》, 上海古籍出版社据光绪十七年思贤讲舍刻本影印, 1982年11月第1版, 第604页。

5) 张枕石:《永乐大典史话》。中华书局, 1986年版, 第5页。

6) 锺仕伦:《永乐大典本〈南北朝诗话〉论考》,《文学遗产》2007年第5期。

众手, 重出自难避免。另一个原因可能是原本不重出, 而《永乐大典》在辑录钞纂时因出于众手以致重出。如果说第139则与第7则重出是因中间间隔4800余卷, 重钞的可能难以避免, 那么第112则与第51则同处《永乐大典》卷一一六〇三《藻 事韵二》中, 一有"批语"而另一则无"批语"却难以解释。同卷抄录, 出现这样的失误恐为少见。如果不是粗心, 则另有所据。此外, 其余各卷辑录的《世说新语》几乎无批语, 这种现象透露出大典本可能有两个不同的底本。

第三, 大典本《世说新语》第39则 (《品藻》16) 曰: "人问丞相王 : '周侯何如和峤?' 答曰 : '长舆嵯櫱。'" 批 : "嵯櫱, 犹今言 '牙槎'。(卷一一六〇三) "牙槎"为唐宋人习语。晚唐诗人曹唐《病马》诗云 : "堕月兔毛轻斛蔌, 失云龙骨瘦牙槎。" 欧阳修《文忠集》七《于刘功曹家见杨直讲褎女奴弹琵琶戏作呈圣俞诗》: "啄木不啄新生枝, 惟啄牙槎枯树腹。" 此 "牙槎" 即 "枒槎"。"牙槎"("枒槎"、"槎丫") 之语, 本谓树木纵横交错, 引申为性格刚正不阿, 处事特立独行, 为人有棱有角。

本则孝标注引虞预《晋书》云 : "和峤厚自封植, 巍然不群。"《世说新语·方正》篇载 : "和峤为武帝所亲重, 语峤 : '东宫倾似更成进, 卿试往看。' 还, 问何如, 答云 : '皇太子圣质如初。'" 注引《晋阳秋》曰 : "世祖疑惠帝不可承继大业, 遣和峤荀勖往观察之 ; 既见, 勖称叹曰 : '太子德更进茂, 不同于故。' 峤曰 : '皇太子圣质如初。此陛下家事, 非臣所尽。' 天下闻之, 莫不称峤为忠, 而欲灰灭勖也。"《方正》篇又曰 : "晋武帝时, 荀勖为中书监, 和峤为令。故事 : 监、令由来共车。峤性雅正, 常嫉勖谄谀。后公交车来, 峤便登, 正向前坐, 不复容勖。勖方更觅车, 然得去。监、令各给车自此始。" 同篇又载 : "武帝语和峤曰 : '我欲先痛骂王武子, 然后爵之。' 峤曰 : '武子隽爽, 恐不可屈。'" 这些记载可以看出, 和峤少以雅量称, 刚正忠孝, 强抗不折, 与佞媚谄谀之臣荀勖形成强烈对比。和峤敢于向晋武帝说出太子 (晋惠帝司马衷) 弱植不进的事实真相, 故王导目其 "嵯櫱"。"嵯櫱" 即唐宋时人所言之 "牙槎"。[8] 如此,

---

7) 杨勇 : 《杨勇学术论文集·世说新语书名、卷帙、版本考》, 中华书局, 2006年9月第1版, 第447页。

8) 杨勇 : 《世说新语校笺》曰 : "嵯櫱, 当与 '巀嶭' 同。《说文》'巀嶭, 山也。' 段玉裁《注》: '按辥,语转为峨。' 嵯峨, 峻险突兀之貌。《楚辞·招隐士》: '山气巃嵸兮石嵯峨。'"(中华书局, 2006年9月

大典本《世说新语》的"批语"恐为唐宋人所下。

　　据朱铸禹等人研究，元代刊刻的《世说新语》即有批语，批评人为南宋的刘应登 (生卒年不详) 和刘辰翁 (1232-1297)，二刘同为庐陵 (今江西吉安) 人。刘辰翁评点《世说新语》的时间大致在元至元二十四年到元贞三年 (1287-1297) 之间。刘强认为："今之学者，多以南宋刘辰翁为小说评点第一人，辰翁所评何书？正《世说新语》耳。然究其实，刘应登批注本《世说新语》之刊刻更在辰翁之前，应登虽自云'精划其长注，间疏其滞义'，实则亦兼事评点。"[9] 潘建国说，元刻本现存有两部，一部藏于日本内阁文库，另一部藏于台北"国家图书馆"，后者与前者"在版式、行款、字体及题署均与内阁本相同，当属同版"。但据潘建国的考证，"元刻本'刘辰翁'评点系坊肆伪托刘辰翁之名所作"。[10] 今大典本中有针对"批语"的"批语"，如第36 (《品藻》12) 则：

　　王大将军在西朝时，见周候〔侯〕辄扇障面不得住。后度江左，不能复尔，三叹曰："不知我进伯仁退。" **批："未尝不自知。""批是谓在洛时，敦尚畏颉，过江后敦渐得志，不复惮矣，故叹曰：'不知是我进乎，伯仁退乎。'"**(卷一一六〇三)

　　此似可证明大典本"批语"为前后两人所下。后者的"批语"如系坊肆伪托"刘辰翁"所作，恐难以进入《永乐大典》编撰者的视野。今存元刻刘辰翁批语本，均以墨盖阴刻"批"字为标志，而大典本有的批语有"批"字，有的批语没有"批"字，还有用"言"字的批语，说明大典本与今存有批语的元刻本版本并不相同，大典本"双批语"的存在和不同形式的批语证明"刘辰翁批语"恐非伪作而为刘辰翁本人所下。

　　从有批语的大典本《世说新语》还可以看出几个问题。

　　第1版，第456-457页。) 今案：杨说未见大典本批语，虽有虞预 "和峤厚自封植，嶷然不群" 支撑，然终不如 "牙槎" 说为近。

 9) 建国：《〈世说新语〉元刻本考——兼论 "刘辰翁" 评点实系元代坊肆伪托》，《文学遗产》2009 年第6期。刘强：《〈世说新语会评〉序》，凤凰传媒出版集团/凤凰出版社，2007年12月第版，第4页。

10) 强：《〈世说新语会评〉序》，第4页。

　　一是除极少数外,凡有批语的大典本都没有刘孝标原注的辑录,而是对原刘孝标注释的裁剪和割裂,有的仅在姓氏后面注名、字或小名,也不标明出处,而没有批语的大典本则辑录了刘孝标的原注。

　　二是大典本除了第36(《品藻》12)则有"批"和"批是"的原文可以使我们进行"两人所下的批语或注语"的推测外,没有区分刘应登注语和刘辰翁批语,我们今天已经很难说哪一部分是刘应登的注语,哪一部分是刘辰翁的批语。今凌蒙初刻本、赵西陆校释本、朱铸禹集注本、刘强的会评本作了刘应登和刘辰翁的区分,但这种区分是否准确?到底是刘应登在前、刘辰翁在后还是相反?事实上,今天有刘辰翁批语和有刘应登注释的《世说新语》通行本所作的区分至少与大典本不尽相同。本文所作的区分也仅仅是一种推测。大典本不作"二刘"的区分,很可能原刊本就是这个样子。

　　三是用大典本与今天通行的刘应登、刘辰翁批注本相校,除个别异文外,大部分的内容基本上相同。我们虽然还没有材料证明大典本就是宋代的版本,但至少可以从上面的分析看出,批评者极有可能就是刘应登和刘辰翁,只因为今天的《永乐大典》为残本,我们已经无法完全看到大典本《世说新语》的全貌,也很难区分二刘各自的批语。

　　大典本《世说新语》在内容上与今通行本《世说新语》时有互异,除了可以用来校勘、考证有批语的元刻本、明代凌蒙初刻本、今赵西陆批校本、朱铸禹集注本和刘强会评本外,还可以用来校勘、考证无批语余嘉锡《世说新语笺疏》、徐震堮《世说新语校笺》、杨勇《世说新语校笺》、龚斌《世说新语校释》等通行本,具有很高的文献价值。尤其是在版本来源上,大典本至少可以说是我们今天能够见到的现存元刻本之一,可与现存元刻本进行比勘,以进一步明确元刻本中"刘辰翁批语"作者的真伪,这对我们加深《世说新语》及其批语的研究有很大的用处。

三、《永乐大典》辑录《世说新语》辨正举隅

《永乐大典》自卷九二二至卷一四一二四共辑录《世说新语》149则。有批语的部分均出自《永乐大典》卷一一六〇三，为《世说新语·品藻》篇文，有的直接用"批"字或"言"字；有的不用，直接下批语。无批语的部分散录于各卷。现参以有批语的赵西陆《世说新语校释》(北京图书馆出版社，2006年版，以下简称"赵本")、范子烨、刘志庆整理的明凌蒙初刻本(电子版)，见《范子烨、刘志庆〈世说新语〉批语辑稿》，(见http://www.ilf.cn/Mate/45000.html下简称"凌刻本")、刘强《世说新语会评》(凤凰出版社，2007年版，以下简称"刘本")、朱铸禹《世说新语彙校集注》(上海古籍出版社，2002年12月版，以下简称"朱本")和无批语的中华书局1999年2月景印日本前田氏所藏宋绍兴八年广川董棻据晏殊校定本所刻《世说新语》(以下简称"宋本")及其附录的唐写本、上海古籍出版社1982年据光绪十七年王先谦思贤讲舍刻本景印《世说新语》(以下简称"王本")、余嘉锡《世说新语笺疏》(上海古籍出版社，1993年12月第1版，以下简称"余本")、徐震堮《世说新语校笺》(中华书局，1984年4月第1版，以下简称"徐本")、杨勇《世说新语校笺》(台湾正文书局有限公司，2000年5月第1版，以下简称"杨本")、龚斌《世说新语校释》(上海古籍出版社，2011年12月第1版，以下简称"龚本")各本，分别以《世说新语》正文异同的部分、刘孝标注文异同的部分、正文与孝标注文均有异同的部分、疑刘应登与刘辰翁批注语的部分四类，择其中需要考辨者如下。若一则中兼有三、四类的则归入第四类考辨。

须要说明的是，大典本《世说新语》刘孝标注和疑为刘应登与刘辰翁的批语原为双行小字，有的以间注的形式出现，有的以尾注的形式出现，现仍以小一号字出之，但疑为刘应登注和刘辰翁批注语的以黑体标明。序号为笔者所编《永乐大典》辑录《世说新语》的序号，括号内的篇名和数字为今通行本《世说新语》的篇名和序号。大典本与通行本各本完全相同者不出校。为节省篇幅，无论正文与注文，只引有异之文字，其余较长文字一律以省略号显示。

1.《世说新语》正文异同的部分

第5则（《假谲》9）：

温峤丧妇，……乞请存活〔1〕，……。(《永乐大典》卷二六零五。以下止出卷数。)

〔1〕乞请存活，各本作"乞粗存活"。今按：疑作"乞请存活"是，"乞请"为魏晋习语。《三国志·吴书·诸葛恪传》曰："恪父瑾面长似驴，孙权大会群臣，使人牵一驴入，长检其面，题曰诸葛子瑜。恪跪曰：'乞请笔益两字。'因听与笔。……"赵幼文《曹植集校注》卷一《请祭先王表》："臣欲祭先王于北河之上，养猪牛臣能自办，杏者臣县自有。先王喜食鳆鱼，臣前以表，得徐州臧霸上鳆鱼二百枚，足以供事。乞请水瓜五枚，白柰二十枚。"粗、请，形近而讹。

第16（《方正》54）则：

王、刘与桓公共至覆舟山看，酒酣后，刘牵脚加桓公颈。桓公甚不堪，举手拨去。既还，王长史语刘曰："伊诅可以形色加人〔1〕？"(二九九九)

〔1〕各本"人"下有"不"字，朱本"人"下有"否"字，云："《世说抄撮》曰：'形色与声色意同，此言彼如何可以声色加诸人乎？'案魏晋重门阀，桓出身行伍，故不为时所重，而王甚且詈为老兵(见下"王文度为桓公长史"条)。此王蒙之言，亦犹此意，谓桓卑微不当以声色凌人也。临川取此为方正，其亦存斯见欤？否则，岂有以足加人颈之无理举动反责人不当以形色加人，而尚得为方正？"赵西陆《校释》、朱铸禹《集注》引刘应登曰："薄温之辞。"刘强《会评》"辞"作"词"。今按：疑大典本是。"不"疑衍；"否"又恐因"不"而讹。"不"在《世说新语》中，多在句尾作为诘问词使用，意同"否"。如《文学》篇"支道林、许、谢盛德共集王家"则，"许(询)便问主人有《庄子》不，正得《渔父》一篇"。又《尤悔》"王大将军起事"则"大将军至石头，问丞

相曰:'周侯可为三公不?' 又问:'可为尚书令?'"上引两"不"字,大典本均作"否"。"伊讵可以形色加人"句式与《世说新语·忿狷》篇"王司州乘雪往王螭许"则"汝讵复足与老兄计"相同,意为"他怎么可以对人发脾气呢?"此正是王蒙看不起桓温的口气,以显其方正之态,如赘以"不"字,反使句意难明。

第75(《品藻》55)则:

王右军问许玄度:"卿自言何如安石?" 许未答。 王因曰:"安石故相与〔1〕雄,阿万当裂眼争邪?"(一一六〇三)

〔1〕与,余本、王本、赵本作"为"。余各本同大典本。今按:疑作"与"是。王引之《经传释词》卷一"与"曰:"家大人曰:与犹为也(此"为"字读平声——原注)。《韩子·外储说左篇》曰:'名与多与之,其实少。'言名为多与之而其实少也。《西周策》曰:'秦与天下罢,则领不横行于周矣。'言秦为天下所疲也(今本作"秦与天下俱罢","俱"字乃后人不晓文义而妄加之。辨见《读书杂志》——原注)。《秦策》曰:'吴王夫差栖越于会稽,胜齐于艾陵,遂与勾践禽死于千隧。'言为勾践所禽也。""故相与雄"即"故相为雄",羲之言谢安与许询不相上下。

第109(《言语》15)则:

稽中散语赵景真:……赵答曰:"尺表能审旋衡〔1〕之度,寸管能测往复之晷〔2〕。……"(一一六〇三)

〔1〕旋衡,各本作"玑衡"。今按:旋,一作"琁"。王念孙《广雅疏证》卷九下《释地》曰:"《说文》:'璇,美玉也。'引僖二十八年《左传》'璇弁玉缨'。今本'璇'作'琼'。《尧典》'在璇机玉衡',马融注:'亦云美玉。'《天官书》作'旋';《后汉书·安帝纪》作'琁',并字异而义同。"旋衡,"琁玑玉衡"的省称,又称"琁玑"、"玑衡",即古之浑天仪。〔4〕晷,各本作"气"。今按:疑作"晷"是。"测往复之晷",即测晷影,用以制

定历纪。璇玑、晷影上的刻度尺寸虽小，却能观天测象，以之治政。景真以喻其识鉴之宽广深远。

第113（《赏誉》51）则：

王敦为大将军，……于时谢鲲为长史，敦谓鲲曰："不意永嘉之末〔1〕，复闻正始之音。阿平若在，当复绝倒。"。（一一六〇三）

〔1〕永嘉之末，各本作"永嘉之中"。今按：《晋书·卫玠传》、《御览》卷四四六引作"永嘉之末"。《晋书·谢鲲传》："左将军王敦引为长史，以讨杜弢功封咸亭侯。母忧去职，服阕，迁敦大将军长史。时王澄在敦坐，见鲲谈话无勌，惟叹谢长史可与言，都不眄敦，其为人所慕如此。"本书《方正》篇"王大将军当下"则注引《晋阳秋》曰："王澄为荆州，群贼并起，乃奔豫章，而恃其宿名，犹陵侮敦。敦伏勇士路戎等搤而杀之。"王敦讨杜弢在泰始六年，王澄、卫玠均卒于该年。

2. 刘孝标注文异同的部分

第126（《德行》14）则：

王祥事后母朱夫人甚谨。……家有一李树，结子殊好，母恒使守之。时风雨忽至，祥抱树而泣。萧广济《孝子传》曰："祥后母庭中有李，始结子，使祥昼视鸟爵〔1〕，……"（一四五三七）

〔1〕爵，宋本、刘本、朱本、龚本、杨本同。余各本作"雀"。龚斌《校释》："按：'爵'同'雀'。《孟子·离娄上》：'为丛驱爵者，鹯也。'"今按：王先谦《释名疏证补》卷五："栮，旅也。连旅旅也。或谓之楼。楼，绵也。绵连檽头使齐平也。上入曰爵头，形似爵头也。孙诒让曰：'《淮南子·本经训》"绵联房植"，高注："绵联，联受雀头着

桷者。"(今本 "绵" 误 "县", 此从王氏念孙校正。)'《方言》:'屋栭谓之楶。' 郭注:'雀栭即屋檐也。亦呼为连绵, 连绵即绵连之倒文。雀栭亦即雀头也。爵、雀字通。'"

第136 (《品藻》25) 则:

世论温太真是过江第二流之高者。……《温氏谱序》曰:"晋大夫郗至〔1〕封于温, 子孙因氏。居太原祁县, 为郡着姓。"(二〇三〇八)

〔1〕郗至, 宋本作 "郗志"。余各本同大典本。今按:宋本误。郗, 俗作 "郗";郗, 又讹作 "郄"。郗、郗实为二姓。臧励龢等编《中国人名大辞典》附录《姓氏考略》曰:"《路史》:'苏氏之子封于郗, 为郗氏。' 望出高平。黄长浚《法帖刊误》:'晋郗姓, 自太尉鉴以后, 遂为江右名宗, 读如《尚书》絺绣之絺, 世人俗书郗讹作郄, 呼为郄诜之郄。此大谬也。郄诜, 晋大夫郄縠之后;郗鉴, 为汉御史大夫郗虑之后。姓源既异, 音读自分。'"

3. 正文和注文均有异同的部分

第17 (《言语》73) 则:

刘尹云:"清风朗月, 辄思伏玄度。"《晋中兴士人书》〔1〕曰:"能清言〔2〕, 于时士人皆钦慕仰爱之。"(二九九九)

〔1〕《晋中兴士人书》, 杨本作《晋中兴书》。余各本同大典本。杨勇《校笺》:"兴下, 宋本有 '士人' 二字, 疑衍。《隋志》无此书, 今删。" 徐震堮《校笺》:"《晋中兴士人书》, 当即《晋中兴》书, '士人' 二字疑衍。" 赵西陆《校释》:"《文选》江淹《杂体诗》注引作《晋中兴书》。《书钞》作《晋中兴士人书》。" 今按:叶德辉《世说新语注引用书目》:"按此《中兴书》中之一 '士人', 疑即 '文苑' 之别名。"〔2〕王本、余本、

赵本、徐本、刘本作"许珣能清言";宋本、杨本、朱本龚本作"许询能清言"。徐震堮《校笺》:"许珣,影宋本作'许询',是,《晋书》孙绰、谢安等传并同。"赵西陆《校释》:"《类说》卷三一引'朗'作'明'。"又引《蒙求》卷下曰:"刘真长夜在简文座,愀然叹曰:'清风朗月,恨无玄度。'"

第22 (《贤媛》26) 则:

晋王凝之谢夫人既往王氏,……人身[1]亦不恶,汝何以恨乃而?(七三二八)

[1] 人身,王本、余本作"人材";余各本同大典本。今按:作"人身"是,人身意为人材。"人身不恶"为南北朝习语。《宋书·自序》:"会强弩将军缺,上诏录尚书鹏程王义康曰:'沈邵人身不恶,……可以补选。'"《梁书·陈伯之传》:"临川内史王观,僧虔之孙,人身不恶,便可召为长史。"

第125 (《汰侈》8) 则:

石崇与王恺之争豪,恺之,武帝甥也[1]。帝每助恺,尝以一珊瑚,高二尺许赐恺。枝柯扶疏,世罕其比。恺以示崇。崇视讫,以铁如意击之,应手而碎。恺既惋惜,又以为疾已之宝,……《异物志》[2]:"珊瑚生大秦国,有洲在涨海中,距其国七八百里,名珊瑚树洲。……三年色赤,便以铁钞[3]其根,……"(一四五三六)

[1] 杨本、余本、王本、刘本、龚本、徐本、赵本作"武帝恺之甥也"。宋本、朱本作"武帝恺之舅也"。朱铸禹《彚校集注》引王利器曰:"各本'舅'作'甥',《太平广记》卷二三六引亦作'甥',是;《晋书·王济传》也说:'王恺以帝舅奢豪。'"今按:作"武帝恺之甥也"是,大典本误。《晋书·外戚·王恂传》:"王恂,字良夫,文明皇后之弟也。(中略) 恂弟虔、恺。"又《王恺传》:"恺既世族国戚,性复豪侈,用赤石脂泥壁。石崇与恺将为鸩毒之事,司隶校尉傅祗劾之,有司皆论正重罪,诏特原之。由是众

人金畏恺，故敢肆其意，所欲之事无所顾惮焉。"〔2〕各本作"《南州异物志》"，疑是。今按：《隋志》著录"《南州异物志》一卷。吴丹阳太守万震撰。"章宗源《隋书经籍志考证》："《唐志》同。《世说·汰侈》篇注'珊瑚生大秦国'、《左传定公》《正义》'象身倍数牛，目则如豕，鼻长七八尺'、《汉书·武纪》注'能言鸟有三种，白及五色者性尤慧'、《文选·江赋》注'鹦鹉螺状如覆杯'，并引万震《南州异物志》。"〔3〕各本"钞"下有"发"字。今按：疑大典本是。王先谦《释名疏证补》卷三："操，钞也，手出其下之言也。叶德炯曰：'《说文》："钞，叉取也。从金，少声"此本字也，俗借用抄。'《一切经音义》二引服虔《通俗文》'遮取谓之抄掠'是也。叉取、遮取，皆从后袭取之词。'手出其下'，正钞之本义。"《说文》段注："叉也，手指相造也，手指突入其间而取之，是之谓钞。字从金者，容以金铁诸器刺取之矣。""铁钞其根"，恐谓以铁器从珊瑚树下截断其根而取之。

4. 疑刘应登与刘辰翁批注语的部分

第3（《方正》11）则：

武帝语和峤曰："我欲先痛骂王武子济，……臣不能使疎者亲〔1〕，以此愧陛下。"（二四〇八）

〔1〕杨本作"他人能令疏亲，臣不能使亲亲"；余本作"它人能令疏亲，臣不能使亲疏"；刘本作"他人能令疏亲，臣不能使亲疏"；宋本作"他人能令疎亲，臣不能使亲疎"；赵本作"它人能令疎亲，臣不能是疎亲"；王本作"它人能令疎亲，臣不能使亲疎"；徐本作"它人能令疏亲，臣不能使亲疏"；朱本作"他人能令疏亲，臣不能使亲疏"；龚本作"它人能令疏亲，臣不能使亲疏"。赵西陆《校释》引刘盼遂笺曰："按《晋书·王济传》、《通鉴·晋纪》皆作'他人能令亲疏，臣不能令亲亲'，揆之情实，较《世说》为长。"赵又校"疎"为"疏"。朱铸禹《集注》、徐震堮《校笺》同刘说。杨勇《校笺》按曰："和峤，王济之姊夫；王济妇常山公主，《文选·褚渊碑文》《注》

引王隐《晋书》，云为武帝姊。甄德妇广德公主，为文明王皇后出。《晋书·后妃传》："文明王皇后生武帝、辽东悼王定国、齐献王攸、广德公主。"则常山、广德二主，实武帝之姊妹。今王济等谏请勿出齐王，武帝勿从，正是不能亲亲之意也。《世说》误。"今按：疑大典本是。大典本"他人能令亲者疎"，指荀勖等谗害齐王司马攸一事。《世说新语·品藻》"时人共论晋武帝出齐王之与立惠帝，其失孰多"则注引《晋阳秋》曰："齐王攸，字大猷，文帝第二子。孝敬忠肃，清和平允，亲贤下士，仁惠好施。能属文，善尺牍。初，荀勖、冯紞为武帝亲幸，攸恶勖之佞，勖惧攸或嗣立，必诛己，且攸甚得众心，朝贤景附。会帝有疾，攸及皇太子入问讯，朝士皆属目于攸，而不在太子。至是勖从容曰：'陛下万年后，太子不得其立也。'帝曰：'何故？'勖曰：'百寮内外，皆归心于齐王，太子安得立乎？陛下试诏齐王归国，必举朝谓之不可。若然，则臣言征矣。'侍中冯紞又曰：'陛下必欲建诸侯，成五等，宜从亲始，亲莫若齐王。'帝从之。于是下诏，使攸之国。攸闻勖、紞间己，忧忿不知所为。入辞，出，呕血薨。""臣不能使疎者亲"，疑指王济竭尽全力劝谏武帝勿出齐王而不果之事。《资治通鉴》卷八十一《晋纪》三《世祖武皇帝》中载："于是扶风王骏、光禄大夫李熹、护军杨珧、侍中王济、甄德皆切谏，帝并不从。济使其妻常山公主及德妻长广公主俱入稽颡涕泣，请帝留攸。帝怒，谓侍中王戎曰：'兄弟至亲，今出齐王，自是朕家事，而甄德、王济连遣妇来，生哭人邪？'乃出济为国子祭酒，德为大鸿胪。""亲者疎"，"疎者亲"，两相对举，事义更彰，且语流更顺。王济此语，意思与朱浮《为幽州牧与彭宠书》中的"凡举事无为亲厚者所痛，而为见仇者所快"相似，根子则在桀纣"亲者疏之，贤者贱之"的亡国之鉴。

第36（《品藻》12）则：

王大将军在西朝时，……**批："未尝不自知。""批是谓在洛时，敦尚畏颛，过江后敦渐得志，不复惮矣，故叹曰：'不知是我进乎，伯仁退乎。'"**[1]（一一六〇三）

　　[1] 凌刻本、刘本同。朱本、赵本无。自"批是谓在洛时"至"伯仁退乎"，刘本作

"刘应登云"。今按：《世说新语》评点本为刘辰翁 (1232-1297) 所作，而刘辰翁的评点
则在刘应登 (生卒年不详)《世说新语》批注本基础上完成的。朱铸禹先生据刘应登
自序 "丙戌长夏，病思无聊，因手校家本，精铲其长注，间疏其滞义，明年授梓。乃五
月既望，梓成" 考证，刘应登批注本的完成时间当在元至元二十四年 (1287) [11]。今
大典本 "批是" 前恐为刘应登语，疑凌刻本、刘本倒置。

第38 (《品藻》15) 则：

王大将军下，庾公问："闻卿有四友，何者是？" 答曰："君家中郎、我家太尉、
阿平、 胡母 [1] 彦国。阿平故当最劣。" 庾曰："似未肯劣。" **王谦言其宗人不及** [
2]。庾又问："何者居其右？" 王曰："自有人。" 又问："何者是？" 王曰："意 [3] 其
自有公论。" 左右蹴公，公乃止。**庾公此问甚烦，宜王敦** [4] **如无人。**（一一六〇三）

[1] 母，宋本同大典本。余各本作 "毋"。赵西陆《校释》："宋本 '毋' 作 '母'，注
同。" 今按：疑大典本是。《元和姓纂》卷三："胡母。齐宣王母弟，封母乡，远本胡公，
因曰胡母氏。汉有太史胡母敬。"[2] 王谦言其宗人不及，凌刻本、刘本作刘应登
注，凌刻本 "宗" 作 "众"。赵本无。今按：疑作 "宗" 是。阿平，即王澄，为大将军王敦
同族之人，如作 "众人"，则与王敦 "谦言" 的语义不相符合。[3] 意，各本作 "噫"。
今按："噫" 通 "意"。《庄子·在宥》"鸿蒙曰：'乱天之经，逆物之情，玄天弗成；解兽
之群，而鸟皆夜鸣；灾及草木，祸及止虫。噫，治人之过也！'" 陆德明《释文》："本又
作噫。" 意，不平声。《史记·鲁仲连邹阳列传》"鲁仲连曰：'吾将使秦王烹醢梁王。'
新垣衍怏怏不悦曰：'噫嘻，亦太甚矣！先生之言也。'" 司马贞《索隐》曰："噫嘻，上
音依，噫者，不平之声也。下音僖，嘻者，惊恨之声。"[4] 敦，凌刻本作 "或"，朱本、
赵本无。刘本同大典本。今按：大典本是。敦、或，形近而讹。刘本、凌刻本作刘应

11) 铸禹：《世说新语汇校集注·序例》，上海古籍出版社2002年12月第1版，第4页。案：刘强《世说
新语会评》附录《〈世说新语〉旧序九则·刘应登序》"丙戌" 作 "丙辰"（凤凰出版社，2007年版，
第525页），如此，则刘应登成书当在南宋保佑元年 (1256)，录此备考。

登注，疑是。

第39（《品藻》16）则：

人问丞相王〔1〕："周侯何如和峤？"答曰："长舆嵯檗。"明帝问谢鲲："君自谓何如庾亮？"答曰："端委庙堂，使百僚准则，臣不如亮；一丘一壑，自谓过之。"**批："得体。嵯檗，犹今言'牙槎'。"**〔2〕（一一六〇三）

〔1〕王，各本无。今按："王"字疑为刘应登注，指王丞相，即王导。朱本作"王导"。〔2〕凌本、朱本、刘本"得体"二字在批语"犹今言'牙槎'"后。〔2〕赵本无"批得体"三字，但载刘辰翁曰："嵯檗，犹今言'牙槎'。"今按：此恐为两条批语。"嵯檗，犹今言'牙槎'"就前一则"长舆嵯檗"而评，谓和峤刚正不阿；"得体"则指后一则谢鲲所答明帝之问恰到好处，观"明帝"条无批语可知，凌刻本、朱本、刘本误将两条评语合为一则，顺序刚好与大典本相反。大典本第40（17）则重出"明帝问谢鲲"则，且重出批语"得体"二字。

第46（《品藻》23）则：

王丞相辟王蓝田为掾，庾公问丞相："蓝田何似？"王曰："真独简贵，不减父祖；旷然淡处〔1〕，故当不如尔。"**言述性褊也。**〔2〕（一一六〇三）

〔1〕旷然淡处，宋本、朱本、刘本同。余各本作"然旷淡处"。赵西陆曰："宋本、沈校本'然旷'作'旷然'。"今按：《品藻》目人，多用四字，如"陶冶世俗，与世浮沉"（第3则），"清蔚简令"、"温润恬和"、"高爽迈出"、"清易令达"、"弘润通长"、"洮洮清便"、"远有致思"（第36则）；且两两相对，如"萧条方外，亮不如臣"与"从容廊庙，臣不如亮"（第22则），"端委庙堂"与"一丘一壑"（第17则）、"高情远致"与"一吟一咏"（第54则）、"思理伦和"与"志力强正"（第63则）。此"真独简贵"与"旷然淡处"正好相对而言，谓王述真率简约超过其父王承、其祖王浑，但旷达淡泊却不如。〔2〕凌刻本、

刘本同。朱本、赵本无。今按：《尔雅·释言》："褊，急也。"郝懿行《义疏》曰："褊者，衣之急也。《贾子·道术》篇：'包众容易谓之裕，反裕为褊。'"性褊，指王述心胸狭窄。《世说新语·仇隙》："王右军素轻蓝田，蓝田晚节论誉转重，右军尤不平。蓝田于会稽丁艰，停山阴治丧。右军代为郡，屡言出吊，连日不果。后诣门自通，主人既哭，不前而去，以陵辱之。于是彼此嫌隙大构。后蓝田为扬州，右军尚在郡。初得消息，遣一参军诣朝廷，求分会稽为越州，使人受意失旨，大为时贤所笑。蓝田密令从事数其郡诸不法，以先有隙，今自为其宜。右军遂称疾去郡，以愤慨致终。"批语可谓切中王述狷隘要害。

第49（《品藻》26）则：

王丞相云："见谢仁祖，恒令人得上。"与何次道语，唯举手指地曰："正自尔馨。"**有尊谢卑何之意。批："'得上'亦足以发。"**〔1〕（一一六〇三）

〔1〕赵本、刘本同。凌刻本"亦"作"不"，形近而讹。朱本无。赵本引《群书杂记》卷三曰："令人得上，谓犹得驾乎其上也。"刘强《会评》引刘盼遂曰："按：玩下文以手指地，则王丞相说谢仁祖时，当以手指天，方合令人得上语气。《世说》善于图貌者矣。"余嘉锡《笺疏》："本篇后章云'嘉宾故自上'，注谓'超拔也'。此言见谢尚之风度，令人意气超拔。"

第59（《品藻》38）则：

殷侯既废，桓公语诸人曰："少时与渊源共骑竹马，我弃去已，辄取之，故当出我下。"**批："此语能长人格价。"**〔1〕（一一六〇三）

〔1〕朱本、刘本同。赵本无。凌刻本"格价"作"价格"。今按：疑作"格价"是。"格价"为宋时习语，意为"层次"、"境界"。刘辰翁《须溪集》卷六《赵仲仁诗序》曰："乃古诗十四五可取，至五言十可二三，七言视五言又难得。第其格价，故当独以

古胜。"《近思录》卷三《致知》曰："明道先生曰：'学者不可以不看诗，看诗便使人长一格价。'"

第63（《品藻》42）则：

刘丹阳、王长史在瓦官寺集，桓护军**伊**〔1〕亦在坐，共商略西朝及江左人物。或问："杜弘治**乂**〔2〕何如卫虎**玠小字**〔3〕？"桓答曰："弘治肤清，卫虎奕奕神令。"王、刘善其言。（一一六〇三）

〔1〕伊，各本作孝标注："桓伊已见"。今按："伊"恐为刘应登注。〔2〕乂，各本无，恐为刘应登注。〔3〕玠小字，各本作孝标注："虎，卫玠小字。《玠别传》曰：'永和中，刘真长、谢仁祖共商略中朝人。或问："杜弘治可方卫洗马不？"谢曰："安得比！其间可容数人。"'《江左名士传》曰：'刘真长曰："吾请评之，弘治肤清，叔宝神清。"'论者谓为知音。"今按："玠小字"三字恐为刘应登注。

第67（《品藻》46）则：

谢公与时贤共赏说，遏、胡儿并在坐。公问李弘度曰："卿家平阳，**李仲，字茂曾**〔1〕何如乐令？"（一一六〇三）

〔1〕各本无"李仲字茂曾"五字，疑为刘应登注。刘孝标注引《晋诸公赞》、《世说新语·贤媛》篇、《晋书》卷四十六"李仲"作"李重"，疑是。李重，字茂曾，江夏郡锺武县（今河南省信阳市东南）人。少以清高见称，历吏部郎，平阳太守。父李秉，魏秦州刺史。李重之死有二说，一为"自裁"（《贤媛》篇同）；一为病死，孝标引《晋诸公赞》曰："赵王为相国，取重为左司马，重以伦将篡，称疾不就。敦喻之，重不复自治，至于笃甚；扶曳受拜，数日卒，时人惜之。"余嘉锡先生《贤媛》篇案曰："《品藻篇》载李弘度答谢公曰：'赵王伦篡逆，亡伯雅正，耻处乱朝，遂至仰药。'孝标于彼注但引《晋诸公赞》，言'重有疾不治，至于笃甚，卒。'而不言仰药之是非，故此于发

之，何也！"

第70（《品藻》49）则：

谢万寿春败后，简文问郗超："万自可败，哪得乃尔失卒情？"超曰："伊以率任之性，欲区别智勇。" **批："人人有区别，意**〔1〕**正是失卒情处，可以为戒。"**（一一六〇三）

〔1〕凌刻本、朱本、刘本无"意"字。今按：疑大典本是。此"意"字即孟子"以意逆志"之"意"，为料度之意。批语谓谢万兵败寿春是因为失掉士卒之心，而失掉士卒之心的原因在批者看来，是谢万草率任性，恣意划分部属智勇的高下，导致任免赏罚，没有客观公正的标准，这是带兵的大忌。《简傲》篇"谢万北征，常以啸咏自高，未尝抚慰众士。谢公甚器爱万，而审其必败，乃俱行，从容谓万曰：'汝为元帅，宜数唤诸将宴会，以说众心。'万从之。因着急诸将，都无所说，直以如意指四坐云：'诸君皆是劲卒。'诸将甚忿恨之。谢公欲深箸恩信，自队主将帅以下，无不身造，后相逊谢。及万事败，军中因欲除之。复云：'当为隐士。'故幸而得免"可证。

第76（《品藻》56）则：

刘尹云："人言江虨田舍江〔1〕，江乃自田宅屯。"谓能多出有也。 **批："不甚可晓，然可用似谓田宅所偏聚**〔2〕**也。"**（一一六〇三）

〔1〕各本"舍"下无"江"字，恐涉下"江"字夺。今案：疑大典本是。"田舍江"与"田舍屯"互文相对，且与"田舍公"、"田舍儿"、"田舍"用法同，为当时习语，均指土里土气的粗俗之人。《宋书·武帝本纪》："孝武大明中，坏上所居阴室，于其处起玉烛殿，与群臣观之。床头有土障，壁上挂葛灯笼、麻绳拂。侍中袁顗盛称上俭素之德。孝武不答，独曰：'田舍公得此，已为过矣。'"《世说新语·文学》："殷中军尝至刘尹所清言。良久，殷理小屈，游辞不已，刘亦不复答。殷去后，乃云：'田舍儿，强学人

作尔馨语。'"又《豪爽》："王大将军年少时，旧有田舍名，语音亦楚。"也偶用"田舍"以指人品格，如《品藻》篇："宋祎曾为王大将军妾、后属谢镇西尚，镇西问祎：'我何如王？'答曰：'王比使君田舍、贵人耳。'镇西妖冶故也。"刘辰翁批语云："言王近粗俗，不如谢之冶。"〔2〕偏聚，凌本、朱本、刘本、赵本作"屯聚"。今案：疑大典本是。偏聚即"遍聚"。朱骏声《说文通训定声·坤部》："偏，假借为徧。"《尔雅·释言》："宣、徇，徧也。"郝懿行《义疏》曰："皆周徧也。……俗作遍。"但批语恐有误解原文之意，"田舍江"、"田宅屯"的意思都一样，一为人言，一为刘言。《世说新语·轻诋》："刘尹、江彪、王淑虎、孙兴公同坐，江王有相轻色。彪以手歙叔虎云：'酷吏！'词色甚强。刘尹故谓：'此是瞋邪？非特是丑言声、拙视瞻。'"注曰："言江此言非是丑拙似有忿于王也。"徐震堮《校笺》："歙——《后汉书·张衡传》注：'歙，犹胁也。'疑此处亦有威胁之意，故注云然。"刘惔亲见江彪失礼举动，故有"江乃自田宅屯"之品评。

第79（《品藻》59）则：

孙承公**纯**〔1〕，云："谢公清于无弈〔2〕**谢弈，字无弈，润于林道。陈逵，字林道。**"批："**谁知二贤，只见谢公'清'、'润'耳。**"（一一六〇三）

〔1〕各本"公"下无"纯"字，疑为刘应登注。孙纯，应为孙统。刘孝标注引《中兴书》曰："孙统，字承公，太原人。善属文，时人谓其有祖楚风。仕至余姚令。"统、纯，形近而误。〔2〕弈，赵本、宋本、王本、龚本同大典本。余各本作"奕"。《德行》篇"谢奕作剡令"则杨勇《校笺》："谢奕，宋本作'谢弈'，非。今依各本。汪藻《谢氏谱》、《贤媛篇》26注、《忿狷篇》5均作'谢奕'，是。"

第80（《品藻》60）则：

或问林公："司州**王胡之**〔1〕何如二谢？"林公曰："故当攀安提万。"**批："语强，然有思。"**〔2〕（一一六〇三）

〔1〕各本无"王胡之"三字, 疑为刘应登注。〔2〕刘本、朱本同, 赵本无。凌刻本作"语虽然, 有思"。今按: 疑大典本是。"攀安提万", 意思为王胡之需攀附谢安、提携谢万, 支遁语气强直有力, 实际上是说王胡之的才能不及谢安但优于谢万。

第81 (《品藻》62) 则:

郗嘉宾道:"谢公造漆〔1〕虽不深彻, 而缠绵纶至。" 又曰:"右军诣嘉宾。" 嘉宾闻之云:"不得称诣, 政得谓之朋耳。" 谢公以嘉宾言为得。**批:"'造漆', 是文谈可厌。此云 '诣', 非其它, '造之' 之谓, 乃目其于理深诣, 即谢之 '深彻', 皆核至之名。谢不彻, 王亦不诣。其于理, 但相朋耳, 无大高下也。"**(一一六〇三)

〔1〕漆, 赵本、王本、余本作"郄"。余各本作"膝"。"郄" 通作"漆",《说文》:"郄, 齐地也。" 桂馥《说文解字义证》:"郄, 齐地也者, 通作漆。《春秋》襄二十一年:'邾庶其以漆闾丘来奔。'" 疑作 "膝" 是。造膝, 至于膝下, 喻谈论深切, 玄理到位。《世说新语·赏誉》:"简文虽契素, 此遇尤相咨嗟, 不觉造膝, 共叉手语, 达于将旦。"

第87 (《品藻》68) 则:

庾道季云:"廉颇、蔺相如虽千载上死人, ……" **言人皆如曹、李, 淳朴无为, 可如上古。但才智无闻, 功迹俱泯, 身尽于狐狸而已。**〔1〕(一一六〇三)

〔1〕各本作孝标注:"言人皆如曹、李质鲁淳悫, 则天下无奸民, 可结绳而治。然才智无闻, 功迹俱灭, 身尽于狐狸, 无擅世之名也。" 朱本、赵本、刘本并引王世懋曰:"此注殊不似孝标, 定为后人搀入。" 凌刻本按:"此注或出刘应登。" 今按: 此恐为刘辰翁批。诸本 "无擅世之名也" 与前 "功迹俱灭" 语意重复, 疑大典本是。

第100 (《品藻》82) 则:

王子敬问谢公:"嘉宾何如道季"? 答曰:"道季诚复钞撮清悟, 嘉宾故自上。"

批："'钞撮', 犹掇拾。" 〔1〕 (一一六〇三)

　　〔1〕凌刻本、刘本、赵本同。朱本无。赵西陆《校释》："《新论》：'钧石虽平，不能无抄撮之较。' 抄撮，微细也。" 今按：赵说是。《刘子新论·从化》："故权衡虽正，不能无毫厘之差；钧石虽平，不能无抄撮之较。"《说文》："撮，四圭也。从手，最声。亦二指撮也。" 段玉裁注引孙子《筭经》："六粟为一圭，十圭为一撮，十撮为一抄，十抄为一勺，十勺为一合。" 微细，疑指道季为人精细。《世说新语·巧艺》记戴逵画佛像"甚精妙"，而庾龢看后说："神明太俗，由卿世情未尽。" 又《轻诋》篇载庾龢反复求问谢安以证裴启《语林》内容之真实，《晋书·庾龢传》载，庾龢叔父庾翼将迁荆州刺史，龢以书陈襄阳地势之利害，剖析精细，愿庾翼"详思远猷，算其可者"，等等，足见其为人之"抄撮"。朱骏声《说文通训定声》："撮，假借为最，实为取。……《汉书·艺文志》：'撮其旨意。'《司马迁传》'撮名法之要。' 注：'总取也。'" 批语恐用"钞撮"之假借义而致误，且"清悟"实难撮取、掇拾。

　　第119 (《容止》10) 则：
　　裴令公**楷**隽容姿，一旦有疾至困，惠帝使王夷甫往看。裴方回 〔1〕 壁卧，…… (一三〇八二)

　　〔1〕楷，各本无。疑刘应登注。〔2〕隽，各本"隽"上有"有"字。刘本作"俊"。杨本同大典本。余各本作"儁"。今按：《御览》三六六引作"俊有姿容"。隽、儁、俊通。桂馥《说文解字义证》："隽，通作俊。" 郝懿行《尔雅义疏》："俊，通作'儁'。《左氏庄十一年传》：'得士曰儁。'《释文》：'儁，本或作俊。'" 〔3〕回，各本作"向"，是，疑涉下文"回"字误。

作者工作单位：四川师范大学文学院

全球化背景下汉语发展的新思路

复旦大学 张豫峰

汉语虽然属于语言学研究范畴, 但任何语言都不只是简单的交际工具, 汉语不仅包含着汉民族对客观事物的主观认识轨迹, 也包含着博大精深的中华文化。在全球化背景下, 国际间语言竞争非常激烈, 因为它决定着一个国家的文化和其综合国力在世界上处于什么样的国际地位。有学者指出, 民族语言的竞争力主要表现在五个方面：第一, 政治竞争力。主要指政府的语言计划或语言政策有利于哪一种语言 (语言变体)；第二, 文化竞争力。主要指语言 (语言变体) 背后的文化是强势或是弱势；第三, 经济竞争力。指民系经济地位的高低；第四, 人口竞争力, 指民系人口的多寡；第五, 文字竞争力。主要指某已种语言 (语言变体) 有无文字, 或文字化的程度。近些年, 中国政府非常重视汉语的发展, 首先, 政府第一次把汉语言文化的影响力称之为 "软国力"；其次, 国家语委从2006年开始, 连续几年发布《中国语言生活状况报告》及相关数据, 这是中国第一次就年度的语言使用事态发布报告, 引起了国内外社会各界的广泛关注；再者, 几百所孔子学院的陆续建立也表明中国政府希望在世界各国进行中文教学模式训练, 推动汉语和中华文化的输出, 促使汉语成为人类共有的语言和文化资源。在这样的全球化背景下, 作为汉语研究者更应对汉语发展有更清醒的认识, 要针对新形势、新情况寻找新的思路和新的对策。

纵观国内外对外汉语教学的实际情况, 成绩是可喜的。但在新时期下, 我们的对外汉语教学工作相应还是显得比较滞后。前期针对高质量师资队伍缺乏、教学内容脱离实际等情况，一批研究汉语本体的教授专家开始有意结合国外二语习得理论加强对外汉语教学研究，并取得了丰硕的成果，各高校国际文化交流学院都在此基础上设立了培养对外汉语教师的专业硕士学位，这些研究生就是今天各个国家孔子学院志愿者的主力军。但近些年，我们也发现只一味强调教学技巧，不进行对外汉语教学的理论素养的训练，学生很难成为一名优秀的对外汉语教师，稍有专业问题就卡壳。就此，我们需要做的是进一步思考应该怎样结合教学实际，采取恰当、有效、科学的理论训练，把我们的学生培养成有能编写合适汉语教材能力，有良好教学效果的对外汉语教学人才。

有的科学家断言，在当今及未来的电子时代与电子文化中，语言学发达的程度是衡量一个国家科学技术水平的最重要的标准。至今，我国在汉语书面语文本，特别是现代汉语书面语文本的语料库建设上已经有了一些起色，编程和初步的信息开发也初露端倪。但是对于汉语信息自动化工作来说，这些基础性工作和应用性研究还远远不足。许嘉璐曾说"中文信息处理技术进步的程度如何，决定着中华文化（包括传统的和现实的）继承、发展和弘扬的速度、范围和质量。甚至我们可以说如果中华文化利用不了中文信息自动化处理技术，就可能在经济全球化的过程中衰落，被异质文化所淹没。而文化的萎缩，将是民族最大的灾难。"这就需要迫切加强汉语自然语言的信息处理研究工作。

随着社会的发展，汉语应用实践研究除了要关注汉语信息自动化问题，还要关注当今新兴的语言现象和新的理论观点，近些年，认知心理学中的联结主义模式给人启发很大，它认为人脑不等同于乔姆斯基时期所比拟的电脑，而是由神经网络构成，随着外部信息的激活，其神经网络中的一些神经元就会并行分布联接起来，激活过程也是另一部分神经元的抑制过程，这些观点运用到汉语研究中，就能让我们从整体关照部分这个角度对句式等语法现象进行新的科学的解释。

延世大学 孔子学院 中国研究院 研究丛书 001

한적의 문명과 전파 연구 上
汉籍的文明与传播研究

초판 인쇄 2017년 1월 2일
초판 발행 2017년 1월 10일

주 편 자| 金鉉哲·熊良智
펴 낸 이| 하운근
펴 낸 곳| 學古房

주   소| 경기도 고양시 덕양구 통일로 140 삼송테크노밸리 A동 B224
전   화| (02)353-9908 편집부(02)356-9903
팩   스| (02)6959-8234
홈페이지| http://hakgobang.co.kr
전자우편| hakgobang@naver.com, hakgobang@chol.com
등록번호| 제311-1994-000001호

ISBN 978-89-6071-639-1 94300
ISBN 978-89-6071-368-4 (세트)

값 : 26,000원

이 도서의 국립중앙도서관 출판예정도서목록(CIP)은 서지정보유통지원시스템 홈페이지
(http://seoji.nl.go.kr)와 국가자료공동목록시스템(http://www.nl.go.kr/kolisnet)에서 이용
하실 수 있습니다. (CIP제어번호 : CIP2017000108)